日本知识产权法

杨和义 译

北京大学出版社
PEKING UNIVERSITY PRESS

图书在版编目(CIP)数据

日本知识产权法/杨和义译. —北京:北京大学出版社,2014.11
ISBN 978-7-301-24987-1

Ⅰ. ①日… Ⅱ. ①杨… Ⅲ. ①知识产权法—日本 Ⅳ. ①D931.33

中国版本图书馆 CIP 数据核字(2014)第 237506 号

书　　　名: 日本知识产权法
著作责任者: 杨和义　译
责 任 编 辑: 李　昭
标 准 书 号: ISBN 978-7-301-24987-1/D·3693
出 版 发 行: 北京大学出版社
地　　　址: 北京市海淀区成府路 205 号　100871
网　　　址: http://www.pup.cn
新 浪 微 博: @北京大学出版社　@北大出版社法律图书
电 子 信 箱: law@pup.pku.edu.cn
电　　　话: 邮购部 62752015　发行部 62750672　编辑部 62752027
出版部 62754962
印　刷　者: 北京大学印刷厂
经　销　者: 新华书店
965 毫米×1300 毫米　16 开本　34.5 印张　588 千字
2014 年 11 月第 1 版　2014 年 11 月第 1 次印刷
定　　　价: 79.00 元

目　　录

第一卷　知识财产基本法律

第二卷　著作权法律

第三卷 产业财产法律

第四卷　知识财产关系法律

附　录

第一卷　知识财产基本法律

第一编　知识财产基本法

2002 年 12 月 4 日法律第 122 号
最新修改:2003 年 7 月 16 日法律第 119 号

第一章　总则(第 1—11 条)
第二章　基本对策(第 12—22 条)
第三章　创造、保护及活用知识财产的推进计划(第 23 条)
第四章　知识财产战略本部(第 24—33 条)

第一章　总　　则

【目的】

第 1 条　随着国内外社会经济形势的变化,需要进一步加强我国产业的国际竞争力,有鉴于此,为通过创造和活用新的知识财产,实现以创造附加价值为基础的有活力的经济社会,本法的目的是规定创造、保护及活用知识财产的基本理念及其实现的基本事项,明确国家、地方政府、大学、经营者的责任义务,在规定制定创造、保护及活用知识财产的推进计划的同时,规定通过设置知识财产战略本部,集中有计划地推进创造、保护及活用知识财产的对策。

【定义】

第 2 条　本法所称“知识财产”,是指发明、设计、植物新品种、外观设计、作品、人类创造性活动创造物(包括发现或者阐明的自然规律或者现象并能在产业上使用者)、商标、商号及其他用于标示经营活动的商品或者服务的标志、商业秘密及其他在经营活动中有用的技术或者商业信息。

本法所称“知识产权”,是指专利权、实用新型权、品种权、外观设计权、著作权、商标权及其他有关知识财产而由法令规定的权利或者在法律上受到保护的利益。

本法所称“大学”,是指大学、高等专科学校[是指《学校教育法》(1947年法律第26号)第1条规定的大学和高等专科学校,在第7条第3款相同]、大学合作组织[是指《国立大学法人法》(2003年法律第112号)第2条第4款规定的大学合作组织,与第7条第3款相同]、独立行政法人[是指《独立行政法人通则法》(1999法律第103号)第2条第1款规定的独立行政法人,与第30条第1款相同]、地方独立行政法人[是指《地方独立行政法人法》(2003年法律第118号)第2条第1款规定的地方独立行政法人,与在第30条第1款相同]并开展试验研究业务的人、以研究开发为目的的特殊法人[是指根据法律直接设立的法人或者根据特别法以特别设立行为设立的法人、适用《总务省设置法》(1999年法律第91号)第4条第15项规定,与第30条第1款相同]和国家及地方政府的试验研究机构。

【国民经济的健康发展和创造丰富的文化】

第3条 推进创造、保护及活用知识财产的对策,必须遵循以下宗旨:要通过培养富有创造力的人才,充分发挥其创造力,适应技术进步,在国内外迅速而适当地保护知识财产,在经济社会中,积极活用知识财产,最大限度地发挥其价值,完善其必要环境,实现国民能广泛享受知识财产恩惠的社会,同时,确立将来创造新的知识财产的基础,以有利于国民经济的健康发展和创造丰富的文化。

【加强我国产业的竞争力和持续发展】

第4条 推进创造、保护及活用知识财产的对策,必须遵循以下宗旨:通过有创造性的研究和将开发成果顺利产业化,以知识财产为基础开拓新的经营领域,促进经营革新和创业,增强我国产业技术能力,恢复产业活力,使区域经济充满活力,创造就业机会,提高我国产业国际竞争力,正确应对国内外经济环境变化,以有利于我国产业持续发展。

【国家的责任义务】

第5条 国家有责任义务遵照前两条规定的创造、保护及活用知识财产的基本理念(以下称“基本理念”),制定实施创造、保护及活用知识财产的对策。

【地方政府的责任义务】

第6条 地方政府有责任义务遵照创造、保护及活用知识财产的基本理念，通过与国家合理分担任务，自主制定实施发挥本地特色的对策。

【大学的责任义务】

第7条 大学的活动有利于在全社会创造知识财产，有鉴于此，大学应当主动积极地努力培养人才，开展研究，普及成果。

研究人员、技术人员的职务和工作环境要符合其重要性并有魅力，大学应当努力确保研究人员和技术人员的合理地位和待遇，完善、充实研究设施。

国家及地方政府在制定实施大学、高等专科学校、大学合作组织创造、保护及活用知识财产的对策时，必须关注并尊重研究人员的自主性及大学、高等专科学校、大学合作组织研究的特殊性。

【经营者的责任义务】

第8条 知识财产在我国产业发展中发挥着重要作用，有鉴于此，经营者应当遵循基本理念，努力通过有活力的经营活动，提高生产效率，加强经营基础，积极活用知识财产，同时，妥善管理经营者拥有的知识财产。

发明人及其他进行创造性活动的人的职务要符合其重要性并有魅力，经营者应当努力确保发明人及其他进行创造性活动的人有合理地位和待遇。

【加强协作】

第9条 通过国家、地方政府、大学及经营者相互间的合作协助，能富有成效地创造、保护及活用知识财产，有鉴于此，国家应当采取必要对策，加强他们之间的合作。

【对促进竞争的关注】

第10条 在推进保护及活用知识财产对策时，应当注意确保公正使用和公共利益，同时，关注促进公正和自由竞争。

【法制措施】

第11条 为实施创造、保护及活用知识财产的对策，政府必须采取必要法制或者财政措施，以及采取其他措施。

第二章 基本对策

【研究开发的推进】

第12条 大学创造的高附加值知识财产是我国经济社会持续发展的源泉,有鉴于此,国家应当考虑《科学技术基本法》(1995年法律第130号)第2条规定的振兴科学技术方针,采取必要对策,确保和培养富有创造力的研究人员,完善研究设施,有效使用研究开发资金,以及推进其他研究开发。

【研究成果转移的促进】

第13条 在开拓新经营领域和提高产业技术方面,大学的研究成果有积极作用,有鉴于此,国家应当采取措施,妥善管理大学的研究成果和向经营者顺利转移,完善活用大学有知识财产专业知识的人才体制,改善知识产权的授权及其他程序,开展市场调研,提供信息,以及采取其他必要对策。

【权利赋予的便捷化】

第14条 关于发明、植物新品种、外观设计、商标及其他由国家授权产生权利的知识财产,国家应当采取措施,完善审查体制,迅速正确实施所需程序,通过快速确定权利,使经营者能顺利实施经营活动,以及采取其他必要对策。

在采取前款对策时,应当从确保有实效完成出发,努力取得经营者的理解和协助。

【诉讼程序的充实及便捷化】

第15条 在经济社会中,随着活用知识财产的进步,保护知识产权司法应当发挥的作用更加重要,有鉴于此,国家应当采取必要对策,进一步充实知识产权案件诉讼程序,使程序更加便捷,完善法院专门处理体制,扩充诉讼外纠纷处理制度。

【侵害权利的措施】

第16条 对于在国内市场侵害知识产权和进口侵害知识产权产品的行为,国家应当在与经营者或者经营者团体及其他相关团体紧密合作协助的体制下,打击侵害知识产权的违法行为,没收侵权产品,以及采取其他必要措施。

基于日本法令设立的法人及其他团体或者有日本国籍者(称“日本法人”。在下一条相同)具有的知识财产,在外国未受到合理保护时,国家采取措施,根据情况,谋求与外国政府、国际组织和相关团体联合,正确行使知识财产条约中规定的权利,以及采取其他必要措施。

【国际制度的构建】

第17条 国家应当采取必要对策,通过协助知识财产国际组织及其他国际架构,与各国政府共同努力,构建实现国际整合的知识财产制度,同时,在尚未充分完善保护知识财产制度的国家或者地区,完善日本法人能够迅速稳定地取得或者行使知识产权的环境。

【新领域知识财产的保护】

第18条 在生命科学及技术创新进步显著的领域,通过将研究开发的有用成果作为知识产权迅速合理保护,期待通过活跃的创业等创造新事业,有鉴于此,国家应当根据合理保护权利范围的研讨结果采取法制措施,以及采取其他必要措施。

随着国际互联网的普及及社会经济情势的变化,国家要准确适应知识财产使用方式多样化的要求,合理保护知识产权,重新评估权利内容,支援经营者开发和使用技术保护手段,以及采取其他必要对策。

【完善经营者能有效合理活用知识财产的环境】

第19条 为经营者能创立活用知识财产的新事业和顺利实施经营,国家应当完善环境,使经营者能有效合理活用知识财产,确立正确评价知识财产的方法,制定成为经营者参考的经营指南,以及采取其他措施。

中小企业具有维持和加强我国经济活力的重要使命,有鉴于此,在采取前款对策时,必须特别关注个人创业和有经营积极性的中小企业家开拓新事业。

【信息的提供】

第20条 国家应当采取必要措施,调查和分析国内外知识财产动向,开展必要统计,制作必要资料,同时,完善知识财产数据库,通过利用国际互联网及其他高速信息通信网,迅速向经营者、大学及其他相关人员提供信息。

【教育的振兴】

第21条 为实现尊重知识产权的社会,国家应当采取必要对策,广泛深化国民理解和关心知识财产,振兴知识财产教育和学习,通过宣传活动普及知识财产知识。

【人才的确保】

第22条 为促进创造、保护及活用知识财产，国家应当采取必要对策，与大学、经营者紧密合作协助，培养足够的知识财产专业人才，提高其素质。

第三章 创造、保护及活用知识财产的推进计划

第23条 知识财产战略本部必须根据本章规定，制定创造、保护及活用知识财产的推进计划（以下称为“推进计划”）。

推进计划应当规定下列事项：

1. 为创造、保护及活用知识财产，政府应当集中且有计划地实施对策的基本方针；

2. 政府应当集中且有计划地采取创造、保护及活用知识财产的对策；

3. 政府应当集中且有计划地采取振兴知识财产的教育和确保人才等的对策；

4. 政府为集中且有计划地推进创造、保护及活用知识财产对策的其他必要事项。

推进计划中规定的对策，原则上应当规定对策的具体目标和实现期限。

在根据第1款规定制定推进计划后，知识财产战略本部必须不延迟地利用国际互联网及通过其他适当方法进行公布。

在恰当时机，知识财产战略本部必须调查根据第3款规定确定的目标的实现情况，利用国际互联网及通过其他适当方法公布结果。

知识财产战略本部必须斟酌知识财产状况面临的变化，根据创造、保护及活用知识财产对策效果的评价，每年至少研讨一次推进计划，在认为有必要时进行变更。

第4款的规定，准用于推进计划的变更。

第四章 知识财产战略本部

【设置】

第24条 为集中且有计划地推进创造、保护及活用知识财产对策，在内阁设置知识财产战略本部（以下称“本部”）。

【承担事务】

第25条 本部承担下列事务：

1. 制定推进计划并推进其实施；

2. 前项列举者外，调查审议创造、保护及活用知识财产对策中的重要计划，推进实施对策和进行综合调整。

【机构】

第26条 本部由知识财产战略本部长、知识财产战略副本部长和知识财产战略本部成员组成。

【知识财产战略本部长】

第27条 本部部长为知识财产战略本部长（以下称“本部长”），其由内阁总理大臣担任。

本部长统揽本部事务，指挥监督全部职员。

【知识财产战略副本部长】

第28条 在本部设置知识财产战略副本部长（以下称“副本部长”），其由国务大臣担任。

副本部长协助本部长履行职务。

【知识财产战略本部成员】

第29条 在本部设置知识财产战略本部成员（以下称“本部成员”）。

本部成员由下列人员担任：

1. 本部长及副本部长以外的全部国务大臣；

2. 内阁总理大臣从创造、保护及活用知识财产有卓越见解的人中任命的人。

【资料的提交及协助】

第30条 本部为完成其所承担事务，认为有必要时，可以要求相关行政机关、地方政府、独立行政法人、地方独立行政法人的首长和特殊法人的代表人，提交资料、发表意见、进行说明及提供其他必要协助。

本部为完成所承担事务，认为有特殊需要时，可以委托前款规定者以外的人进行必要协助。

【事务】

第31条 本部的事务在内阁办公厅办理，由内阁办公厅主任助理根据命令负责管理。

【主管大臣】

第32条 有关本部的事项,《内阁法》(1947年法律第5号)中所称主管大臣为内阁总理大臣。

【对政令的委任】

第33条 本法规定外,本部的必要事项由政令规定。

第二编　食品教育基本法

2005年6月17日法律第63号

最后修改:2009年6月5日法律第49号

在21世纪,我国的发展重要的是培养孩子们有健康的身心,能面向未来和国际社会展翅翱翔,同时,能确保全体国民身心健康,终身充满朝气地生活。

为培养孩子们丰富的人性,掌握生存能力,“食品”是最重要的。现在,应当重新将食品教育定位为生存的基础,赋予其担负智育、德育和体育基础的地位,同时,要求通过各种体验活动学习“食品”知识,掌握选择“食品”的能力,推进食品教育培养能实践食品健康生活的人。对所有年龄的国民来说,食品教育无疑是必要的。但是,对于孩子们来说,食品教育给其身心发育和人格形成产生重大影响,是培养其终身身心健康、培育丰富人性的基础。

社会经济形势瞬息万变,每天人们生活忙忙碌碌,容易忘记日常“食品”的重要性。在国民食品生活中,营养不平衡、食品无规律、肥胖和生活习惯病增加、过度减肥等问题,加之新产生的“食品”安全问题和“食品”对海外的依赖问题,有关“食品”的信息在社会泛滥,因此,无论是从改善食品生活还是从确保“食品”安全,都要求人们自己学习“食品”方法。日本的“食品”受惠于青山碧水,由祖先在自然状态下培育,具有地区多样性,充满丰富的味觉和文化芳香,其有消失的危机。

面对“食品”环境的变化,要求培育国民的“食品”观念,实现健康的食品生活,同时,期待推进城市和农山渔村的共生、交流,就有关“食品”构建消费者和生产者的信任关系,以有利于社区社会充满活力,继承和发展丰富的食品文化,推进与环境协调的食品生产和消费,提高食品自给率。

通过再次提高每个国民对“食品”的认识,深化感谢、理解自然恩惠和人们有关“食品”的各种劳动,掌握根据可靠信息对“食品”作出正确判断的能力。为实践增进身心健康的健康食品生活,时代赋予我们的课题就是以家庭、学校、托儿所、社区等为中心,作为国民运动,投入推进食品教育。我国投入推进食品教育,也期待通过和海外的交流等,对食品教育作出国际贡献。

为明确食品教育的基本理念,指明方向,综合且有计划地推进国家、地方政府及国民投入食品教育,制定本法。

第一章 总 则

【目的】

第1条 近年,国民的食品生活环境正发生变化,为培养国民终身健康的身心,培育丰富的人性,推进食品教育成为非常重要的课题,有鉴于此,本法的目的是,通过规定食品教育的基本理念,明确国家、地方政府等的责任义务,同时,规定食品教育对策的基础事项,综合且有计划地推进食品教育对策,以有利于国民现在和将来健康而有文化的生活,实现富饶而有活力的社会。

【增进国民身心健康和形成丰富人性】

第2条 开展食品教育必须遵循如下宗旨:通过培养对食品的正确判断能力,实现终身健康的食品生活,以有利于增进国民的身心健康和形成丰富人性。

【食品的感谢和理解】

第3条 国民食品生活是建立在自然恩惠之上,并由与食品有关的人们的各种活动所支撑。

在推进食品教育时,必须考虑对此要深化感谢和理解。

【食品教育推进运动的开展】

第4条 为推进食品教育活动,必须尊重国民和民间团体主动精神,考虑社区特点,得到社区居民及其他组成社会多元主体的参加和协助,同时,应当谋求合作,在全国广泛开展。

【孩子食品教育中保护人、教育相关人士的作用】

第5条 开展食品教育,在有父母及其他保护人的情况下,必须认识到家庭在食品教育方面具有重要作用,同时,在有从事孩子教育、保育等人员的情况下,必须充分自觉认识教育、保育在食品教育中的重要性,积极致力于推进孩子食品教育活动。

【食品体验活动和食品教育推进活动的实践】

第6条 开展食品教育必须遵循如下宗旨从食品生产到食品消费,利用家庭、学校、托儿所、社区及其他一切机会、一切场所,广泛开展各种国民体验食品的活动,同时,为推进食品教育,自己通过实践活动加深理解食品。

【关心传统食品文化、与环境协调的生产和贡献有活力的农山渔村、提高食品自给率】

第7条 推进食品教育,必须要关心有我国传统的优秀食品文化,发挥有地方特色的食品生活的作用,保护环境条件下食品生产及其消费等,加深国民理解我国食品供需情况,同时,加强食品生产者和消费者之间的交流,以有利于提高农山渔村活力和我国食品自给率。

【确保食品安全中食品教育的作用】

第8条 健康食品生活的基础是确保食品安全,能放心消费,有鉴于此,食品教育的宗旨以食品安全为主,广泛提供食品信息和就此交换意见,深化对食品知识的理解,以有利于国民实践合理食品生活,并积极开展国际合作。

【国家的责任义务】

第9条 国家有责任义务遵照第2条起到前条规定的食品教育基本理念(以下称为"基本理念"),综合且有计划地制定实施食品教育推进对策。

【地方政府的责任义务】

第10条 地方政府有责任义务遵照推进食品教育的基本理念和国家的合作,自主制定实施发挥本地特色的对策。

【教育相关人士和农林渔业人士的责任义务】

第11条 在关心食品和增进理解上,从事教育和保育、护理及其他社会福利、医疗及保健(以下称为“教育”)职务的人和教育机构及其相关团体(以下称为“教育相关人士”)应当发挥重要作用,有鉴于此,应当遵照基本理念,努力利用一切机会、一切场所,积极推进食品教育,同时,努力协助他人推进食品教育活动。

农林渔业体验活动在增进国民关心和理解食品上具有重要意义,有鉴于此,农林渔业人士和农林渔业的团体(以下称为“农林渔业人士”),应当遵照基本理念,积极提供农林渔业的各种体验机会,深化国民理解自然恩惠和人们有关食品活动重要性的认识,同时,努力和教育相关人士相互合作推进食品教育活动。

【食品相关经营者的责任义务】

第12条 从事食品的制造、加工、流通、销售或者提供食品的经营者及其组织的团体(以下称为“食品相关经营者”),应当遵照基本理念,在经营活动中自主地、积极地推进食品教育,同时,努力协助国家或者地方政府实施食品教育推进对策以及开展其他食品教育推进活动。

【国民的责任义务】

第13条 在家庭、学校、托儿所、社区及社会的所有其他领域,国民应当遵照基本理念,自己努力实现终身健康的食品生活,同时,努力协助推进食品教育。

【法制措施】

第14条 为实施食品教育推进对策,政府必须采取必要的法制或者财政措施以及采取其他措施。

【年度报告】

第15条 政府必须每年向国会提交报告书,报告政府推进食品教育对策所采取的措施。

第二章 食品教育推进基本计划

【食品教育推进基本计划】

第16条 为综合且有计划地推进食品教育对策,食品教育推进会议制定食品教育推进基本计划。

食品教育推进基本计划应当规定下列事项：

1. 推进食品教育对策的基本方针；

2. 食品教育推进目标；

3. 综合地促进国民自发举办食品教育推进活动；

4. 为综合且有计划地实施推进食品教育对策的其他必要事项。

根据第1款规定制定食品教育推进基本计划时，食品教育推进会议必须迅速向内阁总理大臣报告，并通知有关行政机关首长，同时，公布其要点。

前款的规定，准用于变更食品教育推进基本计划。

【都道府县食品教育推进计划】

第17条 都道府县必须以食品教育推进基本计划为基础，努力制定在都道府县内推进食品教育对策的计划（以下称为“都道府县食品教育推进计划”）。

都道府县（在设置都道府县食品教育推进会议的都道府县，都道府县食品教育推进会议）制定或者变更都道府县食品教育推进计划时，必须迅速公布其要点。

【市镇村食品教育推进计划】

第18条 市镇村必须以食品教育推进基本计划（制定都道府县食品教育推进计划后，食品教育推进基本计划和都道府县食品教育推进计划）为基础，努力制定在市镇村内推进食品教育对策的计划（以下称为“市镇村食品教育推进计划”）。

市镇村（在设置市镇村食品教育推进会议的市镇村，市镇村食品教育推进会议）制定或者变更市镇村食品教育推进计划时，必须迅速公布其要点。

第三章 基本对策

【家庭食品教育的推进】

第19条 为深化父母、保护人、孩子对食品的关心和理解，促进形成健康的饮食习惯，有关父母子女参加烹饪学习及其他食品事项，国家和地方政府应当采取必要对策，提供学习良好习惯享受食品的机会，宣传健美知识，普及正确管理营养的知识，提供信息。指导孕产妇的营养，或者以婴幼儿为主要对象根据发育阶段进行营养指导，以及在家庭支援推进其他食品教育。

【学校、托儿所食品教育的推进】

第20条　为在学校、托儿所有效推进有魅力的食品教育活动,促进孩子实现健康食品生活和身心健康成长,国家和地方政府要采取必要对策,支援学校、托儿所为推进食品教育制定指南,设置适合指导食品教育的教职员,担任指导工作的人推进食品教育发挥启发意识的作用,完善食品教育的其他指导体制,实施发挥学校、托儿所或者地方特色的学校供餐。作为教育的一部分,通过在农场举办实习、食品烹饪、循环利用食品废弃物等各种体验活动,促进孩子理解食品,宣传过度减肥或者肥胖给身心健康造成影响的知识,以及采取其他必要对策。

【在社区推进投入改善食品生活】

第21条　为在社区推进改善营养、饮食习惯、食品消费等食品生活,预防生活习惯病,增强健康,国家和地方政府应当采取对策,制定和普及健康食品生活指南,培养具有在社区推进食品教育专业知识的人,提高其素质,发挥其作用。在保健所、市镇村保健中心、医疗机构等推进普及食品教育和宣传活动。在医学教育等活动中充实食品教育指导,支援食品相关经营者举办的为推进食品教育的活动。

【食品教育推进运动的开展】

第22条　为了国民、教育相关人士、农林渔业人士、食品相关经营者、其他经营者及其组成团体、为消费生活安全和提高举行活动的民间团体发挥地区特色,在全国相互紧密合作协助,自发开展推进食品教育的活动,同时,促进相关人士相互间交换信息和意见,国家和地方政府应采取对策举行推进食品教育的仪式,或在指定期间有重点有成效地推进食品教育活动,以及采取其他必要对策。

义工在参与改善食品生活的活动及推进食品教育活动中发挥着重要作用,有鉴于此,在推进食品教育时,国家和地方政府应当采取必要对策,要和这些义工合作协助,充实其活动。

【促进生产者和消费者的交流、促进与环境相协调的农林渔业充满活力】

第23条　为通过促进生产者和消费者间交流,构建生产者和消费者的信任关系,确保食品安全,促进活用食品资源,增进国民关心、理解食品,同时,使与环境相协调的农林渔业充满活力,国家和地方政府应当采取必要对策,促进在农林水产品生产、食品制造和流通中的体验活动,在出产农林水产品地区的学校供餐中使用其产品,促进本地消费,减少发生食品废弃物,循环利用发挥了创意的食品废弃物。

【支援继承食品文化的活动】

第24条　为继承与传统节日和礼仪相结合的食品文化、有地方特色的食品文化等有我国传统的优秀食品文化，国家和地方政府应当采取对策，普及有关知识，以及采取其他必要对策。

【食品安全性、营养及其他食品生活的调查研究、提供信息和推进国际交流】

第25条　为帮助各年龄段国民选择正确的食品生活，国家和地方政府应当采取必要对策，调查研究食品安全性、营养、饮食习惯、食品原料的生产、流通、消费和食品废弃物的产生及循环利用状况，同时，收集、整理、提供各种必要信息，完善数据库，迅速提供食品的其他正确信息。

为帮助推进食品教育，国家和地方政府应当采取必要对策，收集国外食品安全性、营养、饮食习惯等食品生活信息，推进食品教育研究人员的国际交流，交换推进食品教育活动的信息，以及其他国际交流。

第四章　食品教育推进会议

【食品教育推进会议的设置及所管事务】

第26条　在内阁府设置食品教育推进会议。

食品教育推进会议承担下列事务：

1. 制定食品教育推进基本计划及推进其实施；

2. 前项列举者外，审议推进食品教育重要事项和推进实施食品教育对策。

【机构】

第27条　食品教育推进会由25人以内的会长及委员组成。

【会长】

第28条　会长由内阁总理大臣担任。

会长总管会务。

会长因故不能履职时，由其事先指定的委员代理职务。

【委员】

第29条　委员由下列人员担任：

1.《内阁府设置法》(1999年法律第89号)第9条第1款规定的特命担

当大臣，根据同款规定受命掌管同法第 4 条第 1 款第 18 项列举事项的事务和同条第 3 款第 27 项之 3 列举事务的人（在下项称为“食品教育担当大臣”）；

2. 由内阁总理大臣从食品教育担当大臣以外的国务大臣中指定的人；

3. 由内阁总理大臣从对食品教育具有丰富知识和经验的人中任命的人。

前款第 3 项的委员为兼职。

【委员的任期】

第 30 条 前条第 1 款第 3 项委员的任期为 2 年。但是，补任委员的任期为前任者的剩余任期。

前条第 1 款第 3 项的委员可以连任。

【对政令的委任】

第 31 条 本章规定者外，食品教育推进会议组织和营运的必要事项由政令规定。

【都道府县食品教育推进会议】

第 32 条 关于在都道府县区域推进食品教育，为制定都道府县食品教育推进计划及推进其实施，都道府县可以通过条例规定设置都道府县食品教育推进会议。

都道府县食品教育推进会议组织和营运的必要事项由都道府县的条例规定。

【市镇村食品教育推进会议】

第 33 条 关于在市镇村区域推进食品教育，为制定市镇村食品教育计划及推进其实施，市镇村可以通过条例规定设置市镇村食品教育推进会议。

市镇村食品教育推进会议组织和营运的必要事项由市镇村的条例规定。

第三编　知识财产高等法院设置法

2004 年 6 月 18 日法律第 119 号

【目的】

第 1 条　在我国经济社会中,随着活用知识财产的进步,保护知识财产司法应当发挥的作用变得更加重要,有鉴于此,有关知识财产案件,为进一步充实审判和使审判便捷化,设置专门办理知识财产案件的知识财产高等法院,本法规定其必要事项。

【知识财产高等法院的设置】

第 2 条　在东京高等法院设立知识财产高等法院,作为其特别分院,不受《法院法》(1947 年法律第 59 号)第 22 条第 1 款规定的限制,处理属于东京高等法院管辖的下列知识财产案件:

1. 专利权、实用新型权、外观设计权、商标权、集成电路布图设计专有权、作者权利、出版权、著作邻接权或者品种权的诉讼,或者因不正当竞争[是指《反不正当竞争法》(1993 年法律第 47 号)第 2 条第 1 款规定的不正当竞争]侵害营业利益诉讼而对地方法院一审判决上诉的在审理中需要专业知识的案件;

2. 《专利法》(1959 年法律第 121 号)第 178 条第 1 款诉讼、《实用新型法》(1959 年法律第 123 号)第 47 条第 1 款诉讼、《外观设计法》(1959 年法律 125 号)第 59 条第 1 款诉讼、《商标法》(1959 年法律第 127 号)第 63 条第 1 款(包括同法第 68 条第 5 款准用的情形)诉讼的案件;

3. 前两项列举者外,审理主要争议点需要知识财产专业知识的案件;

4. 第 1 项、第 2 项列举的诉讼案件,或者在前项列举的案件中应当与诉讼案件合并审理口头辩论的诉讼案件。

【在知识财产高等法院任职的法官】

第 3 条 最高法院决定在知识财产高等法院任职的法官。

最高法院从在知识财产高等法院任职的法官中任命一人担任知识财产高等法院院长。

【知识财产高等法院的司法行政事务】

第 4 条 知识财产高等法院分配知识财产高等法院审判事务及其他司法行政事务,知识财产高等法院院长应当按照在知识财产高等法院任职的法官会议的讨论,总结讨论结果。

前款会议由在知识财产高等法院任职的全体法官组成,知识财产高等法院院长任会议主席。

【知识财产高等法院办公室】

第 5 条 为管理知识财产高等法院日常事务,在知识财产高等法院设置知识财产高等法院办公室。

第二卷　著作权法律

第一编　著作权法

1970年5月6日法律第48号
最新修改:2014年5月14日法律第35号

第一章　总　　则

第一节　通　　则

【目的】

第1条　本法的目的是,就作品和表演、唱片、广播、有线广播,规定作者的权利和与之邻接的权利,关注公正利用这些文化成果,保护作者等主体的权利,并且推动文化发展。

【定义】

第2条 在本法中,下列各项用语的意义按照该各项的规定:

1. 作品,是指独创性地表现思想或者感情,属于文艺、学术、美术或者音乐范围者。

2. 作者,是指创作作品的人。

3. 表演,是指通过戏剧性质的演出、舞蹈、演奏、歌唱、演唱、口述或者其他方法演出作品(包括用与它们类似的行为,虽不演出作品,但具有艺术性质的)。

4. 表演者,是指演员、舞蹈家、演奏家、歌手及其他从事表演的人,以及指挥表演或者进行演出的人。

5. 唱片,是指留声机唱盘、录音带及其他固定声音的介质(专门以同时重播声音和影像为目的的除外)。

6. 唱片制作人,是指首次将被固定在唱片上的声音固定的人。

7. 商业唱片,是指以市场销售为目的制作的唱片复制品。

7之2. 公众传播,是指以公众直接接收传播为目的,进行无线通信或者有线通信的传播[在电信设备中,在相同机构内(在该机构内属于2人以上占有的情形,属于同一人占有的区域内),其一部分设置场所通过和位于其他部分设置场所的设备进行传播的除外(计算机程序作品的传播除外)]。

8. 广播,是指公众传播中,以公众同时接收相同内容的传播为目的进行的无线通信传播。

9. 广播组织,是指以广播为业的组织。

9之2. 有线广播,是指公众传播中,以公众同时接收相同内容的传播为目的进行的有线通信传播。

9之3. 有线广播组织,是指以有线广播为业的组织。

9之4. 自动公众传播,是指公众传播中,按照公众要求自动进行者(属于广播或者有线传播除外)。

9之5. 信息网络化,是指通过下列行为之一,能进行自动公众传播:

(1) 将信息记录到连接在公用通信线路的自动公众传播装置[通过连接在公用通信线路,在其记录媒体中记录用于自动公众传播用的部分(在下项和第47条之5第1款第1项称为“公众传播用记录媒体”),或者具有进行自动公众传播录入到该装置信息的功能的装置。以下相同]的公众传播用记录媒体,以记录信息的记录媒体作为该自动公众传播装置的公众传播用记录媒体加入,或者将记录信息的记录媒体转化为该自动公众传播装置的公众传播用记录媒体,或者将信息录入到该自动公众传播装置。

（2）在公众传播用记录媒体上记录信息或者将信息录入到该自动公众传播装置,将自动公众传播装置连接到公用通信线路(在通过布线、开动自动公众传播装置、启动收发传播用计算机程序及其他一系列行为实施的情形,是指该一系列行为中最后的行为)。

10. 电影制作人,是指发起制作电影作品并承担责任的人。

10之2. 计算机程序,是指为能得到一个结果而已组合的对计算机的指令。

10之3. 数据库,是指论文、数值、图形及其他信息的集合物,并要能使用电子计算机检索这些信息的有体系构成物。

11. 演绎作品,是指通过翻译、编曲、改编,或者编写剧本、拍摄电影及其他改编创作的作品。

12. 合作作品,是指二人以上共同创作,不能分割每个人的贡献而单独使用的作品。

13. 录音,是指将声音固定在介质上,或者制造已固定声音的介质。

14. 录像,是指将影像连续固定在介质上,或者制造已固定影像的介质。

15. 复制,是指通过印刷、摄影、复写、录音、录像及其他方法进行有形重制,下列作品分别包括下列行为:

（1）剧本及其他与之类似的戏剧用作品:录音或者录像作品的上演、广播、有线广播。

（2）建筑作品:按照建筑设计图建筑建筑物。

16. 上演,是指通过演奏(包括歌唱。以下相同)以外的方法演出作品。

17. 上映,是指将作品(进行公众传播的除外)放映在银幕及其他介质上,包括伴随它播放被固定在电影作品的声音。

18. 口述,是指朗读和通过其他方法用口头转达作品(属于表演的除外)。

19. 发行,是指无论有偿或者无偿,向公众转让、出租复制品。电影作品或者在电影作品中已复制作品的情况下,包括以向公众展示这些作品为目的、转让或者出租该电影的作品复制品。

20. 技术保护手段,是指通过电子方法、磁力方法及其他由人的知觉不能认识的方法(在下项中称为“电磁方法”),采取防止或者抑制侵害第17条第1款规定的作者人格权、著作权或者第89条第1款规定的表演者人格权、同条第6款规定的著作邻接权(以下在本项、第30条第1款第2项及第120

条之2第1项称为“著作权”)行为(指通过对侵害著作权行为的结果产生显著障碍而抑制该行为,与第30条第1款第2项相同)的手段(不基于具有著作权的人的意思采用的除外),在使用作品、表演或者唱片、广播、有线广播(在下项称为“作品”)(包括如果没有得到作者或者表演者同意而实施,应当构成侵害作者人格权或者表演者人格权的行为)时,按照将用于它的机器发出的特定反映信号和作品、表演或者唱片、广播、有线广播的声音、影像同时记录、传播到记录媒体的方式,或者该机器需要进行特定转换,则转换作品、表演、唱片或者广播、有线广播的声音、影像后记录、传播到记录媒体的方式。

21. 权利管理信息,是指第17条第1款规定的作者人格权、著作权或者第89条第1款到第4款的权利(以下在本项中称为“著作权”)信息,属于下列(1)到(3)之一,通过电磁方法,和作品、表演、唱片或者广播、有线广播的声音、图像同时记录或者传播到记录媒体[不用于把握作品使用状况、处理作品许可使用事务及著作权其他管理的(限于通过电子计算机的)除外]:

(1) 确定具有作品、著作权的人及由政令规定事项的其他信息;

(2) 许可使用作品的情形,使用方法和条件的信息;

(3) 通过与其他信息核对,能确定(1)或者(2)列举事项的信息。

22. 国内,是指本法施行地。

23. 国外,是指本法施行地外的区域。

本法所称“美术作品”,包括工艺美术品。

本法所称“电影作品”,包括采用产生类似电影效果的视觉或者视听觉效果方法表现,并固定在介质上的作品。

本法所称“摄影作品”,包括采用类似摄影制作的方法表现的作品。

本法所称“公众”,包括特定多数人。

本法所称“法人”,包括不具有法人资格的社团或者有代表人或者管理人的财团。

在本法中,“上演”“演奏”或者“口述”,包括重播录音或者录像上演、演奏、口述作品(属于公众传播或者放映的除外)和采用电信设备转播上演、演奏、口述作品(属于公众传播的除外)。

本法所称“出租”,包括不管采用何种名义或者方法进行,使他人取得与之相同使用权原的行为。

在本法,就第1款第7项之2、第8项、第9项之2、第9项之4、第9项之5、第13项到第19项或者前2款列举的用语,分别包含实施这些行为的情形。

【作品的发行】

第3条 按照作品性质,由具有第21条规定权利的人或者获得其许可(是指根据第63条第1款规定的使用许可。以下本款、下条第1款、第4条之2及第63条除外)的人、获得第79条出版权登记的人或者获得其复制许可(是指根据第80条第3款规定的复制许可,与第37条第3款但书和第37条之2但书相同)的人,制作、发行能满足公众要求的相当数量复制品的情形(限于不侵害具有第26条、第26条之2第1款或者第26条之3规定权利人的权利的情形),为已发行作品。

根据第28条的规定,由具有和第21条规定权利相同权利的人或者得到其许可的人,对翻译作品,制作、发行前款规定件数复制品的情形(限于根据第28条规定,不侵害具有第26条、第26条之2第1款或者第26条之3规定权利相同权利人的权利的情形),视为已发行原作品。

如果作品根据本法受到保护,则具有前两款权利的人或者从此人获得作品使用许可的人,分别视为具有前两款权利的人或者获得其许可的人,适用前两款的规定。

【作品的发表】

第4条 发行的人、具有第22条到第25条规定权利的人或者获得其许可(是指根据第63条第1款规定的使用许可)的人、获得第79条出版权设定的人、获得公众传播许可(是指根据第80条第3款规定的公众传播许可,与下款、第37条第3款但书和第37条之2但书相同)的人,用上演、演奏、放映、公众传播、口述或者展览的方式向公众展示的情形[对于建筑作品,包括具有第21条规定权利的人或者获得其许可(是指根据第63条第1款规定的使用许可)的人建设的情形],视为作品已发表。

由具有第23条第1款规定权利的人,或者获得其许可的人、获得第79条出版权设定的人、获得其公众信息网络传播许可的人进行信息网络传播的情形,视为作品已发表。

根据第28条的规定,具有和第22条到第24条规定权利相同权利的人或者获得其许可的人用上演、演奏、放映、公众传播或者口述方法向公众展示演绎作品的翻译作品的情形,或者根据第28条规定,由具有和第23条第1款规定权利相同权利的人或者获得其许可的人信息网络化翻译作品的情形,视为原作品已发表。

由第45条第1款规定的人进行同款展览的情形,视为美术作品或者摄影作品已发表。

如果作品根据本法受到保护，则具有第1款到第3款权利的人或者从此人获得其作品使用许可的人，分别视为具有第1款到第3款权利的人或者获得其许可的人，适用这些规定。

【唱片的发行】

第4条之2 根据唱片性质，由具有第96条规定权利的人或者获得其许可（指根据在第103条准用第63条第1款规定的使用许可。在第4章第2节和第3节相同）的人，制作、发行能满足公众要求的相当数量复制品的情形（限于不侵害具有第97条之2第1款或者第97条之3第1款规定权利人的权利的情形），为已发行唱片。

【条约的效力】

第5条 作者的权利和与之邻接的权利，在条约中有特别规定时，从其规定。

第二节 适用范围

【受到保护的作品】

第6条 作品符合下列各项条件之一的，根据本法受到保护：

1. 日本国民（包括基于我国法令设立的法人及在国内具有主要办公机构的法人。以下相同）的作品；

2. 首次在国内发行的作品（包括首次在国外发行，但是，自其发行日起30日内在国内发行的）；

3. 根据条约我国负有保护义务的其他作品。

【受到保护的表演】

第7条 表演符合下列各项条件之一的，根据本法受到保护：

1. 在国内进行的表演。

2. 被固定在下一条第1项或者第2项列举的唱片的表演。

3. 第9条第1项或者第2项列举的广播中传播的表演（得到表演者许可在传播前已录音或者录像的除外）。

4. 第9条之2各项列举的有线广播中传播的表演（得到表演者的许可在传播前已录音或者录像的除外）。

5. 上述各项列举者外，下列表演之一：

（1）在《保护表演者录音制品制作者广播组织国际公约》（以下称为“保

护表演者条约”)缔约国进行的表演;

(2) 被固定在下一条第3项列举的唱片的表演;

(3) 第9条第3项列举的广播中传播的表演(得到表演者许可在传播前已录音或者录像的除外)。

6. 上述各项列举者外,下列表演之一:

(1) 在《世界知识产权组织关于表演和录音制品条约》(以下称为“表演唱片条约”)缔约国进行的表演;

(2) 被固定在下一条第4项列举的唱片的表演。

7. 上述各项列举者外,下列表演之一:

(1) 在世界贸易组织成员进行的表演;

(2) 被固定在下一条第5项列举的唱片的表演;

(3) 第9条第4项列举的广播中传播的表演(得到表演者的许可在传播前已录音或者录像的除外)。

8. 上述各项列举者外,《视听表演北京条约》缔约国的国民或者在该缔约国具有居所的表演者的表演。

【受到保护的唱片】

第8条 唱片符合下列各项条件之一的,根据本法受到保护:

1. 日本国民为唱片制作人的唱片。

2. 在国内首次将被固定在唱片上的声音固定的。

3. 前两项列举者外,下列唱片之一:

(1) 以《保护表演者条约》缔约国国民(包括基于缔约国法令设立的法人及在缔约国有主要办公机构的法人。以下相同)为唱片制作人的唱片;

(2) 在《保护表演者条约》缔约国首次将被固定在唱片上的声音固定的。

4. 前三项列举者外,下列唱片之一:

(1) 以《表演唱片条约》缔约国国民(包括基于缔约国法令设立的法人及在缔约国具有主要办公机构的法人。以下相同)为唱片制作人的唱片;

(2) 在《表演唱片条约》缔约国首次将被固定在唱片上的声音固定的。

5. 上述各项列举者外,下列唱片之一:

(1) 世界贸易组织成员国民(包括基于成员法令设立的法人和在成员具有主要经营场所的法人。以下相同)为唱片制作人的唱片;

(2) 在世界贸易组织成员首次将被固定在唱片上的声音固定的。

6. 根据《保护录音制品制作人防止未经其许可复制录音制品公约》(在第121条之2第2项称为“唱片保护条约”),我国承担保护义务的其他唱片。

【受到保护的广播】

第9条 广播符合下列各项条件之一,根据本法受到保护:

1. 广播组织是日本国民的广播。

2. 从位于日本国内的广播设备进行的广播。

3. 前两项列举者外,下列广播之一的:

(1) 广播组织是《保护表演者条约》缔约国国民的广播;

(2) 从位于《保护表演者条约》缔约国的广播设备进行的广播。

4. 前三项列举者外,下列广播之一的:

(1) 广播组织是世界贸易组织成员国民的广播;

(2) 从位于世界贸易组织成员的广播设备进行的广播。

【受到保护的有线广播】

第9条之2 有线广播符合下列各项条件之一的,根据本法受到保护:

1. 有线广播组织是日本国民的有线广播(接收广播信号后进行有线广播的除外。在下项相同);

2. 从位于国内的有线广播设备进行的有线广播。

第二章 作者的权利

第一节 作 品

【作品的举例】

第10条 本法中列举的作品,主要如下:

1. 小说、影视剧本、论文、讲演及其他语言作品;

2. 音乐作品;

3. 舞蹈或者哑剧作品;

4. 绘画、版画、雕刻及其他美术作品;

5. 建筑作品;

6. 地图或者具有学术性质的设计图、图表、模型及其他图形作品;

7. 电影作品;

8. 摄影作品;

9. 计算机程序作品。

只传达事实的短讯和时事报道,不属于前款第1项列举的作品。

根据本法对第1款第9项列举作品的保护,不及于为写作作品使用的程序语言、规则和算法。在这种情形，这些用语的含义根据下列各项规定：

1. 计算机程序语言，是指作为表现计算机程序手段的文字、其他符号及其体系；

2. 规则，是指特定计算机程序中，就前项计算机程序语言用法的特别约定；

3. 算法，是指计算机程序中向电子计算机发出指令的组合方法。

【演绎作品】

第11条 根据本法对演绎作品的保护，不影响原作品作者的权利。

【编辑作品】

第12条 编辑物（属于数据库的除外。以下相同）中，因选择素材或者排列具有独创性的，作为作品进行保护。

前款规定不能影响构成同款编辑物组成部分的作品的作者权利。

【数据库作品】

第12条之2 数据库中，因选择信息或者构建体系具有独创性的，作为作品进行保护。

前款的规定不能影响构成同款数据库部分的作品的作者权利。

【不受保护的作品】

第13条 符合下列各项之一的作品，不能根据本章规定获得保护：

1. 宪法及其他法令；

2. 国家、地方政府机关、独立行政法人［是指《独立行政法人通则法》（1999年法律第103号）第2条第1款规定的独立行政法人。以下相同］、地方独立行政法人［是指《地方独立行政法人法》（2003年法律第118号）第2条第1款规定的地方独立行政法人。以下相同］发布的公告、训令、通知及其他与它们类似者；

3. 法院的判决、决定、命令以及审判和行政机关按照准司法程序作出的裁决和决定；

4. 前三项列举的翻译物及编辑物中，国家、地方政府机关、独立行政法人、地方独立行政法人完成者。

第二节 作 者

【作者的推定】

第14条 在作品原件上或者向公众提供、展示作品时,作为作者名按照普通方法标示其姓名、名称(以下称为“实名”),或者雅号、笔名、简称及其他非实名使用的姓名(以下称为“化名”)并已众所周知的,推定为作品的作者。

【职务作品的作者】

第15条 由法人及其他雇主(以下在本条称为“法人”)发起,从事法人业务的人在职务上完成的作品(计算机程序作品除外),法人以自己的名义发表的,只要在完成时的合同、职务守则及其他规定中没有特别规定,作者为法人。

由法人发起,从事法人业务的人在职务上完成的计算机程序作品,只要在完成时的合同、职务守则及其他规定中没有特别规定,作者为法人。

【电影作品的作者】

第16条 在电影作品中,除改编或者复制的小说、影视剧本、音乐及其他作品的作者外,电影作品的作者为担任制作、导演、演出、摄影、美术等,在电影作品整体创作上作出独创性贡献的人。但是,适用前条规定的情形,不在此限。

第三节 权利内容

第1目 总 则

【作者的权利】

第17条 作者享有下一条第1款、第19条第1款及第20条第1款规定的权利(以下称为“作者人格权”)和第21条到第28条规定的权利(以下称为“著作权”)。

作者人格权及著作权的享有,不需履行任何手续。

第2目 作者人格权

【发表权】

第18条 作者有将尚未发表的作品向公众提供或者展示(包括未得到其

同意已发表的作品。以下在本条相同)的权利。以该作品作为原作品的演绎作品,亦相同。

在下列各项列举的情形,推定作者已同意各项列举的行为:

1. 在其作品中,已转让尚未发表作品的著作权的情形,通过行使著作权向公众提供或者展示作品;

2. 在美术作品或者摄影作品中,已转让尚未发表作品原作品的情形,以通过展示原作品的方法向公众展示这些作品;

3. 根据第29条的规定,电影作品的著作权归电影制作人的情形,通过行使著作权向公众提供或者展示作品。

在下列各项列举的情形,视为作者已同意各项列举的行为:

1. 向行政机关[是指公开行政机关保有信息的法律(1999年法律第42号。以下称为“行政机关信息公开法”)第2条第1款规定的行政机关。以下相同]提供尚未发表的作品的情形(根据《行政机关信息公开法》第9条第1款规定,在决定公开的主旨前已作出特别意思表示的除外),根据《行政机关信息公开法》的规定,行政机关首长向公众提供或者展示该作品{在由行政机关首长根据《公文管理法》第8条第1款的规定将与作品有关的历史公文等[是指根据关于公文等管理的法律(2009年法律第66号,以下称为“公文管理法”)第2条第6款规定的历史公文等。以下相同]移交给国立公文馆(是指《公文管理法》第2条第3款规定的国立公文馆,以下相同)管理的情形(在根据《公文管理法》第16条第1款规定使他人使用的主旨决定前,作品作者已作出特别意思表示的情形除外),包括根据《公文管理法》第16条第1款规定,国立公文馆长(是指《公文管理法》第15条第1款规定国立公文馆等的馆长。以下相同)向公众提供或者展示作品};

2. 向独立行政法人[是指公开独立行政法人等保有信息的法律(2001年法律第140号,以下称为“独立行政法人信息公开法”)第2条第1款规定的独立行政法人。以下相同]提供尚未发表的作品的情形(根据《独立行政法人信息公开法》第9条第1款规定,在宣告主旨的决定前已作出特别意思表示的情形除外),根据《独立行政法人信息公开法》的规定,独立行政法人向公众提供或者展示作品[在由独立行政法人根据《公文管理法》第11条第4款的规定将与作品有关的历史公文等移交给国立公文馆管理的情形(根据《公文管理法》第16条第1款规定,在决定使他人使用的主旨前,作品作者已作出特别意思表示的情形除外),包括根据《公文管理法》第16条第1款规定,国立公文馆长向公众提供或者展示作品];

3. 向地方政府或者地方独立行政法人提供尚未发表的作品的情形(到宣告决定前作出特别意思表示的情形除外),根据《信息公开条例》(是指对居民请求公开地方政府或者地方独立行政法人保有信息的权利予以规定的地方政府条例。以下相同)的规定,地方政府机关或者地方独立行政法人向公众提供或者展示作品{在由地方政府或者地方独立行政法人根据《公文管理条例》(是指规定妥善保存和使用地方政府或者地方独立行政法人保有的历史公文的地方政府条例,以下相同)将与作品有关的历史公文移交给地方公文馆(是指作为妥善保存和使用历史公文的设施而由文书管理条例规定的设施,以下相同)管理的情形[根据《公文管理条例》规定(限于与《公文管理法》第16条第1款的规定相当的规定,以下在本条相同),在决定使他人使用的主旨前,作品作者已作出特别意思表示的情形除外],包括根据《公文管理条例》规定,地方公文馆长(在地方公文馆是地方政府的设施的情形,是指其所属的地方政府首长;在地方公文馆是地方独立行政法人的设施的情形,是指设置该设施的地方独立行政法人。以下相同)向公众提供或者展示作品};

4. 向国立公文馆提供尚未发表的作品的情形(根据《公文管理法》第16条第1款的规定,在决定使他人使用的主旨前,已作出特别意思表示的情形除外),根据同款规定,国立公文馆长向公众提供或者展示作品;

5. 向地方公文馆提供尚未发表的作品的情形(根据《公文管理条例》的规定,在决定使他人使用的主旨前,已作出特别意思表示的情形除外),根据公文管理条例的规定,地方公文馆长向公众提供或者展示作品。

符合下列各项之一时,不适用第1款的规定:

1. 根据《行政机关信息公开法》第5条的规定,行政机关首长向公众提供或者展示记录同条第1项(2)或者(3)、同条第2款但书规定信息的尚未发表的作品时,或者根据《行政机关信息公开法》第7条的规定,行政机关首长向公众提供或者展示尚未发表的作品时;

2. 根据《独立行政法人信息公开法》第5条的规定,独立行政法人向公众提供或者展示记录同条第1项(2)或者(3)、同条第2项但书规定信息的尚未发表的作品时,或者根据《独立行政法人信息公开法》第7条的规定,独立行政法人向公众提供或者展示尚未发表的作品时;

3. 根据《信息公开条例》(限于设立相当于《行政机关信息公开法》第13条第2款及第3款规定者,与第5项相同)的规定,地方政府机关或者地方独立行政法人向公众提供或者展示尚未发表的作品(限于记录相当于《行政机

关信息公开法》第 5 条第 1 款第 2 项或者同条第 2 项但书规定信息的信息)时;

4. 根据《信息公开条例》的规定,地方政府机关或者地方独立行政法人向公众提供或者展示尚未发表的作品[限于记录相当于《行政机关信息公开法》第 5 条第 1 项(3)规定信息的信息]时;

5. 在《信息公开条例》的规定中,根据相当于《行政机关信息公开法》第 7 条的规定,地方政府机关或者地方独立行政法人向公众提供或者展示尚未发表的作品时;

6. 根据《公文管理法》第 16 条第 1 款的规定,国立公文馆长向公众提供或者展示记录《行政机关信息公开法》第 5 条第 1 项(2)或者(3)、同条第 2 项但书规定信息或者《独立行政法人信息公开法》第 5 条第 1 项(2)或者(3)、同条第 2 项但书规定信息的尚未发表的作品时;

7. 根据《公文管理条例》(限于已设与《公文管理法》第 18 条第 2 款和第 4 款规定相当的规定者)的规定,地方公文馆长向公众提供或者展示尚未发表的作品[限于记录与《行政机关信息公开法》第 5 条第 1 项(2)或者同条第 2 项但书规定信息相当的信息]时;

8. 根据《公文管理条例》的规定,地方公文馆长向公众提供或者展示尚未发表的作品(限于记录与《行政机关信息公开法》第 5 条第 1 项(3)规定信息相当的信息)时。

【署名权】

第 19 条 作者有权决定在其作品原件上或者在向公众提供或者展示作品时,作为作者名署实名、化名或者不署名的权利。以作品作为原作品的演绎作品向公众提供或者展示时,对原作品作者姓名的署名,亦相同。

只要作者没有特别意思表示,作品使用人对作品可以按照作者已有署名署名作者。

按照作品使用目的和形态,认为不可能侵害主张作者是创作者的利益时,只要不违反公正习惯,则可以省略作者署名。

符合下列各项之一时,不适用第 1 款的规定:

1. 根据《行政机关信息公开法》《独立行政法人信息公开法》《信息公开条例》的规定,行政机关首长、独立行政法人、地方政府机关、地方独立行政法人向公众提供或者展示作品时,作品按照作者已有署名署名作者的情形;

2. 根据《行政机关信息公开法》第 6 条第 2 款的规定、《独立行政法人信息公开法》第 6 条第 2 款的规定、《信息公开条例》规定中相当于《行政机关信息公开法》第 6 条第 2 款的规定,行政机关首长、独立行政法人、地方政府

机关、地方独立行政法人向公众提供或者展示作品时,省略作品署名的情形;

3. 根据《公文管理法》第16条第1款的规定或者《公文管理条例》的规定(限于与同款规定相当的规定),国立公文馆长或者地方公文馆长向公众提供或者展示作品的情形,该作品已经按照作者署名署以作者姓名时。

【保护作品完整权】

第20条 作者有保护作品和标题完整性的权利,不得违反其意愿对作品和标题进行变更、删除及其他修改。

符合下列各项之一的改变,不适用前款的规定:

1. 根据第33条第1款(包括同条第4款准用的情形)、第33条之2第1款、第34条第1款的规定,在使用作品的情形中,因用字或者用语的变更及其修改的方式,被认为在学校教育目的上是不得已的;

2. 因扩建、改建、修缮或者装修建筑物的修改;

3. 为将在特定电子计算机中不能使用的计算机程序作品修改为在该电子计算机中能够使用的,或者为在电子计算机中能更有效使用计算机程序作品所进行的必要修改;

4. 按照作品性质、使用目的和形态,被认为是不得已的其他修改。

第3目 著作权包括的权利种类

【复制权】

第21条 作者专有复制其作品的权利。

【上演权及演奏权】

第22条 作者专有使公众直接观看或者听闻为目的的(以下称为"公开")上演、演奏作品的权利。

【放映权】

第22条之2 作者专有公开放映其作品的权利。

【公众传播等】

第23条 作者就其作品专有进行公众传播(在自动公众传播时,包括信息网络传播)的权利。

作者专有采用接收装置公开转播已进行公众传播的作品的权利。

【口述权】

第24条 作者专有公开口述其语言作品的权利。

【展览权】

第25条 作者专有通过美术作品原件或者尚未发行的摄影作品原件展览这些作品的权利。

【发行权】

第26条 作者专有通过复制品发行其电影作品的权利。

电影作品中,作者专有通过电影作品复制品发行已复制的其作品的权利。

【转让权】

第26条之2 作者专有通过转让作品原件或者复制品(电影作品除外。以下在本条相同),向公众提供其作品(电影作品中已复制作品的情况下,电影作品的复制品除外。以下在本条相同)的权利。

转让作品的原件或者复制品,符合下列各项之一的情形,不适用前款的规定:

1. 由有前款规定权利的人或者得到其许可的人,转让给公众的作品原件或者复制品;

2. 根据第67条第1款或者第69条规定的裁定或者根据伴随实施《世界版权公约》关于《著作权法特别例外法》(1956年法律第86号)第5条第1款的规定获得许可,转让给公众的作品复制品;

3. 获得第67条之2第1款规定适用,转让给公众的作品复制品;

4. 由具有前款规定权利的人或者得到其许可的人,向特定少数人转让作品原件或者复制品;

5. 在国外,不侵害相当于前款规定权利的权利,或者由具有相当于同款规定权利的权利人或者获得其许可的人,转让作品原件或者复制品。

【出租权】

第26条之3 作者专有通过出租复制品(电影作品除外),向公众提供其作品(电影作品中进行复制作品的情况下,电影作品的复制品除外)的权利。

【翻译权、改编权等】

第27条 作者专有翻译、编曲、改变表现形式或者改编为剧本、摄制电影及其他改编作品的权利。

【使用演绎作品原作者的权利】

第28条 在本目规定的权利中，关于演绎作品的使用，演绎作品的原作品作者专有和该演绎作品作者具有的权利相同种类的权利。

第4目 电影作品著作权归属

第29条 作者与电影制作人约定参加电影作品的制作时，电影作品（适用第15条第1款、下款或者第3款规定者除外）的著作权归属该电影制作人。

广播组织为广播作为技术手段专门制作的电影作品（获得第15条第1款规定适用的除外）的著作权内，下列权利归属于作为电影制作人的广播组织：

1. 广播其作品的权利和对广播的其作品进行有线广播、自动公众传播（信息网络传播中，包括通过将信息录入到连接在用于公众使用的通信线路的自动公众传播装置），或者采用接收信号装置公开转播的权利；

2. 复制其作品或者通过其复制品向广播组织发行的权利。

有线广播组织为有线广播作为技术手段专门制作的电影作品（适用第15条第1款规定的除外）的著作权内，下列权利归属于作为电影制作人的该有线广播组织：

1. 有线广播其作品的权利和采用接收信号装置公开转播被有线广播的作品的权利；

2. 复制其作品或者通过其复制品向有线广播组织发行的权利。

第5目 著作权的限制

【为私人使用的复制】

第30条 限于个人或者家庭内及其他与之类似范围内使用（以下称为“私人使用”）为目的时，使用人可以复制受著作权保护的作品（以下在本款简称“作品”），下列情形除外：

1. 采用以用于公众使用目的设置的自动复制机器（指具有复制功能，其装置的全部或者主要部分实现了自动化的机器）进行复制的情形；

2. 通过实施逃避技术保护手段［指通过进行删除或者修改第2条第1款第20项规定的信号（伴随记录或者传播方式的转化，通过技术制约删除或者修改的除外），或者进行恢复（基于具有著作权的人的意思而实施的除外）需要进行同项规定的特定转换而已转换的作品、表演、唱片、广播或者有线广播的声音或者影像，使由技术保护手段防止的行为成为可能，或者要通过技术保护手段不对抑制的行为结果产生阻碍，与在第 120 条之 2 第 1 项及第 2 项相同］能复制，或者知道其事实却实施对结果不产生阻碍的复制的情形；

3. 虽知事实，却实施接收侵害著作权的自动公众传播（包括是在国外进行的自动公众传播，而如果在国内进行则应当构成侵害著作权的）信号后进行数字方式录音或者录像的情形。

以私人使用的目的，是政令规定的具有数字方式录音或者录像功能的机器（因广播业务具有特别性能及其他通常不用于个人使用的特别性能的，和在带录音功能的电话机及作为其他原有功能的附属功能具有录音或者录像功能的除外），在政令规定的供由该机器数字方式录音或者录像用的记录媒介上进行录音或者录像的人，必须向著作权人支付相当金额的补偿金。

【附随对象作品的使用】

第 30 条之 2　在通过拍摄照片、录音或者录像（以下在本款称为“拍摄照片”）方法创作作品时，因难于将作品（以下在本条称为“照片作品”）从作为拍摄照片对象的事物或者声音分离，可以伴随创作复制或者改编与成为附随对象事物或者声音有关的其他作品（限于在照片作品中不是主要组成部分的。以下在本条称为“附随对象作品”）。但是，按照附随对象作品的种类、用途、复制、改编的情况，构成不正当侵害著作权人利益的情形，不在此限。

伴随使用前款规定的照片作品，可以使用根据同款规定复制或者改编的附随对象作品。但是，按照附随对象作品的种类及用途和使用的情况，构成不正当侵害著作权人利益的情形，不在此限。

【在研讨过程中的使用】

第 30 条之 3　得到著作权人许可或者拟根据第 67 条第 1 款、第 68 条第 1 款、第 69 条规定的裁定使用作品的人，有关这些使用，目的是用于研讨过程中（包括得到许可或者获得裁定的过程）使用的，在必要限度，可以使用作品。但是，按照作品的种类及用途和使用的情况，构成不正当侵害著作权人利益的情形，不在此限。

【为用于技术开发或者实用化实验的使用】

第 30 条之 4　有关作品的录音、录像以及其使用，在为用于技术开发或者实用化实验的情形，在必要限度，可以使用已发表的作品。

【在图书馆的复制等】

第31条 在国立国会图书馆和将图书、记录、其他资料用于公众利用为目的的图书馆以及政令规定的其他设施中(以下在本款及第3款称为"图书馆"),在下列情形,作为不以营利为目的的事业,可以使用图书馆的图书、记录以及其他资料(以下在本条称为"图书馆资料")复制作品:

1. 为用于调查研究,按照图书馆读者的要求,给每个人提供一份已发表作品的部分(发行后,刊登在经过相当期间的定期刊物的各部分作品,其全部。在第3款相同)复制品的情形;

2. 为保存图书馆的资料,有必要的情形;

3. 按照其他图书馆的要求,因绝版及其他与之类似理由,提供一般难以获得的图书馆资料(以下在本条称为"绝版资料")复制品的情形。

前款各项列举的情形外,为避免因将图书馆资料原件用于公众使用致其灭失、损伤或者污损,不使用原件而用于公众使用,或者根据下款的规定为将与绝版资料有关的作品用于自动公众传播(包括信息网络传播。在同款相同),制作电磁记录(是指以电子方式、磁力方式及其他通过人的知觉不能认识的方式制作的记录,用于通过电子计算机处理的信息。以下相同)的情形,在必要限度内,国立国会图书馆可以将该图书馆资料作品记录到记录媒体。

与绝版资料有关的作品,以在图书馆向公众提供为目的的情形,国立国会图书馆可以根据前款的规定,采用记录在记录媒体上的作品复制品进行自动公众传播。在这种情形,该图书馆作为不以营利为目的的事业,可以按照本图书馆读者的要求,为供其调查研究用,制作一部分被自动公众传播作品的复制品,向每人提供一份复制品。

【引用】

第32条 已发表的作品可以引用使用。在这种情形,引用必须符合公正习惯,并且,在正当目的范围内进行报道、评论、研究及其他引用。

国家、地方政府机关、独立行政法人、地方独立行政法人以普遍周知为目的写作的,以其名义发表的宣传资料、调查统计资料、报告书及其他与它们类似的作品,可以作为说明材料,在报纸、杂志及其他刊物上转载。但是,有禁止标志时,不在此限。

【教学用图书的刊登】

第33条 为学校教育目的,在必要限度内,可以在教学用图书中刊登已发表的作品(指在小学、中学、高中或者中等教育及其他与它们类似的学校中，用于教育的儿童用或者中学生用图书，经过文部科学大臣审定者或者文部科学省有署名权者）。

根据前款规定，在教学用书中刊登作品的人，必须将其主旨通知作者，同时，考虑同款规定的趣旨、作品的种类和用途、通常使用费额及其他情况，向著作权人支付文化厅长每年规定数额的补偿金。

文化厅长作出了前款规定时，在官报上进行公布。

前三款的规定，准用于刊登在高等学校（包括中等教育学校的后期课程）的函授教育用学习图书和教学用图书的教师指导用书（限于发行该教学用图书的人发行的）的作品。

【为制作教学用放大图书的复制】

第33条之2 为视力残疾、发育不全及其他残疾难于使用教科书图书刊登的作品的儿童或者中学生学习，可以通过放大教学用图书使用的文字、图形复制刊登在教学用图书的作品，以及其他为此类儿童或者中学生使用该作品按照必要方式复制刊登在教学用图书的作品。

拟根据前款规定制作复制的教学用图书及其他复制品（通过盲文复制的除外，限于复制全部或者相当部分已刊登在教学用图书的作品。以下在本款称为“教学用放大图书”）的人，必须提前将其主旨通知发行教学用图书的人，同时，以营利为目的发行教学用放大图书的情形，必须按照前条第2款规定的补偿金额标准，向作品的著作权人支付文化厅长每年规定数额的补偿金。

文化厅长作出了前款规定时，在官报上进行公布。

根据《促进普及残疾儿童和中学生使用教学用特殊图书法》（2008年法律第81号）第5条第1款或者第2款的规定，从事提供刊登在教学用图书作品电磁记录的人，在必要限度，可以为其提供利用该作品。

【学校教育节目的广播】

第34条 为学校教育目的，在必要限度内，可以根据学校教育法令规定的教育课程标准，在面向学校的广播节目或者有线广播节目中进行广播、有线广播已发表的作品；接收广播信号的同时，以接收为目的，在广播区域[是指《广播法》（1950年法律第132号）第91条第2款第2项规定的广播区域，对它没有规定的广播，是指《电波法》（1950年法律第131号）第14条第3款第2项规定的广播区域。以下相同]专门进行自动公众传播（信息网络传播中，包括通过将信息录入在连接供公众用通信线路的自动公众传播装置）已发表的作品；在广播节目用或者有线广播节目用的教材上刊登已发表的作品。

根据前款规定使用作品的人，必须将其主旨通知作者，同时，向著作权人支付相当数额的补偿金。

【学校及其他教育机构的复制】

第35条 在学校及其他教育机构（以营利为目的设置的除外）担任教育之责的人及听课的人，为在教学过程中使用，在必要限度内，可以复制已发表的作品。但是，按照作品种类、用途、复制件数和状况，构成不正当侵害著作权人利益的情形，不在此限。

前款的教育机构在教学过程中，通过直接向听课人提供或者展示原作品或者复制品使用作品的情形，或者根据第38条第1款规定上演、演奏、放映或者口述作品进行使用的情形，在授课场所以外的场所，可以向同时听课的人公开进行传播（在自动公众传播的情况下，包括信息网络传播）已发表的作品。但是，按照作品种类、用途和公众传播的情况，构成不正当侵害著作权人利益的情形，不在此限。

【作为试题的复制】

第36条 以入学考试及其他学识技能考试或者审定的目的，在必要限度内，作为考试或者审定的问题可以复制或者进行公众传播（广播或者有线广播除外，在自动公众传播的情形，包括信息网络传播。在下款相同）已发表的作品。但是，按照作品的种类、用途和公众传播的情况，构成不正当侵害著作权人利益的情形，不在此限。

以营利为目的进行前款复制或者公众传播的人，必须向著作权人支付相当于普通使用费额的补偿金。

【为视觉障碍者等的复制】

第37条 可以通过盲文复制已发表的作品。

可以采用电子计算机按照处理盲文的方式，将已发表的作品在记录媒体记录，或者进行公众传播（广播或者有线广播除外，在自动公众传播时，包括信息网络传播）。

已发表的作品并按照通过视觉能识别其表现的方式（包括通过视觉及其他知觉识别的方式）已向公众提供或者展示作品（在该作品以外的作品中，包括该作品中已被复制的以及其他和该作品作为一个整体而已向公众提供或者展示作品。以下在本款和第102条第4款称为“视觉作品”），政令规定的从事视觉障碍及其他通过视觉识别表现上有障碍的人士(以下在本款以及第102条第4款称为“视觉障碍人士”)福祉事业的人,专门为在用于视觉障碍人士中按照前述方式使用视觉作品存在困难的人士使用,在必要限度,可以将该视觉作品的文字转化为声音,以及为视觉障碍人士使用按照其他必要方式复制或者进行自动公众传播(包括信息网络传播)。但是,由著作权人或者获得其许可的人,或者获得设定第79条出版权的人,或者获得其复制许可或者公众传播许可的人,已按照该方式向公众提供或者展示该视觉作品的情形,不在此限。

【为听觉障碍者的复制等】

第37条之2 已发表的作品并按照通过听觉能识别其表现的方式(包括通过听觉及其他知觉能识别的方式)已向公众提供或者展示作品(在该作品以外的作品中,包括该作品中已复制的以及其他和该作品作为一个整体而已向公众提供或者展示的。以下在本条称为“听觉作品”),从事听觉障碍及其他在通过听觉识别表现上有障碍的人士(以下在本条以及下一条第5款称为“听觉障碍人士”)福祉事业的人中,按照下列各项列举的使用分类,由政令规定的人专门为用于在听觉障碍人士中按照前述方式使用听觉作品存在困难的人士使用,在必要限度,可以分别实施各项列举的使用。但是,由著作权人或者获得其许可的人,或者获得设定第79条出版权的人,或者获得其复制许可或者公众传播许可的人,为该听觉障碍者利用,已按照必要方式向公众提供或者展示该听觉作品的情形,不在此限。

1. 将该听觉作品的声音转化为文字,以及为听觉障碍者使用通过其他必要方式复制或者进行自动公众广播(包含信息网络传播);

2. 专门为用于适合听觉障碍人士出租进行复制(限于将该听觉作品的声音转化为文字,以及为听觉障碍者使用通过其他必要方式和复制声音同时进行的)。

【不以营利为目的的上演等】

第38条 不以营利为目的并不向听众或者观众收取费用(是指不论采用何种名义进行,收取提供或者展示作品的对价。以下在本条相同)的情形,可以公开上演、演奏、放映、口述已发表的作品。但是,上演、演奏、放映、口述向表演者、口述人支付报酬的情形,不在此限。

不以营利为目的并不向听众或者观众收取费用的情形,可以有线广播广播的作品,或者以接收为目的专门在广播的广播区域自动公众广播广播的作品(信息网络传播中,包括通过将信息记录到连接在公用通信线路的自动公众传播装置)。

不以营利为目的并不向听众或者观众收取费用的情形,可以用接收传播装置公开转播广播或者有线广播的作品(自动公众传播被进行广播作品情形,包括该作品)。采用普通的家庭用接收传播装置的情形,亦相同。

不以营利为目的并不向获得复制品出租的人收取费用的情形,可以通过出租复制品(电影作品中已进行复制作品的情况下,电影作品的复制品除外)向公众提供已发表的作品(电影作品除外)。

政令规定的以将电影胶片及其他视听资料,用于公众使用为目的的视听教育设施及其他设施中(以营利为目的设置的除外)和从事听觉障碍者福祉事业的人中,由前条政令规定的人(限于同条第2项,以营利为目的开展该事业的除外),在不向复制品出租人收取费用的情形,可以通过出租复制品发行已发表的电影作品。在这种情形,从事发行的人,对电影作品或者在电影作品中复制的作品,必须向具有第26条规定权利的人(包括根据第28条的规定,具有和第26条规定权利相同权利的人)支付相当金额的补偿金。

【时事问题评论的转载】

第39条 刊登在报纸或者杂志上的已发表的政治、经济、社会时事问题评论(具有学术性质的除外),可以在其他报纸或者杂志上转载,或者进行广播、有线广播,或者在接收广播的同时,以接收为目的在广播区域专门进行自动公众广播(信息网络传播中,包括通过将信息记录在连接供公众用通信线路的自动公众传播装置)。但是,有禁止使用它们的标志的情形,不在此限。

根据前款规定,广播、有线广播、自动公众传播的社论,可以使用传播装置公开转播。

【政治演说的使用】

第40条 公开进行的政治演说、陈述和在审判程序(包括行政机关进行的审判及其他类似司法裁判的程序。在第42条第1款相同)中的公开陈述,除编辑使用相同作者作品的情形外,可以用任何方法使用。

在国家、地方政府机关、独立行政法人或者地方独立行政法人进行的公开演说、陈述,除根据前款的规定者外,为了报道,在被认为正当的情形,可以刊登在报纸或者杂志上,或者进行广播、有线广播,或者在接收该广播的同时,以接收为目的专门在广播的广播区域进行自动公众传播(信息网络传播中,包括通过将信息记录在连接供公众用通信线路的自动公众传播装置)。

根据前款规定，广播、有线广播、自动公众传播的演说或者陈述，可以使用接收装置公开转播。

【因报道时事事件的使用】

第41条 通过照片、电影、广播及其他方法报道时事事件的情形，在正当报道目的范围内，可以复制和与报道该事件一起，使用构成该事件或者在该事件的过程中所见所闻的作品。

【在审判程序等的复制】

第42条 因审判程序需要、为立法或者行政目的作为内部资料需要的情形，在必要限度内，可以复制作品。但是，按照作品种类、用途、复制数量和状况，构成不正当侵害著作权人利益的情形，不在此限。

因下列程序被认为需要的情形，也和前款相同：

1. 行政机关进行的有关专利、外观设计、商标的审查，或者有关实用新型的技术评价，或者有关国际申请[是指根据《专利合作条约》的《国际申请法》(1978年法律第30号)第2条规定的国际申请]的国际调查，或者有关国际预备审查的程序；

2. 行政机关、独立行政法人进行药政{包括医疗机器[是指《确保药品、医疗机器等的质量、有效性及安全性法》(1960年法律第145号)第2条第4款规定的医疗机器及循环医疗等制品(是指在同条第9款规定的循环医疗等制品)]的事项。以下在本项相同}审查、调查，或者向行政机关、独立行政法人报告药政的程序。

【根据《行政机关信息公开法》因公开的使用】

第42条之2 为公开作品，行政机关首长、独立行政法人、地方政府机关、地方独立行政法人，根据《行政机关信息公开法》《独立行政法人信息公开法》《信息公开条例》的规定，以向公众提供或者展示作品为目的的情形，可以分别根据《行政机关信息公开法》第14条第1款(包括基于同款规定的政令规定)规定的方法、《独立行政法人信息公开法》第15条第1款规定的方法[包括基于同款的规定，独立行政法人规定的方法(基于《行政机关信息公开法》第14条第1款的规定，政令规定方法以外的除外)]、《信息公开条例》规定的方法[《行政机关信息公开法》第14条第1款(包括基于同款规定的政令规定)规定方法以外的除外]，在必要限度内使用作品。

【根据《公文管理法》等为保存的使用】

第42条之3 国立公文馆长或者地方公文馆长，根据《公文管理法》第15条第1款的规定或者《公文管理条例》的规定（限于与同款规定相当的规定），以保存历史公文为目的的情形，在必要限度，可以复制历史公文作品。

国立公文馆长或者地方公文馆长，根据《公文管理法》第16条第1款的规定或者《公文管理条例》的规定（限于与同款规定相当的规定），以向公众提供或者展示作品为目的的情形，可以分别根据《公文管理法》第19条（包括基于同条规定的政令规定。以下在本款相同）规定的方法或者在公文管理条例中规定的方法（在同条规定的方法以外的除外），为使他人使用，在必要限度使用作品。

【根据《国立国会图书馆法》为收集国际互联网资料及在线资料的复制】

第42条之4 根据《国立国会图书馆法》（1948年法律第5号）第25条之3第1款的规定，为收集同款规定的国际互联网资料（以下在本条称为"国际互联网资料"。或者根据同法第25条之4第3款的规定，同款规定的在线资料），在必要限度内，国立国会图书馆馆长可以将国际互联网资料或者在线资料的作品记录到国立国会图书馆使用的记录媒体上。

下列各项列举的人，为提供各项列举的资料，在必要限度，可以复制各项列举作品的资料：

1.《国立国会图书馆法》第24条和第24条之2规定的人，按照同法第25条之3第3款的要求，提供的国际互联网资料；

2. 不是《国立国会图书馆法》第24条和第24条之2规定的人，根据同法第25条之4第1款的规定，提供的同款规定的在线资料。

【通过翻译、改编等的使用】

第43条 根据下列各项规定使用作品的情形，可以按照各项列举的方法，根据各项规定使用作品：

1. 第30条第1款、第33条第1款（包括同条第4款准用的情形）、第34条第1款、第35条，翻译、编曲、改变表现形式、改编；

2. 第31条第1款第1项、第32条、第36条、第37条第1款或者第3款、第39条第1款、第40条第2款、第41条或者第42条，翻译；

3. 第37条之2第1款，改变表现形式、改编；

4. 第37条第3款，翻译、改变表现形式、改编；

5. 第37条之2，翻译、改编。

【广播组织的临时固定】

第44条 为自己的广播，广播组织可以通过自己的手段或者相同广播作品的其他广播组织的手段，临时录音、录像不侵害第23条第1款规定的权利可以广播的作品。

为自己的有线广播（接收广播信号后进行的除外），有线广播组织可以通过自己的手段，临时录音、录像不侵害第23条第1款规定的权利可以有线广播的作品。

根据前二款规定制作的录音制品、录像制品，保存不能超过录音、录像后的6个月（在此期间内，采用录音制品、录像制品进行了广播或者有线广播时，其广播或者有线广播后6个月）。但是，根据政令规定，保存在公共记录保存所的情形，不在此限。

【美术作品原件所有者的展览】

第45条 美术作品、摄影作品原件所有者或者获得其同意的人，可以通过原件公开展览这些作品。

在街道、公园及其他向普通公众开放的室外场所或者建筑物的外墙及普通公众容易看见的其他室外场所，永久设置美术作品原件的情形，不适用前款的规定。

【公开美术作品的使用】

第46条 在美术作品中，无论以何种方法，均可以使用原件永久设置在前条第2款规定的室外场所的作品或者建筑作品。下列情形除外：

1. 制造雕塑，或者通过转让制造物向公众提供的情形；
2. 通过建筑复制建筑作品或者通过转让复制品向公众提供的情形；
3. 为在前条第2款规定的室外场所永久设置进行复制的情形；
4. 为销售美术作品复制品专门复制或者销售复制品的情形。

【伴随展览美术作品的复制】

第47条 不侵害第25条规定的权利，通过美术作品或者摄影作品原件公开展览这些作品的人，为了参观人的利益，可以在解说或者介绍这些作品为目的的小册子上刊登这些作品。

【伴随许诺销售转让美术作品等的复制】

第47条之2 美术作品、摄影作品原件或者复制品的所有人及其他具有这些转让或者出租权原的人，不侵害第26条之2第1款或者第26条之3规定的权利，在拟转让、出租原件或者复制品的情形，具有权原的人或者获得其委托的人，为用于许诺销售，可以复制或者公众传播这些作品（在自动公众传播，包含信息网络传播）（限于采取政令规定的措施，为实施防止或者抑制采用通过复制制作的复制品复制这些作品，或者接收该公众传播复制这些作品的措施，以及为防止不正当侵害著作权人其他利益的措施）。

【计算机程序作品复制品所有人的复制】

第47条之3　计算机程序作品复制品所有人，为自己在电子计算机中使用该作品，在必要限度内，可以复制或者改编该作品（包含复制根据其创作的演绎作品）。但是，使用与该使用有关的复制品，适用第113条第2款规定的情形，不在此限。

前款的复制品所有人因灭失以外的事由丧失该复制品（包括根据同款规定已制作的复制品）之一的所有权后，只要著作权人不作出特别意思表示，就不得保存其他复制品。

【为保养、修理等的临时复制】

第47条之4　保养或者修理记录媒体内置复制机器［是指具有复制功能的机器，并将其复制记录在机器内置的记录媒体（以下在本条称为“内置记录媒体”）而进行者。在下款相同］的情形，在必要限度内，可以在该内置记录媒体以外的记录媒体上临时记录被记录在其内置记录媒体的作品，在该保养或者修理后，可以在该内置记录媒体记录记录在其内置记录媒体的作品。

因记录媒体内置复制机器存在制造缺陷或者销售前发生故障，将其和同种机器换货的情形，在必要限度内，可以在内置记录媒体以外的记录媒体上临时记录被记录在其内置记录媒体的作品，在该同种机器的内置记录媒体记录被记录在其内置记录媒体的作品。

根据前二款规定，在内置记录媒体以外的记录媒体记录作品的人，根据这些规定保养、修理、换货后，不得保存记录在记录媒体的作品复制品。

【为防止传播障碍的复制】

第47条之5　以从事自动公众传播装置｛是指自动公众传播装置及特定传播装置［是指通过链接通信线路，记录在其记录媒体中用于特定传播（是指政令规定的用于自动公众传播以外的无线通信或者有线电信通讯传播。以下与本款相同）用的部分（在第1项称为“特定传播记录媒体”），或者具有将录入到该装置的信息进行特定传播功能的装置］。以下在本条相同｝用于他人自动公众传播（是指自动公众传播及特定传播。以下在本条相同）

为业的人，以下列各项列举的目的，在必要限度内，可以将通过自动公众传播装置等已完成信息网络传播（是指为能进行信息网络传播及特定传播而由政令规定的行为。以下在本条相同）的作品，记录在下列各项规定的记录媒体上：

1. 因防止请求自动公众传播集中在该自动公众传播装置等所致传播缓慢，或者因该自动公众传播装置故障所致传播障碍，信息网络传播公众传播用记录媒体（是指公众传播用记录媒体及特定传播用记录媒体。在下项相同）以外的记录媒体，为用于信息网络传播自动公众传播之用的；

2. 记录在信息网络传播公众传播用记录媒体的作品复制品灭失或者损毁的情形，用于其修复用的，该公众传播用记录媒体以外的记录媒体（公众传播用记录媒体的除外）。

以自动公众传播装置用于他人自动公众传播为业的人，在进行为转播已完成信息网络传播作品（根据自动公众转播装置已完成信息网络传播的除外）的自动公众传播的情形，为高效率进行转播，在传播后进行的作品自动公众传播，在必要限度内，可以在自动公众传播装置的记录媒体内，将作品记录在用于传播的部分。

下列各项列举人员在各项规定的情形，在此后，不得保存获得各项规定适用而制作的作品复制品：

1. 根据第1款（限于第1项的部分）或者前款规定在记录媒体上记录作品的人，认为按照这些规定所规定的目的已没有必要保存复制品时，或者已知作品的信息网络传播侵害著作权（在国外已进行信息网络传播的情况下，如果在国内进行则应当构成侵害著作权的）时；

2. 根据第1款（限于第2项的部分）规定在记录媒体上记录作品的人，认为为同项列举目的已没有必要保存复制品时。

【为检索信息网络传播信息传播源识别符号的复制】

第47条之6 按照公众要求，以检索已信息网络传播信息传播源识别符号（是指为识别自动公众传播传播源的文字、编号、符号及其他符号。以下在本条相同）和提供其结果为业的人（包括从事该经营的部分，限于按照政令规定的标准，进行收集、整理及提供已信息网络传播的信息的人），为进行检索和提供其结果，在必要限度，有关信息网络传播的作品（有关作品自动公众传播，限于为识别接收人要求录入的信息及其他为限制接收采取手段的情形，有关接收自动公众传播，已获得采取手段的人同意的），可以记录或者改编记录媒体（包括据此已创作的演绎作品的记录），按照公众要求，与提供该要求有关的已信息网络传播的信息传播源识别符号一起,记录在该记录媒体的作品复制品(包括作品的该演绎作品的复制品。以下在本条称为“提供检索结果用记录”)中,采用传播源识别符号进行自动公众传播(包括信息网络传播)。但是,有关提供检索结果用记录,已知作品的信息网络传播侵害著作权(在国外已信息网络传播的情况下,如果在国内进行则构成侵害著作权的)时,此后,不得采用提供检索结果用记录进行自动公众传播(包括信息网络传播)。

【因信息解析的复制等】

第47条之7 以通过电子计算机进行信息解析(是指从众多作品及其他大量信息中,提取构成信息的语言、声音、影像及其他要素的信息,进行比较、分类及其他统计解析。以下在本条相同)为目的的情形,在必要限度,可以在记录媒体(包括据此创作的演绎作品的记录)记录或者改编作品。但是,为用于进行信息解析的人而用制作的数据库作品,不在此限。

【在电子计算机中伴随利用作品的复制】

第47条之8 电子计算机利用作品复制品使用作品的情形,或者在接收传播使用无线通信或者有线电信通讯传播作品的情形(限于这些利用或者使用复制品不侵害著作权的情形),因使用它们,为顺利高效处理信息,在电子计算机信息处理过程中,在必要限度内,可以在电子计算机的记录媒体上记录作品。

【在利用信息通讯技术提供信息的准备方面因处理必要信息的使用】

第47条之9 通过利用信息通讯技术的方法提供信息的情形,为顺利高效进行提供的准备,由所需电子计算机进行信息处理时,在必要限度内,可以在记录媒体上记录或者改编作品(包括由此创作的演绎作品)。

【因限制复制权制作的复制品的转让】

第47条之10 根据第31条第1款(限于第1项的部分。以下在本条相同)或者第3款后段、第32条、第33条第1款(包括同条第4款准用的情形)、第33条之2第1款或者第4款、第34条第1款、第35条第1款、第36条第1款、第37条、第37条之2(第2项除外。以下在本条相同)、第39条第1款、第40条第1款或者第2款、第41条到第42条之2、第42条之3第2款或者第46条到第47条之2规定可以复制的作品,可以通过转让适用这些规定制作的复制品[第31条第1项或者第3款后段、第35条第1款、第36条第1款、第42条规定的情形,电影作品的复制品(电影作品中进行复制作品的情况下，包括电影作品的复制品。以下在本条相同）除外］向公众提供。但是，为第31条第1项、第33条之2第1款或者第4款、第35条第1款、第37条第3款、第37条之2、第41条到第42条之2、第47条规定目的以外的目的，向公众转让适用第31条第1款或者第3款后段、第33条之2第1款或者第4款、第35条第1款、第37条第3款、第37条之2、第41条到第42条之2、第42条之3第2款或者第47条之2规定制作的作品复制品（第31条第1项、第35条第1款、第42条规定的情形，电影作品的复制品除外）的情形，不在此限。

【出处的明示】

第48条 下列各项列举的情形，必须根据复制或者使用的情况，按照认为合理的方法和程度，明示各项规定作品的出处：

1. 根据第32条、第33条第1款（包括同条第4款准用的情形）、第33条之2第1款、第37条第1款、第42条、第47条规定复制作品的情形；

2. 根据第34条第1款、第37条第3款、第37条之2、第39条第1款、第40条第1款或者第2款规定使用作品的情形；

3. 根据第32条规定通过复制以外的方法使用作品的情形，或者根据第35条、第36条第1款、第38条第1款、第41条、第46条规定使用作品的情形，有明示出处习惯时。

前款明示出处时，除随之明确作者姓名的情形和作品是匿名作品的情形外，必须在作品上标示已署名的作者姓名。

根据第43条的规定翻译、编曲、改变表现形式、改编使用作品的情形，必须根据前二款规定明示作品出处。

【复制品目的外的使用】

第49条 下列人员，视为已进行第21条的复制：

1. 为第30条第1款、第30条之3、第31条第1款第1项或者第3款后段、第33条之2第1款或者第4款、第35条第1款、第37条第3款、第37条之2正文（在同条第2项时，同项。在下款第1项相同）、第41条到第42条之3、第42条之4第2款、第44条第1款或者第2款、第47条之2、第47条之6规定目的以外的目的，发行适用这些规定制作作品复制品的人（符合下款第4项复制品的除外），或者通过复制品向公众展示作品的人；

2. 违反第44条第3款规定，保存了同款的录音制品、录像制品的广播组织或者有线广播组织；

3. 发行适用第47条之3第1款规定制作的作品复制品（属于下款第2项的复制品的除外）、适用第47条之4第1款或者第2款规定临时记录在同条第1款或者第2款规定的内置记录媒体以外的媒体上的作品复制品，或者通过这些复制品向公众展示这些作品的人；

4. 违反第47条之3第2款、第47条之4第3款、第47条之5第3款的规定，保存了这些规定的复制品（属于下款第2项复制品的除外）的人；

5. 为第30条之4、第47条之5第1款或者第2款、第47条之7或者第47条之9规定目的以外的目的，以适用这些规定制作作品复制品（属于下款第6项复制品的除外）而使用作品的人；

6. 违反第47条之6但书的规定，以适用同条正文规定制作的作品复制品（属于下款第5项复制品的除外）进行了作品的自动公众传播（包含信息网络传播）的人；

7. 不使用该作品在第47条之8规定的复制品，使用获得同条规定适用制作的作品复制品，或者不接收作品在同条规定的传播（在传播是按照接收人的要求自动进行的情形，政令规定的作为接收传播或者与之类似的行为）进行使用，使用了该作品的人。

下列人员，视为对演绎作品的原作品进行了第27条的翻译、编曲、改变表现形式、改编：

1. 为第30条第1款、第31条第1款第1项、第33条之2第1款、第35条第1款、第37条第3款、第37条之2正文、第41条、第42条规定目的以外的目的，发行获得第43条规定适用而按照同条各项列举的这些规定制作的演绎作品复制品，或者通过复制品向公众展示演绎作品的人；

2. 发行适用第47条之3第1款规定制作的演绎作品复制品，或者通过复制品向公众展示演绎作品的人；

3. 违反第47条之3第2款的规定，保存了前项复制品的人；

4. 为第30条之3或者第47条之6规定目的以外的目的，发行适用这些规定制作的演绎作品复制品，或者通过复制品向公众展示演绎作品的人；

5. 违反第47条之6但书的规定，采用获得同条正文规定适用制作的演绎作品复制品，进行演绎作品的自动公众传播（包含信息网络传播）的人；

6. 为第30条之4、第47条之7或者第47条之9规定目的以外的目的，利用适用同条规定制作的演绎作品复制品，使用演绎作品的人。

【和作者人格权的关系】

第50条 解释本目的规定不得影响作者人格权。

第四节 保 护 期

【保护期的原则】

第51条 著作权的保护期始于作品创作时。

除在本节有特别规定的情形外，著作权存续到作者死后（在合作作品的情况下，指最后死亡的作者死亡后。在下一条第1款相同）满50年。

【匿名或者化名作品的保护期】

第52条 匿名或者化名作品的著作权存续到作品发表后满50年。但是，在保护期届满前，作者死后满50年的匿名或者化名作品的著作权在作者死后满50年时消灭。

符合下列各项之一的，不适用前款规定：

1. 在化名作品中，作者的化名作为此人的姓名已众所周知时；
2. 在前款期间内，已进行第75条第1款的实名登记时；
3. 在前款期间内，作者已用实名或者众所周知化名署名发表作品时。

【团体署名作品的保护期】

第53条 以法人及其他团体署名发表的作品的著作权，存续到作品发表后满50年（作品在创作后50年以内未发表时，其创作后50年）。

以法人及其他团体署名发表的作品的作者，在前款期间内，个人用实名或者众所周知化名署名发表作品时，不适用前款的规定。

根据第15条第2款的规定，作者是法人及其他团体的，关于作品著作权的保护期，即使不符合第1款的作品，也视为以该团体署名发表，适用同款规定。

【电影作品的保护期】

第54条 电影作品的著作权，存续到作品发表后满70年（作品在创作后70年以内未发表时，创作后70年）。

电影作品的著作权因保护期届满而消灭时，关于电影作品的使用，原作品的著作权和电影作品的著作权同时消灭。

电影作品的著作权，不适用前二条的规定。

第55条 删除

【连续刊物发表的时间】

第56条 第52条第1款、第53条第1款和第54条第1款的发表时间，有关册、号、期发表的作品，应当根据每册、每号、每期发表的时间。陆续发表一部分而完成的作品，根据最后部分发表的时间。

陆续发表一部分而完成的作品，应当连续的部分自最后发表的时间起满3年仍没有发表时，将已发表作品的最后部分视为前款的最后部分。

【保护期的计算方法】

第57条 在第51条第2款、第52条第1款、第53条第1款或者第54条第1款的情形，计算作者死后50年、作品发表后50年、创作后50年，或者作品发表后70年、创作后70年期间的最后期限时，分别从作者死亡日、作品发表日或者创作日的次年起计算。

【保护期的特别例外】

第58条 基于《保护文学和艺术作品伯尔尼公约》《世界知识产权组织版权条约》《设立世界贸易组织马拉喀什协定》的规定，分别将根据《保护文学和艺术作品伯尔尼公约》成立的国际联盟加盟国、《世界知识产权组织版权条约》缔约国、世界贸易组织成员的外国作为本国(符合第6条第1项的除外)，在本国规定的著作权保护期比第51条到第54条规定的著作权保护期短时，作品按照在本国规定的著作权保护期。

第五节 作者人格权的人身专属性

【作者人格权的人身专属性】

第59条 作者人格权专属于作者本人，不能转让。

【作者死亡后人格利益的保护】

第60条 向公众提供或者展示作品的人，即使在作品的作者死亡后，也不得实施如果作者未亡则构成侵害作者人格权的行为。但是，根据行为性质、程度、社会情况变化及其他情况，认为其行为不侵害作者意志的情形，不在此限。

第六节 著作权的转让和消灭

【著作权的转让】

第61条 著作权可以全部或者部分转让。

在转让著作权的合同中,作为转让的标的,没有特别载明第27条或者第28条规定的权利时,推定这些权利由已转让的人保留。

【没有继承人等情形著作权的消灭】

第62条 在下列情形著作权消灭:

1. 在著作权人死亡的情形,根据《民法》(1896年法律第89号)第959条(残余财产归属国库)的规定,著作权应当归属国库时;

2. 在法人是著作权人而法人解散的情形,根据《一般社团法人和一般财团法人法》(2006年法律第48号)第239条第3款(残余财产归属国库)及其他与之类似法律的规定,著作权应当归属国库时。

第54条第2款的规定,准用于电影作品的著作权根据前款规定消灭时。

第七节 权利的行使

【著作权的使用许可】

第63条 著作权人可以许可他人使用其作品。

得到前款许可的人,在许可的使用方法和条件的范围内,可以使用许可作品。

只要没有得到著作权人的同意,就不能转让使用第1款许可作品的权利。

只要在合同中没有作出特别规定,有关作品的广播或者有线广播,第1款的许可不包括许可作品录音或者录像。

作品的信息网络传播得到第1款许可的人,有关在许可使用方法和条件(信息网络传播的次数或者用于信息网络传播的自动公众传播装置的除外)的范围内反复使用,或者使用其他自动公众传播装置进行的作品信息网络传播,不适用第23条第1款的规定。

【合作作品作者人格权的行使】

第64条 如果不是根据全体作者一致同意,则不能行使合作作品作者人格权。

合作作品的各作者不能违反诚实信用阻碍成立前款的一致同意。

合作作品作者可以从作者中确定行使作者人格权的代表人。

对行使前款权利的代表人的代表权施加的限制,不能对抗善意第三人。

【共有著作权的行使】

第65条 合作作品的著作权及其他共有著作权(以下在本条称为“共有著作权”),各共有人如果没有得到其他共有人的同意,则不能转让其持有额或者作为质权的标的。

如果不是由全体共有人一致同意,则不能行使共有著作权。

在前二款的情形,如果没有正当理由,则各共有人不能拒绝第1款的同意或者阻碍成立前款的一致同意。

前条第3款及第4款的规定,准用于行使共有著作权。

【受质权保护的著作权】

第66条 以著作权为标的设定质权的情形,只要在设定行为中没有作出特别规定,则由著作权人行使著作权。

以著作权为标的的质权,在转让著作权或者使用著作权的作品时,也可以对著作权人应当获得的金钱及其他物品(包括设定出版权的对价)行使。但是,在支付或者交付它们之前,需要冻结获得它们的权利。

第八节 根据裁定使用作品

【著作权人不明的情形作品的使用】

第67条 著作权人不明及政令规定的因其他理由即使付出相当努力仍不能和著作权人取得联系的情形,获得文化厅长的裁定,并为著作权人提存了文化厅长规定数额的相当于普通使用费额的补偿金后,可以按照裁定的使用方法,使用已发表的作品、长期向公众提供的作品、展示事实明确的作品。

拟获得前款裁定的人,必须在记载作品使用方法及政令规定的其他事项的申请书上,添加说明不能和著作权人取得联系的资料及由政令规定的其他资料,并向文化厅长提交。

在根据第1款规定制作的作品复制品上,必须标示是同款裁定的复制品和作出的裁定年月日。

【正在申请裁定的作品的使用】

第 67 条之 2 提出前条第 1 款裁定(以下在本条简称“裁定”)申请的人,考虑所申请作品的利用方法,提存了文化厅长规定金额担保金的情形,在获得裁定或者不作出裁定的处分前(在获得裁定或者不作出裁定处分前,能够和作者取得联络时,到能取得联络前),可以按照和申请的利用方法相同的方法利用申请作品。但是,作品作者明确作出决定将禁止出版作品及其他利用时,不在此限。

在根据前款规定制作的作品复制品上,必须标示获得同款规定适用制作复制品的主旨和提出裁定申请的年月日。

根据第 1 款规定使用作品的人(以下称“正在申请的使用人”)获得裁定时,不受前条第 1 款规定的限制,就同款补偿金中相当于根据第 1 款规定而已被提存的担保金数额(该担保金额超过该补偿金额时,该金额),不需根据同条第 1 款的规定提存。

正在申请的使用人获得不进行裁定的处分时(到获得处分前,能和著作权人取得联系的除外),到获得该处分前,作为相当于根据第 1 款规定使用作品的使用费金额,必须为著作权人提存文化厅长规定数额的补偿金。在这种情形,根据同款规定提存的担保金额中相当于补偿金数额(补偿金额超过担保金数额时,该金额)的金额,视为已提存补偿金。

正在申请的使用人获得裁定或者不进行处分前,在能和著作权人联系时,必须向著作权人支付相当于在能取得联络前根据第 1 款规定使用作品使用费金额的补偿金。

在本条第 1—3 款的情形,有关著作权人获得前条第 1 款或者第 2 款补偿金的权利,可以从根据第 1 款规定已提存的担保金中获得清偿。

根据第 1 款规定提存了担保金的人,在担保金额超过根据前款规定著作权人可以获得清偿的数额时,可以根据政令规定取回全部或者部分担保金。

【作品的广播】

第 68 条 拟广播已发表作品的广播组织,可以要求著作权人协商广播许可,但是,协商不成立或者未能进行协商时,在获得文化厅长的裁定并向著作权人支付了文化厅长规定的相当于普通使用费金额的补偿金后,可以广播作品。

根据前款规定广播的作品,可以进行有线广播、以接收为目的专门在广播的广播区域自动向公开传播(信息网络传播中,包括通过将信息记录在连接供公众用通信线路的自动公众传播装置),或者采用接收装置公开转播。

在这种情形,从事有线广播、自动公众传播或者转播的人,除适用第38条第2款及第3款规定的情形外,必须向著作权人支付相当于普通使用费金额的补偿金。

【商业唱片的录音】

第69条 商业唱片首次在国内销售,自首次销售日起满3年的情形,录音获得著作权人许可已被录音在商业唱片上的音乐作品而拟制作其他商业唱片的人,要求著作权人协商许可通过录音或者转让向公众提供作品,在协商不成立或者未能进行协商时,获得文化厅长的裁定并向著作权人支付了文化厅长规定的相当于普通使用费金额的补偿金后,可以通过该录音或者转让向公众提供音乐作品。

【裁定程序及标准】

第70条 提出第67条第1款、第68条第1款、前条裁定申请的人,必须缴纳考虑成本后由政令规定数额的手续费。

根据前款的规定应当缴纳手续费的人是国家或者独立行政法人的,考虑业务内容及其他情况,是由政令规定的(在第78条第6款及第107条第2款中称为"国家"),不适用前款的规定。

有了第68条第1款、前条裁定申请时,文化厅长必须将主旨通知与申请有关的著作权人,指定相当期间,给予发表意见的机会。

有了第67条第1款、第68条第1款、前条裁定申请的情形,文化厅长认为符合下列各项之一时,不得作出前述裁定:

1. 作者明确禁止出版的作品及其他使用时;

2. 与第68条第1款裁定申请有关的著作权人,对不授予其作品广播许可有不得已的情况时。

文化厅长拟不作出前款的裁定处分(根据第7款规定作出不进行裁定处分的情形除外)时,应当事先将理由通知申请人,给予申辩及提出有利证据的机会,作出不作出裁定处分时,必须采用书面形式并附理由将裁定主旨通知申请人。

文化厅长在作出了第67条第1款的裁定时,必须在官报上公布主旨,同时通知申请人;在作出第68条第1款或者前条的裁定时,必须将主旨通知当事人。

正在申请的使用人撤回第67条第1款裁定申请的,文化厅长应当作出不进行裁定的处分。

前各款规定者外,本节规定的裁定的必要事项由政令规定。

第九节 补 偿 金

【咨询文化审议会】

第71条 在决定第33条第2款(包括同条第4款准用的情形)、第33条之2第2款、第67条第1款、第67条之2第4款、第68条第1款、第69条的补偿金数额的情形,文化厅长必须咨询文化审议会。

【补偿金数额之诉】

第72条 对基于第67条第1款、第67条之2第4款、第68条第1款或者第69条规定决定的补偿金额,有异议的当事人自已知有根据这些规定作出裁定(在第67条之2第4款情形下,不进行第67条第1款裁定的处分)日起6个月以内,可以起诉要求增减其数额。

前款的诉讼中,提起诉讼的人是作品使用人时,必须以著作权人作为被告;提起诉讼的人是著作权人时,必须以使用作品的人作为被告。

【补偿金数额异议申请的限制】

第73条 关于第67条第1款、第68条第1款、第69条的裁定或者不进行裁定的处分,在根据《行政异议审查法》(1962年法律第160号)的异议申请中,不能以不服裁定或者不作出裁定处分的补偿额作为不服裁定或者不进行裁定处分的理由。但是,已获得第67条第1款裁定或者不作出裁定处分的人,因著作权人不明及其他与之类似理由不能提起前条第1款诉讼的情形,不在此限。

【补偿金的提存】

第74条 应当支付第33条第2款(包括同条第4款准用的情形)、第33条之2第2款、第68条第1款、第69条补偿金的人,在下列情形,不支付补偿金而必须提存补偿金:

1. 著作权人拒绝领受补偿金或者不能领受补偿金的情形;
2. 此人无过失而不能确知著作权人的情形;
3. 此人对补偿金数额已提起第72条第1款诉讼的情形;
4. 以著作权为标的,已设定质权的情形(得到质权人许可的除外)。

在前款第3项的情形,著作权人请求时,应当支付补偿金的人必须支付自己估计的金额,并提存与裁定补偿金的差额。

提存根据第67条第1款、第67条之2第4款、前二款规定的补偿金，或者提存根据同条第1款规定的保证金，在知道著作权人在国内有住所或者居所的情形，应当向其住所或者居所最近的提存所提存，在其他情形，应当向提存人的住所或者居所最近的提存所提存。

完成前款提存的人，必须迅速将其主旨通知著作权人。但是，因著作权人不明及其他理由不能通知著作权人的情形，不在此限。

第十节 登 记

【实名登记】

第75条 以匿名或者化名发表了作品的作者，无论实际是否享有著作权，可以获得作品实名登记。

作者死亡后，可以通过遗嘱中指定的人获得前款的登记。

已进行实名登记的人，推定为登记作品的作者。

【首次发行年月日的登记】

第76条 著作权人或者匿名、化名作品的发行人，可以获得作品首次发行年月日的登记或者首次发表年月日的登记。

已进行首次发行年月日或者首次发表年月日登记的作品，推定为在这些登记的年月日已首次发行或者首次发表作品。

【创作年月日的登记】

第76条之2 计算机程序作品的作者可以获得作品创作年月日的登记。但是，作品创作后满6个月的情形，不在此限。

已进行前款登记的作品，推定在登记的年月日已完成创作。

【著作权的登记】

第77条 下列事项如果不登记则不能对抗第三人：

1. 因著作权的转移（根据继承及其他一般继受的除外。在下项相同）、由信托的变更，或者处分的限制；

2. 以著作权为标的，质权的设定、移转、变更、消灭（因混同、著作权或者担保的债权消灭的除外），或者处分的限制。

【登记程序】

第78条 文化厅长在著作权登记簿上进行记载或者记录第75条第1款、第76条第1款、第76条之2第1款、前条的登记。

可以根据政令规定范围,用磁盘制作全部或者部分著作权登记簿(包括通过与之类似方法能够准确记录一定事项并存放的物品。在第4款相同)。

已进行第75条第1款的登记时,文化厅长在官报上公布其主旨。

任何人均可向文化厅长请求交付著作权登记簿的誊本、摘抄本、附属文件的复制本,或者阅览著作权登记簿及其附属文件,或者交付在著作权登记簿中记载采用磁盘制作的记录事项的文件。

提出前款请求的人,必须缴纳考虑成本由政令规定数额的手续费。

应当缴纳手续费的人是国家时,不适用前款的规定。

第1款规定登记的处分,不适用《行政程序法》(1993年法律第88号)第2章及第3章的规定。

著作权登记簿及其附属文件,不适用《行政机关信息公开法》的规定。

记录在著作权登记簿及其附属文件上的个人保有信息[行政机关保有的《个人信息保护法》(2003年法律第58号)第2条第3款规定的个人保有信息],不适用同法第4章的规定。

本节规定者外,第1款规定的登记的必要事项由政令规定。

【计算机程序作品登记的特别例外】

第78条之2 计算机程序作品的登记,由本节规定外,其他由法律另行规定。

第三章 出 版 权

【出版权的设定】

第79条 具有第21条或者第23条第1款规定权利的人(本章以下称为“复制权保有人”),可以将其作品向承担以文字图书或者图画出版(包括使用电子计算机,按照在其画面上拟作为文字图书或者图画表现的方法记录在记录媒体上,通过记录在该记录媒体的该作品复制品发行的。在下一条第2款及第81条第1项称为“出版行为”)的人,或者使用由该方式记录在记录媒体的该作品复制品开展公众传播(广播或者有线广播除外,在自动公众传播的情形,包括网络化。以下在本章相同)行为(在下一条第2款及第81条第2项称为“公众传播行为”)的人,设定出版权。

在以复制权或者公众传播权为标的设定质权时,限于获得质权人许可的情形,复制权保有人可以设定出版权。

【出版权的内容】

第 80 条 出版权人按照设定行为规定的范围,就其出版权标的的作品,专有下列权利的全部或者一部分:

(1) 以发行为目的,按照原作原样印刷以及其他机械的或者化学的方法,用文字图书或者图画复制的权利(包括根据前条第 1 款规定的方法,用记录在记录媒体的电磁记录复制原作原样的权利);

(2) 根据前条第 1 款规定的方法,使用记录在记录媒体的该作品复制品,将原作原样进行公众传播的权利。

在出版权的保护期内该作品的作者死亡时或者在设定行为中有特别规定的情形除外,自出版权设定后首次出版行为日起或者公众传播行为(在第 83 条第 2 款及第 84 条第 3 款是指"出版行为")日起,已满 3 年时,不受前款规定限制,复制权保有人可以在全集及其他编辑物中(仅限于编辑该作者的作品)收录复制该作品,或者进行公众传播该作品。

限于获得复制权保有人许可的情形,出版权人可以向他人许可复制该出版权标的的作品或者公众传播。

第 63 条第 2 款、第 3 款及第 5 款的规定准用于前款。在这种情形,同条第 3 款中有"著作权人"应换读为"第 79 条第 1 款的复制权保有人及出版权人",同条第 5 款中有"第 23 条第 1 款"应换读为"第 80 条第 1 款(限于第 2 项有关的部分)"。

【出版义务】

第 81 条 按照下列各项的分类,就出版权标的的作品,出版权人负有在该各项规定的义务。但是,在设定行为中有特别规定的情形,不在此限。

(1) 前条第 1 款第 1 项列举权利的出版权人(在下条称为"第 1 项出版权人"),下列义务:

A. 为复制其作品,复制权保有人交付必要稿件及其他原作或者与之相当物日起,或者获得提供其作品电磁记录日起,在 6 个月内,实施出版该作品的行为;

B. 按照惯例继续出版该作品的义务。

(2) 前条第 1 款第 2 项列举权利的出版权人(在下条第 1 款第 2 项称为"第 2 项出版权人"),下列义务:

A. 为进行公众传播该作品,复制权保有人交付必要稿件及其他原作或者与之相当物日起,或者获得提供其作品电磁记录日起,在 6 个月内,实施向公众传播该作品的行为；

B. 按照惯例继续向公众传播该作品的义务。

【作品的修正增删】

第82条 在下列情形,在正当范围内,作者可以修改或者增删其作品：

（1）第1项出版权人再次复制其作品的情形；

（2）第2项出版权人向公众传播其作品的情形。

第1项出版权人拟再次复制受出版权保护的作品时,每次必须事先将其主旨通知作者。

【出版权的保护期】

第83条 出版权的保护期由设定行为规定。

在设定行为中没有规定有效期间时,在其设定后首次出版行为日起满3年之日,出版权消灭。

【请求消灭出版权】

第84条 出版权人违反第81条第1项(限于A有关的部分)或者第2项(限于A有关的部分)的义务时,复制权保有人可以通知出版权人,分别消灭第80条第1款第1项或者第2项列举权利的出版权。

在出版权人违反第81条第1项(限于B的部分)或者第2项(限于B的部分)义务的情形,尽管复制权保有人规定3个月以上的期间,催告其履行,但其没有在此期间内履行时,复制权保有人可以通知出版权人,使第80条第1款第1项或者第2项列举权利的出版权分别消灭。

作者是复制权保有人的,在作品内容变为不符合自己的信念时,为禁止其作品的出版行为,可以通知出版权人使出版权消灭。但是,没有事先赔偿因禁止出版通常会给出版权人产生损害的情形,不在此限。

第85条 删除

【出版权的限制】

第86条 第30条第1款(第3项除外。在下款相同)、第30条之2第2款、第30条之3、第31条第1款和第3款后段、第32条、第33条第1款(包括同条第4款准用的情形)、第33条之2第1款及第4款、第34条第1款、第35条第1款、第36条第1款、第37条、第37条之2、第39条第1款、第40条第1款及第2款、第41条到第42条之2、第42条之3第2款和第46条到第47条之2的规定,准用于复制受出版权保护的作品。在这种情形,第30条之2第

2款、第30条之3、第35条第1款、第42条第1款、第47条之2中,“著作权人”应当换读为“出版权人”。

为在前款准用的第30条第1款、第30条之3、第31条第1款第1项或者第3款后段、第33条之2第1款或者第4款、第35条第1款、第37条第3款、第37条之2正文(在同条第2项情形,同项)、第41条到第42条之2、第42条之3第2款,或者第47条之2规定目的以外的目的,发行适用这些规定制作的作品复制品或者通过复制品向公众展示作品的人,视为已进行第80条第1款第1项的复制。

第30条之2第2款、第30条之3、第31条第3款前段、第32条第1款、第33条之2第4款、第35条第2款、第36条第1款、第37条第2款及第3款、第37条之2(第2项除外)、第40条第1款、第41条、第42条之2、第42条之3第2款、第46条、第47条之2和第47条之6的规定,准用于以出版权为标的的作品的公众传播。在这种情形,第30条之2第2款、第30条之3、第35条第2款、第36条第1款及第47条之2中的“著作权人”者应换读为“出版权人”,第47条之6但书中的“著作权”者应换读为“出版权”。

【出版权的转让】

第87条 限于得到复制权保有人许可的情形,可以转让全部或者部分出版权,或者以全部或者部分出版权作为质权的标的。

【出版权的登记】

第88条 下列事项如果不登记则不能对抗第三人:

1. 出版权的设定、移转(因继承及其他一般继受的除外。在下项相同)、变更、消灭(因混同或者复制权或者公众传播权消灭的除外),或者处分的限制;

2. 以出版权为标的,质权的设定、移转、变更、消灭(因混同,或者出版权、担保的债权消灭的除外)或者处分的限制。

第78条(第3款除外)的规定,准用于前款的登记。在这种情形,同条第1款、第2款、第4款、第8款及第9款中,有“著作权登记簿”应当换读为“出版权登记簿”。

第四章 著作邻接权

第一节 总 则

【著作邻接权】

第89条 表演者享有第90条之2第1款、第90条之3第1款规定的权利(以下称为“表演者人格权”)和第91条第1款、第92条第1款、第92条之2第1款、第95条之2第1款、第95条之3第1款规定的权利,享有获得第94条之2、第95条之3第3款规定的报酬和第95条第1款规定的二次使用费的权利。

唱片制作人享有第96条、第96条之2、第97条之2第1款、第97条之3第1款规定的权利和获得第97条第1款规定的二次使用费、第97条之3第3款规定的报酬的权利。

广播组织享有第98条到第100条规定的权利。

有线广播组织享有第100条之2到第100条之5规定的权利。

享有前述各款权利,不需要履行任何程序。

第1款到第4款的权利(表演者人格权和获得第1款及第2款的报酬、二次使用费权利除外),称为著作邻接权。

【作者的权利和著作邻接权的关系】

第90条 本章规定的解释不得影响作者的权利。

第二节 表演者的权利

【署名权】

第90条之2 表演者向公众提供或者展示表演时,有权将其姓名、艺名及其他代替姓名而使用的作为表演者名署名,或者不署名表演者。

对于表演,只要表演者不作出特别意思表示,表演使用人则可以按照表演者已有署名署名表演者姓名。

按照使用表演的目的和形态,认为表演者的署名不可能侵害表演者主张其是表演的表演者的利益时,或者不违反公正习惯时,可以省略。

符合下列各项之一时,不适用第1款的规定:

1. 根据《行政机关信息公开法》《独立行政法人信息公开法》《信息公开

条例》的规定，行政机关首长、独立行政法人、地方政府机关、地方独立行政法人向公众提供或者展示表演的情形，表演按照其表演者已有署名署名表演者姓名时；

2. 根据《行政机关信息公开法》第6条第2款的规定、《独立行政法人信息公开法》第6条第2款的规定、《信息公开条例》的规定中相当于《行政机关信息公开法》第6条第2款的规定，行政机关首长、独立行政法人、地方政府机关、地方独立行政法人向公众提供或者展示表演的情形，变为省略标示表演的表演者姓名时；

3. 根据《公文管理法》第16条第1款的规定或者《公文管理条例》的规定（限于与同款规定相当的规定），国立公文馆长或者地方公文馆长向公众提供或者展示表演的情形，表演按照其表演者既有署名署名表演者姓名时。

【保护表演完整权】

第90条之3 表演者具有保持表演完整的权利，不接受损害自己名誉或者声望、变更或者删除表演以及其他改变。

按照表演性质、使用目的和形态，认为是不得已的改变或者认为不违反公正习惯的改变，不适用前款的规定。

【录音权及录像权】

第91条 表演者对其表演专有录音或者录像的权利。

除得到具有前款规定的权利的人许可而在电影作品中录音，或者有关已进行录像的表演将其录音到录音制品（专门以声音和影像同时播放为目的的除外）的情形外，不适用前款的规定。

【广播权及有线广播权】

第92条 表演者对其表演专有广播或者有线广播的权利。

在下列情形，不适用前款的规定：

1. 有线广播广播表演的情形；

2. 广播或者有线广播广播下列表演的情形：

（1）得到具有前条第1款规定权利的人许可录音或者录像的表演；

（2）在前条第2款的表演中，在同款录音制品以外的介质上录音、录像的。

【信息网络传播权】

第92条之2 表演者专有将其表演进行信息网络传播的权利。

下列表演，不适用前款的规定：

1. 得到具有第90条第1款规定权利的人许可录像的表演；

2. 在第91条第2款表演中，在同款录音制品以外的介质上录音或者录像的。

【用于广播的固定】

第93条 有关广播表演，获得具有第92条第1款规定权利的人许可的广播组织，为广播可以对表演进行录音或者录像。但是，合同中有特别规定的情形、适用于与该许可的广播节目不同内容的广播节目，以此为目的而进行录音或者录像的情形，不在此限。

下列人员，视为已进行第91条第1款录音或者录像的人：

1. 为非广播目的或者同款但书规定的目的，使用、提供根据前款规定制作的录音制品或者录像制品的人；

2. 广播组织获得提供根据前款规定制作的录音制品或者录像制品，再为其他广播组织广播而提供它们的。

【通过用于广播的固定物进行广播】

第94条 具有第92条第1款规定权利的人许可广播其表演时，只要在合同中不作出特别规定，除与该许可有关的广播外，在下列广播中可以广播该表演：

1. 获得许可的广播组织，采用根据前条第1款规定制作的录音制品或者录像制品进行的广播；

2. 从得到许可的广播组织处，获得其提供的根据前条第1款规定制作的录音制品或者录像制品进行的广播；

3. 由得到许可的广播组织，获得提供该许可的广播节目后进行的广播（前项的广播除外）。

在前款的情形，同款各项列举的广播中已广播表演时，符合各项规定的广播组织必须向有与表演有关的第92条第1款规定权利的人支付相当金额的报酬。

【广播表演的有线广播】

第94条之2 有线广播组织在已有线广播表演的情形[不以营利为目的，并且，不向听众或者观众收取费用（指不问使用何人名义进行，因展示表演获得对价。在下一条第1款相同）的情形除外]，必须向表演（限于著作邻接权保护期内，第92条第2款第2项列举的除外）的表演者支付相当数额的报酬。

【商业唱片的二次使用】

第95条 广播组织、有线广播组织(以下在本条及第97条第1款称为“广播组织”)得到有第91条第1款规定权利的人许可,广播或者有线广播录音表演的商业唱片的情形(不以营利为目的,并且,不向听众或者观众收取费用,接收广播的同时进行有线广播的情形除外),必须向表演(在第7条第1项到第6项列举的表演中,限于著作邻接权保护期内的。在下款到第4款相同)的表演者支付二次使用费。

有关表演者保护条约的缔约国,基于《表演者保护条约》第16条1(a)(i)规定以适用《表演者保护条约》第12条规定国家的国民作为唱片制作人,固定在唱片上的表演的表演者,适用前款规定。

第8条第1项列举的唱片由《表演者保护条约》缔约国赋予的根据《表演者保护条约》第12条规定的保护期,比根据第1款规定表演者受到保护期短时,以该缔约国国民为唱片制作人固定在唱片上的表演,表演者根据同款规定受到保护的期间,有关第8条第1项列举的唱片,遵照该缔约国根据《表演者保护条约》第12条规定赋予的保护期。

是《表演唱片条约》缔约国(《表演者保护条约》缔约国除外),根据《表演唱片条约》第15条(3)规定,以附保留条件国家国民担任唱片制作人,已被固定在唱片上的表演的表演者,限于在该保留范围适用第1款的规定。

在国内是以相当数量的表演从业人员为成员的团体(包括其联合体),得到其同意,有文化厅长指定时,可以仅通过该团体行使获得第1款二次使用费的权利。

如果不是具备下列要件的团体,则文化厅长不得作出前款的指定:

1. 不以营利为目的;

2. 成员可以自由加入或者退出;

3. 成员的表决权和选举权平等;

4. 为具有获得第1款二次使用费权利的人(以下在本条称为“权利人”),自己有足够能力准确完成行使权利的业务。

为权利人的利益,权利人申请后,第5款的团体不得拒绝行使其权利。

前款申请后,为权利人的权利,第5款的团体有以自己的名义实施司法上或者司法外行为的权限。

文化厅长可以根据政令规定,使第5款的团体报告第1款二次使用费的业务,或者要求提交账簿、文件及其他资料,或者为改善业务的执行方法对其进行必要劝告。

每年,第5款的团体在该团体与广播组织等或者其团体之间进行协商后,确定第5款的团体根据同款规定可以为权利人请求的二次使用费数额。

前款的协商不成立时,当事人可以根据政令规定,请求文化厅长裁定同款的二次使用费数额。

第70条第3款、第6款及第8款、第71条到第74条的规定,准用于前款的裁定和二次使用费。在这种情形,第70条第3款中有“著作权人”应当换读为“当事人”;第72条第2款中有“使用作品的人”应当换读为“第95条第1款的广播组织”;有“著作权人”应当换读为“同条第5款的团体”;第74条中有“著作权人”应当换读为“第95条第5款的团体”。

《禁止私人垄断和确保公平交易法》(1947年法律第54号)的规定,不适用于根据第10款协商的决定及基于此所为的行为。但是,采用不公平交易方法的情形和不正当侵害相关经营者利益的情形,不在此限。

除第5款到前款规定者外,第1款二次使用费的支付及第5款的团体的必要事项由政令规定。

【转让权】

第95条之2 表演者专有通过转让录音制品或者录像制品向公众提供表演的权利。

下列表演不适用前款规定:

1. 得到有第91条第1款规定权利的人的许可而录像的表演;

2. 第91条第2款的表演中,在同款录音制品以外的介质上录音或者录像的。

在表演(前款各项列举的除外。以下在本条相同)的录音制品或者录像制品中,转让符合下列各项之一的,不适用第1款的规定:

1. 由具有第1款规定权利的人或者得到其许可的人,转让给公众的表演的录音制品或者录像制品;

2. 获得根据第103条准用第67条第1款规定的裁定,转让给公众的表演的录音制品或者录像制品;

3. 获得第103条准用第67条之2第1款规定的适用,转让给公众的表演的录音制品或者录像制品;

4. 由具有第1款规定权利的人或者得到其许可的人,转让给特定少数人的表演的录音制品或者录像制品;

5. 在国外，不侵害相当于第1款规定权利的权利，或者由具有相当于同款规定权利的权利人或者得到其许可的人，转让的表演的录音制品或者录像制品。

【出租权】

第95条之3 表演者专有通过出租已录音其表演的商业唱片向公众提供表演的权利。

自首次销售日起计算，在1个月以上不超过12个月的范围内，出租已满政令规定期间的商业唱片（包括已复制唱片的全部和商业唱片是相同的，以下称为“满政令规定期限商业唱片”）的情形，不适用前款规定。

以向公众出租商业唱片为业的人（以下称为“唱片出租业者”），通过出租已满政令规定期限商业唱片向公众提供表演的情形，必须向表演（限于著作邻接权保护期内的）的表演者支付相当数额报酬。

第95条第5款到第14款的规定，准用于获得前款报酬的权利。在这种情形，同条第10款中有“广播组织”和同条第12款中有“第95条第1款的广播组织”应当换读为“第95条之3第3款的唱片出租业者”。

具有第1款规定权利的人获得许可使用费的权利，可以由在前款准用第95条第5款的团体行使。

第95条第7款到第14款的规定，准用于前款的情形。在这种情形，准用第4款后段的规定。

第三节 唱片制作人的权利

【复制权】

第96条 唱片制作人专有复制其唱片的权利。

【信息网络传播权】

第96条之2 唱片制作人专有将其唱片进行信息网络传播的权利。

【商业唱片的二次使用】

第97条 广播组织采用商业唱片进行广播或者有线广播时[不以营利为目的，并且，不向听众或者观众（是指不管采用何种名义进行，因展示唱片的声音获得的对价）收取费用，接收传播的同时进行有线广播的情形除外]，必须向唱片（第8条第1项到第4项列举的唱片中，限于著作邻接权保护期内的）的唱片制作人支付二次使用费。

第 95 条第 2 款及第 4 款的规定，准用于前款规定的唱片制作人；同条第 3 款的规定，准用于根据前款规定受到保护的期间。在这种情形，同条第 2 款到第 4 款的规定中，有“国民担任唱片制作人，被固定在唱片上的表演的表演者”应当换读为“是国民的唱片制作人”；同条第 3 款中有“表演者受到保护的期间”应当换读为“唱片制作人受到保护的期间”。

以相当数量的在国内制作商业唱片为业的人为成员的团体（包括其联盟），得到其同意并有文化厅长指定时，可以仅由该团体行使收取第 1 款的二次使用费的权利。

第 95 条第 6 款到第 14 款的规定，准用于第 1 款的二次使用费和前款的团体。

【转让权】

第 97 条之 2 唱片制作人专有通过转让复制品向公众提供唱片的权利。

在唱片复制品中，转让符合下列各项之一的，不适用前款规定：

1. 由具有前款规定权利的人或者得到其许可的人，向公众转让的唱片复制品；

2. 获得根据在第 103 条准用第 67 条第 1 款规定的裁定，向公众转让的唱片复制品；

3. 获得在第 103 条准用第 67 条之 2 第 1 款规定的适用，向公众转让的唱片复制品；

4. 由具有前款规定权利的人或者得到其许可的人，向特定少数人转让的唱片复制品；

5. 在国外，不侵害相当于前款规定权利的权利，或者由具有相当于同款规定权利的权利人或者得到其许可的人，转让的唱片复制品。

【出租权】

第 97 条之 3 唱片制作人专有通过出租已复制的商业唱片向公众提供唱片的权利。

出租已满政令规定期限商业唱片的情形，不适用前款规定。

唱片出租业者通过出租已满政令规定期限商业唱片向公众提供唱片的情形，必须向唱片（限于著作邻接权保护期内的）的唱片制作人支付相当数额的报酬。

第 97 条第 3 款的规定，准用于行使收取前款报酬的权利。

第 95 条第 6 款到第 14 款的规定，准用于第 3 款的报酬和前款中准用第

97 条第 3 款规定的团体。在这种情形,准用第 95 条之 3 第 4 款后段的规定。

具有第 1 款规定权利的人获得许可使用费的权利,可以通过在第 4 款准用第 97 条第 3 款的团体行使。

第 5 款的规定,准用于前款的情形。在这种情形,第 5 款中的“第 95 条第 6 款”应当换读为“第 95 条第 7 款”。

第四节 广播组织的权利

【复制权】

第 98 条 广播组织专有接收广播或者接收该广播后进行的有线广播、录音或者录像广播的声音或者影像、通过照片以及与之类似的方法进行复制的权利。

【重播权及有线广播权】

第 99 条 广播组织专有接收广播后进行重播或者有线广播的权利。

接收广播后进行有线广播的人根据法令规定必须进行的有线广播,不适用前款的规定。

【信息网络传播权】

第 99 条之 2 广播组织专有接收广播或者接收该广播后进行有线广播,将广播内容进行信息网络传播的权利。

接收广播后进行自动公众传播的人根据法令规定必须进行有关自动公众传播的信息网络传播,不适用前款规定。

【电视广播的转播权】

第 100 条 广播组织专有接收电视广播或者接收该电视广播后进行的有线广播,采用放大图像的特殊装置公开转播其广播的权利。

第五节 有线广播组织的权利

【复制权】

第 100 条之 2 有线广播组织专有接收有线广播、录音或者录像有线广播的声音、影像,或者通过照片及其他与之类似方法进行复制的权利。

【广播权和重复有线广播权】

第 100 条之 3 有线广播组织专有接收有线广播后播放该有线广播或者重播有线广播的权利。

【信息网络传播权】

第 100 条之 4 有线广播组织专有接收有线广播并将其进行信息网络传播的权利。

【有线电视广播的转播权】

第 100 条之 5 有线广播组织专有接收有线电视广播后采用放大影像的特殊装置公开转播有线广播的权利。

第六节 保护期间

【表演、唱片、广播或者有线广播的保护期】

第 101 条 著作邻接权的保护期,始于下列时间:

1. 表演,进行表演时;
2. 唱片,首次将声音固定时;
3. 广播,进行广播时;
4. 有线广播,进行有线广播时。

著作邻接权的保护期,在下列时间终止:

1. 表演,从表演日的次年起计算满 50 年时;
2. 唱片,从发行日的次年起计算满 50 年(从声音首次固定日的次年起计算,满 50 年未发行时,从声音首次固定日的次年起计算 50 年)时;
3. 广播,从广播日的次年起计算满 50 年时;
4. 有线广播,从有线广播日的次年起计算满 50 年时。

第七节 表演者人格权的人身专属性

【表演者人格权的人身专属性】

第 101 条之 2 表演者的人格权专属于表演者,不能转让。

【表演者死后人格利益的保护】

第 101 条之 3 即使在表演的表演者死后,向公众提供或者展示表演的人,也不得实施如果表演者生存则应当构成侵害表演者人格权的行为。但是,根据行为性质、程度、社会情况的变动及其他情况,认为其行为不侵害表演者意思的情形,不在此限。

第八节 权利的限制、转让及行使和登记

【著作邻接权的限制】

第102条 第30条第1款、第30条之2到第32条、第35条、第36条、第37条第3款、第37条之2(第1项除外,在下项相同)、第38条第2款及第4款、第41条到第42条之4、第44条(第2款除外)和第47条之4到第47条之9的规定,准用于使用受著作邻接权保护的表演、唱片、广播、有线广播;第30条第2款和第47条之10的规定,准用于使用受著作邻接权保护的表演、唱片;第44条第2款的规定,准用于使用受著作邻接权保护的表演、唱片、有线广播。在这种情形,同条第1款中的"第23条第1款"应当换读为"第92条第1款、第99条第1款或者第100条之3";同条第2款中的"第23条第1款"应当换读为"第92条第1款或者第100条之3"。

根据在前款准用第32条、第37条第3款、第37条之2、第42条的规定,或者第3款、第4款的规定,在复制表演、唱片或者广播、有线广播的声音、影像(以下总称为"表演")的情形,有明示其出处的惯例时,必须根据这些复制情况,按照认为合理的方法和程度明示其出处。

根据第33条之2第1款规定可以复制刊登在教学用图书作品的情形,可以复制适用同款规定制作的录音制品上录音的表演、与录音制品有关的唱片,或者为同款规定目的通过转让向公众提供复制品。

从事视力残疾人士福利事业的人中由第37条第3款政令规定的人,在根据同款规定可以复制视觉作品的情形,可以复制适用同款规定制作的录音制品上录音的表演、与录音制品有关的唱片,或者为同款规定的目的进行信息网络传播、通过转让向公众提供复制品。

受著作邻接权保护并进行广播的表演,可以专门以在该广播的广播区域接收为目的进行信息网络传播(限于通过将信息记录在连接供公众用通信线路的自动公众传播装置)。但是,构成侵害与该广播有关的具有第99条之2第1款规定权利人的权利的情形,不在此限。

根据第5款规定进行表演信息网络传播的人,除适用在第1款准用第38条第2款规定的情形外,必须向与表演有关的具有第92条之2第1款规定权利的人支付相当数额的补偿金。

第5、6款的规定，准用于使用受到著作邻接权保护的唱片。在这种情形下，前款中有“第92条之2第1款”应当替换为“第96条之2”。

根据第39条第1款、第40条第1款或者第2款规定，在可以广播或者有线广播作品的情形，其作品的广播或者有线广播，可以接收传播后进行有线广播、采用放大影像的特殊装置公开转播，或者在接收作品广播的同时，以接收为目的专门在广播的广播区域进行信息网络传播（限于通过将信息记录在连接供公众用通信线路的自动公众传播装置）。

下列人员，视为已进行第91条第1款、第96条、第98条、第100条之2的录音、录像或者复制的人：

1. 为在第1款准用第30条第1款、第30条之3、第31条第1款第1项或者第3款后段、第35条第1款、第37条第3款、第37条之2第2项、第41条到第42条之3、第42条之4第2款、第44条第1款或者第2款，或者第47条之6确定目的以外的目的，发行适用这些规定制作的表演复制品，或者通过复制品向公众展示表演、唱片的声音、广播或者有线广播的声音或者影像的人；

2. 违反在第1款准用第44条第3款的规定，保存同款的录音制品、录像制品的广播组织或者有线广播组织；

3. 适用第1款准用第47条之4第1款、第2款规定，在发行同条第1款、第2款规定的内置记录媒体以外的记录媒体上临时记载的表演复制品，或者通过复制品向公众展示表演、唱片的声音、广播或者有线广播的声音或者影像的人；

4. 违反在第1款准用第47条之4第3款、第47条之5第3款规定，保存复制品的人；

5. 为在第1款准用第30条之4、第47条之5第1款或者第2款、第47条之7或者第47条之9规定目的以外的目的，以适用这些规定制作的表演复制品使用表演的人；

6. 违反在第1款准用第47条之6但书规定，以适用同条正文规定制作的表演复制品进行表演信息网络传播的人；

7. 不使用该表演在第47条之8规定的复制品，使用在第1款准用同条规定适用制作的表演复制品，或者不接受该表演在同条规定的传播（在传播是按照信号接收人的要求自动进行时，政令规定的作为接收传播或者与之类似的行为）而进行使用，使用了该表演的人；

8. 为第33条之2第1款、第37条第3款规定目的以外的目的，发行适用第3款、第4款规定制作的表演或者唱片的复制品，或者通过复制品向公众展示表演、唱片的声音的人。

【和表演者人格权的关系】

第102条之2 解释前条限制著作邻接权的规定(同条第7款及第8款规定除外)不得影响表演者人格权。

【著作邻接权的转让、行使】

第103条 第61条第1款的规定准用于著作邻接权的转让；第62条第1款的规定准用于著作邻接权的消灭；第63条的规定准用于表演、唱片、广播或者有线广播的使用许可；第65条的规定准用于共有著作邻接权的情形；第66条的规定准用于以著作邻接权为标的设定质权的情形；第67条、第67条之2(第1款但书除外)、第70条(第3款和第4款除外)、第71条到第73条、第74条第3款及第4款的规定准用于在不能和著作邻接权人联系的情形使用表演、唱片、广播或者有线广播。在这种情形，第63条第5款中的“第23条第1款”应当换读为“第92条之2第1款、第96条之2、第99条之2第1款或者第100条之4”；第70条第5款中的“前款”应当换读为“在第103条准用第67条第1款”。

【著作邻接权的登记】

第104条 第77条和第78条(第3款除外)的规定，准用于著作邻接权的登记。在这种情形，同条第1款、第2款、第4款、第8款和第9款中有“著作权登记簿”应当换读为“著作邻接权登记簿”。

第五章　私人录音录像补偿金

【获得私人录音录像补偿金权利的行使】

第104条之2 为了有权收取私人录音录像补偿金的人(本章以下称为“权利人”)，以行使其权利为目的的团体，对于下列各种私人录音录像补偿金，在全国仅限一个，得到其同意并有文化厅长指定(本章以下称为“指定管理团体”)时，可以分别仅由该指定管理团体行使收取第30条第2款(包括第102条第1款准用的情形。以下在本章相同)补偿金(本章以下称为“私人录音录像补偿金”)的权利：

1. 以私人使用为目的进行录音(专门和录像同时进行的除外。以下在本章称为“私人录音”)的私人录音录像补偿金;

2. 以私人使用为目的进行录像(包括专门和录音同时进行的。以下在本章称为“私人录像”)的私人录音录像补偿金。

根据前款规定已作出指定的情形,有关收取私人录音录像补偿金的权利,为了权利人,指定管理团体有以自己的名义实施司法上或者司法外行为的权限。

【指定的标准】

第104条之3 如果不是具有下列要件的团体,则文化厅长不得根据前条第1款规定作出指定:

1. 一般社团法人;

2. 在前条第1款第1项列举的私人录音录像补偿金的情形,以(1)、(3)、(4)列举的团体作为成员;在同款第2项列举的私人录音录像补偿金的情形,以(2)到(4)列举的团体作为成员:

(1) 关于私人录音的作品,是以具有第21条规定权利的人作为成员的团体(包括其联盟),有关私人录音的作品,获准在国内代表有同条规定权利人的利益;

(2) 关于私人录像的作品,是以有第21条规定权利的人作为成员的团体(包括其联盟),有关私人录像的作品,获准在国内代表有同条规定权利人的利益;

(3) 在国内,有相当数量以表演为业的人组成的团体(包括其联盟);

(4) 在国内,有相当数量以制作商业唱片为业的人组成的团体(包括其联盟)。

3. 前项从(1)到(4)列举的团体分别应当具备下列要件:

(1) 不以营利为目的;

(2) 成员可以自由加入或者退出;

(3) 成员的表决权和选举权平等。

4. 有足够的能力,为权利人准确完成收取录音录像补偿金权利的业务(包括第104条之8第1款经营的业务。本章以下称为“补偿金相关业务”)。

【私人录音录像补偿金支付的特别例外】

第104条之4 买入第30条第2款政令规定的机器(本章以下称为“特定机器”)或者记录媒体(本章以下称为“特定记录媒体”)的人(限于特定机

器或者特定记录媒体供零售后首次购买的)，在购买时，作为一揽子支付使用特定机器、特定记录媒体进行私人录音或者私人录像的私人录音录像补偿金，根据第104条之6第1款的规定，指定管理团体就特定机器、特定记录媒体请求支付规定数额私人录音录像补偿金的情形，必须支付私人录音录像补偿金。

根据前款规定支付了私人录音录像补偿金的人，向指定管理团体证明将与支付有关的特定机器或者特定记录媒体专门用于非私人录音和私人录像使用的，可以请求返还私人录音录像补偿金。

通过接受根据第1款规定的支付请求已支付私人录音录像补偿金的特定机器，在接受根据同款规定的支付请求已支付私人录音录像补偿金的特定记录媒体上进行私人录音或者私人录像的人，不受第30条第2款规定的限制，在进行私人录音或者私人录像时，不需要支付私人录音录像补偿金。但是，根据前款规定，特定机器或者特定记录媒体已获得返还私人录音录像补偿金时，不在此限。

【制造业者的协助义务】

第104条之5 根据前条第1款的规定，指定管理团体请求支付私人录音录像补偿金的情形，以制造、出口特定机器或者特定记录媒体为业的人(在下一条第3款称为“制造业者”)，必须协助私人录音录像补偿金的支付请求及其领受。

【私人录音录像补偿金的数额】

第104条之6 根据第104条之2第1款的规定，指定管理团体行使收取私人录音录像补偿金权利的情形，指定管理团体必须确定私人录音录像补偿金的数额，并获得文化厅长的认可。拟变更它时，亦相同。

前款认可后，私人录音录像补偿金数额不受第30条第2款规定限制，为获得认可的数额。

根据第104条之4第1款规定提出支付请求，申请与私人录音录像补偿金有关的第1款的认可时，指定管理团体必须事先在制造业者团体中听取公认能代表制造业者意见的人的意见。

文化厅长考虑了第30条第1款(包括第102条第1款准用的情形)和第104条之4第1款规定的趣旨、录音或者录像普通的使用费额及其他情况，如果认为第1款申请认可的私人录音录像补偿金额不适当时，则不得作出认可。

文化厅长拟作出第1款的认可时,必须咨询文化审议会。

【补偿金相关业务的执行守则】

第104条之7 指定管理团体拟开始补偿金相关业务时,必须规定开展补偿金相关业务的守则,并向文化厅长呈报。拟变更它时,亦相同。

前款的守则中,应当包括私人录音录像补偿金(限于基于第104条之4第1款的规定接收支付的)的分配事项,指定管理团体必须考虑第30条第2款规定的趣旨,规定分配事项。

【为保护著作权事业的支出】

第104条之8 指定管理团体必须在私人录音录像补偿金(限于基于第104条之4第1款规定获得支付的)数额两成内,将相当于政令规定比例的金额,支出给为保护著作权、著作邻接权的事业和有利于振兴及普及作品创作的事业。

文化厅长拟制定前款政令或者拟起草修改时,必须咨询文化审议会。

为确保正常开展第1款的事业,文化厅长在认为有必要时,可以向指定管理团体发布必要的业务监督命令。

【报告的征收】

第104条之9 为确保指定管理团体正常开展补偿金业务,文化厅长认为有必要时,关于补偿金业务,可以要求指定管理团体进行报告,或者要求提交账簿、文件及其他资料,或者劝告采取必要方法改善补偿金执行业务。

【对政令的委任】

第104条之10 在本章规定者外,指定管理团体和补偿金业务的必要事项由政令规定。

第六章 纠纷处理

【著作权纠纷调解解决委员】

第105条 为通过调解解决本法规定的权利纠纷,在文化厅设置著作权纠纷调解解决委员(本章以下称为“委员”)。

委员由文化厅长从有关著作权或者著作邻接权事项具有学识经验的人中委任,每个案件委任人员不超过3人。

【调解的申请】

第106条 有了本法规定的权利纠纷时，当事人可以向文化厅长提出调解申请。

【手续费】

第107条 提出调解申请的人，必须缴纳考虑成本由政令规定数额的手续费。

根据前款规定，应当缴纳手续费的人是国家时，不适用前款规定。

【对调解的委托】

第108条 基于第106条的规定，双方当事人申请调解后，或者一方当事人申请调解而其他当事人也已同意时，文化厅长应当交付委员调解。

前款的申请后，文化厅长认为根据案件性质进行调解不适当，或者当事人以不正当目的胡乱提出调解申请时，可以不交付调解。

【调解】

第109条 委员必须努力在当事人间进行调解，确定双方主张要点，按照实际情况解决案件。

委员认为解决案件无望时，可以中止调解。

【报告】

第110条 委员在调解结束时，必须向文化厅长报告其主旨。

委员在根据前条规定中止调解时，必须将主旨和决定中止调解理由通知当事人，同时，向文化厅长报告。

【对政令的委托】

第111条 本章规定者外，调解程序和委员的必要事项由政令规定。

第七章 权利侵害

【停止请求权】

第112条 作者、著作权人、出版权人、表演者、著作邻接权人，可以请求侵害或者有可能侵害作者人格权、著作权、出版权、表演者人格权、著作邻接权的人停止侵害或者预防侵害。

作者、著作权人、出版权人、表演者、著作邻接权人，根据前款规定提出请求时，可以请求销毁构成侵害行为的物品、通过侵害行为制作的物品、专门用于侵害行为的机器或者工具，以及为停止或者预防侵害采取其他必要措施。

【视为侵害的行为】

第113条 下列行为视为侵害作者人格权、著作权、出版权、表演者人格权、著作邻接权的行为：

1. 以在国内发行的目的，进口由在进口时如果在国内制作则应当构成侵害作者人格权、著作权、出版权、表演者人格权、著作邻接权行为制作的物品的行为；

2. 知情而发行、以发行目的持有、旨在发行的许诺销售，或者在营业上出口、在营业上以出口为目的持有由侵害作者人格权、著作权、出版权、表演者人格权、著作邻接权行为制作的物品（包括前项进口的物品）的行为。

在业务用电子计算机中使用由侵害计算机程序作品著作权的行为制作的复制品（包括该复制品所有者根据第47条之3第1款规定制作的复制品和前款第1项进口的计算机程序作品复制品，以及由复制品所有者根据同条第1款规定制作的复制品）的行为，限于在取得使用这些复制品权原时已知情的情形，视为侵害著作权的行为。

下列行为视为侵害与权利管理信息有关的作者人格权、著作权、表演者人格权、著作邻接权的行为：

1. 故意在权利管理信息上添加虚假信息的行为；

2. 故意删除或者修改权利管理信息的行为（伴随记录和通信方式的转化受技术制约的情形，以及按照使用作品或者表演的目的和情况认为是不得已的情形除外）；

3. 知情而发行、以发行为目的进口或者持有实施前二项行为的作品或者表演复制品、知情而进行公众传播或者信息网络传播作品或者表演的行为。

有关适用前款的规定，获得第94条之2、第95条之3第3款、第97条之3第3款规定的报酬，或者第95条第1款、第97条第1款规定的二次使用费的权利，视为著作邻接权。在这种情形，前条中有“著作邻接权人”规定为“著作邻接权人（包括根据下一条第4款规定有被视为著作邻接权权利的人）”，同条第1款中有“著作邻接权”规定为“著作邻接权（包括根据同款规定被视为著作邻接权的权利）”。

自己发行或者使他人发行以在国内发行为目的的商业唱片（以下在本款称为“国内发行目的商业唱片”）的著作权人或者著作邻接权人，在国外自己发行或者使他人发行与国内发行目的商业唱片相同商业唱片并专门以在国外发行为目的的唱片(以下在本款称为“国外发行目的商业唱片”)的情形,或者知情而以在国内发行的目的进口国外发行目的商业唱片的行为、在国内发行或者以在国内发行的目的持有国外发行目的商业唱片的行为,限于通过在国内发行国外发行目的商业唱片,因发行国内发行目的商业唱片构成不正当侵害著作权人或者著作邻接权人预期得到利益的情形,视为侵害他们的著作权或者著作邻接权的行为。但是,自国内首次发行日起计算,在不超过7年的范围内,进口与超过政令规定期间的国内发行目的商业唱片相同的国外发行目的商业唱片的行为,或者在国内发行、以国内发行为目的持有国外发行目的商业唱片的行为,不在此限。

通过侵害作者名誉、声誉的方法使用作品的行为,视为侵害作者人格权的行为。

【善意人转让权的特别例外】

第113条之2 获得转让的作品原件或者复制品[电影作品的复制品(电影作品中进行复制作品的情况下,包括电影作品的复制品)除外。以下与本条相同]时,不知道其不符合第26条之2第2款各项;获得转让的表演的录音制品、录像制品或者唱片的复制品时,不知道其不符合第95条之2第3款各项或者第97条之2第2款各项,并且,对不知情没有过失的人,向公众转让的作品原件或者复制品、表演的录音制品、录像制品或者唱片的复制品的行为,视为不是侵害第26条之2第1款、第95条之2第1款或者第97条之2第1款规定权利的行为。

【损害额的推定】

第114条 著作权人、出版权人、著作邻接权人(本款以下称为“著作权人”)请求因故意或者过失侵害自己著作权、出版权、著作邻接权的人赔偿因其侵害自己已受损害的情形,在此人转让侵害行为制作的物品或者实施构成侵害行为的公众传播(在自动公众传播的情形,包括信息网络传播)时,可以将其转让物数量或者由公众接收公众传播制作的作品、表演的复制品(本款以下称为“接收复制品”)的数量(本款以下称为“转让数量”),乘以如果没有其侵害行为则著作权人已售产品(包括接收复制品)每单位数量利益额得到的金额,在符合著作权人销售该物品及开展其他行为能力的数额限度内,作为著作权人已受损害额。但是,有相当于著作权人不能销售相当于转让数量全部或者部分的情况时,扣除符合相当于该情况数量的金额。

著作权人、出版权人、著作邻接权人请求因故意或者过失侵害其著作权、出版权、著作邻接权的人赔偿因其侵害行为自己已受损害的情形,在此人因侵害行为获得利益时,其利益额推定为著作权人、出版权人、著作邻接权人已受损害额。

著作权人、出版权人、著作邻接权人可以将相当于行使著作权、出版权、著作邻接权应当得到的金额作为自己已受损害额,请求故意或者过失侵害著作权或者著作邻接权的人赔偿。

前款的规定,不妨碍请求超过同款规定金额的损害赔偿。在这种情形下,侵害著作权、出版权、著作邻接权的人没有故意或者重大过失时,法院可以酌情决定损害赔偿额。

【具体情况的明示义务】

第114条之2 侵害作者人格权、著作权、出版权、表演者人格权、著作邻接权的诉讼中,作者、著作权人、出版权人、表演者、著作邻接权人否认作为构成侵害行为的物品或者通过侵害行为制作的物品而主张物品的具体形态时,对方必须证明自己行为的具体形态。但是,对方有相当理由不能证明时,不在此限。

【文件的提交】

第114条之3 在侵害作者人格权、著作权、出版权、表演者人格权、著作邻接权的诉讼中,为举证侵害行为或者为计算侵害行为的损害,法院可以根据当事人的申请,命令当事人提交必要文件。但是,其文件持有人有正当理由拒绝提交时,不在此限。

法院为判断是否有前款但书规定的正当理由,认为有必要时,可以命令文件持有人出示文件。在这种情形,任何人均不能要求公开已出示的文件。

在前款的情形,有关是否有第1款但书规定的正当理由,法院认为出示公开前款后段文件出示听取其意见时,可以向当事人[是指当事人(法人时,其代表人)、当事人的代理人(诉讼代理人和辅佐人除外)、雇员及其他员工。在第114条之6第1款相同]、诉讼代理人、辅佐人公开该文件。

在侵害作者人格权、著作权、出版权、表演者人格权、著作邻接权的诉讼中,为举证侵害行为,前三款的规定准用于必要验证目的的出示。

【当事人向鉴定人的说明义务】

第114条之4 在侵害著作权、出版权、著作邻接权的诉讼中,根据当事人的申请,法院为计算侵害行为的损害已命令鉴定必要事项时,为进行该鉴定,当事人必须向鉴定人说明必要事项。

【相当损害额的认定】

第 114 条之 5 侵害著作权、出版权、著作邻接权的诉讼中，在认为发生了损害的情形，为证明损害额需要证明必要事实，但该事实在性质上是极端难以证明时，法院可以基于口头辩论的全部主旨和调查证据的结果认定相当损害额。

【保密命令】

第 114 条之 6 在侵害作者人格权、著作权、出版权、表演者人格权、著作邻接权的诉讼中，当事人保有的商业秘密［是指《反不正当竞争法》(1993 年法律第 47 号)第 2 条第 6 项规定的商业秘密。以下相同］符合下列全部事由，法院在释明后，可以根据当事人的申请，用决定命令当事人、诉讼代理人、辅佐人不得以后续诉讼目的以外的目的使用商业秘密，或者向接受根据本款规定命令的人以外的人公开商业秘密。但是，在其申请前，当事人、诉讼代理人、辅佐人通过阅读第 1 项规定的准备文书、同项规定的证据调查或者公开以外的方法取得或者保有了商业秘密的情形，不在此限：

1. 在已提交或者应当提交的准备文书中记载了当事人保有的商业秘密，或者在已调查或者应当调查的证据(包括根据第 114 条之 3 第 3 款规定已出示的文件)内容中包括当事人保有的商业秘密的；

2. 为防止因以该后续诉讼目的以外的目的使用前项的商业秘密或者公开商业秘密而可能给基于商业秘密的当事人的经营活动造成障碍，需要限制使用或者公开该商业秘密的。

申请根据前款规定的命令(以下称为“保密命令”)，必须用记载下列事项的书面文件提出：

1. 应当接受保密命令的人；
2. 满足确定应成为保密命令对象的商业秘密的事实；
3. 符合前款各项列举事由的事实。

在发布了保密命令的情形，必须向接受保密命令的人送达决定书。

保密命令自决定书送达时起对接受保密命令的人发生效力。

对于驳回保密命令申请的裁判，可以立即提起上诉。

【保密命令的撤销】

第 114 条之 7 申请保密命令的人或者收到保密命令的人，可以以欠缺前条第 1 款规定的要件或者出现了欠缺要件为理由，向保存诉讼记录的法院(在没有保存诉讼记录法院的情况下，向发出保密命令的法院)申请撤销保密命令。

已对撤销保密命令的申请作出裁定的情形，必须向提出申请的人和对方送达决定书。

对于申请撤销保密命令的裁判，可以立即提起上诉。

撤销保密命令的裁判，如果没有生效则不发生效力。

在向申请撤销保密命令的人或者对方以外的人发出了保密命令的诉讼中，有接受商业秘密保密命令的人时，法院作出撤销保密命令裁判后，必须立即将已撤销保密命令裁判的主旨通知此人。

【请求阅览诉讼记录的通知】

第114条之8 已发布保密命令诉讼（撤销全部保密命令的诉讼除外）的诉讼记录，在作出了《民事诉讼法》（1996年法律第109号）第92条第1款决定的情形，当事人请求阅览同款规定的记载秘密，并且，已履行请求程序的人不是在诉讼中接受保密命令的人时，在请求后，法院书记员必须立即将请求的主旨通知提出同款申请的当事人（提出其请求的人除外，与第3款相同）。

在前款的情形，法院书记员自同款请求日起到满2周内（此日前向履行了请求程序的人提出了保密命令申请的情况下，有关其申请到裁判生效的期间），不得使履行了请求程序的人阅览同款记载的秘密。

使提出第1款请求的人阅览同款记载的秘密，有提出《民事诉讼法》第92条第1款申请的全体当事人同意时，不适用前二款规定。

【名誉恢复措施】

第115条 作者、表演者可以请求因故意或者过失侵害作者人格权、表演者人格权的人，不赔偿损害，或者在赔偿损害的同时确保、修改其是作者或者表演者，或者为恢复作者、表演者的名誉或者声望采取其他适当措施。

【作者、表演者死亡后保护人格利益的措施】

第116条 作者、表演者死亡后，其近亲属（指已死亡作者或者表演者的配偶、子女、父母、孙子女、祖父母、兄弟姐妹。以下在本条相同）可以向对作者、表演者实施违反第60条、第101条之3规定行为的人或者有可能实施的人提出第112条的请求，可以向因故意或者过失侵害作者人格权或者表演者人格权行为的人、实施违反第101条之3规定行为的人提出前条请求。

可以提出前款请求的近亲属的顺序为同款规定的顺序。但是，在作者、表演者通过遗嘱另外规定顺序的情形，为其规定的顺序。

作者、表演者可以通过遗嘱指定代替近亲属提出第1款请求的人。在这种情形,接受其指定的人,在作者、表演者死亡年的次年起计算满50年后(满此期间时,近亲属在世的情况下,直到近亲属死亡后),不能提出其请求。

【合作作品的权利侵害】

第117条 合作作品各作者、各著作权人,即使没有得到其他作者、著作权人同意,也可以根据第112条规定提出请求,或者请求按照自己持有额赔偿侵害其著作权的损失,或者请求按照自己持有额返还不当得利。

前款的规定,准用于侵害共有著作权或者著作邻接权的情形。

【匿名、化名作品权利的保全】

第118条 匿名、化名作品的发行人为了作品的作者、著作权人,可以用自己的名义提出第112条、第115条、第116条第1款的请求,或者请求赔偿侵害作品作者人格权、著作权的损害,或者请求返还不当得利。但是,作者化名作为其姓名已众所周知的情形和已进行第75条第1款实名登记的情形,不在此限。

以其实名、众所周知的化名作为发行人名,按照普通方法在匿名、化名作品的复制品上标示的人,推定为其作品的发行人。

第八章 法律责任

第119条 侵害著作权、出版权、著作邻接权的人[以第30条第1款(包括第102条第1款准用的情形。在第3款相同)规定的出于私人使用目的自己复制作品或者表演的人、进行根据第113条第3款规定被视为侵害著作权、著作邻接权(包括根据同条第4款规定被视为著作邻接权的权利。在第120条之2第3项相同)行为的行为人、进行根据第113条第5款规定被视为侵害著作权、著作邻接权行为的行为人,或者下款第3项、第4项列举的人除外],处10年以下有期徒刑或者1千万日元以下罚金,或者并处之。

符合下列各项之一的,处5年以下有期徒刑或者5百万日元以下罚金,或者并处之:

1. 侵害作者人格权、表演者人格权的人(根据第113条第3款的规定,进行被视为侵害作者人格权、表演者人格权行为的行为人除外);

2. 以营利为目的,将第30条第1款第1项规定的自动复制机器用于复制而构成侵害著作权、出版权、著作邻接权的作品或者表演的人;

3. 实施根据第 113 条第 1 款规定被视为侵害著作权、出版权、著作邻接权行为的行为人;

4. 实施根据第 113 条第 2 款规定被视为侵害著作权行为的行为人。

具有第 30 条第 1 款规定的私人使用目的,自己知道侵害有偿作品[是指已进行录音或者录像的作品或者表演(限于受著作权或者著作邻接权保护的),有偿向公众提供或者出示的(限于其提供或者出示不侵害著作权或者著作邻接权的)]著作权或者著作邻接权的事实,却进行接收自动公众传播(包括是在国外实施的自动公众传播,如果在国内进行则应当构成侵害著作权或者著作邻接权的)并进行数字方式录音或者录像,侵害著作权或者著作邻接权的人,处 2 年以下的有期徒刑或者 2 百万日元以下的罚金,或者并处之。

第 120 条 违反第 60 条或者第 101 条之 3 规定的人,处 5 百万日元以下罚金。

第 120 条之 2 符合下列各项之一的,处 3 年以下有期徒刑或者 3 百万日元以下罚金,或者并处之:

1. 向公众转让或者出租、有向公众转让或者出租的目的而制造、进口、持有用于公众使用专门以实施逃避技术保护手段作为功能的装置(包括是该装置的一种易于组装的零件)、专门以实施逃避技术保护手段作为功能的计算机程序复制品,或者将计算机程序进行公众传播或者信息网络传播行为(在该装置或者该计算机程序合并该功能以外的功能后具有的情形,限于为供通过逃避技术保护手段能实施侵害著作权行为的用途而实施)的人;

2. 在营业上按照公众要求实施逃避技术保护手段的人;

3. 以营利为目的,实施根据第 113 条第 3 款规定视为侵害作者人格权、著作权、表演者人格权、著作邻接权行为的行为人;

4. 以营利为目的,实施根据第 113 条第 5 款规定视为侵害著作权、著作邻接权行为的行为人。

第 121 条 发行不以作者的实名、众所周知的化名作为作者名署名的作品复制品(包括不以原作品作者的实名、众所周知的化名作为原作品作者名署名的演绎作品复制品)的人,处 1 年以下有期徒刑或者 1 百万日元以下罚金,或者并处之。

第 121 条之 2 将下列各项列举的商业唱片[包括商业唱片的复制品(包括两个以上阶段复制的复制品)]作为商业唱片复制,发行复制品、以发行目的持有复制品、许诺发行复制品的人(从首次将声音固定在各项的母盘上的次年起计算,在满 50 年后,进行复制、发行、持有、许诺的除外),处 1 年以下有期徒刑或者1百万日元以下罚金，或者并处之：

1. 在国内，以制作商业唱片为业的人，从唱片制作人处获得提供唱片（符合第8条各项之一的除外）母盘制作的商业唱片；

2. 在国外，以制作商业唱片为业的人，从《表演者保护条约》缔约国国民、世界贸易组织成员国民、《唱片保护条约》缔约国国民（包括基于缔约国法令设立的法人及在缔约国具有主要办公机构的法人）的唱片制作人处，获得提供唱片（符合第8条各项之一的除外）母盘制作的商业唱片。

第122条 违反第48条、第102条第2款规定的人，处50万日元以下罚金。

第122条之2 违反保密命令的人，处5年以下有期徒刑或者5百万日元以下罚金，或者并处之。

前款的罪也适用于在国外犯同款罪的人。

第123条 第119条、第120条之2第3项及第4项、第121条之2和前条第1款的罪，如果没有自诉则不能提起公诉。

匿名、化名作品的发行人，对与作品有关的前款犯罪可以提起自诉。但是，在违反第118条第1款但书规定的情形和起诉违反作者明示意思的情形，不在此限。

第124条 法人的代表人（包括不具有法人人格的社团或者财团的管理人）、法人或者个人的代理人、雇员及其他员工，在法人或者个人的业务中作出下列各项列举规定的犯罪行为时，除处罚行为人外，对法人处各项规定罚金，对个人处各条正文的罚金：

1. 第119条第1款、第2款第3项或者第4项、第122条之2第1款，处3亿日元以下罚金；

2. 第119条第2款第1项或者第2项、第120条到第122条，处各条正文的罚金。

不具有法人资格的社团或者财团，在适用前款规定的情形，代表人、管理人就诉讼行为代表社团或者财团外，以法人作为被告人或者嫌疑人的情形，准用刑事诉讼法律的规定。

在第1款的情形，对行为人提起的自诉或者撤销自诉对法人或者个人发生效力；对法人或者个人提起的自诉或者撤销自诉对行为人发生效力。

根据第1款规定，有关第119条第1款或者第2款、第122条之2第1款的犯罪行为，在处法人或者个人罚金的情形，时效期间按照这些罪规定的时效期间。

第二编　计算机程序作品登记特别例外法

1986年5月23日法律第65号
最新修改:2011年6月24日法律第74号

第一章　总　　则

【目的】

第1条　本法的目的是,就计算机程序作品的登记规定《著作权法》(1970年法律第48号)的特别例外。

第二章　登记程序的特别例外

第2条　删除

【计算机程序登记的申请】

第3条　有关计算机程序作品,拟申请《著作权法》第75条第1款、第76条第1款、第76条之2第1款、第77条登记(以下称为"计算机程序登记")的人,必须根据政令规定,作为明确与申请有关的计算机程序作品内容的资料，向文化厅长提交作品复制品。但是，对作品已进行计算机程序的其他登记的情形，不在此限。

【计算机程序登记的公示】

第4条 计算机程序作品已进行《著作权法》第76条第1款、第76条之2第1款登记的情形，文化厅长应当根据文部科学省令规定公示其主旨。

第三章 登记机构的特别例外

【指定登记机构的指定】

第5条 文化厅长可以指派其指定的人（以下称为“指定登记机构”）开展全部或者部分计算机程序登记事务和基于《著作权法》第78条第4款规定的请求开展的计算机程序登记事务，以及前条规定的公示（以下总称“登记事务”）。

按照文部科学省令规定，根据拟开展登记事务的人的申请作出前款指定。

文化厅长指派指定登记机构开展登记事务时，不能开展该指定登记机构开展的登记事务。

在指定登记机构开展登记事务的情形，有关第3条、前条和《著作权法》第78条第1款、第3款及第4款规定的适用，这些规定（同条第3款除外）中有“文化厅长”规定为“指定登记机关”，同条第3款中有“已开展第75条第1款的登记时”规定为“指定登记机构已开展第75条第1款的登记时”。

【不合格条款】

第6条 符合下列各项之一者，不能获得前条第1款的指定：

1. 根据本法或者《著作权法》的规定，被处罚金以上刑罚，刑罚执行完毕或者决定不执行之日起未满2年者；

2. 根据第20条的规定撤销指定，自撤销日起未满2年者；

3. 开展业务的负责人有符合下列之一者的情形：

（1）符合第1项者；

（2）根据第15条规定的命令被解任，自解任日起未满2年者。

【指定的标准】

第7条 文化厅长如果认为第5条第1款的指定申请不符合下列各项时，则不得作出指定：

1. 具有符合文部科学省令规定条件的知识经验的人实施计算机程序登记,其人数超过文部科学省令规定数量;

2. 在正确并且顺利地开展登记事务方面,有必要的经营管理基础和技术能力;

3. 一般社团法人或者一般财团法人,其负责人或者职员的构成对公正完成登记事务不可能造成妨碍;

4. 开展登记事务以外的业务时,不可能因开展业务对登记事务造成不公正;

5. 无因作出其指定而造成妨碍登记事务的正确顺利实施。

【登记的实施义务】

第 8 条 指定登记机构被要求应当开展计算机程序登记时,除有正当理由的情形外,必须不迟延地开展计算机程序登记。

指定登记机构开展计算机程序登记时,必须由前条第 1 项规定的人(以下称为“登记实施人”)实施。

【实名登记的报告义务】

第 9 条 指定登记机构在已开展《著作权法》第 75 条第 1 项登记的情形,为了同法第 78 条第 3 款规定的公告,必须迅速向文化厅长报告必要事项。

【办公机构的变更】

第 10 条 指定登记机构拟变更开展登记事务的办公机构所在地时,必须在拟进行变更日的二周前向文化厅长呈报。

【登记事务守则】

第 11 条 指定登记机构必须制定登记事务守则(以下称为“登记事务守则”),并获得文化厅长认可。拟变更它时,亦相同。

登记事务守则应当规定的事项由文部科学省令规定。

文化厅长认为原认可的第 1 款登记事务守则在公正完成登记事务方面已变得不适当时,可以命令指定登记机构应当变更登记事务守则。

【登记事务的停终止】

第 12 条 指定登记机构如果没有获得文化厅长的许可,则不得停止或者终止全部或者部分登记事务。

【经营计划】

第13条 获得第5条第1款的指定日,属于该经营年度的情况下在获得其指定后;其他经营年度的情况下在开始前,指定登记机构必须制订经营年度的经营计划和收支预算,并获得文化厅长的认可。拟变更它时,亦相同。

指定登记机构必须在每个经营年度结束后3个月以内,撰写经营年度经营报告和收支决算报告,并向文化厅长提交。

【负责人的选任及解任】

第14条 选任或者解任指定登记机构的负责人或者登记实施人,如果没有获得文化厅长认可,则不发生效力。

【解任命令】

第15条 在指定登记机构的负责人或者登记实施人违反本法(包括基于本法的命令或者处分)或者登记事务守则时,或者有关登记事务作出了明显不适当的行为时,文化厅长可以命令指定登记机构应当解任其负责人或者登记实施人。

【保密命令】

第16条 指定登记机构的负责人、职员或者曾从事这些工作的人,不得泄露因登记事务而知悉的秘密。

关于《刑法》(1907年法律第45号)及其他法律责任的适用,从事登记事务的指定登记机构的负责人或者职员视为根据法令从事公务的职员。

【符合命令】

第17条 文化厅长认为指定登记机构已变为不符合第7条第1项到第4项的规定时,可以命令指定登记机关应当采取必要措施,重新符合这些规定。

前款规定者外,为施行本法,文化厅长认为有必要时,关于登记事务,在监督上可以向指定登记机关发布必要命令。

【账簿的记载】

第18条 指定登记机构必须备置账簿,记载文部科学省令规定的登记事务事项。

前款的账簿,必须根据文部科学省令的规定予以保存。

【报告和实地检查】

第19条 为实施本法,在必要限度,文化厅长可以要求指定登记机构报告业务或者经营管理状况,或者指派职员进入指定登记机构的办公机构,检查业务状况、账簿、文件及其他物品,或者询问相关人员。

根据前款规定进行实地检查的职员,必须携带表明其身份的证件,并向相关人员出示。

第1款规定的实地检查权限不得解释为搜查犯罪。

【指定的撤销】

第20条 指定登记机构符合下列各项之一时,文化厅长可以撤销指定或者命令在规定期间停止全部或者部分登记事务:

1. 违反第8条到第10条、第11条第1款、第12条、第13条、第16条第1款和第18条规定时;
2. 符合第6条第1项或者第3项时;
3. 不按照获得第11条第1款认可的登记事务守则实施登记事务时;
4. 违反根据第11条第3款、第15条、第17条规定的命令时;
5. 通过不正当手段获得指定时。

【听证方法的特别例外】

第21条 根据第15条规定的解任命令或者根据前条规定的撤销指定,必须在听证期内公开进行审理。

根据《行政程序法》(1993年法律第88号)第17条第1款规定,该处分的利害关系人要求参加该听证程序时,前款听证的主持人必须许可。

【文化厅长实施登记事务】

第22条 指定登记机构获得第12条许可停止全部或者部分登记事务时、根据第20条规定向指定登记机构命令停止全部或者部分登记事务时、或者在指定登记机构因天灾及其他事由已难于开展全部或者部分登记事务的情形,文化厅长认为有必要的,应当自己开展全部或者部分登记事务。

文化厅长根据前款规定自己开展全部或者部分登记事务的情形、指定登记机构获得第12条的许可终止全部或者部分登记事务的情形或者根据第20条规定文化厅长撤销指定登记机构指定的情形,登记事务的交接及其他必要事项由文部科学省令规定。

【指定登记机构作出处分的异议申请】

第23条 对指定登记机构开展的登记事务处分或者不作为有异议的人,可以根据《行政异议审查法》(1962年法律第160号)向文化厅长提出审查请求。

【公示】

第24条 下列情形,文化厅长必须根据文部科学省令规定将主旨在官报上公告:

1. 作出了第5条第1款指定时;
2. 有了根据第10条规定的呈报时;
3. 作出了第12条的许可时;
4. 根据第20条规定的撤销指定或者命令停止全部、部分登记事务时;
5. 根据第22条第1款规定,文化厅长决定自己开展全部或者部分登记事务时,或者决定自己不再开展曾开展的全部或者部分登记事务时。

【手续费】

第25条 指定登记机构开展计算机程序登记的情形,拟提出登记申请的人,必须向指定登记机构缴纳考虑成本由政令规定数额的手续费。

第26条 指定登记机构开展登记事务(第4条规定的公示除外)的情形,根据前条或者《著作权法》第78条第5款的规定,应当缴纳手续费的人是国家或者《独立行政法人通则法》(1999年法律第103号)第2条第1款规定的独立行政法人(限于考虑业务内容及其他情况由政令规定的)时,不适用于这些规定。

第27条 根据第25条或者《著作权法》第78条第5款的规定,由指定登记机构收取的手续费为指定登记机构的收入。

第28条 在本章规定者外,指定登记机构开展登记事务的必要事项由政令规定。

第四章 法律责任

第29条 违反第16条第1款规定者,处1年以下有期徒刑或者30万日元以下罚金。

第30条 违反根据第20条规定的停止登记事务命令时,处作出犯罪行为的指定登记机构的负责人或者职员1年以下有期徒刑或者30万日元以下罚金。

第31条 符合下列各项之一时,处作出犯罪行为的指定登记机构的负责人或者职员20万日元以下罚金:

1. 没有获得第12条的许可,终止全部登记事务时;

2. 违反第18条第1款规定,没有备置账簿、在账簿上不记载或者在账簿上进行虚假记载,或者违反同条第2款规定未保存账簿时;

3. 不根据第19条第1款规定进行报告或者进行虚假报告,或者拒绝、妨碍、逃避根据同款规定的检查,或者对根据同款规定的询问不陈述或者作出虚假陈述时。

第三编　促进创造、保护和活用文化产品法

2004 年 6 月 4 日法律第 81 号

第一章　总　　则

【目的】

第 1 条　本法的目的是,遵照《知识财产基本法》(2002 年法律第 122 号)的基本理念,就促进创造、保护和活用文化产品规定基本理念,明确国家、地方政府和从事文化产品制作的人的责任义务,同时,就促进创造、保护和活用文化产品的对策,通过规定基本事项和振兴文化产品经营的必要事项,综合地并富有成效地推进促进文化产品创造、保护和活用的对策,以有利于国民生活的提高和国民经济的健康发展。

【定义】

第 2 条　本法所称"文化产品",是指电影、音乐、戏剧、文艺、照片、漫画、动画片、计算机游戏及其文字、图形、色彩、声音、动作、影像或者它们的结合物,或者为通过电子计算机提供与它们有关的信息的计算机程序(是为能得到一个结果而已组合的对计算机的指令)等,由人的创造性活动产生的属于

修养或者娱乐范围的产品。

本法所称“文化产品制作”，是指符合下列各项之一的行为：

1. 制作文化产品；

2. 复制、放映、公开演出、公众传播及其他利用(包括转让、出租和展览文化产品的复制品)；

3. 管理文化产品的知识产权(是指《知识财产基本法》第 2 条第 2 款规定的知识产权。以下相同)。

本法所称“文化产品经营”，是指以制作文化产品为业而进行的经营。所称“文化产品经营者”是指以文化产品经营作为主业的人。

【基本理念】

第 3 条 通过信息记录品、高速信息通信网络及其他手段提供的文化产品丰富和浸润国民生活，并且，有利于增进国外对我国文化的理解，有鉴于此，推进促进创造、保护和活用文化产品的对策，必须以如下基础开展：通过充分发挥文化产品制作人的创造性，在国内外正确保护文化产品的知识产权，促进文化产品的顺利流通，享受文化产品的恩惠，增加开展文化活动的机会，以提高国民生活，有益于创造多样性文化。

文化产品产业是期待将来成长发展的产业，有鉴于此，推进促进创造、保护和活用文化产品的对策，必须以如下基础开展：通过促使文化产品经营者的自律发展，创造多样性文化产品事业及健康发展，加强文化产品事业的效率化、高水平和国际竞争力等，以提高经济社会活力和有利于持续发展。

推进促进创造、保护和活用文化产品的对策，必须照顾《建设高速信息通讯网络社会基本法》(2000 年法律第 144 号)《文化艺术振兴基本法》(2001 年法律第 148 号)和《消费者基本法》(1968 年法律第 78 号)的基本理念。

【国家的责任义务】

第 4 条 国家有责任义务遵照前条有关促进创造、保护和活用文化产品的基本理念(以下称“基本理念”)，制定并实施促进创造、保护和活用文化产品的对策。

【地方政府的责任义务】

第 5 条 地方政府有责任义务遵照有关促进创造、保护和活用文化产品的基本理念，通过和国家合理分担任务，自主制定并实施发挥地方政府地区特色的对策。

【从事文化产品制作的人的责任】

第6条 从事文化产品制作的人要通过丰富与文化产品有关的知识产权的知识,加深理解,在制作文化产品时,应当努力尊重它。

从事文化产品制作的人在制作文化产品时,应当努力充分照顾给青少年等产生的影响。

【加强合作】

第7条 由国家、地方政府和文化产品制作有关的人谋求相互合作协助,能谋求促进有效创造、保护及活用文化产品,有鉴于此,国家应当采取必要对策,加强它们相互间的合作。

【法制措施】

第8条 为实施促进创造、保护和活用文化产品的对策,政府必须采取必要的法制、财政或者金融措施,以及其他必要措施。

第二章 基本对策

【人才的培养】

第9条 为生产出有魅力的文化产品,或者培养有效地活用文化产品的人才,提高和确保其素质,国家应当采取措施,通过从事高等教育的机构振兴制作文化产品的教育,促进国内外从事文化产品制作的人相互交流,举办文化产品的展览会、比赛会及与它们类似的会议,以及采取其他必要措施。

【推进尖端技术研究开发】

第10条 国家应当推进尖端技术的研究开发、振兴教育和采取其他必要对策,在影像的制作、上映或者信号传收等领域,生产出适应技术创新进步的使用高技术的优质文化产品。

【文化产品知识产权的合理保护】

第11条 随着国际互联网的普及和其他社会经济情势的变化,为正确应对文化产品利用方法多样化,合理保护文化产品的知识产权,国家应当照顾文化产品的公正利用、重新评估权利内容及采取其他必要对策。

【促进顺利流通】

第12条 为通过提高国际互联网及其他高速信息通讯网络的便利程度,确保其安全性和可信性,促进活用多种手段顺利流通文化产品,国家应当采取对策,支援开发和利用通过国际互联网提供文化产品的认证技术、国际互联网技术保护手段、在国际互联网中能高速稳定通讯的技术、文化产品流通的其他技术,以及采取其他必要对策。

为了顺利利用文化产品,国家应当采取对策,照顾保护个人和法人权利利益,对有文化产品知识产权的人进行信息支援,支援完善关于文化产品内容信息等的数据库,以及采取其他必要对策。

【促进正确保存】

第13条 为通过利用国际互联网及其他高速信息通讯网络,正确有效地传播文化产品,国家、地方政府应当采取对策,完善进行文化产品的制作、收集、保存、传播或者现有文化产品数字化的体制,以及采取其他必要对策。

【缩小活用机会的两极分化】

第14条 国家、地方政府应当采取必要对策,使国民能广泛地享受文化产品的恩惠,缩小因年龄、身体条件及其他重要原因在活用文化产品的机会或者活用能力上的两极分化。

【实现个性丰富的区域社会】

第15条 要通过促进创造、保护和活用发挥区域特色的文化产品,实现富有个性而且充满活力的区域社会,国家、地方政府应当采取对策,支援为生产出有区域魅力的文化产品活动,支援为在区域顺利制作电影等文化产品活动,以及采取其他必要对策。

【增进国民的理解和关心】

第16条 为加深国民理解与关心促进创造、保护和活用文化产品及在这些方面文化产品制作人发挥的重要作用,国家、地方政府应当采取对策,充实文化产品的宣传活动,振兴教育,以及采取其他必要对策。

第三章　振兴文化产品经营的必要对策

【构建通过多种方法筹措资金的制度】

第17条 以制作文化产品为业的人(以下称"制作经营者")难于顺利筹措到制作文化产品的必要资金,有鉴于此,为制作经营者能够稳定地筹措资金,国家应当采取对策,构建通过多种方法筹措资金的制度,以及采取其他必要对策。

【对权利侵害的措施】

第18条　对于在国内外非法复制文化产品及其他侵害文化产品知识产权的行为,为合理确保文化产品经营者的利益,国家应当采取措施,在和文化产品经营者或者相关团体紧密合作协助的体制下,取缔侵害文化产品知识产权的违法行为,完善为处理海外侵害文化产品知识产权的体制,以及采取其他必要措施。

【促进在海外开展经营】

第19条　为在扩大文化产品经营规模的同时,通过在海外普及我国的文化产品,增进海外对我国文化的理解,国家应当采取对策,向海外介绍有我国魅力的文化产品,使文化产品贸易充满活力,支援举办或者参加国际会议,收集、提供文化产品的海外市场信息,以及采取其他必要对策。

【构建公正交易关系】

第20条　中小企业主占制作经营者的大部分,并且,其大部分业务来自接受委托或者承包,有鉴于此,为通过构建委托文化产品制作或者和发包人的公正交易关系,合理确保制作经营者的利益,国家应当制定交易指南,以及采取其他必要对策。

【对中小企业主的照顾】

第21条　中小企业主在发展文化产品事业中发挥重要着作用,有鉴于此,国家在采取振兴文化产业的对策时,必须进行特别照顾,要由中小企业主顺利实施文化产业。

国家在采取振兴文化产品经营的对策时,必须进行照顾,要维护和增进消费者利益。

【文化产品经营者采取的措施】

第22条　文化产品经营者在从事经营活动时,应当遵照基本理念,自律经营,最有效地发挥能力,高效率、高水平开展经营,同时,为广泛活用所拥有文化产品,应当采取措施有利于文化产品顺利流通,收集国内外侵害文化产品知识产权的信息,以及努力采取必要措施妥善管理其所拥有文化产品。

为使从事文化产品制作经营的人(包括基于承包合同,为制作经营者演出和提供其他文化产品制作服务的人。以下在本款称为“制作经营员工”)的职务成为与其重要性相符合的有魅力的职务,制作经营者应当努力确保制作经营员工的合理待遇。

第四章　行政机关的措施

【相关行政机关相互密切合作】

第23条　在推进促进创造、保护和活用文化产品的对策时，相关行政机构必须要在促进创造、保护和活用文化产品方面采取适当必要措施，并在相互密切合作下实施。

知识财产战略本部（以下称“本部”）和相关行政机关首长，在《知识财产基本法》第23条第1款规定的推进计划（以下称“推进计划”）中必须要充实有关促进创造、保护和活用文化产品拟采取的对策，相互密切合作协助。

【由国家提供文化产品】

第24条　全社会利用国家和地方政府拥有的优质文化产品有利于促进创造、保护和活用文化产品，有鉴于此，为国民能够广泛利用该文化产品，国家和地方政府应当积极提供该文化产品，以及采取其他必要对策。

为使广大国民能够利用其所拥有的优质文化产品，独立行政法人［是指《独立行政法人通则法》（1999年法律第103号）第2条第1款规定的独立行政法人］、特殊法人［是指获得根据法律规定直接设立的法人或者根据特别法采用特别设立行为设立的法人、《总务省设置法》（1999年法律第91号）第4条第15款规定适用的］、国立大学法人［是指《国立大学法人法》（2003年法律第120号）第2条第1款规定的国立大学法人］和大学合作组织法人（是指同条第3款规定的大学合作组织法人），应当积极提供其文化产品，以及采取其他必要措施。

【国家委托的文化产品知识产权的处理】

第25条　国家委托他人制作或者使他人承包制作文化产品时，为促进有效地活用委托或者承包的文化产品，在文化产品的知识产权符合下列各项的情形，可以不从受托人或者承包人处（以下在本条称“受托人”）受让其知识产权：

1. 约定受委托人向国家报告文化产品知识产权的种类及其他信息；

2. 受托人约定，为公共利益作为特殊需要，国家阐明理由后提出要求的情形，将无偿使用该文化产品的权利许可给国家；

3. 受托人约定，被认为没有正当理由却在相当期间不活用文化产品的情形，国家为促进活用文化产品，作为特殊需要，在阐明理由后提出要求时，将使用文化产品的权利许可给第三人的。

国家提供资金让其他法人制作文化产品,该法人又委托或者使他人承包全部或者部分制作的情形,该法人和制作受托人的关系准用前款规定。

拟要求在同款准用第1款第2项或者第3项的许可时,前款法人应当按照国家要求办理。

【向本部的报告】

第26条 本部为在推进计划中充实关于促进创造、保护和活用文化产品拟采取的对策,可以要求相关行政机关首长报告本行政机关根据第9条到第20条和第24条规定拟采取的对策或者措施。

【反映推进计划】

第27条 本部必须对基于前条规定的报告内容加以研究,关于促进创造、保护和活用文化产品,在推进计划拟采取的对策中充分反映其结果。

第四编　著作权集体管理法

2000年11月29日法律第131号

最新修改:2013年11月27日法律第86号

第一章　总　　则

【目的】

第1条　本法的目的是,就从事管理著作权和著作邻接权事业的人实施登记制度,赋予呈报及公开委托管理合同条款和使用费规则的义务等,为确保其公正开展业务,通过采取措施,保护委托管理著作权及著作邻接权的人,同时,顺利利用作品、表演、唱片、广播、有线广播,以有利于文化的发展。

【定义】

第2条　本法所称"委托管理合同",是指下列合同,由受托人在许可使用作品、表演、唱片、广播、有线广播(以下称为"作品")时,规定委托人(委托人是

与该作品有关的下列合同的受托人时,合同的委托人。下款相同)决定使用费数额以外的事项:

1. 委托人将著作权或者著作邻接权(以下称为"著作权")转移给受托人,使其从事许可使用作品及其他以管理著作权为目的的信托合同;

2. 委托人使受托人代办或者代理许可使用作品,并随同代办或者代理从事著作权管理为目的的委托合同。

本法所称"著作权集体管理经营",是指基于委托管理合同(在人际关系、资本关系等方面,委托人作为和受托人具有密切关系的人,由文部科学省令规定的除外),作为营业从事实施许可使用作品及其他管理著作权的行为。

本法所称"著作权集体管理组织",是指获得下一条登记从事著作权管理活动的人。

第二章 登 记

【登记】

第3条 拟从事著作权集体管理经营的人,必须获得文化厅长的登记。

【登记的申请】

第4条 拟获得前条登记的人,必须向文化厅长提交记载下列事项的登记申请书:

1. 名称;

2. 负责人(在没有第6条第1款第1项规定人格的社团时,代表人。在同款第5项和第9条第4项相同)的姓名;

3. 办公机构的名称及所在地;

4. 处理的作品种类及作品的使用方法;

5. 由文部科学省令规定的其他事项。

前款的登记申请书中,必须添加下列资料:

1. 宣誓不属于第6条第1款第3项到第6项的书面文件;

2. 登记事项证明书、资产负债表及由文部科学省令规定的其他资料。

【登记的实施】

第5条 有根据前条规定的登记申请时,除根据第6条第1款的规定拒绝登记的情形外,文化厅长必须在著作权集体管理组织登记簿上登记下列事项:

1. 第4条第1款各项列举的事项；

2. 登记年月日和登记编号。

已进行根据前款规定的登记时，文化厅长必须不迟延地将主旨通知登记申请人。

文化厅长必须让公众自由阅览著作权集体管理组织登记簿。

【登记的拒绝】

第6条 登记申请人符合下列各项之一时，或者登记申请书、添加资料有虚假记载或者未记载重要事实时，文化厅长必须拒绝登记：

1. 不是法人[包括不具有不以营利为目的的法人人格的社团而规定有代表人，并在和其直接、间接的成员之间，仅基于委托管理合同开展著作权集体管理经营为目的的（以下称“没有人格的社团”）。以下与本款相同]者；

2. 拟使用与其他著作权集体管理组织现在使用的名称相同的名称或者有可能与其他著作权管理人误认的名称的法人；

3. 根据第21条第1款或者第2款的规定撤销登记，自撤销日起，未满5年的法人；

4. 违反本法或者《著作权法》（1970年法律第48号）的规定，被处罚金，刑罚执行完毕或者决定不执行刑罚日起，未满5年的法人；

5. 负责人中有符合下列各项之一的法人：

（1）禁治产人或者准禁治人；

（2）破产人未恢复权利的；

（3）著作权集体管理组织根据第21条第1款或者第2款的规定被撤销登记的情形，自撤销日前30日内曾是著作权集体管理组织负责人的人，从撤销日未满5年的；

（4）处有期徒刑以上的刑罚，刑罚执行完毕或者决定不执行刑罚日起，未满5年的；

（5）违反本法、《著作权法》、《计算机程序作品登记特别例外法》（1986年法律第65号）的规定，或者《暴力团成员不正当行为防止法》（1991年法律第77号）的规定（同法第32条之3第7款和第32条之11第1款的规定除外），或者犯《刑法》（1907年法律第45号）第204条、第206条、第208条、第208条之2、第222条、第247条的罪或者《暴力行为处罚法》（1926年法律第60号）的罪，被处罚金，刑罚执行完毕或者决定不执行刑罚日起，未满5年的人；

6. 不具有完成著作权集体管理经营所必需并符合文部科学省令规定标准的基本财产的法人。

文化厅长根据前款规定拒绝登记时，必须不迟延地通过书面形式附理由进行通知。

【变更的呈报】

第7条 著作权集体管理组织变更第4条第1款各项列举的事项后，必须在变更日起二周以内向文化厅长呈报其主旨。

在受理了根据前款规定的呈报时，文化厅长必须将呈报的事项在著作权集体管理组织登记簿上登记。

【继受】

第8条 著作权集体管理组织在转让著作权集体管理全部经营、发生著作权集体管理组织合并或者分立（限于使其继受著作权集体管理全部经营的）时，受让了著作权集体管理全部经营的法人（包括没有人格的社团）、合并后存续的法人（著作权集体管理组织法人和不开展著作权集体管理经营法人，合并后存续的著作权集体管理组织法人除外。以下在本款相同）、因合并设立的法人或者因分立继受著作权集体管理全部经营的法人，继受其著作权集体管理组织的地位。但是，受让著作权集体管理全部经营的法人（包括没有人格的社团）、合并后存续的法人、因合并设立的法人、因分立继受著作权集体管理全部经营的法人，符合第6条第1款第2项到第6项之一时，不在此限。

根据前款规定，继受著作权集体管理组织地位的人，必须在继受日起30日内向文化厅长呈报主旨。

第7条第2款的规定，准用于根据前款规定的呈报。

【终止业务的呈报】

第9条 著作权集体管理组织变为符合下列各项之一时，在各项规定的人必须在此日起30日内向文化厅长呈报主旨。

1. 因合并而消灭时，代表已消灭法人的负责人；

2. 收到开始破产程序决定时，破产财产管理人；

3. 根据合并和开始破产程序决定以外的理由进行解散（在社团没有人格的情况下，相当于解散的行为）时，清算人（在社团没有人格的情况下，代表人）；

4. 终止著作权管理经营时,代表著作权集体管理组织法人(包括没有人格的社团)的负责人。

【登记的注销】

第 10 条 已根据第 9 条规定呈报时或者根据第 21 条第 1 款、第 2 款规定撤销登记时,文化厅长必须注销著作权集体管理组织的登记。

第三章 业 务

【委托管理合同条款】

第 11 条 著作权集体管理组织规定记载下列事项的委托管理合同条款,必须事先向文化厅长呈报。拟变更它时,亦相同:

1. 委托管理合同的种类(是第 2 条第 1 款第 2 项委托合同时,包括代办或者代理的区别);
2. 合同期间;
3. 收取的作品使用费的分配方法;
4. 著作权集体管理组织的报酬;
5. 由文部科学省令规定的其他事项。

著作权集体管理组织已呈报根据前款后段规定的变更时,必须不迟延地将呈报的委托管理合同条款内容通知委托人。

著作权集体管理组织如果不遵守第 1 款规定,呈报委托管理合同条款,则不得签订委托管理合同。

【委托管理合同条款内容的说明】

第 12 条 著作权集体管理组织拟签订委托管理合同时,必须向拟委托管理著作权的人说明委托管理合同条款的内容。

【使用费规则】

第 13 条 著作权集体管理组织规定记载下列事项的使用费规则,必须事先向文化厅长呈报。拟变更它时,亦相同:

1. 按照文部科学省令规定的标准确定各类使用(是指根据作品种类和使用方法区别的分类。在第 23 条相同)作品的使用费数额;
2. 实施日;
3. 由文部科学省令规定的其他事项。

著作权集体管理组织规定或者拟变更使用费规则时,必须事先努力听取来自使用人及其团体的意见。

著作权集体管理组织已进行根据第1款规定的呈报时，必须不迟延地公布呈报的使用费规则主旨。

作为办理作品的使用费，著作权集体管理组织不得请求超过在根据第1款规定呈报的使用费规则中规定的金额。

【使用费规则的禁止实施期间】

第14条 根据前条第1款已呈报的著作权集体管理组织，从文化厅长受理呈报日起计算到满30日前，不得实施呈报的使用费规则。

在著作权集体管理组织已根据前条第1款规定进行呈报的情形，文化厅长认为呈报的使用费规则有可能阻碍作品顺利使用时，在受理呈报日起计算不超过3个月的范围内，可以对其全部或者部分延长前款期间。

在有了指定著作权集体管理组织（是指第23条第1款的指定著作权集体管理组织。以下在本条相同）根据前条第1款规定的呈报的情形，在第1款的期间内，有使用人代表（是指第23条第2款规定的使用人代表。在第5款相同）通知要求第23条第2款协商呈报的使用费规则时，从呈报受理日起计算在不超过6个月的范围内，对使用费规则中协商的全部或者一部分事项，文化厅长可以延长第1款的期间。

根据第3款规定延长了第1款期间的情形，在延长的同款期间届满日前，就使用费规则中与延长有关的全部或者一部分，在第23条第2款的协商中，指定著作权集体管理组织通知已决定不需变更时，或者已作出不需变更的第24条第1款的裁定时，对使用费规则中决定不需进行变更的部分，文化厅长可以缩短已延长的第1款的期间。

根据第2款规定延长第1款的期间时、根据第3款规定延长第1款的期间时或者缩短根据前款规定已被延长的第1项的期间时，文化厅长必须将其主旨通知著作权集体管理组织或者指定著作权集体管理组织和使用人代表，同时，进行公告。

【委托管理合同条款及使用费规则的公示】

第15条 著作权集体管理组织必须根据文部科学省令的规定，公示根据第11条第1款规定呈报的委托管理合同条款和根据第13条第1款规定呈报的使用费规则。

【拒绝许可使用的限制】

第 16 条　如果没有正当理由，著作权集体管理组织不得拒绝许可使用已办理的作品。

【信息的提供】

第 17 条　著作权集体管理组织必须要努力向使用人提供作品题目或者名称、已办理的作品的其他信息，以及每件已办理作品的使用方法的信息。

【各种财务报表的备置及阅览等】

第 18 条　著作权集体管理组织必须在每个经营年度结束后 3 个月以内，制作经营年度著作权集体管理经营资产负债表、经营报告书和由文部科学省令规定的其他文件（在下款及第 34 条第 2 项中称为“各种财务报表”），置备在办公机构并存放 5 年。

在著作权集体管理组织业务时间内，委托人任何时候都可以请求阅览或者誊写各种财务报表。

第四章　监　　督

【征收报告及实地检查】

第 19 条　本法实施中，在必要限度内，文化厅长可以要求著作权集体管理组织报告业务或者财产状况，或者指派职员进入著作权集体管理组织的办公机构，检查业务状况、账簿、文件及其他物品，或者询问相关人员。

根据前款规定进行实地检查的职员，必须携带证明其身份的证件，并向相关人员出示。

根据第 1 款规定的实地检查权限不得解释为搜查犯罪。

【业务改善命令】

第 20 条　著作权集体管理组织办理业务有损害委托人或者使用人利益的事实时，为保护委托人或者使用人，在必要限度，文化厅长可以命令著作权集体管理组织变更委托管理合同条款或者使用费规则，以及采取其他必要措施改善办理业务。

【登记的撤销】

第 21 条　著作权集体管理组织符合下列各项之一时，文化厅长可以撤销登记，或者规定 6 个月以内的期间，命令停止全部或者部分著作权集体管理经营：

1. 违反本法、基于本法的命令或者基于它们的处分时;

2. 通过不正当手段获得第3条的登记时;

3. 变为符合第6条第1款第1项、第2项、第4项、第5项之一时。

文化厅长认为著作权集体管理组织在获得登记起1年以内没有开始著作权集体管理经营,或者连续1年以上没有开展著作权集体管理经营时,可以撤销登记。

第6条第2款的规定,准用于前二款的情形。

【监督处分的公告】

第22条 文化厅长已作出根据前条第1款、第2款规定的处分时,必须根据文部科学省令规定公告其主旨。

第五章 使用费规则的协商及裁定

【协商】

第23条 使用费规则的某一使用分类(考虑在该使用分类中作品的使用状况,对更详细划分该使用种类的分类,认为作出本款的指定是合理时,该详细划分的分类。以下与本条相同)中,著作权集体管理组织收取的使用费数额的比例占全部著作权集体管理组织收取使用费总额的比例是相当比例,并且,符合下列情形时,文化厅长可以将该著作权集体管理组织作为该使用分类的指定著作权集体管理组织作出指定:

1. 在著作权集体管理组织收取的全部使用费总额中,该使用分类收取的使用费总额所占比例是相当比例的情形;

2. 在前项的情形外,著作权集体管理组织的使用费规则在该使用分类中作为使用费数额标准已被广泛采用,并且,为顺利利用该使用分类作品,认为有特殊必要的情形。

在该使用分类的使用人代表(是指一个使用分类中,其直接或者间接成员的使用人数占使用人总数的比例、直接或者间接成员支付的使用费占使用人支付使用费总额的比例,以及根据其他情况,认为代表使用分类使用人利益的团体或者个人。以下在本章相同)要求协商根据第13条第1款规定呈报的使用费规则(限于该使用分类的部分。以下在本章相同)时,指定著作权集体管理组织必须答复。

前款的协商(以下在本章称为“协商”)时,使用人代表必须努力听取该使用分类中的使用人(使用人代表是具有直接或者间接成员的团体时,该成员使用人除外)的意见。

使用人代表要求协商,但指定著作权集体管理组织不予答复或者协商不成立的情形,该使用人代表申请后,文化厅长可以命令指定著作权集体管理组织开始或者重新协商。

协商成立时(决定没有必要变更使用费规则的除外,下款相同),指定著作权集体管理组织必须根据其结果变更使用费规则。

使用费规则实施日(根据第14条第3款规定延长同条第一款的期间时,已延长的同款期间届满之日。与第24条第3款相同)前协商成立时,决定使用费规则中需要变更的部分,视为未曾进行根据第13条第1款规定的呈报。

【裁定】

第24条 在根据前条第4款规定发布了命令的情形,协商不成立时,当事人可以申请文化厅长裁定使用费规则。

有了前款裁定(以下在本条称为"裁定")的申请时,文化厅长必须将主旨通知其他当事人,指定相当期间,给予发表意见的机会。

使用费规则实施日前申请裁定或者收到前款通知时,即使根据第14条规定决定不得实施使用费规则的期间届满后,直到作出裁定日前,指定著作权集体管理组织也不得实施使用费规则。

文化厅长拟作出裁定时,必须询问文化审议会。

文化厅长作出裁定后,必须将其主旨通知当事人。

作出需要变更使用费规则的裁定后,使用费规则应当按照裁定规定进行变更。

第六章 其他规定

【适用除外】

第25条 下列各项列举的团体获得了第3条的登记,并开展各项规定权利的著作权集体管理经营时,就该权利的使用费,不适用第11条第1款第3项、第13条、第14条、第15条(限于使用费规则的部分)、第23条和前条的规定:

1.《著作权法》第95条之3第4款准用同法第95条第5款的团体,同法第95条之3第1款规定的权利;

2.《著作权法》第97条之3第4款准用同法第97条第3款的团体,同法第97条之3第1款规定的权利。

【《信托业法》除外适用】

第26条 基于第2条第1款第1项列举的合同,只接受著作权信托为业的从业者,不适用《信托业法》(2004年法律第154号)第3条的规定。

【对文部科学省令的委任】

第27条 本法规定者外,为实施本法的必要事项由文部科学省令规定。

【过渡措施】

第28条 基于本法规定制定或者废改文部科学省令的情形,在合理而必要的范围内,可以在制定或者废改文部科学省令的同时规定所需过渡措施。

第七章 法律责任

第29条 符合下列各项之一者,处100万日元以下罚金:

1. 违反第3条规定开展著作权集体管理经营的;

2. 通过不正当手段获得第3条登记的。

第30条 违反根据第21条第1款规定停止著作权集体管理经营命令者,处50万日元以下罚金。

第31条 符合下列各项之一者,处30万日元以下罚金:

1. 违反第11条第3款规定签订委托管理合同的;

2. 违反第13条第4款规定收取请求的使用费的;

3. 违反根据第20条规定命令的。

第32条 符合下列各项之一者,处20万日元以下罚金:

1. 不根据第7条第1款、第8条第2款规定进行呈报或者进行了虚假呈报的;

2. 违反第15条规定不公示委托管理合同条款或者使用费规则的;

3. 不按照第19条第1款规定提交报告或者提交了虚假报告,或者拒绝、妨碍或者逃避根据同款规定的检查,或者对根据同款规定的询问不陈述或者进行了虚假陈述的。

第33条 法人(包括不具有法人资格的社团或者财团中规定有代表人或者管理人的。以下在本款相同)的代表人、管理人,或者法人、个人的代理人、雇员及其他员工等,在法人或者个人的业务中作出违反第29条到前条的行为时,处罚行为人外,对法人或者个人处各条正文的罚金。

发生不具有法人资格的社团或者财团适用前款规定的情形，代表人或者管理人就诉讼行为代表社团或者财团的除外，准用刑事诉讼法律关于以法人为被告人或者嫌疑人的规定。

第34条 符合下列各项之一者，处20万日元以下罚款：

1. 不根据第9条的规定进行呈报或者进行了虚假呈报的人；

2. 违反第18条第1款的规定，不备置存放各种财务报表、不在各种财务报表上记载应当记载的事项或者进行虚假记载，或者无正当理由拒绝阅览或者誊写由同条第2款规定的各种财务报表的人。

第五编　在美术馆公开美术作品促进法

1998 年 6 月 10 日法律第 99 号

最新修改:2000 年 5 月 31 日法律第 91 号

【目的】

第 1 条　本法的目的是,通过实施美术品登记制度,促进在美术馆公开登记美术品,增加国民鉴赏美术品的机会,以有利于文化的发展。

【定义】

第 2 条　在本法中,下列各项用语的含义按照在各项的规定:

1. 美术品,是指绘画、雕刻、工艺品及其他动产有形文化成果;

2. 美术馆,是指根据《博物馆法》(1951 年法律第 285 号)第 2 条第 1 款规定的博物馆,或者根据同法第 29 条规定作为相当于博物馆的设施而被指定的设施中进行公开和保管美术品的设施;

3. 登记美术品,是指获得第 3 条第 1 款登记的美术品;

4. 登记美术品公开合同,是指登记美术品的所有人与美术馆设置人约定交付登记美术品,并约定美术馆设置人在美术馆公开该登记美术品的合同,并满足下述要件的:

(1) 持续 5 年以上的期间并有效的;

(2) 规定当事人不能提议解约的。

5. 公开,是指用于公众观看。

【美术品的登记】

第 3 条　美术品的所有人可以获得文化厅长的美术品登记。

有了前款登记申请的情形，文化厅长认为该申请美术品符合下列各项之一，并估计将正式签订该美术品的登记美术品公开合同时：

1. 根据《文物保护法》（1950 年法律第 214 号）第 27 条第 1 款的规定，已被指定为重要文物的；

2. 前项列举者外，从世界文化的观点看，具有特别突出的历史、艺术或者学术价值的。

根据前款规定完成登记时，文化厅长必须不迟延地将主旨通知申请人。

前三款规定者外，有关申请登记及其他登记，必要事项由文部科学省令规定。

【合同美术馆设置人的义务】

第 4 条　缔结登记美术品公开合同的美术馆设置人（以下称为“合同美术馆设置人”），必须积极公开登记美术品，并且，以善良管理人的注意进行保管。

【继受】

第 5 条　登记美术品的所有人继承、合并、分立（限于使其继受登记美术品的）时，继承人、合并后存续的法人、因合并设立的法人、因分立继受登记美术品的法人，继受登记美术品所有人的地位。

根据前款规定继受登记美术品所有人地位的人，必须不迟延地向文化厅长呈报其主旨。

【登记的撤销】

第 6 条　符合下列各项之一的，或者登记美术品所有人申请撤销第 3 条第 1 款登记时，文化厅长必须撤销登记美术品的登记：

1. 登记美术品不符合第 3 条第 2 款各项之一的；

2. 收到根据第 3 条第 3 款规定的通知之日起 3 个月以内，登记美术品所有人和美术馆设置人之间没有就登记美术品缔结登记美术品公开合同，或者没有将登记美术品交付给合同美术馆设置人时；

3. 登记美术品没有在美术馆公开时；

4. 登记美术品公开合同届满时（在届满时，登记美术品所有人和美术馆设置人之间就登记美术品缔结登记美术品公开合同，并且，已将登记美术品交付给美术馆设置人的除外）；

5. 登记美术品所有人通过不正当手段获得第 3 条第 1 款登记时。

根据前款规定撤销登记时，文化厅长必须不迟延地将其主旨通知登记美术品所有人和合同美术馆设置人。

【登记美术品所有人的报告】

第7条 符合下列各项之一的，登记美术品所有人必须根据文部科学省令规定，不迟延地将主旨向文化厅长报告：

1. 在向合同美术馆设置人交付登记美术品（符合第3条第2款第1项的除外）前，登记美术品已全部或者部分灭失、毁损，或者丢失、被盗时；

2. 缔结登记美术品公开合同时。

【合同美术馆设置人的报告】

第8条 符合下列各项之一的，合同美术馆设置人必须根据文部科学省令规定，不迟延地将主旨向文化厅长报告：

1. 获得登记美术品交付时；

2. 获得登记美术品交付后，登记美术品已全部或者部分灭失、损毁，或者丢失、被盗时；

3. 变更登记美术品公开合同内容时；

4. 登记美术品公开合同终止时。

合同美术馆设置人必须根据文部科学省令规定，每年制定登记美术品公开和保管计划，并向文化厅长呈报。已变更它时，亦相同。

合同美术馆设置人必须根据文部科学省令规定，每年向文化厅长报告登记美术品公开和保管情况。

【美术馆设置人的斡旋】

第9条 文化厅长认为有必要时，为缔结登记美术品公开合同，必须努力在登记美术品所有人和美术馆设置人间进行斡旋。

【信息的提供】

第10条 为增加国民鉴赏登记美术品的机会，文化厅长应当努力提供登记美术品存放地的信息，以及采取其他必要措施。

【登记美术品公开的指导】

第11条 关于登记美术品的公开或者保管，文化厅长可以向合同美术馆设置人开展必要指导或者提出必要建议。

【国家取得所有权的登记美术品的公开】

第12条 国家取得登记美术品所有权时，应当努力在美术馆积极公开该美术品。

【文物保护法的特别例外】

第13条 根据第8条第2款规定,按照呈报的公开和保管计划(根据同款后段规定已呈报变更时,变更后的。在下款相同),关于合同美术馆设置人举办的登记美术品(限于符合第3条第2款第1项的。在下款相同)公开活动,有关《文物保护法》规定的适用,以呈报该计划或者变更视为已有同法第53条第1款正文的许可。在这种情形,同条第3款中有"在给予第1款许可时,作为其许可条件,在许可"规定为"合同美术馆设置人[是指在《美术馆公开美术作品促进法》(1998年法律第99号)第4条规定的合同美术馆设置人。在下款相同],根据同法第8条第2款规定呈报的公开登记美术品及保管计划(包括根据同款后段规定呈报变更计划)时,在呈报",同条第4款中有"获得第1款许可的人,在前款许可的条件"规定为"合同美术馆设置人,在前款的指示",有"命令停止许可公开,或者撤销许可"规定为"命令停止公开"。

合同美术馆是《文物保护法》第53条第1款但书规定的公开承认设施的情形,根据第8条第2款的规定,按照呈报的公开和保管计划,该合同美术馆设置人在该合同美术馆举办的登记美术品公开活动,不适用同法第53条第2款的规定。

第六编　展览会美术品损害补偿法

2011 年 4 月 4 日法律第 17 号

【目的】

第 1 条　本法的目的是，展览会主办人为展览会借入的美术品发生损害的情形，通过设立政府补偿损害制度，支援主办有利于扩大国民鉴赏美术品机会的展览会，以有利于文化的发展。

【定义】

第 2 条　在本法中，下列各项用语的含义按照各项规定：

1. 美术品是指绘画、雕刻、工艺品及其他动产有形文化成果。

2. 展览会是指在下列设施中举办的用于公众观赏美术品的活动：

（1）独立行政法人国立美术馆设置的美术馆；

（2）独立行政法人国立文物机构设置的博物馆；

（3）除（1）及（2）列举者外，《博物馆法》（1951 年法律第 285 号）第 2 条第 1 款规定的博物馆或者根据同法第 29 条规定作为相当于博物馆的设施而指定的设施。

【补偿合同】

第 3 条　政府可以以展览会主办人为对方缔结合同，约定主办人为展览会借入的美术品产生损害的情形，政府向所有人补偿其损害（以下称为"补偿合同"）。在这种情形，应当照顾到要有利于在前条第 2 项（3）设施中举办展览会。

前款后段的展览会必须符合有利于扩大国民鉴赏美术品机会而由文部

科学省令规定的规模、内容及其他要件。

第1款前段的展览会主办人必须是具有为正确顺利实施展览会的必要管理基础和技术能力的人。

【补偿费】

第4条 下列各项的情形,在各项规定数额[在符合各项列举的全部情形时,为各项规定额的总额,各项规定额或者该总额超过政令规定额(以下称为"补偿上限额")的情况下,为补偿上限额]的限度,根据补偿合同政府进行补偿。在这种情形,补偿对象损害(是指根据补偿合同作为补偿对象损害在补偿合同中规定的损害,因补偿合同对方的展览会主办人违反第6条的规定而产生的损害除外。以下相同)额根据对象美术品(是指补偿合同对方的展览会主办人为展览会借入的美术品中,根据补偿合同作为补偿对象在补偿合同中规定的。以下相同)的约定评价额(是指作为对象美术品的价额而在补偿合同中规定的价额。以下相同)计算:

1. 补偿合同的对象美术品产生的补偿对象损害[因地震损害及符合在政令规定的其他损害(在下项称为"特定损害")的除外]额总和超过政令规定额的情形,超额部分;

2. 补偿合同的对象美术品产生的补偿对象损害(限于属于特定损害的)额总和超过政令规定额的情形,超额部分。

关于补偿对象损害总额,在规定前款第1项及第2项的政令时,必须考虑要有利于举办各种展览会。

关于补偿合同各种对象美术品补偿金额的计算方法,必要事项由文部科学省令规定。

【签订补偿合同的限度】

第5条 政府签订补偿合同,在一个会计年度内签订的补偿合同约定评价额总额[是指一份补偿合同的对象美术品约定评价额的合计额(在该合计额超过补偿上限额情形,补偿上限额)]之和,应当不超过在每个会计年度经过国会审议决定的金额范围。

【对象美术品的处理】

第6条 补偿合同对方的展览会主办人,在展览、搬运对象美术品以及进行其他处理时,为防止损害,必须遵守文部科学省令规定的必要标准。

【报告的征收】

第7条 为施行本法,在必要限度,政府可以要求补偿合同对方的展览会主办人报告展览会的实施情况。

【时效】

第8条 获得支付补偿金的权利,在3年内不行使时,因时效而消灭。

【残存品代位】

第9条 对象美术品全部灭失的情形,政府支付补偿费后,按照对补偿费额约定评价额的比例,当然代位对象美术品所有人具有的所有权及其他物权。

【请求权代位】

第10条 政府支付补偿费后,下列数额中,以某一低额为限度,按照补偿对象产生的损害,当然代位对象美术品所有人取得的债权(在第2项称为"所有人取得债权"):

1. 政府支付的补偿金的数额;

2. 所有人取得债权的数额。

【补偿合同的解除】

第11条 符合下列各项列举情形之一时,政府可以提前解除补偿合同:

1. 补偿合同的展览会不符合第3条第2款规定要件时。

2. 补偿合同对方的展览会主办人符合下列某一个时:

(1) 不符合第3条第3款规定的要件时;

(2) 违反第6条的规定时;

(3) 不根据第7条规定提交报告或者提交虚假报告时;

(4) 违反补偿合同条款时。

【业务的管理】

第12条 本法规定的政府业务由文部科学大臣管理。

文部科学大臣在拟签订补偿合同时,必须事先听取文化审议会的意见,同时,与财政大臣协商。

【业务的委托】

第13条 文部科学大臣可以根据政令规定,基于补偿合同,将部分业务委托给《保险业法》(1995年法律第105号)第2条第4款规定的损害保险公司或者同条第9款规定的外国损害保险公司。

【对文部科学省令的委任】

第14条 本法规定者外,补偿合同的签订程序以及实施本法的其他必要事项由文部科学省令规定。

第七编　盗录电影防止法

2007 年 5 月 30 日法律第 65 号

【目的】

第 1 条　在电影院盗录电影制作电影复制品，其多数进行流通，对电影产业产生极大损害，有鉴于此，本法的目的是，为防止盗录电影，对必要事项予以规定，以有利于振兴电影文化和电影产业的健康发展。

【定义】

第 2 条　在本法中，下列各项用语的含义分别按照各项的规定：

1. 上映，是指《著作权法》（1970 年法律第 48 号）第 2 条第 1 款第 17 项规定的上映；

2. 电影院，是指电影院以及其他向不特定人或者多数人上映电影并由举办电影放映的人管理入场的场所；

3. 盗录电影，是指对在电影院向观众收取费用上映的电影（包括电影院向观众收取费用上映前不向观众收取费用的上映，限于受著作权保护的。以下简称为“电影”）进行影像录像（是指《著作权法》第 2 条第 1 款第 14 项规定的录像）或者声音录音（是指同款第 13 项规定的录音）的（得到电影著作权人许可而进行的除外）。

【电影产业相关经营者防止盗录电影】

第 3 条　为防止盗录电影，在电影院举办电影上映的人及其他电影产业相关经营者，必须努力采取措施。

【盗录电影有关《著作权法》的特别例外】

第4条 《著作权法》第30条第1款的规定，不适用于盗录电影。有关对盗录电影的人适用同法第119条第1款的规定，同款中有“以第30条第1款（包括第102条第1款准用的情形）规定的私人使用目的，自己复制作品或者表演的人，第113条第3款”规定为“第113条第3款”。

盗录在日本国内的电影院首次向观众收费上映日起已满8个月的电影，不适用前款规定。

第八编　文部科学省编写教科书出版权法

1949 年 5 月 31 日法律第 149 号
最新修改:2004 年 6 月 9 日法律第 84 号

【著作权的管理】

第 1 条　文部科学大臣管理文部科学省署名的教科书(以下简称“教科书”)的著作权。

文部科学大臣可以设定教科书的出版权(以下简称“出版权”)。

本法所称“著作权”,是指《著作权法》(1970 年法律第 48 号)第 21 条到第 28 条规定的权利。所称“出版权”,是指根据同法第 79 条第 1 款规定设定的权利。

【资格审查】

第 2 条　拟取得出版权的人,必须接受文部科学大臣对其进行的资格审查。

前项审查的目的是为了期待不对教育产生障碍,使拟取得出版权的人根据第 3 条规定进行竞争,提前审查其是否具有在学校需要时期前制造供应优质教科书的经营能力和信用状态。

【出版权设定合同的方式】

第 3 条　由前条审查合格的人通过竞争设定出版权。但是,没有时间交付竞争时,可以通过与前条审查合格者的自由合同设定出版权。

【保证金】

第 4 条　拟参加竞争的人,必须用现金或者国债缴纳保证金,数额为估算预定制造成本乘首次发行预订册数所得金额的1%以上。

中标人不签订合同时,保证金收归国库。

【投标】

第5条 每一部教科书的制造成本应当通过投标的方法进行竞争,文部科学大臣在预定的制造成本以内,将出版权设定给投标最低额的人。

拟交付竞争时,必须最迟在投标日10日前,采用官报、报纸、告示及其他方法进行公告。但是,在情况紧急时,可以将期间缩短到5日内。

根据前项规定的公告,应当公开下列事项:

1. 教科书的种类和首次预定发行的数量;
2. 出示合同文本的场所;
3. 制造成本核算基础;
4. 开展竞争的场所和日期;
5. 投标保证金额事项。

前款第3项的制造成本核算基础,由文部科学省令事先规定。

文部科学大臣或者获得其委托的官吏,必须预定交付竞标的教科书制造成本,将预定制造成本做成密封件,开标时置于开标场所。

教科书的定价应当以根据第1款规定的制造成本投标价格作为基准计算。

【开标】

第6条 开标必须在公告中宣布的场所和日期,在投标人在场时进行。但是,在投标人中有没出席者时,担任与投标事务没有关系的官吏必须出席开标。

投标人不能临时更换、变更或者撤回已提交的标书。

【再次投标】

第7条 开标时,各个投标人的投标中,如果没有达到根据第5条第5款规定预定制造成本限制时,可以立即再次投标。

【中标人的决定】

第8条 提出相同价格竞标应当中标的人有2人以上时,必须立即通过抽签决定中标人。

在前款的情形,投标人中有没出席的人或者没有抽签的人时,可以使不担任投标工作的官吏代为抽签。

【再投标公告的期间】

第9条 没有投标人或者中标人的情形、或者中标人不签订合同的情形,拟交付再投标时,可以将第5条第2款的期间缩短到5日内。

【发行义务】

第10条 根据《教科书发行临时措施法》(1948年法律第132号)第8条规定,文部科学大臣以都道府县教育委员会报告的教科书需要量为基础,指示应当发行的教科书种类及册数时,已获得出版权设定的人(以下称为"出版权人")必须保证按指示发行。

【制造成本的修改】

第11条 在出版权保护期内因物价变动及其他不得已的事由,需要变更出版权人保证的制造成本时,文部科学大臣可以和出版权人协商修改。

【缴纳出版费的义务】

第12条 出版权人在作出了指示发行后,必须迅速按照发行指示的册数,在定价(符合出版费额的除外)的2%到16.6%范围内,向国库缴纳根据文部科学省令规定计算金额的出版费。但是,文部科学大臣可以从指示发行日起以4个月为限,规定缴纳出版费的时间。

【出版费的减免】

第13条 文部科学大臣认为,出版权人因灾害及其他不能归责于出版权人的事由,不能制造供应全部或者部分教科书而难以缴纳出版费时,或者在教科书的发行册数不超过5万册的情形,从义务教育的观点看需要特殊降低定价时,可以减免出版费。

【出版权的消灭】

第14条 在有事由符合下列各项之一的情形,文部科学大臣可以将出版权消灭。

1. 与出版权设定当时的状况比,出版权人的经营能力、信用状况下降,以至被认为,要不妨碍教育就不能制造供给教科书时;

2. 怠于履行第10条或者第12条规定的义务时;

3. 根据教科书发行临时措施法第14条或者第15条的规定,文部科学大臣撤销发行指示时;

4. 根据《义务教育学校教学用图书免费措施法》(1963年法律第182号)第19条的规定,文部科学大臣撤销教学用图书发行人的指定时。

没有达成第 11 条的协议时，出版权人或者文部科学大臣可以将出版权消灭。

第 15 条 出版权消灭时，文部科学大臣可以命令原设定的出版权人与根据第 3 条规定由文部科学大臣新设定的出版权人，就转让出版权消灭时具有的教科书、教科书半成品及版型进行协商。

从出版权消灭日起满 1 个月后，不能发布前项规定的协商命令。

第 1 款的协议不能达成或者不能协商时，文部科学大臣对转让作出裁定。

作出前款裁定时，根据裁定的规定，视为在当事人间已达成协议。

对第 3 款裁定的对价有异议的转让当事人，在收到裁定通知之日起 6 个月以内，可以用诉讼方式请求增减其金额。

在前款的诉讼中，以转让的另一方当事人为被告。

在有关第 3 款裁定的异议申请中，不能以对对价的异议作为对裁定异议的理由。

【出版权的转让】

第 16 条 出版权如果未经文部科学大臣的认可，则不能转让。

第 10 条的规定，准用于根据前款规定受让出版权的人。

出版权不能设定质权。

【准用于图书】

第 17 条 根据政令规定，以文部科学省署名发表的教科书以外用于教学的图书，准用本法的规定。

【其他法令的适用】

第 18 条 教科书著作权的管理和出版权的设定，在本法中没有规定的事项，只要不违反其性质，则适用《著作权法》、《财政法》(1947 年法律第 34 号)、《会计法》(1947 年法律第 35 号)、《国有财产法》(1948 年法律第 73 号)及基于这些法律规定的命令的规定。

【施行命令】

第 19 条 施行本法的程序及其他必要事项由政令规定。

第九编　教科书发行临时措施法

1948 年 7 月 10 日法律第 132 号

最新修改:2007 年 6 月 27 日法律第 96 号

第 1 条　鉴于现在的经济情况,本法的目的是,调整教科书的供需,迅速准确地发行教科书,维持合理价格,以易于实现学校教育目的。

第 2 条　本法所称“教科书”,是指在小学、初中、高中、中等教育学校和与它们类似的学校,按照教育课程构成有系统编列教学科目的主要教材,用于教学用儿童或者中学生用图书,并经文部科学大臣审定或者以文部科学省署名的图书。

本法所称“发行”,是指制造供给教科书。所称“发行人”,是指担任发行的人。

第 3 条　教科书必须在其封面上标示“教科书”文字、在其末尾标示作者的姓名,发行人的姓名、住所、发行年月日和印刷人的姓名、住所、印刷年月日。

作者和发行人是法人及其他团体时,应当同时记载团体名称及代表人姓名。

印刷人的住所和印刷所的所在地不同时,还必须记载印刷所的名称及其所在地。

第 4 条　发行人每年必须在文部科学大臣指示的期间,向文部科学大臣呈报拟发行教科书的书目。

第5条 都道府县教育委员会每年必须在文部科学大臣指示的期间举办教科书展览会。

教科书展览会的标准由文部科学省令规定。

第6条 文部科学大臣应当根据第4条呈报编写目录[有关义务教育学校教科书,限于《义务教育学校教学用图书免费措施法》(1963年法律第182号)第8条第1款规定的教学用图书发行人呈报的],将其寄送给都道府县教育委员会。

都道府县教育委员会应当向在都道府县区域内的第2条第1款规定的学校散发前款目录。

发行人可以在前条教科书展览会上展示根据第4条呈报的教科书样品。

第7条 《市镇村教育委员会、学校教育法》(1947年法律第26号)第2条第2款规定的国立学校和私立学校的校长,必须向都道府县教育委员会报告所选教科书的需要数量。

都道府县教育委员会必须根据文部科学省令规定,向文部科学大臣报告都道府县内教科书的需要数量。

第8条 文部科学大臣必须以前条第2款的需要数量为基础,向发行人发出发行教科书种类和册数的指示(以下称为"发行指示")。

第9条 有符合下列各项之一的事由时,考虑需要者的意思后,文部科学大臣可以向其他发行人发出发行指示:

1. 对教科书的发行来说,需要数量不充足时;
2. 认为发行人的经营能力、信用状态不适合发行教科书时;
3. 发行人不接受文部科学大臣的发行指示时;
4. 根据第14条或者第15条规定,全部或者部分撤销发行指示时;
5. 根据《义务教育学校教学用图书免费措施法》第21条规定,撤销发行指示时。

第10条 同意发行指示的人,负有按照文部科学省令规定发行教科书的义务。

教科书供给到各学校前,发行人负有发行责任。

文部科学大臣可以按照需要,向发行人收取报告,或者调查其开展业务的状况。

第11条 教科书的定价必须经过文部科学大臣的认可。

第12条 发行人必须在收到发行指示日起15日内,用现金或者文部科学省令规定种类的有价证券,向文部科学大臣缴纳按照发行册数而相当于定价 1/10 的保证金。

第 13 条 如果没有履行第 10 条规定的义务,则不能请求返还保证金或者转让其债权。

第 14 条 认为有违反第 10 条第 1 款义务的行为时,文部科学大臣可以撤销发行指示,或者在其后 3 年内不发出发行指示。

第 15 条 对于没有缴纳第 12 条规定的全部或者部分保证金的人,文部科学大臣可以撤销其全部或者部分发行指示。

第 16 条 认为发行人有违反第 10 条第 1 款义务的行为时,可以将保证金收归国库。

第 17 条 本法规定者外,本法实施的必要事项由文部科学省令规定。

第 18 条 教科书以外用于教学并由文部科学大臣指定的图书,准用本法的规定。

第 19 条 根据第 5 条第 1 款、第 6 条第 2 款和第 7 条第 2 款规定决定都道府县处理的事务、根据同条第 1 款规定决定市镇村处理的事务,规定为《地方自治法》(1947 年法律第 67 号)第 2 条第 9 款第 1 项规定的第 1 项法定接受委托事项。

第十编　义务教育学校教学用图书免费措施法

1963 年 12 月 21 日法律第 182 号
最新修改:2014 年 4 月 16 日法律第 20 号

第一章　总　　则

【本法的目的】

第 1 条　本法的目的是,规定免费发放教学用图书以及义务教育学校教学用图书免费措施的必要事项,同时,为有利于措施的顺利实施,完善义务教育学校教学用图书的选择和发行制度,并谋求充实义务教育。

【定义】

第 2 条　本法所称"义务教育学校",是指《学校教育法》(1947 年法律第 26 号)规定的小学、中学、中等教育学校前期课程和特别支援学校的小学部、中学部。

本法所称"教学用图书",是指《学校教育法》第 34 条第 1 款(包含在同法第 49 条、第 70 条第 1 款和第 82 条准用的情形）及附则第 9 条规定的教学用图书。

本法所称“发行”，是指制造供给教学用图书。

第二章　免费供给及发放

【教学用图书的免费供给】

第 3 条　在义务教育学校的儿童和中学生于各学年课程使用的教科书中，国家每年购买根据第 13 条、第 14 条和第 16 条规定选择的图书，无偿地提供给义务教育学校的设置人。

【合同的签订】

第 4 条　文部科学大臣应当和教学用图书的发行人，签订购买根据前条规定购买的教学用图书合同。

【教学用图书的发放】

第 5 条　义务教育学校的设置人应当通过学校的校长将根据第 3 条规定从国家免费供给的教学用图书分别发放给儿童或者中学生。

不受前款规定限制，除文部科学省令规定的外，不向学年中途转学的儿童和中学生发给其转学后使用的教学用图书。

【都道府县教育委员会的责任义务】

第 6 条　都道府县教育委员会应当根据政令规定，办理实施无偿供给和发放教学用图书的必要事务。

【确认发放完毕时间的特别例外】

第 7 条　根据第 4 条规定的合同，有关《防止政府合同延迟支付法》（1949 年法律第 256 号）第 4 条第 1 款列举的时间，同法第 5 条第 1 款中的“10 日以内日”换读为“20 日以内日”，适用同款规定。

第 8 条　删除

【对政令的委任】

第 9 条　本章规定者外，教学用图书免费供给和发放的必要事项由政令规定。

第三章 选 择

【都道府县教育委员会的任务】

第10条 为在都道府县内正确选择义务教育学校使用的教学用图书，都道府县教育委员会必须制订计划和研究义务教育学校使用教学用图书，同时，妥善开展指导、建议或者援助市（包含特别区。以下相同）镇村教育委员会和各义务教育学校（公立义务教育学校除外）校长选择教学用图书。

【教学用图书选定审查会】

第11条 都道府县教育委员会拟根据前条规定开展指导、建议或者援助时，必须事先听取教学用图书选定审议会（以下称为“选定审议会”）的意见。

在政令规定的期间，每年在都道府县设置选定审议会。

选定审议会由条例中规定的人数不超20人的委员组成。

【选择地区】

第12条 在都道府县辖区内，都道府县教育委员会必须在市镇村辖区或者合并这些辖区的地区设定教学用图书选择地区（以下在本章称为“选择地区”）。

都道府县教育委员会拟设定或者变更选择地区时，必须事先听取市镇村教育委员会的意见。

都道府县教育委员会拟设定或者变更选择地区时，必须迅速进行公布，同时，向文部科学大臣报告其主旨。

【教学用图书的选择】

第13条 选择在都道府县内各义务教育学校（都道府县立各义务教育学校除外）使用的教学用图书，应当根据第10条规定并按照都道府县教育委员会开展的指导、建议或者援助，每一科目（是指教学用图书分类为教学科目的单位。以下相同）选择一种教学用图书。

选择在都道府县立义务教育学校使用的教学用图书，应当事先咨询选定审议会的意见，每一种类选择一种教学用图书。

公立中学中根据《学校教育法》第71条规定与高中教育实行一贯制教育的学校及在公立中等学校前期课程使用的教学用图书，不受前二款规定限制，市镇村教育委员会或者都道府县教育委员会应当给各学校每科目选择一种教学用图书。

在第1款的情形，选择地区是合并二个以上市镇村时，该选择地区内的市镇村教育委员会，必须通过协商制定规范，为就在该选择地区内市镇村属小学和初中选择使用的教学用图书开展协商，成立协商会（在下款及第17条称为“选择地区协商会”）。

在前款的情形，该选择地区内的市镇村教育委员会，必须根据在选择地区协商会的协商结果，每科选择教学用图书。

第1款到第3款及前各款的选择，必须根据《教科书发行临时措施法》（1948年法律第132号。以下称为“临时措施法”）第6条第1款规定，从文部科学大臣寄送的刊登在目录上的教学用图书中选择。但是，《学校教育法附则》第9条规定的教学用图书，不在此限。

【选择相同教学用图书的期间】

第14条　义务教育学校使用的各种教学用图书，应当根据政令规定，在政令规定的期间，每年各科目选择相同教学用图书。

【已选教学用图书种类的公布】

第15条　市镇村教育委员会、都道府县教育委员会和各义务教育学校（公立各义务教育学校除外）的校长，在选择了在各义务教育学校使用的教学用图书时，应当要努力不迟延公布该教学用图书的种类、选择该教学用图书的理由，及文部科学省令规定的其他事项。

【指定城市的特别例外】

第16条　有关指定城市［是指《地方自治法》（1947年法律第67号）第252条之19第1款的指定城市。以下在本条相同］，包括指定城市的都道府县教育委员会，不受第12条第1款规定的限制，必须在指定城市的区或者合并区的地区设立选择地区。

指定城市的教育委员会应当根据第10条规定并按照都道府县教育委员会提供的指导、建议或者援助，作为在选择地区内指定城市设置的小学和中学使用的教学用图书，每一科目选择一种教学用图书。

第13条第3款及第5款的规定，准用于前款的选择。

【对政令的委任】

第17条　本章规定者外，选定审议会所管事务、组织、运行和选择地区的设定、选择地区协商会的组织及运行、选择时间及选择的其他必要事项由政令规定。

第四章 发 行

【发行人的指定】

第18条 文部科学大臣根据担任发行义务教育学校使用教学用图书(《学校教育法附则》第9条规定的教学用图书除外。以下在本章相同)的人的申请,指定符合下列各项标准的人作为教学用图书发行人:

1. 非下列之一者:

(1) 破产人尚未恢复权利的;

(2) 根据下一条规定从撤销指定日起未满3年的;

(3) 被处有期徒刑以上刑罚、违反本法规定或者选择义务教育学校使用的教学用图书而犯《刑法》(1907年法律第45号)第198条或者第233条之罪、《处罚有组织犯罪及规制犯罪收益法》(1999年法律第136号)第3条第1款(限于同款第11项的部分)或者同条第2款(限于同条第1款第11项的部分)、《处罚公职人员通过斡旋行为获利法》(2000年法律第130号)第4条之罪,被处罚金,刑罚执行完毕或者决定不执行之日起未满3年的;

(4) 法人的负责人有符合(1)至(3)之一的;

(5) 关于营业,是不具有和成年人相同行为能力的未成年人或者禁治人,其法定代理人符合(1)至(3)之一的。

2. 经营能力及信用状态已具备由政令规定要件的。

拟获得前款指定的人,必须根据文部科学省令规定添加必要文件,向文部科学大臣提交申请书。

【指定的撤销】

第19条 教学用图书发行人符合下列各项之一时,文部科学大臣必须撤销前条第1款的指定:

1. 不符合前条第1款各项之一列举的标准时;

2. 确认通过虚假或者不正当事实获得前条第1款指定时。

【报告及资料的提交】

第20条 为调查教学用图书发行人是否符合第18条第1款各项列举的标准,文部科学大臣认为有必要时,可以要求教学用图书发行人提交必要报告或者资料。

【发行指示的撤销】

第21条　根据第19条规定撤销教学用图书发行人指定时，文部科学大臣必须撤销与此有关的《临时措施法》第8条规定的发行指示。

【和临时措施法的关系】

第22条　教学用图书的发行和教学用图书发行人，本章规定者外，遵守临时措施法的规定。

第五章　法律责任

第23条　不根据第20条规定的要求提交报告或者资料、进行虚假报告或者提交虚假资料的人，处3万日元以下罚金。

第24条　关于法人或者个人的业务或者财产，法人的代表人、法人或者个人的代理人、雇员及其他从业者，作出了违反前条的行为时，处罚行为人外，对法人或者个人也科同条的刑罚。

第十一编　促进普及残疾儿童和中学生用的教学用特殊图书法

2008年6月18日法律第81号

第一章　总　　则

【目的】

第1条　本法的目的是,遵循教育机会均等的宗旨,为了残疾儿童及中学生在促进发行教学用特殊图书的同时,采取必要措施支援其使用,促进普及教学用特殊图书,推进不受有无残疾及其他特质限制的教育,以有利于儿童及中学生能接受完善的学校教育。

【定义】

第2条　本法所称"教学用特殊图书",是指为用于有视觉残疾儿童及中学生学习用,放大文字、图形复制审定教学用图书的图书(以下称为"教学用放大图书")、用盲文复制审定教学用图书的图书及其他为用于残疾儿童及中学生学习用编写的教材,并能代替审定教学用图书使用的教学用图书。

本法所称"审定教学用图书",是指《学校教育法》(1947年法律第26

号）第 34 条第 1 款（包括同法第 49 条、第 62 条及第 70 条第 1 款准用的情形）规定的教学用图书。

本法所称“发行”，是指制造供给图书及其他教材。

本法所称“教学用图书发行人”，是指担任审定教学用图书发行的人，并同意《教科书发行临时措施法》（1948 年法律第 132 号）第 8 条发行指示的人。

本法所称“电磁记录”，是指以电子方式、磁力方式及其他通过人的知觉不能认识的方式制作、用于电子计算机信息处理的记录。

【国家的责任义务】

第 3 条　为使儿童和中学生不受有无残疾及其他特性限制能接受完善的教育，国家必须采取必要措施，促进供给教学用特殊图书并且发放给儿童及中学生，以及采取其他必要措施促进普及教学用特殊图书。

【教学用图书发行人的责任义务】

第 4 条　为使儿童和中学生不受有无残疾及其他特性限制能接受完善教育，教学用图书发行人应努力适当照顾其进行发行审定教学用图书。

第二章　促进教学用特殊图书的发行

【由教学用图书发行人提供电磁记录】

第 5 条　教学用图书发行人必须根据文部科学省令的规定，向文部科学大臣提供其发行的审定教学用图书的电磁记录，或者向作为能准确将该电磁记录提供给进行教学用特定图书发行的人而由文部科学大臣指定的人（在下一款称“文部科学大臣”）提供其发行的审定教学用图书的电磁记录。

文部科学大臣获得教学用图书发行人根据前款规定提供的电磁记录后，可以根据文部科学省令的规定，向发行教学用特殊图书的人提供发行所需要的电磁记录。

关于由教学用图书发行人提供审定教学用图书电磁记录的方法和活用制作电磁记录教学用特殊图书，国家应当提出建议和开展其他必要援助。

【制定教学用特殊图书标准规格】

第 6 条　对于教学用放大图书及其他教学用特殊图书中被认为必要者，文部科学大臣必须规定标准的规格并公布之。

教学用图书发行人必须努力发行指定种类（指审定教学用图书被分类为

各教学科目的科目中，文部科学大臣指定者。在下一项相同）审定教学用图书的标准教学用特殊图书（指符合前款规格的教学用特殊图书）。

有关由教学用图书发行人发行的与指定种类审定教学用图书有关的标准教学用特殊图书，国家应当提出建议和开展其他必要援助。

【推进发育残疾儿童和中学生使用教学用特殊图书的调查研究】

第7条 有发育残疾及其他残疾的儿童和中学生难于认识审定教学用图书通常使用的文字、图形，为完善和充实他们使用的教学用特殊图书，国家应当推进必要调查研究。

【普及妥当照顾残疾及其他特性的审定教学用图书】

第8条 为尽可能多的儿童和中学生不受有无残疾及其他特质限制，能使用审定教学用图书进行学习，国家应当采取必要措施，作出妥善照顾，普及审定教学用图书。

第三章 支援中小学和高中使用教学用特殊图书

【中小学和高中使用教学用特殊图书】

第9条 在中小学[是指小学和中学（包括中等学校教育的前期教学。以下相同），除《学校教育法》第81条第2款及第3款规定的特别支援班级（以下简称"特别支援班级"）外。以下相同]和高中（包括中等教育学校后期教学，特别支援班级除外。以下相同），学校必须进行必要照顾，使在校的有视觉残疾及其他残疾的儿童和中学生可以按照其残疾状况，不使用选定的审定教学用图书，使用审定教学用图书的教学用特殊图书。

为进行根据前款规定的照顾，国家和地方政府应当采取必要措施，收集和提供预定发行的教学用特殊图书的信息，以及采取其他必要措施。

【向中小学设置人无偿提供教学用特殊图书】

第10条 国家每年不购买审定教学用图书，而购买中小学有视觉残疾及其他残疾的儿童和中学生使用的教学用特殊图书，无偿供给中小学的设立人。

【合同的签订】

第11条 文部科学大臣应当和发行教学用特殊图书的人，签订旨在根据前条规定购买应当购买的教学用特殊图书的合同。

【教学用特殊图书的交付】

第12条 中小学设置人应当分别通过本学校校长,将根据第10条的规定由国家无偿提供的教学用特殊图书,交付给本校在校有视觉残疾及其他残疾的儿童和中学生。

不受前款规定限制,除文部科学省令规定的情形外,应当不向学年中途转学的有视觉残疾及其他残疾的儿童和中学生交付在转学后使用的教学用特殊图书。

【都道府县教育委员会的责任义务】

第13条 都道府县教育委员会应当根据政令规定,办理无偿供给和交付教学用特殊图书的必要事务。

【确认结束提供时期的特别例外】

第14条 根据第11条规定的合同,有关防止政府合同延迟交付法(1949年法律第256号)第4条第1款列举的时期,同法第5条第1款中的"10日以内日"换读为"20日以内日",适用同款规定。

【对政令的委任】

第15条 第10条到前条规定者外,无偿提供和交付教学用特殊图书的必要事项由政令规定。

第四章 确保标准教学用特殊图书的顺利发行

【标准教学用特殊图书需要数量的报告】

第16条 市镇村教育委员会和学校教育法第2条第2款规定的国立学校、私立学校的校长,必须根据文部科学省令规定,向都道府县教育委员会报告下列标准教学用特殊图书的需要量:

1. 中小学已选择的审定教学用图书的标准教学用特殊图书,并预定在使用标准教学用特殊图书年度发行的图书中,中小学在校有视觉残疾及其他残疾的儿童和中学生不使用审定教学用图书而使用的图书。

2. 特别支援学校的小学部、中学部和设置在小学、中学的特别支援班级,作为《学校教育法》附则第9条规定的教学用图书选择的标准教学用特殊图书,并预定在使用标准教学用特殊图书年度发行的图书。

都道府县教育委员会必须根据文部科学省令规定,向文部科学大臣报告前款各项列举的标准教学用特殊图书都道府县的需要量。

【标准教学用特殊图书的发行通知】

第17条 文部科学大臣必须基于根据前条第2款规定的报告，通知预定发行标准教学用特殊图书的人，应当发行的标准教学用特殊图书的种类、册数。

文部科学大臣可以根据需要，要求收到前款通知的人进行报告。

【事务划分】

第18条 根据第16条第2款规定决定都道府县处理的事务和根据同条第1款规定决定市镇村处理的事务，作为《地方自治法》(1947年法律第67号)第2条第9款第1项规定的第1项法定接受委托事务。

第十二编　为振兴音乐文化完善学习环境法

1994 年 11 月 25 日法律第 107 号

【目的】

第 1 条　音乐文化大大有利于形成快乐而丰富的国民生活，并促进各国相互理解和国际文化交流，有鉴于此，本法的目的是，通过规定完善作为终身教育一部分的关于音乐学习环境的基本对策，振兴我国音乐文化，并为世界文化的进步和国际和平做出贡献。

【定义】

第 2 条　本法所称“音乐文化”，是指音乐创作及演奏、音乐鉴赏、与音乐有关的国民娱乐、与音乐有关的《文物保护法》（1950 年法律第 214 号）规定的文物、出版、著作权和《著作权法》（1970 年法律第 48 号）规定的其他权利，以及与它们有关的为提高国民文化生活的活动。

本法所称“音乐学习”，是指与音乐学习有关的学校教育、家庭教育、社会教育、文化活动以及终身教育的其他各种活动。

本法所称“学习环境”，是指为学习音乐，所需设施（包括设备。以下相同）的物质条件、负责人、辅导人等人员条件及为顺利学习音乐的其他各种条件。

【对策的方针】

第 3 条　为振兴音乐文化，国家和地方政府在完善学习环境时，应当努力协助民间自发举办的音乐活动，系统完善各种条件，使广大国民能在所有机会和场所按照个性自主学习音乐。

为振兴音乐文化，国家和地方政府在完善学习环境时，对幼儿、少年、高龄老人、残障人士等应当作出必要照顾。

【地方政府的事业】

第4条 为振兴地区音乐文化，地方政府应当根据地区实际情况，通过自主判断，主要努力开展下列各项列举的完善学习环境的事业：

1. 定期举办音乐演奏及鉴赏活动；
2. 开设音乐社会教育讲座；
3. 除前二项列举者外，开展必要工作提供学习音乐的机会；
4. 为学习音乐，只要不给地方政府设置的学校的教育造成障碍，则将学校设施提供给居民使用；
5. 收集、整理、提供音乐学习的信息；
6. 对音乐学习的指导人和辅助人开展进修；
7. 推进音乐文化的调查研究；
8. 通过音乐开展国际文化交流计划。

地方政府在开展前款规定的计划时，应当关注振兴我国传统音乐、有地方特色的音乐文化和学习这些音乐。

地方政府在开展第1款规定的计划时，国家应当努力提供必要建议和协助。

【振兴民间团体开展的事业】

第5条 对从事有利于振兴音乐文化和音乐学习计划的民间团体，国家应当通过回答函询、咨询和提供建议，努力振兴该计划。

【表彰】

第6条 国家和地方政府应当努力表彰对振兴音乐文化和音乐学习作出贡献的人。

【国际音乐日】

第7条 为在国民中广泛深化关心和理解音乐，提高积极开展音乐学习的热情，同时，遵守《联合国教科文组织章程》(1951年条约第4号)的精神，举办有利于通过音乐促进国际相互理解的活动，设立国际音乐日。

国际音乐日为10月1日。

国家和地方政府应当努力普及国际音乐日的主旨。

第十三编　实施《世界版权公约》关于著作权法的特别例外法

1956 年 4 月 28 日法律第 86 号

最新修改:2000 年 5 月 8 日法律第 56 号

【目的】

第 1 条　本法的目的是,随着《世界版权公约》的实施,规定《著作权法》(1970 年法律第 48 号)的特别例外。

【定义】

第 2 条　本法所称“万国条约”,是指《世界版权公约》。

本法所称“发行”,是指《世界版权公约》第 6 条规定的发行。

本法所称“翻译权”,是指《世界版权公约》第 5 条规定的翻译权。

【作品保护期的特别例外】

第 3 条　《万国条约》缔约国国民尚未发行的作品或者在《万国条约》缔约国首次发行的作品,基于《万国条约》第 2 条规定,根据《著作权法》受到保护者,根据缔约国法令因保护期届满而不受保护时,作品的保护期不受《著作权法》规定的限制,到根据缔约国法令保护期届满日终止。

《万国条约》缔约国国民尚未发行的作品或者在《万国条约》缔约国首次发行的作品,根据缔约国法令不属于受到保护的作品种类者,基于《万国条约》第 2 条规定,不受《著作权法》保护。

第 4 条　《万国条约》缔约国国民的作品在非缔约国首次发行的,就前条规定的适用,视为在缔约国首次发行。

在二个以上《万国条约》缔约国同时发行的作品，就前条规定的适用，视为在给予保护期最短缔约国首次发行。自首次发行日起30日内在二个以上缔约国发行的作品，视为在这些缔约国同时发行。

【翻译权的特别例外】

第5条 基于《万国条约》，根据《著作权法》受到保护的文字作品，从首次发行的次年起计算到满7年前，具有翻译权的人或者得到其许可的人未用日语发行文字作品的译作或者虽发行但已绝版时，符合下列各项之一的，日本国民可以根据政令规定获得文化厅长的许可，用日语发行文字作品的译作。但是，在发行前，必须根据政令规定，向有翻译权的人支付获得文化厅长认可的公正并符合国际惯例的全部或者部分补偿额，或者为其提存：

1. 向有翻译权的人要求许可翻译发行译作，却被拒绝时；
2. 付出了相当努力，却未能和具有翻译权的人取得联系时。

前款第2项的情形，申请同款许可的人，在原作品上刊登有发行人姓名时必须向发行人寄送申请书的抄本，向文化厅长呈报寄送抄本的主旨；查明具有翻译权的人的国籍时，必须向具有翻译权的人有国籍的国家的外交代表、领事代表、该国政府指定的机构寄送申请书的抄本，向文化厅长呈报寄送抄本的主旨。

根据前款规定寄送申请抄件日到满2个月的期间，文化厅长不能作出第1款的许可。

在作出第1款但书认可时，文化厅长必须咨询文化审议会。

第6条 获得前条第1款许可的人，不能转让发行许可译作的权利。

第7条 第5条第1款许可的译作，必须根据政令规定，刊登原作品的标题、原作者姓名及其他事项。

第8条 第5条第1款许可的译作，不能向政令规定的《万国条约》缔约国以外的国家出口。

【无国籍人士及流亡人士】

第9条 无国籍人士、流亡人士的作品适用《世界版权公约》，有关第3条到第5条规定的适用，经常居住在本条约第一附属议定书缔约国的无国籍人士、流亡人士视为缔约国国民。

【受《伯尔尼公约》保护的作品】

第10条 基于《保护文学和艺术作品伯尔尼公约》《世界知识产权组织版权条约》或者《建立世界贸易组织的马拉喀什协议》的规定，分别将根据

《保护文学和艺术作品伯尔尼公约》创设的国际联盟加盟国、《世界知识产权组织版权条约》缔约国或者世界贸易组织成员之一作为母国的作品,不适用本法。但是,对创作完成前获得第5条第1款许可的人和与许可有关的译作,有关同条到第8条规定的适用,不在此限。

【受到《与日本国和平条约》第12条保护的作品】

第11条 《与日本国和平条约》第25条规定的缔约国,本法实施时是《万国条约》缔约国及其国民,在本法实施时,基于《与日本国和平条约》第12条规定,根据旧《著作权法》(1899年法律第39号)受到保护的作品,在本法施行后,也应当继续受到与其保护(对在《著作权法》施行时受到保护的作品,根据同法保护)相同的保护。

【对政令的委任】

第12条 本法规定者外,本法实施的必要事项由政令规定。

第十四编　缔约国和缔约国国民著作权特别例外法

1952 年 8 月 8 日法律第 302 号

最新修改:1970 年 5 月 6 日法律第 48 号

【目的】

第 1 条　本法的目的是,基于《与日本国和平条约》第 15 条(C)的规定,就缔约国和缔约国国民的著作权,规定《著作权法》(1970 年法律第 48 号)的特别例外。

【定义】

第 2 条　本法所称“缔约国”,是指作为《与日本国和平条约》第 25 条“缔约国”规定的国家。

本法所称“缔约国国民”,是指下列各项列举者:

1. 具有缔约国国籍者;

2. 基于缔约国法令设立的法人及与之类似者;

3. 除前项规定者外,以营利为目的的法人及其他团体中,前二项或者本项列举者具有其股份或者持有股份(法人及其他团体的负责人持有的股份或者持有股份的除外)者;

4. 除第 2 项列举者外,前三项或者本项列举者管理的宗教法人、不以营利为目的的其他法人以及其他团体。

本法所称“著作权”,是指基于旧《著作权法》(1899 年法律第 39 号)的全部或者部分权利(同法第 28 条之 3 规定的出版权除外)。

【战争期间产生的著作权】

第3条 1941年12月7日前,日本国是当事国的条约或者协定,在日本国和缔约国之间发生战争以后,无论是否根据日本国或者缔约国国内法废除或者停止,自此日起,在日本国和缔约国间,到《与日本国和平条约》发生效力日前的期间,根据条约或者协定,原本应当是取得缔约国或者缔约国国民的著作权,在原本应当取得日作为有效取得受到保护。

【著作权保护期的特别例外】

第4条 1941年12月7日前,缔约国和缔约国国民具有的著作权,在相当于《著作权法》规定的著作权权利保护期,加相当于1941年12月8日起到日本国和缔约国之间和平条约发生效力前一日期间(在此期间,缔约国和非缔约国国民曾具有著作权期间的,其期间除外),期间继续。

自1941年12月8日起,日本国和缔约国间,在到《与日本国和平条约》发生效力前一日期间,缔约国或者缔约国国民取得的著作权(包括根据前条规定,作为已有效取得而保护的著作权),在相当于在《著作权法》规定的著作权权利保护期,加缔约国或者缔约国国民自取得著作权日起,在日本国与缔约国间《与日本国和平条约》生效前一日的期间(在该期间,缔约国和非缔约国国民曾具有著作权的期间时,其期间除外),期间继续。

【翻译权保护期的特别例外】

第5条 将作品翻译成日语的权利,根据《著作权法》附则第8条的规定,规定仍具有效力的旧《著作权法》第7条第1款(翻译权)规定的期间,在适用前条第1款或者第2款规定的情形,应当分别再加6个月后进行计算。

【缔约国和非缔约国国民的著作权】

第6条 在日本国与缔约国间的《与日本国和平条约》发生效力日,仅就缔约国或者缔约国国民具有著作权(包括根据加算在前2条规定的加算期间,著作权保护期变为同日以后仍继续进行时),适用前二条的规定。

【不需要的程序】

第7条 就第3条到第5条规定的适用,不能被附加提交申请书、支付手续费及其他一切手续或者条件。但是,不妨碍适用《著作权法》第77条(著作权的登记)或者第78条(登记程序)或者《登记许可税法》(1967年法律第35号)的规定。

第三卷　产业财产法律

第一编　专　利　法

1959 年 4 月 13 日法律第 121 号

最新修改:2014 年 6 月 13 日法律第 69 号

第一章　总　　则

【目的】

第 1 条　本法的目的是,通过保护和利用发明,奖励发明,以推动产业发展。

【定义】

第2条 本法所称“发明”，是指利用自然规律的有高度的技术创造物。

本法所称“专利发明”，是指已授权专利的发明。

在本法中，有关发明所称“实施”，是指下列行为：

1. 有关产品（包括程序。以下相同）发明，生产、使用、转让（指转让和出租，在产品是程序时，包括通过通信线路提供。以下相同）、出口、进口、许诺转让（包括为转让的展览。以下相同）产品的行为；

2. 有关方法发明，使用方法的行为；

3. 有关产品方法发明，前项列举者外，按照方法使用或者转让、出口、进口、许诺转让等生产的产品的行为。

本法所称“计算机程序”，是指计算机程序（是为能得到一个结果而已组合的向计算机的指令。以下在本款相同）及其他供电子计算机处理用的信息而类似于计算机程序者。

【期间的计算】

第3条 计算根据本法或者基于本法由命令规定的期间，按照下列规定：

1. 期间的首日不计算在内。但是，期间从早上零点开始时，不在此限。

2. 在规定期间中采用月或者年进行时，按照历法计算。首月或者首年不计算期间时，在最后月或者年对应起算日的前一日期间届满。但是，最后月没有对应日时，在该月的最后日届满。

有关专利申请、请求及其他关于专利的程序（以下简称为“程序”），期间最后一日正值《行政机关休假日法》（1978年法律第91号）第1条第1款各项列举日时，以次日作为期间的最后一日。

【期间的延长】

第4条 为地处偏远地区或者交通不便地区的人，特许厅长可以根据请求或者用职权延长第46条之2第1款第3项、第108条第1款、第121条第1款、第173条第1款规定的期间。

第5条 根据本法规定指定了应当履行程序的期间时，特许厅长、审判长、审查员可以根据请求或者用职权延长其期间。

根据本法规定指定了期日时，审判长可以根据请求或者用职权变更其期日。

【非法人社团履行程序的能力】

第6条 非法人社团或者财团规定有代表人或者管理人的，可以以其名义履行下列程序：

1. 请求审查申请；

2. 提出专利异议申请；

3. 请求专利无效复审或者延长注册无效复审；

4. 根据第171条第1款规定，请求再审专利无效复审或者延长注册无效复审的生效复审决定。

非法人社团或者财团规定有代表人或者管理人的，可以以其名义请求再审专利无效复审或者延长注册无效复审的生效复审决定。

【未成年人、禁治产人等履行程序的能力】

第7条 未成年人和禁治产人如果不通过法定代理人则不能履行程序。但是，未成年人可以独立进行法律行为时，不在此限。

准禁治产人在履行程序时，必须得到保护人的同意。

法定代理人履行程序时，有监护监督人的，必须得到其同意。

准禁治产人或者法定代理人就其专利权的专利异议申请，或者对方请求的复审或者再审履行程序时，不适用前二款的规定。

【在国外居住人士的专利管理人】

第8条 在日本国内没有住所或者居所（在法人的情况下，为办公机构）的人（以下称为“在国外居住人士”），除政令规定的情形外，如果是其专利的代理人而不通过在日本国内有住所或者居所的人（以下称为“专利管理人”），则不能履行程序或者以不服根据本法或者基于本法的命令的规定行政机关所作处分而提起诉讼。

专利管理人代理本人履行全部程序及不服行政机关根据本法或者基于本法的命令的规定所作处分而提起的诉讼。但是，在国外居住人士限制专利管理人代理权范围时，不在此限。

【代理权的范围】

第9条 在日本国内有住所或者居所（在法人的情况下，办公机构）的人，并接受履行程序委托的代理人，如果没有特别授权，不能变更、放弃或者撤回专利申请，不能撤回延长专利权保护期申请，撤回请求、申请或申诉，不能主张或者撤回第41条第1款的优先权，不能根据第46条之2第1款规定基于实用新型注册的专利申请请求公告申请，不能请求核驳异议复审，不能放弃专利权或者选任复代理人。

第10条 删除

【代理权的不消灭】

第11条 履行程序的人委任的代理人的代理权,不因本人死亡、法人因合并消灭、本人的受托人信托任务终结、法定代理人死亡、代理权变更或者消灭等消灭。

【代理人的分别代理】

第12条 2个以上的代理人履行程序时,每个代理人向特许厅代理本人。

【代理人的改任】

第13条 特许厅长或者审判长认为履行程序的人履行程序不适当时,可以命令应当通过代理人履行程序。

特许厅长或者审判长认为履行程序的代理人履行程序不适当时,可以命令其改任代理人。

在前二款的情形,特许厅长或者审判长可以命令以知识产权代理人担任代理人。

作出根据第1款或者第2款规定的命令后,特许厅长或者审判长可以驳回履行第1款程序的人或者第2款的代理人向特许厅履行的程序。

【多个当事人的相互代表】

第14条 二人以上共同履行程序时,每个人代表全体成员变更、放弃和撤回专利申请,撤回延长专利权保护期申请,撤回请求、申请或申诉,主张和撤回第41条第1款的优先权,请求公开申请和请求核驳异议复审以外的程序。但是,确定了代表人并已呈报给特许厅时,不在此限。

【在国外居住人士的法院管辖地】

第15条 有关侨居国外人士的专利权及其他关于专利的权利,有专利管理人时以其住所或者居所视为《民事诉讼法》(1996年法律第109号)第5条第4项的财产所在地;没有专利管理人时以特许厅所在地视为《民事诉讼法》(1996年法律第109号)第5条第4项的财产所在地。

【没有履行程序能力情形的追认】

第16条 法定代理人(本人取得履行程序能力时,本人)可以追认未成年人(能独立进行法律行为的人除外)或者禁治产人已履行的程序。

有履行程序能力的本人或者法定代理人可以追认没有代理权的人履行的程序。

准禁治产人得到保护人同意,可以追认准禁治产人没有得到保护人同意履行的程序。

有监护监督人的情形,法定代理人、取得履行程序能力的本人得到监护监督人的同意,可以追认法定代理人没有得到其同意已履行的程序。

【程序的补正】

第 17 条 限于案件正在特许厅审查的情形,已履行程序的人可以进行补正。但是,根据下一条到第 17 条之 5 的规定可以进行补正的情形除外,不能补正添加在申请书的说明书、权利要求书、附图、摘要或者第 41 条第 4 款、第 43 条第 1 款[含在第 43 条之 2 第 2 款(含在第 43 条之 3 第 3 款准用的情形)及第 43 条之 3 第 3 款准用的情形]规定的书面文件,或者第 120 条之 5 第 2 款、第 134 条之 2 第 1 款的修改或者添加在复审请求书上已修订的说明书、权利请求书、附图。

不受前条规定的限制,第 36 条之 2 第 2 款的外语书面文件申请的申请人,不能补正同条第 1 款的外语书面文件和外语摘要书面文件。

下列情形,特许厅长可以指定相当期间,命令进行程序补正:

1. 程序违反第 7 条第 1 款到第 3 款或者第 9 条的规定时;

2. 程序违反本法或者基于本法的命令规定的形式时;

3. 有关程序,没有缴纳根据第 195 条第 1 款到第 3 款规定应当缴纳的手续费时。

进行程序补正(缴纳手续费除外)时,除下一条第 2 款规定情形外,必须提交程序补正书。

【添加在申请书的说明书、专利权利要求书、附图的补正】

第 17 条之 2 专利申请人在应当授予专利的审定誊本送达前,可以补正添加在申请书的说明书、专利权利要求书、附图。但是,收到根据第 50 条规定的通知后,限于下列情形,可以进行补正:

1. 在首次收到根据第 50 条[包括第 159 条第 2 款(包括第 174 条第 2 款准用的情形)和第 163 条第 2 款准用的情形,以下与本款相同]规定通知的情形,根据第 50 条规定在指定期间进行时。

2. 在收到拒绝理由通知后收到根据第 48 条之 7 规定通知的情形,根据同条规定在指定期间内进行时。

3. 重复收到拒绝理由通知的情形,以最后收到的拒绝理由通知为准,在根据第 50 条规定指定的期间内进行时。

4. 在请求核驳异议复审的情形,与其复审请求同时进行时。

第 36 条之 2 第 2 款外语书面文件申请的申请人,以修改误译为目的,根据前款规定补正说明书、专利权利要求书、附图时,必须提交记载理由的误译修改书。

根据第 1 款规定,补正说明书、专利权利要求书、附图时,除提交误译修改书后进行的情形外,必须在首次添加在申请书的说明书、专利权利要求书、附图[在第 36 条之 2 第 2 款外语书面文件申请的情况下,根据同条第 6 款的规定,被视为说明书、专利权利要求书和附图的同条第 2 款规定的外语书面文件译文(提交误译修改书,并进行补正说明书、专利权利要求书、附图的情形,译文或者补正后的说明书、专利权利要求书、附图)。与第 34 条之 2 第 1 项和第 34 条之 3 第 1 项相同]记载事项的范围内进行。

除前款规定外,在第 1 款各项列举的情形,补正专利权利要求书,在补正前收到的拒绝理由通知中对能否授予专利宣布了判断的发明,和根据补正后专利权利要求书记载事项特定的发明,必须符合满足第 37 条发明单一性要件的一组发明。

前二款规定者外,在第 1 款第 1 项、第 3 项及第 4 项列举的情形(在同款第 1 项列举的情形,限于收到拒绝理由通知和根据第 50 条之 2 规定通知的情形),补正专利权利要求书限于以下列事项为目的:

1. 删除第 36 条第 5 款规定的请求项;

2. 删减专利权利要求(是为确定根据第 36 条第 5 项规定在请求项记载的发明而限定必要事项,并限于补正前该请求项记载的发明和补正后该请求项记载的发明在产业运用领域和拟解决的问题相同时);

3. 修改误记;

4. 释明不明晰的记载(限于对在拒绝理由通知中宣布拒绝理由事项进行的说明)。

第 126 条第 7 款的规定,准用于前款第 2 项的情形。

【摘要的补正】

第 17 条之 3 限于在经济产业省令规定的期间内,专利申请人可以补正添加在申请书的摘要。

【主张优先权书面文件的补正】

第17条之4 限于在经济产业省令规定的期间内,根据第41条第1款、第43条第1款、第43条之2第1款(含在第43条之3第3款准用的情形)、第43条之3第1款或者第2款规定主张优先权的人,可以补正第41条第4款或者第43条第1款[含在第43条之2第2款(含在第43条之3第3款准用的情形)及第43条之3第3款准用的情形]规定的书面文件。

【补正修订的说明书、权利要求书或者附图】

第17条之5 限于在根据第120条之5第1款或者第6款的规定而指定的期间内,专利权人可以进行补正添加在同条第2款修订的请求书上已修订的说明书、权利要求书或者附图。

【程序的驳回】

第18条 根据第17条第3款规定命令应当进行程序补正的人在根据同款规定指定的期间内没有进行补正时,或者获得专利权授权的人在第108条第1款规定的期间内未缴纳专利费时,特许厅长可以驳回程序。

根据第17条第3款规定命令应当缴纳根据第195条第3款规定手续费的专利申请人,在根据第17条第3款规定指定的期间内未缴纳手续费时,特许厅长可以驳回专利申请。

【不合法程序的驳回】

第18条之2 程序不合法并不能进行补正的,特许厅长应当驳回程序。

拟根据前款规定驳回时,必须将其理由通知已履行程序的人,指定相当期间,给予提交记载说明的书面文件(以下称为"说明书")的机会。

【提交申请书等发生效力的时间】

第19条 申请书、根据本法或者基于本法的命令的规定向特许厅提交的文件及其他物品,规定了提交期间的,通过《邮寄、民间经营者送达书信法》(2002年法律第99号。本条以下称为"书信邮寄法")第2条第6款规定的一般书信邮寄经营者或者同条第9款规定的特定书信邮件经营者提供的同条第2款规定的书信邮寄(以下称为"书信邮寄")服务,在按照经济产业省令规定提交的情形,根据邮寄物发票证明将申请书或者物品交给日本邮政股份公司营业所(限于开展邮寄业务的)的日期和时间时,视为此日期和时间到达特许厅;根据邮寄物或者《书信邮寄法》第2条第3款规定的书信邮件(本条以下称为"书信邮件")的通信日期邮戳标示的日期和时间清晰时,视为在此日期和时间到达特许厅;根据邮寄物或者书信邮件的通信日期邮戳标示的日期和时间中,仅日期清晰而小时不清晰时,申请书或者物品视为在标示日中午12点到达特许厅。

【程序效力的继受】

第20条 已履行专利权及其他专利权利程序的效力,对继受专利权及其他专利权利的继受人有效。

【程序的继续】

第21条 在案件正在特许厅审查的情形,已转让专利权及其他专利权利时,特许厅长或者审判长可以向专利权及其他专利权利的继受人继续履行案件的程序。

【程序的中断或者中止】

第22条 有关申请续办,在决定、审定、复审决定誊本送达后中断的程序,特许厅长或者审判长必须作出决定是否允许续办。

前款的决定必须以书面形式作出并附理由。

第23条 应当续办曾中断的审查、就专利异议申请的审理及决定、复审或者再审程序的人怠于续办时,特许厅长或者审判长必须根据申请或者用职权指定相当期间命令续办。

在根据前款规定指定的期间内没有续办时,特许厅长或者审判长可以视为在届期日续办。

根据前款规定视为续办时,特许厅长或者审判长必须将主旨通知当事人。

第24条 民事诉讼法第124条(第1款第6项除外)、第126条、第127条、第128条第1款、第130条、第131条和第132条第2款(诉讼程序的中断及中止)的规定,准用于审查、就专利异议申请的审理及决定、复审或者再审程序。在这种情形,同法第124条第2款中有“诉讼代理人”应当换读为“根据审查、就专利异议申请的审理及决定、复审、再审委托的代理人”;同法第127条中有“法院”应当换读为“特许厅长或者审判长”;同法第128条第1款和第131条中有“法院”应当换读为“特许厅长或者复审员”;同法第130条中有“法院”应当换读为“特许厅”。

【外国人享有的权利】

第25条 在日本国内没有住所或者居所(在法人的情况下,办公机构)的外国人,除符合下列各项之一的情形外,不能享有专利权及其他有关专利的权利:

1. 此人所属国根据和其国民相同条件，承认日本国民享有专利权及其他有关专利的权利时；

2. 此人所属国规定，在日本国承认其国民享有专利权及其他有关专利的权利时，根据和其国民相同的条件，承认日本国民享有专利权及其他有关专利的权利时；

3. 在条约中有特别规定时。

【条约的效力】

第26条 在条约中对专利有特别规定时，按照其规定。

【向专利登记簿的登记】

第27条 下列事项登记到备置在特许厅的专利登记簿上：

1. 专利权的设定、保护期限的延长、转移、因信托的变更、消灭、恢复或者处分的限制；

2. 独占许可权的设定、保存、转移、变更、消灭或者处分的限制；

3. 以专利权或者独占许可权为标的，质权的设定、转移、变更、消灭或者处分的限制；

4. 临时独占许可权的设定、保存、转移、变更、消灭或者处分的限制。

可以用磁带制作全部或者部分专利登记簿（包括通过与之类似方法能够准确记录一定事项并存放的物品。以下同）。

本法规定者外，登记的必要事项由政令规定。

【发明专利证书的颁发】

第28条 已授予专利权时，基于根据第74条第1款规定的请求转移专利权已注册时，应当修改添加在申请书的说明书、专利权利要求书、附图的决定或者复审决定生效的情形已注册时，特许厅长向专利权人颁发发明专利证书。

发明专利证书的补发由经济产业省令规定。

第二章 专利和专利申请

【专利的要件】

第29条 已完成产业上可利用的发明的人，除下列发明外，对其发明可以获得专利：

1. 申请专利前，在日本国内或者外国已公知的发明；

2. 申请专利前，在日本国内或者外国已公开实施的发明；

3. 申请专利前，在日本国内外发行的刊物上刊登的发明或者通过通信线路能够为公众利用的发明。

在申请专利前，发明所属技术领域具有普通知识的人，基于前款各项列举的发明能容易完成发明时，发明不受前款规定限制，不能获得专利。

第29条之2 申请专利的发明是该专利申请日前其他的专利申请或者实用新型注册申请，并且，在申请专利后，根据第66条第3款规定已发行刊登同款各项列举事项的专利公报（以下称为“专利公报”）或者已申请公告，或者根据《实用新型法》（1959年法律第123号）第14条第3款规定已发行刊登同款各项列举事项的实用新型公报（以下称为“实用新型公报”），申请专利的发明和首次添加在申请书的说明书、专利权利要求书或者实用新型权利要求书、附图中（在第36条之2第2款外语书面文件申请的情况下，同条第1款的外语书面文件）记载的发明或者设计（完成发明或者设计的人是申请专利发明的发明人是同一人的情形，其发明或者设计除外）相同时，不受前条第1款规定限制，对此发明不能获得专利。但是，在申请专利时，申请人和该其他专利申请或者实用新型注册申请的申请人是同一人时，不在此限。

【发明新颖性丧失的例外】

第30条 违反具有获得专利权利的人的意志以致符合第29条第1款各项之一的发明，从符合日起6个月内，就其完成的发明申请专利，有关同条第1款和第2款规定的适用，视为不符合同条第1款各项之一。

源于具有获得专利权利的人的行为以致符合第29条第1款各项之一的发明（关于发明、实用新型、外观设计、商标，因刊登在公报符合同款各项之一的除外），自符合日起6个月内，就其完成的发明申请专利，有关同条第1款和第2款规定的适用，和前款相同。

拟获得前款规定适用的人，必须在申请专利的同时向特许厅长提交记载其主旨的文书，并且，自专利申请日起30日内，向特许厅长提交证明符合第29条第1款各项之一的发明是可以获得前款规定适用的发明的文书（在下一款称为“证书”）。

提交证书的人，因不能归其责的理由，在前款规定的期间内未能提交证书时，不受同款规定限制，在其理由消失之日起14日（在偏远地区的人，2个月）以内，且在此期间满后6个月以内，可以向特许厅长提交其证书。

第31条 删除

【不能获得专利的发明】

第32条 有可能损害公共秩序、善良风俗或者公众卫生的发明,不受第29条规定的限制,不能获得专利。

【获得专利的权利】

第33条 获得专利的权利可以转移。

获得专利的权利不能作为质权的标的。

共有获得专利的权利时,如果没有其他共有人的同意,各共有人不能转让持有额。

共有获得专利的权利时,如果没有其他共有人的同意,就基于获得专利权利应当取得的专利权,各共有人不能设定临时独占许可权或者许可他人临时普通许可权。

第34条 专利申请前继受获得专利的权利,继受人如果不提出专利申请,则不能对抗第三人。

从同一人处获得继受相同专利的权利,在同日有2个以上的专利申请时,仅根据专利申请人协商确定的人的继受,可以对抗第三人。

从同一人处继受相同发明或者设计,获得专利权利和获得实用新型的权利,在同日申请专利和申请实用新型注册时,和前款相同。

专利申请后继受获得专利的权利,除继承及其他一般继受外,如果不向特许厅长呈报则不发生效力。

继承了获得专利的权利及其他一般继受时,继受人必须不迟延地向特许厅长呈报其主旨。

从同一人处继受获得已继受的相同专利的权利,在同日有二个以上的呈报时,仅呈报协议规定的人的呈报发生效力。

第39条第6款及第7款的规定,准用于第2款、第3款和前款的情形。

【临时独占许可权】

第34条之2 具有获得专利权利的人,在首次添加在专利申请申请书的说明书、专利权利要求书、附图记载事项的范围内,对基于获得其专利权利应当取得的专利权,可以设定临时独占许可权。

有关临时独占许可权的专利申请获得了专利权授权时,在由临时独占许可权设定行为规定的范围内,视为对其专利权设定了独占许可权。

申请专利的发明与实施经营同时进行的情形,限于得到具有获得专利权利的人许可、继承及其他一般继受的情形,可以转移临时独占许可权。

限于得到具有获得专利权利的人许可的情形，对基于临时独占许可权应当取得的独占许可权，临时独占许可权人可以许可他人临时普通许可权。

有关临时独占许可权的专利申请有了根据第44条第1款规定的分割专利申请时，在临时独占许可权设定行为规定的范围内，有关分割该专利申请，视为对基于获得新专利申请的专利权利应当取得的专利权设定临时独占许可权。但是，在设定行为中有特别规定时，不在此限。

对专利申请已授予专利权时，放弃、撤回、驳回专利申请时或者对专利申请应当拒绝的审定或者复审决定生效时，临时独占许可权消灭。

临时独占许可权人在有根据第4款或者下一条第7款正文规定的临时普通许可权时，限于得到他们这些人同意的情形，可以放弃临时独占许可权。

第33条第2款到第4款的规定，准用于临时独占许可权。

【临时普通许可权】

第34条之3 具有获得专利权利的人，在首次添加在专利申请申请书的说明书、专利权利要求书、附图记载事项的范围内，对基于获得专利权利应当取得的专利权，可以许可他人临时普通许可权。

根据前款规定，有关临时普通许可权的专利申请有了专利权授权时，在由临时普通许可权设定行为规定的范围内，视为许可具有临时普通许可权的人普通许可权。

根据前条第2款规定，有关临时普通许可权的临时独占许可权被视为根据同条第4款规定设定独占许可权时，在由临时普通许可权设定行为规定的范围内，就独占许可权视为许可具有临时普通许可权的人普通许可权。

申请专利的发明与实施经营同时进行的情形，限于得到具有获得专利权利的人（对基于临时独占许可权应当取得的独占许可权，在临时普通许可权的情况下，具有获得专利权利的人和临时独占许可权人）许可、继承及其他一般继受的情形，可以转移临时普通许可权。

根据第1款、前条第4款或者实用新型法第4条之2第1款的规定，基于记载在首次添加在与临时普通许可权有关的第41条第1款在先申请申请书的明细书、专利权利要求书或者实用新型权利要求书、附图（在先申请是第36条之2第2款外语文书申请时，同条第1款的外语文书）的发明，根据第41条第1款规定主张了优先权时，在由临时普通许可权设定行为规定的范围内，就随着优先权主张基于获得专利申请的专利权利应当取得的专利权，视为许可具有临时普通许可权的人临时普通许可权。但是，在设定行为中有特别规定时，不在此限。

有关临时普通许可权的专利申请有了根据第44条第1款的规定分割专利申请时，在由临时普通许可权设定行为规定的范围内，就分割专利申请基于获得新专利申请的专利权利应当取得的专利权，视为许可具有临时普通许可权的人临时普通许可权。但是，在设定行为中有特别规定时，不在此限。

根据前条第5款正文的规定，就基于获得同款规定的新的专利申请的专利权利应当取得的专利权，被视为设定了临时独占许可权（以下在本款称为"新专利申请的临时独占许可权"）时，对基于获得与新专利申请有关的原专利申请的专利权利应当取得的专利权，基于新专利申请的临时独占许可权应取得的独占许可权，在临时普通许可权设定行为规定的范围内，视为许可基于临时独占许可权应当取得的独占许可权有临时普通许可权的人临时普通许可权。但是，在设定行为中有特别规定时，不在此限。

根据《实用新型法》第4条之2第1款的规定，有关临时普通许可权的实用新型注册申请，根据第46条第1款规定变更了申请时，在临时普通许可权设定行为规定的范围内，就基于变更该申请获得申请专利的专利权利应当取得的专利权，视为向具有临时普通许可权的人许可临时普通许可权。但是，在设定行为中有特别规定时，不在此限。

根据《外观设计法》（1959年法律第125号）第5条之2第1款的规定，有关临时普通许可权的外观设计注册申请，根据第46条第2款规定变更申请时，在临时普通许可权设定行为规定的范围内，就基于变更申请获得申请专利的专利权利应当取得的专利权，视为许可具有临时普通许可权的人临时普通许可权。但是，在设定行为中有特别规定时，不在此限。

对专利申请已授予专利权时，放弃、撤回、驳回专利申请时、或者对专利申请应当拒绝的审定或者复审决定生效时，临时普通许可权消灭。

前款规定的情形外，根据前条第4款规定或者第7款正文规定的临时普通许可权，在临时独占许可权消灭时，其临时普通许可权消灭。

第33条第2款及第3款的规定，准用于临时普通许可权。

【登记的效果】

第34条之4 临时独占许可权的设定、转移（根据继承及其他一般继受的除外）、变更、消灭（混同或者根据第34条之2第6款规定的除外）或者处分的限制，如果没有登记则不发生效力。

前款的继承及其他一般继受的情形，必须不迟延地将主旨向特许厅长呈报。

【临时普通许可权的对抗力】

第34条之5 许可临时普通许可权后,对取得获得临时普通许可权的专利权利或者临时独占许可权的人、关于获得临时普通许可权的专利权利取得临时独占许可权的人,都具有效力。

【职务发明】

第35条 雇主、法人、国家、地方政府(以下称为“雇主”)就员工、法人的负责人、国家公务员、地方公务员(以下称为“员工”)在性质上属于雇主业务范围,并属于雇员现在或者过去职务的发明(以下称“职务发明”)获得专利时,或者继受职务发明获得专利权利的人就发明获得专利时,对专利权具有普通许可权。

员工完成的发明,除发明是职务发明外,事先规定让雇主继受获得专利的权利或者专利权、为雇主设定临时独占许可权或者独占许可权的合同、职务守则及其他规定的条款无效。

根据合同、职务守则及其他规定,职务发明由雇主继受获得专利的权利或者专利权、为雇主设定独占使用权时,或者根据合同、职务守则及其他规定,就职务发明为雇主设定独占许可权的情形,根据第34条之2第2款规定视为设定独占许可权时,员工有获得支付相当对价的权利。

在合同、职务守则及其他规定中,规定前款对价的情形,为决定对价,在制定标准时,考虑在雇主和员工间进行协商的状况、已制定的该标准公开的状况、就计算对价额听取员工意见的情况等不得认为据其规定而支付的对价不合理。

没有规定前款的对价的情形,或者根据其规定支付的对价根据同款规定被认为不合理的情形,必须考虑通过发明雇主应当获得的利益额、雇主对发明承担的负担、贡献和员工的处境待遇及其他情况,决定第3款的对价额。

【专利申请】

第36条 拟申请专利的人必须向特许厅长提交记载下列事项的申请书:

1. 专利申请人的姓名或者名称及住所或者居所;
2. 发明人的姓名及住所或者居所。

在申请书中,必须添加说明书、专利权利要求书、必要附图和摘要。

在前款的说明书中,必须记载下列事项:

1. 发明名称;

2．附图的简要说明；

3．发明的详细说明。

前款第3项发明详细说明的记载必须符合下列各项：

1．根据经济产业省令规定，明确而完整地记载达到在发明所属技术领域内具有普通知识的人能够实施的程度；

2．与发明有关的文献公知发明（指第29条第1款第3项列举的发明。以下在本项相同）中，有拟获得专利的人在专利申请时已知的文献时，记载了记载文献公知发明的刊名及文献公知发明的其他信息来源。

在第2款的专利权利要求书中必须划分请求项，为确定拟获得专利的发明，在每个请求项必须记载专利申请人认为必要的全部事项。在这种情形，不妨碍一个请求项的发明与其他请求项的发明出现相同记载。

记载第2款的专利权利要求书，必须符合下列各项：

1．在发明详细说明中记载拟获得专利的发明；

2．拟获得专利的发明明确；

3．各请求项的记载简洁；

4．记载了根据经济产业省令规定的其他事项。

在第2款的摘要中，必须记载在说明书、专利权利要求书、附图中记载的发明概要和经济产业省令规定的其他事项。

第36条之2 代替前条第2款的说明书、专利权利要求书、必要附图及摘要，拟获得专利的人，可以在申请书上添加根据同条第3款到第6款规定决定用经济产业省令规定的外语记载应当在说明书、专利权利要求书记载事项的书面文件，在必要附图中用外语记载包含它的说明（以下称为“外语书面文件”），用外语记载根据同条第7款规定在摘要中应当记载事项的书面文件（以下称为“外语摘要书面文件”）。

根据前款规定，在申请书上添加了外语书面文件及外语摘要书面文件的专利申请（以下称为“外语书面文件申请”）申请人，自专利申请之日［有根据第41条第1款规定伴随优先权主张的专利申请时，同款规定的先申请日；有根据第43条第1款、第43条之2第1款（含在第43条之3准用的情形）、第43条之3第1款或者第2款规定伴随优先权主张的专利申请时，首次申请；根据《巴黎公约》（是指1900年12月14日在布鲁塞尔、1911年6月2日在华盛顿、1925年11月6日在海牙、1934年6月2日在伦敦、1958年1月31日在里斯本、1967年7月14日在斯德哥尔摩修改的1883年3月20日《保护工业产权巴黎公约》）第4条C(4)的规定被视为首次申请的申请或者根据同条A

(2)规定承认首次申请的申请之日、在根据第41条第1款、第43条第1款、第43条之2第1款(含在第43条之3第3款准用的情形)、第43条之3第1款或者第2款的规定,伴随2个以上优先权主张的专利申请时,作为该优先权主张基础的申请日中最早之日。在第64条第1款相同]起1年2个月以内,必须向特许厅长提交外语书面文件及外语摘要书面文件的日语译文。但是,该外语书面文件申请是根据第44条第1款规定的有关专利申请分割的新专利申请、根据第46条第1款或者第2款规定有关变更申请的专利申请或者根据第46条之2第1款规定基于实用新型注册的专利申请的,在上述情形,即使是正文的期间满后,限于自其专利申请分割、变更申请或者基于实用新型注册的专利申请之日起2个月以内,可以提交外语书面文件及外语摘要书面文件的日语译文。

在前款规定的期间内,没有提交同款规定的外语书面文件(附图除外)译文时,视为撤回专利申请。

根据前款规定视为撤回专利申请的申请人,有正当理由在第2款规定期间内不能提交译文时,在理由消失日起2个月内,限于同款规定的期限届满后一年以内,可以向特许厅长提交同款规定的外语书面文件和外语摘要书面文件的译文。

根据前款规定提交的译文,视为在第2款规定期间届满时已向特许厅长提交。

第2款规定的外语书面文件译文,视为根据前条第2款规定添加在申请书提交的说明书、专利权利要求书和附图;第2款规定的外语摘要书面文件译文,视为根据同条第2款规定添加在申请书提交的摘要。

第37条 两个以上的发明,因具有经济产业省令规定的技术关系而符合满足发明单一性要件的一组发明时,可以用一份申请书提出专利申请。

【共同申请】

第38条 共有获得专利的权利时,各共有人如果不和其他共有人一同则不能提出专利申请。

【专利申请的放弃或者撤回】

第38条之2 对专利申请有临时独占许可权人时,专利申请人限于得到其同意,可以放弃或者撤回专利申请。

【申请在先】

第39条 相同发明在不同日期有了两个以上的专利申请时,只有最先的专利申请人对发明可以获得专利。

相同发明在同日有了两个以上的专利申请时，只有根据专利申请人协商确定的一个专利申请人对发明可以获得专利。协商不成立或者不能协商时，对发明都不能获得专利。

申请专利的发明和申请实用新型注册的设计相同的情形，专利申请和实用新型注册申请在不同日提出时，只有在比实用新型注册申请人先提出申请的情形，专利申请人才可以对发明获得专利。

申请专利的发明和申请实用新型注册的设计相同的情形{根据第46条之2第1款规定，基于实用新型注册，有关专利申请[包括根据第44条第2款（包括第46条第6款准用的情形）规定，被视为在专利申请时已提出的]的发明和实用新型注册的设计相同的情形除外}，专利申请和实用新型注册申请在同日提出时，只有根据申请人协商确定的一个申请人可以获得专利或者实用新型注册。协商不成立或者不能协商时，专利申请人对发明不能获得专利。

放弃、撤回、驳回专利申请或者实用新型注册申请时，或者对专利申请应当作出拒绝的审定或者复审决定生效时，就第1款到前款规定的适用，专利申请或者实用新型注册申请视为自始未曾发生。但是，专利申请根据符合第2款后段或者前款后段规定，应当作出拒绝的审定或者复审决定生效时，不在此限。

在第2款或者第4款的情形，特许厅长必须指定相当期间，命令申请人进行第2款或者第4款协商，并呈报结果。

在根据前款规定指定的期间内，没有根据同款规定的呈报时，特许厅长可以视为第2款或者第4款的协商不成立。

第40条 删除

【基于专利申请主张优先权】

第41条 除下列情形外，对专利申请的发明，获得专利或者实用新型注册权利的专利申请或者实用新型注册申请并在先进行（以下称为“在先申请”），基于首次在申请书中添加的说明书、专利权利要求书、实用新型权利要求书、附图（在先申请是外语书面文件申请的情形，外语书面文件）上记载的发明，拟获得专利的人可以主张优先权。但是，对在先申请有临时独占许可权的人，限于在专利申请时获得许可的情形有：

1. 专利申请不是在在先申请日起1年以内提出的情形（自在先申请日起1年以内未能提出其专利申请有正当理由的情形，并且，在经济产业省令规定的期间内已提出其专利申请的情形除外）；

2. 在先申请是根据第 44 条第 1 款规定的分割专利申请的新专利申请，根据第 46 条第 1 款或者第 2 款规定的申请变更的专利申请，根据第 46 条之 2 第 1 款规定的基于实用新型注册的专利申请，根据《实用新型法》第 11 条第 1 款准用本法第 44 条第 1 款规定的分割实用新型注册申请的新实用新型注册申请，根据《实用新型法》第 10 条第 1 款或者第 2 款规定的变更申请的实用新型注册申请的情形；

3. 在专利申请时，放弃、撤回、驳回在先申请的情形；

4. 有关在先申请，在专利申请时审定或者复审决定生效的情形；

5. 有关在先申请，在专利申请时已进行《实用新型法》第 14 条第 2 款规定的授权的情形。

根据前款规定，伴随主张优先权，在专利申请的发明中，记载在首次添加在作为主张优先权基础的在先申请申请书中的说明书、专利权利要求书、实用新型权利要求书、附图（在先申请是外语书面文件申请时，外语书面文件）的发明[在先申请是根据同款或者实用新型法第 8 条第 1 款的规定的主张优先权，或者根据第 43 条第 1 款、第 43 条之 2 第 1 款（含在第 43 条之 3 第 3 款准用的情形）、第 43 条之 3 第 1 款或者第 2 款（包括同法第 11 条第 1 款准用这些规定的情形）规定伴随主张优先权申请的情形，在先申请除申请时记载在作为主张优先权基础申请的文件（限于相当于说明书、专利权利要求书、实用新型权利要求书、附图）的发明外]，就第 29 条、第 29 条之 2 正文、第 30 条第 1 款到第 2 款、第 39 条第 1 款到第 4 款、第 69 条第 2 款第 2 项、第 72 条、第 79 条、第 81 条、第 82 条第 1 款、第 104 条[包括第 65 条第 6 款（包括第 184 条之 10 第 2 款准用的情形）准用的情形]、第 126 条第 7 款（包括第 17 条之 2 第 6 款、第 120 条之 5 第 9 款及第 134 条之 2 第 9 款准用的情形）、同法第 7 条第 3 款和第 17 条；外观设计法第 26 条、第 31 条第 2 款和第 32 条第 2 款；《商标法》（1959 年法律第 127 号）第 29 条、第 33 条之 2 第 1 款、第 33 条之 3 第 1 款（包括同法第 68 条第 3 款准用这些规定的情形）规定的适用，视为在在先申请时提出专利申请。

伴随根据第 1 款规定的优先权主张，首次添加在专利申请申请书的说明书、专利权利要求书、附图（在外语书面文件申请时，外语书面文件）上记载的发明中，对记载在首次添加在作为优先权主张基础的在先申请申请书中的说明书、专利权利要求书、实用新型权利要求书、附图（在先申请是外语书面文件申请时，外语书面文件）的发明[在先申请根据同款或者《实用新型法》

第8条第1款规定的优先权主张,或者根据第43条第1款、第43条之2第1款(含在第43条之3第3款准用的情形)、第43条之3第1款或者第2款(包括同法第11条第1款准用这些规定的情形)的规定伴随主张优先权申请的情形,对该在先申请作为优先权主张基础的申请,记载在申请时的文件(限于相当于说明书、专利权利要求书或者实用新型权利要求书、附图)的发明除外],就该专利申请发行专利公报或者申请公告时,视为对在先申请已申请公告或者发行实用新型公报,适用第29条之2正文或者同法第3条之2正文的规定。

拟根据第1款规定主张优先权的人,必须在经济产业省令规定的期间内,向特许厅长提交记载其主旨和在先申请标志的书面文件。

【在先申请的撤回】

第42条 根据前条第1款规定,作为优先权主张基础的在先申请,从申请日起至经济产业省令规定的期间届满时视为撤回。但是,在放弃、撤回、驳回在先申请的情形,在先申请审定或者复审决定生效的情形,在先申请已进行《实用新型法》第14条第2款规定的授权的情形,撤回基于在先申请全部优先权主张的情形,不在此限。

根据前条第1款规定同时主张优先权的专利申请人,从在先申请日起满经济产业省令规定的期间以后,不能撤回其主张。

根据前条第1款规定同时主张优先权的专利申请,从在先申请日起在经济产业省令规定的期间内撤回时,视为同时撤回优先权主张。

【根据《巴黎公约》主张优先权的程序】

第43条 根据《巴黎公约》第4条D(1)规定拟就专利申请主张优先权的人,必须在经济产业省令规定的期间内向特许厅长提交记载其主旨和首次提出申请或者根据同条C(4)规定被视为首次提出申请的申请,或者根据同条A(2)规定被承认首次提出申请的《巴黎公约》同盟国国名及申请年月日的书面文件。

根据前款规定提出优先权主张的人,必须在下列各项列举的日期中,从最先日起在1年4个月以内,向特许厅长提交首次提出申请、或者根据《巴黎公约》第4条C(4)规定提出被视为首次申请的申请、或者记载了根据同条A(2)规定被承认首次提出申请而有《巴黎公约》同盟国认证的申请年月日的书面文件,在申请文件中相当于说明书、专利权利要求书、实用新型权利要求书及附图的誊本、或者同盟国政府发行的具有和它们相同内容的公报或者证书：

1. 首次申请、根据《巴黎公约》第 4 条 C(4) 规定被视为首次申请的申请、根据同条 A(2) 规定承认首次申请的申请日；

2. 在专利申请根据第 41 条第 1 款规定伴随优先权主张的情形，作为优先权主张基础的申请日；

3. 专利申请根据前款、下一条第 1 款（含在第 43 条之 3 第 3 款准用的情形）或者第 43 条之 3 第 1 款、第 2 款规定，在同时主张其他优先权的情形，作为优先权主张基础的申请日。

根据第 1 款规定提出优先权主张的人，必须和前款规定的文件同时向特许厅长提交记载首次申请、或者根据《巴黎公约》第 4 条 C(4) 规定被视为首次申请的申请、或者根据同条 A(2) 规定被承认首次申请的申请编号书面文件。但是，在提交同款规定的文件前，无法知道编号时，不提交该书面文件而提交记载理由的书面文件，并且，在知道编号时，不迟延地提交记载编号的书面文件。

根据第 1 款规定提出优先权主张的人，在第 2 款规定期间内没有提交同款规定的文件时，优先权主张失效。

通过电磁方法（是指通过电子方法、磁力方法及其他通过人的知觉不能认识的方法）能和《巴黎公约》同盟国政府或者工业所有权国际组织之间交换第 2 款规定文件上记载的事项，在经济产业省令规定的情形，根据第 1 款规定提出优先权主张的人，在第 2 款规定期间内，为交换申请编号及其他事项，作为必要事项向特许厅长提交记载经济产业省令规定事项的书面文件时，就前二款规定的适用，视为已提交第 2 款规定的文件。

提交第 2 款规定文件或者前款规定书面文件的人，因不能归其责的理由，在第 2 款规定期间内，未能提交其文件或者书面文件时，不受同款或者前款规定限制，在其理由消失之日起 14 日（在偏远地区的人，2 个月）以内，且在其期间满后 6 个月以内，可以向特许厅长提交其文件或者书面文件。

根据第 1 款规定提出了优先权主张的人，根据前款规定提交了第 2 款规定的文件或者第 5 款规定的书面文件时，不适用第 4 款的规定。

【根据《巴黎公约》规范主张优先权】

第 43 条之 2 尽管根据《巴黎公约》第 4 条 D(1) 的规定，拟对专利申请主张优先权，但是，在同条 C(1) 规定的优先期间（以下在本款称为“优先期间”）内，未能伴随优先权主张提出专利申请的人，有正当理由未能提出该申请，并且，在经济产业省令规定的期间内提出了其专利申请时，即使是优先期间届满后，也可以根据同条规定的规范，就其专利申请主张优先权。

前条的规定准用于根据前款规定主张优先权的情形。

第43条之3 下表上栏列举的人基于在同表下栏列举的国家提出申请的优先权，根据《巴黎公约》第4条规定的规范，可以主张专利申请。

日本国民或者《巴黎公约》同盟国国民（包括根据《巴黎公约》第3条规定被视为同盟国国民的人。在下款相同）	世界贸易组织成员
世界贸易组织成员国民（是指成立世界贸易组织的马拉喀什协定附属文件—C第1条3中规定的成员国民。在下一款相同）	《巴黎公约》同盟国或者世界贸易组织成员

不属于《巴黎公约》同盟国或者世界贸易组织成员（对日本国民，规定根据和日本国相同的条件承认主张优先权的，限于特许厅长指定的。以下在本款称为"特定国家"）的国民基于在特定国家已提出申请的优先权，和基于日本国民或者《巴黎公约》同盟国国民或者世界贸易组织成员国国民在特定国家已提出申请的优先权，根据《巴黎公约》第4条的规定，可以主张专利申请。

前2条的规定，准用于根据前二款规定主张优先权时。

【专利申请的分割】

第44条 限于下列情形，专利申请人可以将包括2个以上发明的专利申请的一部分改为一个或者2个以上的新的专利申请：

1. 添加在申请书的说明书、专利权利要求书、附图，在可以进行补正时或者在期间内进行时；

2. 自作出了应当授予专利的审定（根据第163条第3款准用第51条规定应当授予专利的审定和对已交付第160条第1款规定审查的专利申请应当授予专利的审定除外）的誊本送达日起30日以内进行时；

3. 自作出了应当作出拒绝的首次审定的誊本送达日起3个月以内进行时。

前款的情形，新专利申请视为在原专利申请时已提出。但是，就新专利申请符合第29条之2规定的其他专利申请的情形，或者符合《实用新型法》第3条之2规定的专利申请的情形，适用这些规定和适用第30条第3款规定，不在此限。

第1款规定的提出新专利申请情形中，就适用第43条第2款［含第43条之2第2款（含在前条第3款准用的情形）及在前条第3款准用的情形］规定的适用，第43条第2款中有"从首日起1年4个月以内"规定为"从首日起

1 年 4 个月或者从新专利申请日 3 个月,任一迟至日”。

在提出第 1 款规定的新专利申请的情形,原专利申请提交的书面文件或者文件,根据第 30 条第 4 款、第 41 条第 4 款或者第 43 条第 1 款及第 2 款[含在第 43 条之 2 第 2 款(含在前条第 3 款准用的情形)及前条第 3 款准用这些规定的情形]的规定,新专利申请必须提交的,视为和新专利申请同时向特许厅长提交。

第 1 款第 2 项规定的 30 日期间,根据第 4 条或者第 108 条第 3 款规定延长同条第 1 款规定的期间时,以延长了的期间为限视为已延长。

在第 1 款第 3 项规定的 3 个月期间,根据第 4 条规定延长第 121 条第 1 款规定的期间时,以延长了的期间为限视为已延长。

提出第 1 款规定的新的专利申请的人,因不能归其责的理由,在同款第 2 项或者第 3 项规定的期间内,未能提出新的专利申请时,不受这些规定限制,在该理由消失之日起 14 日(在偏远地区的人,2 个月)以内,且在这些规定中规定的期间满后 6 个月以内,可以提出其新的专利申请。

第 45 条 删除

【申请的变更】

第 46 条 实用新型注册申请人可以将实用新型注册申请改为专利申请。但是,自实用新型注册申请日起满 3 年以后,不在此限。

外观设计注册申请人可以将外观设计注册申请改为专利申请。但是,有关外观设计注册申请,自作出了应当作出拒绝的首次审定的誊本送达日起满 3 个月后,或者自外观设计注册申请日满 3 年后(有关外观设计注册申请,自已作出应当拒绝的首次审定副本送达日起,扣除 3 个月以内的期间),不在此限。

在前款但书规定的 3 个月期间,根据《外观设计法》第 68 条第 1 款准用本法第 4 条的规定,延长了《外观设计法》第 46 条第 1 款规定的期间时,以延长的期间为限视为已延长。

变更了根据第 1 款或者第 2 款规定的申请时,原申请视为撤回。

根据第 1 款规定提出变更申请的人,因不能归其责的理由,在同款但书规定的期间内未能提出变更申请时,或者根据第 2 款规定提出变更申请的人,因不能归其责的理由,在同款但书规定的 3 年期间内未能提出变更申请时,不受这些规定限制,在该理由消失之日起 14 日(在偏远地区的人,2 个月)以内,且在这些规定中规定的期间满后 6 个月以内,可以进行其变更申请。

第44条第2款到第4款的规定，准用于根据第1款或者第2款规定的申请变更时。

【基于实用新型注册的专利申请】

第46条之2 除下列情形外，实用新型权人可以根据经济产业省令规定，基于自己的实用新型注册提出专利申请。在这种情形，必须放弃实用新型权：

1. 自实用新型注册的实用新型注册申请日起满3年时；

2. 对实用新型注册的实用新型注册申请或者实用新型注册，有实用新型注册申请人或者实用新型注册权人请求实用新型法第12条第1款规定的实用新型技术评价（在下项简称为"实用新型技术评价"）时；

3. 非实用新型注册申请人或者非实用新型权人，对实用新型注册的实用新型注册申请或者实用新型注册，提出实用新型技术评价请求，自收到根据《实用新型法》第13条第2款规定的首次通知之日起满30日时；

4. 对实用新型注册已请求《实用新型法》第37条第1款实用新型注册无效复审，已满根据同法第39条第1款规定首次指定的期间时。

添加在申请书的说明书、专利权利要求书、附图中记载的事项，限于在作为专利申请基础的实用新型注册申请书的说明书、实用新型权利要求书、附图中，既有记载事项的范围内，视为在实用新型注册申请时提出，根据前款规定的专利申请。但是，在专利申请符合第29条之2规定的其他专利申请或者《实用新型法》第3条之2规定的专利申请的情形，适用这些规定和适用第30条第3款、第36条之2第2款但书和第48条之3第2款规定，不在此限。

根据第1款规定提出专利申请的人，因不能归其责的理由，到同款第1项或者第3项规定的期间届满前，不能提出专利申请时，不受这些规定限制，可以在理由消失日起14日（在国外居住人士，2个月）以内，在这些规定中规定的期间届满后6个月以内，提出专利申请。

实用新型权人在有独占许可权人、质权人，或者有《实用新型法》第11条第3款准用本法第35条第1款、实用新型法第18条第3款准用本法第77条第4款、根据《实用新型法》第19条第1款规定的普通许可权人时，限于得到他们许可的情形，可以根据第1款规定提出专利申请。

第44条第3款及第4款的规定，准用于根据第1款规定提出专利申请时。

第三章 审　　查

【由审查员审查】

第47条 特许厅长必须指派审查员审查专利申请。

审查员的资格由政令规定。

【审查员的回避】

第48条 第139条第1项到第5项及第7项的规定,准用于审查员。

【专利申请的审查】

第48条之2 专利申请经请求审查申请后开展专利申请审查。

【审查申请的请求】

第48条之3 专利申请后,在此日起3年以内,任何人均可请求特许厅长审查专利申请。

根据第44条第1款规定的分割专利申请的新专利申请、根据第46条第1款或者第2款规定的变更申请的专利申请、根据第46条之2第1款规定的基于实用新型注册的专利申请,即使是前款的期间届满后,限于分割专利申请日、变更申请日或者基于实用新型注册的专利申请日起30日以内,也可以请求审查申请。

审查申请的请求不能撤回。

根据第1款或者第2款规定,在可以提出审查申请请求的期间没有请求审查申请时,视为撤回专利申请。

根据前款规定被视为撤回的专利申请的申请人,在第1款规定的期间内,对其专利申请,有正当理由未能请求审查申请时,在其理由消失之日起2个月以内,限于同款规定的期间满后1年以内,可以请求审查申请。

根据前款规定提出的审查申请请求,视为在第1款规定期间届满时已向特许厅长提出。

前3款的规定准用于在第2款规定的期间内没有请求审查申请的情形。

在根据第5款(含在前款准用的情形,以下在本款相同)的规定,就专利申请请求了审查申请的情形,在该专利申请获得了专利权设定登记时,在刊登旨在其专利申请根据第4款(含在前款准用的情形)的规定被视为已撤回的专利公报发行后,就其专利申请刊登旨在根据第5款规定已请求审查申请的专利公报发行前,在日本国内正善意实施该发明经营的人,或者正准备进行其经营的人，在该正实施或者准备的发明及经营目的范围内，对其专利权具有普通许可权。

第48条之4 拟请求审查申请的人，必须向特许厅长提交记载下列事项的请求书：

1. 请求人的姓名或者名称及住所或者居所；

2. 有关与请求审查申请有关专利申请标识。

第48条之5 在申请公告前收到审查申请请求时，特许厅长必须在申请公告时或者其后不迟延地在专利公报上刊登主旨；在申请公告后收到审查申请请求时，特许厅长必须在此后不迟延地在专利公报上刊登主旨。

在收到非专利申请人的审查申请请求时，特许厅长必须将主旨通知专利申请人。

【优先审查】

第48条之6 公布申请后，非专利申请人在营业上已经实施专利申请的发明的，特许厅长认为有必要时，可以指派审查员优先于其他专利申请审查此专利申请。

【记载文献公知发明信息的通知】

第48条之7 审查员认为专利申请不符合第36条第4款第2项规定的要件时，可以将主旨通知专利申请人，指定相当期间，给予提交意见书的机会。

【核驳】

第49条 专利申请符合下列各项之一时，对专利申请，审查员必须作出应当拒绝的审定：

1. 对添加在专利申请申请书的说明书、专利权利要求书、附图进行的补正，不符合第17条之2第3款或者第4款规定的要件时；

2. 根据第25条、第29条、第29条之2、第32条、第38条或者第39条第1款到第4款规定，申请专利的发明不能授予专利时；

3. 根据条约规定，申请专利的发明不能授予专利时；

4. 专利申请不符合第36条第4款第1项、第6款或者第37条规定的要件时；

5. 已根据前条规定发出通知的情形，通过提交补正说明书或者意见书，专利申请仍然不符合第36条第4款第2项规定的要件时；

6. 专利申请是外语书面文件申请的情形，在添加在专利申请申请书的说明书、专利权利要求书、附图记载的事项，在外语书面文件上记载事项的范围内没有时；

7. 专利申请人对发明不具有获得专利的权利时。

【拒绝理由的通知】

第50条 审查员拟作出应当拒绝的审定时，必须将拒绝理由通知专利申请人，指定相当期间，给予提交意见书的机会。但是，在第17条之2第1款第1项或者第3项列举的情形（在同款第1项列举的情况下，限于已发出拒绝理由通知和根据下一条规定的通知的情形），根据第53条第1款规定作出驳回的决定时，不在此限。

【与已通知的拒绝理由相同主旨的通知】

第50条之2 在拟根据前条规定对专利申请通知拒绝理由的情形，该拒绝理由与对其他专利申请（限于专利申请与其他专利申请至少其中之一通过适用第44条第2款规定变为已和专利申请同时提出的）根据前条［包括第159条第2款（包括第174条第2款准用的情形）和第163条第2款准用的情形］规定通知（对专利申请请求审查申请前，专利申请的申请人不能知其内容的状态除外）的拒绝理由相同时，审查员必须同时通知其主旨。

【专利审定】

第51条 没有发现拒绝专利申请的理由时，审查员必须作出应当授予专利的审定。

【审定的方式】

第52条 审定必须以书面形式作出并附理由。

在审定后，特许厅长必须向专利申请人送达审定誊本。

【补正的驳回】

第53条 在第17条之2第1款第1项或者第3项列举的情形（同款第1项拒绝的情形，限于与拒绝理由通知同时，根据第50条之2规定发出通知的情形），在应当授予专利的审定誊本送达前，认为对添加在申请书的说明书、专利权利要求书、附图进行的补正违反了第17条之2第3款到第6款规定时，审查员必须采用决定驳回补正。

根据前款规定的驳回决定，必须以书面形式作出并附理由。

对于根据第1款规定的驳回决定，不能申请异议。但是，已请求核驳异议复审情形中的复审，不在此限。

【和诉讼的关系】

第54条 认为在审查上有必要时，在专利异议申请的决定或者复审决定生效，或者诉讼程序结束前，可以中止程序。

提起诉讼或者申请临时禁止命令、临时处分命令后，法院认为有必要时，在审定生效前，可以中止诉讼程序。

第55条 删除

第56条 删除

第57条 删除

第58条 删除

第59条 删除

第60条 删除

第61条 删除

第62条 删除

第63条 删除

第三章之二 申请公开

【公开申请】

第64条 专利申请日起满1年6个月时，除发行专利公报外，特许厅长对专利申请必须公开申请。已请求根据第65条第1款规定的公开申请时，亦相同。

通过在专利公报上刊登下列事项进行申请公开。但是，第4项到第6项列举的事项，特许厅长认为在专利公报上刊登该事项有可能损害公共秩序或者善良风俗时，不在此限：

1. 专利申请人的姓名或者名称及住所或者居所；
2. 专利申请编号及年月日；
3. 发明人的姓名及住所或者居所；
4. 添加在申请书的说明书和在专利权利要求书记载的事项和附图的内容；
5. 添加在申请书的摘要记载的事项；
6. 外语书面文件申请的情况下，记载在外语书面文件和外语摘要书面文件中的事项；

7. 公开申请的编号及年月日；

8. 其他必要事项。

特许厅长认为，添加在申请书的摘要的记载不符合第36条第7款规定及有其他必要时，可以不刊登前款第5项摘要中记载的事项，在专利公报上刊登自己制作的事项。

【申请公开的请求】

第64条之2 除下列情形外，专利申请人对其专利申请可以请求特许厅长公开申请：

1. 专利申请已申请公开的情形；

2. 专利申请是根据第43条第1款、第43条之2第1款（含在第43条之3第3款准用的情形）、第43条之3第1款或者第2款的规定伴随优先权主张的专利申请，并且，没有向特许厅长提交第43条第2款［含在第43条之2第2款（含在第43条之3第3款准用的情形）及第43条之3第3款准用的情形］规定的文件及第43条第5款［含在第43条之2第2款（含在第43条之3第3款准用的情形）及第43条之3第3款准用的情形］规定的书面文件的情形；

3. 专利申请是外语书面文件申请，没有向特许厅长提交第36条之2第2款规定的外语书面文件译文的情形。

申请公开的请求不能撤回。

第64条之3 拟请求申请公开的专利申请人必须向特许厅长提交记载下列事项的请求书：

1. 请求人的姓名或者名称及住所或者居所；

2. 与请求公开申请有关的专利申请标识。

【申请公开的效果】

第65条 申请公开后，专利申请人出示记载专利申请的发明内容书面文件进行警告时，警告后专利权授权前，在发明授予专利的情形，可以请求在营业上实施发明的人就实施支付相当于应当获得金额的补偿金。即使没有进行警告，对知道是已公开申请的与专利申请有关的发明，在专利权授权前在营业上实施发明的人，亦相同。

如果未授予专利权，则不能行使根据前款规定的请求权。

临时独占许可权人或者临时普通许可权人，在设定行为规定范围内实施与专利申请有关的发明的，专利申请人不能请求支付第1款规定的补偿金。

行使根据第1款规定的请求权,不妨碍行使专利权。

申请公开后,放弃、撤回、驳回专利申请时,有关专利申请应当作出拒绝的审定或者复审决定生效时,根据第112条第6款规定专利权被视为自始即不存在时(根据第112条之2第2款规定,专利权被视为自始存在除外),除第114条第2款取消决定生效时、或者除第125条但书的情形外应当宣告专利无效复审决定生效时,第1款的请求权视为自始未发生。

第101条、第104条到第104条之3、第105条、第105条之2、第105条之4到第105条之7、第168条第3款到第6款和《民法》(1896年法律第89号)第719条、第724条(侵权行为)的规定,准用于根据第1款规定行使请求权的情形。在这种情形,具有请求权的人在专利权授权前已知实施申请专利发明的事实及实施人时,同条中有“被害人或者法定代理人已知损害和加害人时”应当换读为“专利权授权日”。

第四章 专 利 权

第一节 专 利 权

【专利权的授权】

第66条 专利权根据授权产生。

根据第107条第1款规定,缴纳了第1年到第3年每年的专利费时、已免除或者延期缴纳时,授予专利权。

前款授权后,必须在专利公报上刊登下列事项。但是,专利申请就第5项列举的事项进行公告时,不在此限:

1. 专利权人的姓名或者名称及住所或者居所;
2. 专利申请编号及年月日;
3. 发明人的姓名及住所或者居所;
4. 添加在申请书的说明书和在专利权利要求书记载的事项和附图的内容;
5. 添加在申请书的摘要中记载的事项;
6. 专利编号及授权年月日;
7. 其他必要事项。

第64条第3款的规定,准用于根据前款规定在专利公报上刊登记载同款第5项摘要事项的情形。

【保护期限】

第67条 专利权保护期限,自专利申请日起满20年终止。

对专利发明的实施,以确保安全性为目的,是根据法律规定的许可及其他处分,从处分的目的、程序等看,正确地作出处理需要相当期间,因需要获得政令规定的处分,出现了不能实施专利发明的期间时,专利权保护期限可以以5年为限,根据延长注册的申请进行延长。

【保护期限的延长注册】

第67条之2 拟提出专利权保护期限延长注册申请的人,必须向特许厅长提交记载下列事项的申请书:

1. 申请人的姓名或者名称及住所或者居所;
2. 专利编号;
3. 要求延长的期间(限于5年以内的期间);
4. 前条第2款政令规定的处分的内容。

前款的申请书中,必须根据经济产业省令规定添加记载延长理由的资料。

专利权保护期限延长注册的申请,必须自收到前条第2款政令规定处分之日起,在政令规定期间内提出。但是,同条第1款规定的专利权保护期限届满后,不能提出。

共有专利权时,各共有人如果不与其他共有人共同申请,则不能申请专利权保护期限延长注册。

申请专利权保护期限延长注册后,视为已延长保护期限。但是,对申请应作出拒绝的审定生效,或者延长专利权保护期限的注册后,不在此限。

申请专利权保护期限延长注册后,必须在专利公报上刊登第1款各项列举的事项、申请编号及年月日。

第67条之2之2 拟申请专利权保护期限延长注册的人,到第67条第1款规定的专利权保护期限届满前6个月的前一日,预见到不能获得同条第2款政令规定的处分时,必须在此日前向特许厅长提交记载下列事项的书面文件:

1. 拟提出申请的人的姓名或者名称及住所或者居所;
2. 专利编号;
3. 第67条第2款政令规定的处分。

没有提交根据前款规定应当提交的书面文件时,在第67条第1款规定的专利权保护期限届满前6个月以后,不能申请专利权保护期限延长注册。

在提交了第1款规定的书面文件时，必须在专利公报上刊登同款各项列举的事项。

根据第1款规定提交同款的规定书面文件的人，因不能归其责的理由，在同款规定之日前未能提交其书面文件时，不受同款规定限制，在其理由消失之日起14日（在偏远地区的人，1个月）以内，且在同款规定之日后2个月以内，可以向特许厅长提交其书面文件。

第67条之3 专利权保护期限延长注册申请符合下列各项之一时，审查员对申请必须作出应当予以拒绝的审定：

1. 不认为实施专利发明需要获得在第67条第2款政令规定的处分时；
2. 专利权人或者对专利权具有独占许可权、普通许可权的人，未获得第67条第2款规定的处分时；
3. 要求延长的期间超过不能实施专利发明的期间时；
4. 提出申请的人不是专利权人时；
5. 申请不符合在第67条之2第4款规定的要件时。

没有发现拒绝专利权保护期限延长注册申请的理由时，审查员必须作出应当延长注册的审定。

作出了应当作出专利权保护期限延长注册的审定或者复审决定时，进行以延长专利权保护期限的注册。

前款注册后，必须在专利公报上刊登下列事项：

1. 专利权人的姓名或者名称及住所或者居所；
2. 专利编号；
3. 专利权保护期限延长注册的申请编号及年月日；
4. 延长注册的年月日；
5. 延长的期间；
6. 第67条第2款政令规定的处分内容。

第67条之4 第47条第1款、第48条、第50条和第52条的规定，准用于专利权保护期限延长注册申请的审查。

【专利权的效力】

第68条 专利权人专有在营业上实施专利发明的权利。但是，专利权设定独占许可权时，在独占许可权人专有实施专利发明权利的范围，不在此限。

【延长保护期限的情形专利权的效力】

第68条之2 延长专利权保护期限的情形(包括根据第67条之2第5款的规定被视为已延长的情形),成为延长注册的理由已变为由第67条第2款政令规定的处分对象物(在其处分中规定了其产品使用的特殊用途的情形,用于该用途的其产品),专利权的效力不及于实施专利发明以外的行为。

【专利权效力不及的范围】

第69条 专利权的效力不及于为试验或者研究实施专利发明。

专利权的效力不及于下列物品:

1. 仅过境日本的船舶、航空器或者用于它们的机械、器具、装置及其他物品;

2. 申请专利时,在日本国内存在的物品。

通过混合两种以上的药品(是指为诊断、治疗、处置或者预防人的疾病使用的物品。本款以下相同)制造的药品发明或者混合两种以上药品制造药品的方法发明,专利权的效力不及于医师或者牙医在处方中的配方行为和医师或者牙医在处方中的配方药品。

【专利发明的技术范围】

第70条 确定专利发明的技术范围必须根据添加在申请书的专利权利要求书的记载。

在前款时,解释记载专利权利要求书用语的含义,参照添加在申请书的说明书的记载和附图。

在前二款的情形,不得参照添加在申请书的摘要的记载。

第71条 可以要求特许厅判定专利发明的技术范围。

有了根据前款规定的要求时,特许厅长必须指定3名复审员,并使其进行判定。

第131条第1款,第131条之2第1款正文,第132条第1款及第2款,第133条,第133条之2,第134条第1款、第3款及第4款,第135条,第136条第1款及第2款,第137条第2款,第138条,第139条(第6项除外),第140条到第144条,第144条之2第1款及第3款到第5款,第145条第2款到第5款,第146条,第147条第1款及第2款,第150条第1款到第5款,第151条到第154条,第155条第1款,第157条和第169条第3款、第4款及第6款的规定,准用于第1款的判定。在这种情形,第135条中的"复审决定"应当换读为"决定"。第145条第2款中的"前款规定复审以外的复审"应当换读为“判定的审理”；同条第5款但书中的“有可能损害公共秩序或者善良风俗时”应当换读为“审判长认为有必要时”。第151条中的“第147条”应当换读为“第147条第1款及第2款”。第155条第1款中的“在复审决定生效前”应当换读为“在判定誊本送达前”。

对于根据在前款换读后准用第135条规定的决定，不能申请异议。

第71条之2 法院委托鉴定专利发明技术范围时，特许厅长必须指定3名复审员并使其进行鉴定。

第136条第1款及第2款、第137条第2款、第138条的规定，准用于前款的鉴定委托。

【和他人专利发明的关系】

第72条 专利权人、独占许可权人或者普通许可权人，在专利发明是利用专利申请日前申请的他人专利发明、注册实用新型、注册外观设计或者与之类似的外观设计时，或者专利权与专利申请日前申请的他人外观设计权或者商标权抵触时，不能在营业上实施专利发明。

【共有专利权】

第73条 共有专利权时，如果没有得到其他共有人同意，各共有人则不能转让其持有额，或者以其持有额作为标的设定质权。

共有专利权时，除在合同中作出特别规定的情形外，没有得到其他共有人同意，各共有人可以实施专利发明。

共有专利权时，如果没有得到其他共有人同意，则各共有人不能对专利权设定独占许可权或者许可他人普通许可权。

【专利权转移的特别例外】

第74条 专利符合第123条第1款第2项规定的要件时（限于违反第38条的规定授予其专利时）或者符合同款第6项规定的要件时，对与专利有关的发明具有获得专利权利的人，可以根据经济产业省令规定请求专利权人转移专利权。

基于根据前款规定的请求转移了专利权注册时，专利权视为自始已归获得登记的人。有关专利权的发明，就根据第65条第1款或者第184条之10第1款规定的请求权也相同。对于共有专利权，在基于根据第1款规定的请求转移持有额的情形，不适用前条第1款的规定。

第75条 删除

【没有继承人的情形专利权的消灭】

第76条 在《民法》第958条规定的期间内没有人主张继承人的权利时,专利权消灭。

【独占许可权】

第77条 专利权人对其专利权可以设定独占许可权。

独占许可权人在设定行为规定的范围内,专有在营业上实施专利发明的权利。

限于与经营同时实施的情形、得到专利权人许可的情形、继承及其他一般继受的情形,独占许可权可以转移。

独占许可权人限于得到专利权人许可的情形,可以对独占许可权设定质权,或者许可他人普通许可权。

第73条的规定,准用于独占许可权。

【普通许可权】

第78条 专利权人对其专利权可以许可他人普通许可权。

根据本法规定或者在设定行为规定的范围内,普通许可权人具有在营业上实施专利发明的权利。

【源于在先使用的普通许可权】

第79条 不知道申请专利的发明内容无意识地进行发明,或者不知道申请专利的发明内容从进行发明的人处得知,在专利申请时,实际上在日本国内已实施发明经营的人或者正进行经营准备的人,在已经实施或者正准备实施的发明和经营目的范围内,对与专利申请有关的专利权有普通许可权。

【源于专利权转移登记前实施的普通许可权】

第79条之2 基于根据第74条第1款规定的请求转移专利权登记时,实际上有专利权、对专利权有独占许可权、对专利权或者独占许可权有普通许可权的人,在专利权转移登记前,不知道专利符合第123条第1款第2项规定要件的事实(限于违反第38条规定授予专利时)或者符合同款第6项规定要件的事实,在日本国内已经实施发明经营的人或者正准备实施经营的人,在已经实施或者正准备实施的发明和经营目的范围内,对专利权有普通许可权。

专利权人有权从根据前款规定具有普通许可权人处获得相当对价。

【源于无效复审请求注册前实施的普通许可权】

第 80 条 符合下列各项之一者，在专利无效复审请求注册前，不知道专利符合第 123 条第 1 款各项之一规定要件的事实，在日本国内已经实施发明经营的人或者正准备实施经营的人，在已经实施或者正准备实施的发明和经营目的范围内，对在宣告专利无效情形中的专利权或者此际实际上存在的独占许可权具有普通许可权：

1. 就相同发明有二个以上的专利中，已将其中之一宣告无效的原专利权人；

2. 宣告专利无效而将相同发明已授予正当权利人专利情形的原专利权人；

3. 在前二项列举情形，专利无效复审请求注册时，对实际上已宣告专利无效的专利权具有独占许可权的人，或者对专利权或者独占许可权具有普通许可权的人。

专利权人或者独占许可权人，有权从根据前款规定具有普通许可权人处获得相当对价。

【外观设计权保护期限终止后的普通许可权】

第 81 条 专利申请日前或者与之同日申请注册的外观设计权，在和与申请专利有关的专利权抵触的情形，其外观设计权保护期限届满时，原外观设计权人在原外观设计权的范围内，在专利权或者外观设计权保护期限届满时，对实际上存在的独占许可权具有普通许可权。

第 82 条 专利申请日前或者与之同日申请注册的外观设计权，在和与申请专利有关的专利权相抵触的情形，其外观设计权保护期限届满的情形，在届满时对外观设计权具有独占许可权、对外观设计权或者独占许可权实际上具有普通许可权的人，在原权利范围内，在专利权或者外观设计权保护期限届满时，对实际上存在的独占许可权具有普通许可权。

专利权人或者独占许可权人，有权从根据前款规定具有普通许可权人处获得相当对价。

【未实施时设定普通许可权的裁定】

第 83 条 专利发明连续 3 年以上在日本国内未适当实施时，拟实施专利发明的人可以要求专利权人或者独占许可权人协商许可普通许可权。但是，自专利申请日起没有满 4 年时，不在此限。

前款的协商不成立或者不能协商时，拟实施专利发明的人可以请求特许厅长裁定。

【答辩书的提交】

第 84 条 请求前条第 2 款裁定后，特许厅长必须向与请求有关的专利权人或者独占许可权人及其他对专利具有登记权利的人送达请求书副本，指定相当期间，给予提交答辩书的机会。

【普通许可权人意见的陈述】

第 84 条之 2 请求第 83 条第 2 款的裁定时，关于专利具有普通许可权的人，限于前条规定的期间内，可以对裁定请求发表意见。

【审议会的意见听证】

第 85 条 特许厅长拟作出第 83 条第 2 款的裁定时，必须在审议会听取［是指《国家行政组织法》(1948 年法律第 120 号)第 8 条规定的机构］政令规定的人的意见。

有正当理由未适当实施专利发明时，特许厅长不能作出应当设定普通许可权的裁定。

【裁定的方式】

第 86 条 第 83 条第 2 款的裁定，必须以书面形式作出并附理由。

在应当作出设定普通许可权的裁定中，必须规定下列事项：

1. 应当设定普通许可权的范围；
2. 对价额和其支付方法及日期。

【裁定誊本的送达】

第 87 条 在作出了第 83 条第 2 款的裁定时，特许厅长必须向当事人、当事人以外对专利具有登记权利的人以及根据第 84 条之 2 规定发表了意见的普通许可权人送达裁定誊本。

根据前款规定应当设定普通许可权的裁定誊本送达当事人后，视为在当事人间根据裁定规定协商已成立。

【对价的提存】

第 88 条 应当支付第 86 条第 2 款第 2 项对价的人，在下列情形，必须提存对价：

1. 应当获得对价的人拒绝领受或者不能领受它时；
2. 就对价提起第 183 条第 1 款诉讼时；

3. 以专利权或者独占许可权为标的设定质权时。但是，得到质权人的许可时，不在此限。

【裁定的失效】

第89条 拟申请普通许可权设定的人，到第83条第2款裁定规定的支付日期前，不支付对价（应当定期支付对价或者分期支付对价时，首次应当支付的部分）或者提存时，应当设定普通许可权的裁定失效。

【裁定的撤销】

第90条 根据第83条第2款规定作出应当设定普通许可权的裁定后，因裁定依据的理由消失及其他事由，维持裁定变为不适当时，或者获得普通许可权设定的人不适当地实施专利发明时，特许厅长可以根据利害关系人的请求或者用职权撤销裁定。

第84条、第84条之2、第85条第1款、第86条第1款和第87条第1款的规定，准用于根据前款规定的撤销裁定；第85条第2款的规定，准用于获得普通许可权设定的人不适当地实施专利发明时根据前款规定的撤销裁定。

第91条 根据前条第1款的规定撤销裁定后，普通许可权其后消灭。

【裁定异议理由的限制】

第91条之2 对根据第83条第2款规定的裁定，在根据《行政异议审查法》（2014年法律第68号）的异议申请中，不能以不服裁定规定的对价作为不服裁定的理由。

【为自己实施专利发明设定普通许可权的裁定】

第92条 专利权人或者独占许可权人在专利发明符合第72条规定的情形，为实施专利发明，可以要求同条的他人协商许可普通许可权或者实用新型权、外观设计权的普通许可权。

第72条被要求协商的他人，可以向要求其协商的专利权人或者独占许可权人，对他们根据协议获得许可的专利权普通许可权或者实用新型权、外观设计权的普通许可权，在拟实施专利发明的范围内，要求协商许可普通许可权。

第1款的协商不成立或者不能协商时，专利权人或者独占许可权人可以请求特许厅长裁定。

在第2款的协商不成立或者不能协商的情形，有了前款的裁定请求时，第72条的他人根据第7款准用第84条的规定，作为应当提交答辩书的期间，限于在特许厅长指定的期间内，可以请求特许厅长裁定。

在第3款或者前款的情形，设定普通许可权构成不正当侵害第72条的他人或者专利权人或者独占许可权人的利益时，特许厅长不能作出应当设定普通许可权的裁定。

除前款规定的情形外，在第4款的情形，对第3款的裁定请求未作出应当设定普通许可权的裁定时，特许厅长不能作出应当设定普通许可权的裁定。

第84条、第84条之2、第85条第1款及第86条到前条的规定，准用于第3款或者第4款的裁定。

【为公共利益设定普通许可权的裁定】

第93条 为公共利益有特殊需要实施专利发明时，拟实施专利发明的人可以要求专利权人或者独占许可权人协商许可普通许可权。

前款协商不成立或者不能协商时，拟实施专利发明的人可以请求经济产业大臣裁定。

第84条、第84条之2、第85条第1款和第86条到第91条之2的规定，准用于前款的裁定。

【普通许可权的转移】

第94条 除根据第83条第2款、第92条第3款或者第4款、前条第2款、《实用新型法》第22条第3款、《外观设计法》第33条第3款裁定的普通许可权外，普通许可权和实施经营同时进行时，限于得到专利权人(有关独占许可权在普通许可权的情况下，专利权人和独占许可权人)许可的情形、继承及其他一般继受的情形，可以转移。

除根据第83条第2款、第92条第3款或者第4款、前条第2款、《实用新型法》第22条第3款、《外观设计法》第33条第3款裁定的普通许可权外，限于得到专利权人(有关独占许可权在普通许可权的情况下，专利权人和独占许可权人)许可的情形，普通许可权人可以对普通许可权设定质权。

根据第83条第2款或者前条第2款裁定的普通许可权，限于与实施经营同时进行时，可以转移。

根据第92条第3款、《实用新型法》第22条第3款、《外观设计法》第33条第3款裁定的普通许可权，在普通许可权人的专利权、实用新型权、外观设计权和实施经营同时转移时跟随它们转移，在专利权、实用新型权、外观设计权和实施经营分开转移时或者消灭时消灭。

根据第92条第4款裁定的普通许可权，随着普通许可权人的专利权、实用新型权、外观设计权的转移而转移,随着专利权、实用新型权、外观设计权的消灭而消灭。

第 73 条第 1 款的规定,准用于普通许可权。

【质权】

第 95 条 以专利权、独占许可权、普通许可权为标的设定质权时,除在合同中作出特别规定的情形外,质权人不能实施专利发明。

第 96 条 以专利权、独占许可权、普通许可权为标的的质权,可以对专利权、独占许可权、普通许可权的对价行使,实施专利发明的也可以对专利权人或者独占许可权人应当获得的金钱及其他物品行使。但是,在支付或者交付前,必须进行冻结。

【专利权的放弃】

第 97 条 在有独占许可权人、质权人,或者有根据第 35 条第 1 款、第 77 条第 4 款、第 78 条第 1 款规定的普通许可权人时,限于得到他们许可的情形,专利权人可以放弃专利权。

在有质权人或者根据第 77 条第 4 款规定的普通许可权人时,限于得到他们许可的情形,独占许可权人可以放弃独占许可权。

在有质权人时,限于得到其许可的情形,普通许可权人可以放弃普通许可权。

【注册的效果】

第 98 条 下列事项,如果不登记则不发生效力:

1. 专利权的转移(继承及其他一般继受的除外)、因信托的变更、因放弃的消灭或者处分的限制;

2. 独占许可权的设定、转移(因继承及其他一般继受的除外)、变更、消灭(因混同或者专利权消灭的除外)或者处分的限制;

3. 以专利权或者独占许可权为标的,质权的设定、转移(因继承及其他一般继受的除外)、变更、消灭(因混同或者担保的债权消灭的除外)或者处分的限制。

前款各项继承及其他一般继受时,必须不迟延地向特许厅长呈报其主旨。

【普通许可权的对抗效力】

第 99 条 设定普通许可权后,对专利权、独占许可权或者对专利权取得独占许可权的人均发生效力。

第二节 权利侵害

【停止请求权】

第100条 专利权人、独占许可权人可以请求侵害或者有可能侵害自己专利权或者独占许可权的人停止侵害或者预防侵害。

专利权人、独占许可权人在根据前款规定提出请求时,可以请求销毁构成侵害行为的物品(在生产产品方法专利发明的情况下,包括由侵害行为生产的物品。在第102条第1款中相同)、拆除用于侵害行为的设备,以及其他预防侵害的必要行为。

【视为侵害的行为】

第101条 下列行为,视为侵害专利权或者独占许可权的行为:

1. 对产品专利,在营业上生产、转让、进口、许诺转让等仅用于生产其产品的物品的;

2. 对产品专利,是用于生产其产品的物品(在日本国内广泛普遍流通的除外),并且对课题的解决其发明是不可缺少的发明,知道其发明是专利发明和物品被用于实施发明的事实,在营业上进行生产、转让、进口、许诺转让等的;

3. 对产品专利,以产品为业,为转让或者出口而持有产品的;

4. 对产品专利,在营业上进行生产、转让、进口、许诺转让等仅用于使用方法的产品的;

5. 对方法专利,是用于其方法使用的产品(在日本国内广泛普遍流通的除外),并且对课题的解决其发明是不可缺少的发明,知道其发明是专利发明和产品被用于实施发明的事实,在营业上进行生产、转让、进口、许诺转让等的;

6. 对产品方法专利,以按照其方法生产的产品为业,为转让或者出口而持有的。

【损害额的推定】

第102条 专利权人或者独占许可权人请求因故意或者过失侵害自己的专利权或者独占许可权的人赔偿因其侵害自己已受损害的情形,在该人转让构成侵害行为的产品时,可以将已转让产品数量(以下在本款中称为“转让数量”),乘以如果没有其侵害行为则专利权人或者独占许可权人已售产品每单位数量利益额得到的金额，在不超过符合专利权人或者独占许可权人实施能力的数额限度，作为专利权人或者独占许可权人已受损害额。但是，有相当于专利权人或者独占许可权人不能销售的全部或者部分转让数量的情况时，扣除符合相当于该情况数量的金额。

专利权人或者独占许可权人请求因故意或者过失侵害自己专利权或者独占许可权的人赔偿因其侵害自己已受损害的情形，在该人通过侵害行为获有利益时，其利益额推定为专利权人或者独占许可权人已受损害额。

专利权人或者独占许可权人可以请求因故意或者过失侵害自己专利权或者独占许可权的人将相当于实施专利发明应当所得金额的金钱，作为自己已受损害额予以赔偿。

前款的规定，不妨碍请求超过同款规定金额的损害赔偿。在这种情形，侵害专利权或者独占许可权的人没有故意或者重大过失时，法院可以酌情决定损害赔偿额。

【过失推定】

第103条 侵害他人专利权或者独占许可权的人，推定对其侵害行为有过失。

【生产方法的推定】

第104条 在产品方法专利的情形，在专利申请前，产品在日本国内不是公知产品时，与产品相同的产品推定为按照其方法生产。

【具体情况的明示义务】

第104条之2 在侵害专利权或者独占许可权的诉讼中，在专利权人或者独占许可权人否认构成侵害行为主张产品或者方法的具体情况时，对方必须证明自己行为的具体情况。但是，对方有相当理由不能证明时，不在此限。

【专利权人权利行使的限制】

第104条之3 在侵害专利权或者独占许可权的诉讼中，认为专利根据专利无效复审或者专利权保护期限延长注册根据延长注册无效复审应当被宣告无效时，专利权人或者独占许可权人不能向对方行使权利。

有关根据前款规定的攻防方法，在认为提交它的目的是不正当延长审理时，法院可以根据申请或者用职权作出驳回的决定。

第123条第2款的规定，不妨碍可请求专利无效复审的人以外的人根据第1款规定对专利的发明提出攻防的方法。

【主张的限制】

第104条之4 侵害专利权、独占许可权或者请求支付第65条第1款或者第184条之10第1款规定的补偿金的诉讼,在终局判决生效后,下列决定或者复审决定生效时,曾是诉讼当事人的人,在对终审判决的再审之诉(包括以诉讼为本案的临时扣押命令案件对债权人以请求损害赔偿为目的之诉、以诉讼为本案的临时处分命令案件对债权人以请求损害赔偿、以返还不当得利为目的之诉)中,不能主张该决定或者复审决定生效:

1. 应当撤销该专利的决定或者应当宣告专利无效的复审决定;
2. 应当宣告专利权保护期限延长注册无效的复审决定;
3. 政令规定的应当修改添加在专利申请书的说明书、专利权利要求书、附图的决定或者复审决定。

【文件的提交】

第105条 在侵害专利权或者独占许可权的诉讼中,为举证侵害行为或者为计算侵害行为的损害,法院可以根据当事人的申请,命令当事人提交必要文件。但是,文件持有人有正当理由拒绝提交时,不在此限。

为判断是否有前款但书规定的正当理由,法院认为有必要时,可以使文件持有人出示文件。在这种情形,任何人均不能要求公开已出示的文件。

在前款的情形,是否有第1款但书规定的正当理由,法院认为需要公开前款后段文件需要听取其意见时,可以向当事人[当事人(在法人时,其代表人)、当事人的代理人(诉讼代理人和辅佐人除外)、雇员及其他员工除外。以下相同]、诉讼代理人、辅佐人公开文件。

前三款的规定,准用于侵害专利权或者独占许可权诉讼中,为举证侵害行为就必要查验目的的出示。

【为计算损害的鉴定】

第105条之2 在侵害专利权或者独占许可权的诉讼中,根据当事人的申请,为计算侵害行为的损害,法院已命令鉴定必要事项时,当事人必须向鉴定人说明涉及鉴定的必要事项。

【相当损害额的认定】

第105条之3 在侵害专利权或者独占许可权的诉讼中,在认为产生了损害的情形,为证明损害额而举证必要事实,但该事实在性质上是极端难以证明时,法院可以基于开庭审理的全部主旨和证据调查的结果认定相当损害额。

【保密命令】

第105条之4 在侵害专利权或者独占许可权的诉讼中，当事人保有的商业秘密［是指《反不正当竞争法》(1993年法律第47号)第2条第6款规定的商业秘密。以下相同］符合下列事由，在释明后，法院可以根据当事人的申请，用决定命令当事人、诉讼代理人或者辅佐人不得以后续诉讼目的以外目的使用商业秘密，或者向收到根据本款规定命令的人以外的人公开商业秘密。但是，在申请前，当事人、诉讼代理人、辅佐人通过阅读第1项规定的准备文书、同项规定的证据调查或者公开以外的方法取得或者保有商业秘密的情形，不在此限：

1. 在已提交或者应当提交的准备文书中记载了当事人保有的商业秘密，或者在已调查或者应当调查的证据(包括根据第105条第3款规定已公开的文件，或者根据第105条之7第4款规定已公开的书面文件)内容中包括当事人保有的商业秘密的；

2. 为防止以后续诉讼目的以外的目的使用前项的商业秘密或者公开商业秘密有可能给基于商业秘密的当事人的经营活动造成障碍，需要限制使用或者公开商业秘密的。

申请根据前款规定的命令(以下称为“保密命令”)，必须用记载下列事项的书面文件提出：

1. 应当接受保密命令的人；
2. 满足确定应成为保密命令对象的商业秘密的事实；
3. 符合前款各项列举事由的事实。

在发布了保密命令的情形，必须向接受保密命令的人送达决定书。

保密命令自决定书送达时起对接受保密命令的人发生效力。

对于驳回保密命令申请的裁判，可以立即提起上诉。

【保密命令的撤销】

第105条之5 申请保密命令的人或者接受保密命令的人，可以以欠缺前条第1款规定的要件或者出现了欠缺它的事实为理由，向保存诉讼记录的法院(在没有保存诉讼记录的法院的情况下，向发出保密命令的法院)申请撤销保密命令。

撤销保密命令的申请已作出裁定的情形，必须向提出申请的人和对方送达决定书。

对于撤销保密命令申请的裁判，可以立即提起上诉。

撤销保密命令的裁判，如果没有生效则不发生效力。

在向申请撤销保密命令的人或者对方以外的人发出了保密命令的诉讼中，有接受商业秘密保密命令的人时，法院作出撤销保密命令裁判后，必须立即向其通知已撤销保密命令裁判的主旨。

【诉讼记录阅览请求的通知】

第105条之6 就发布了保密命令的诉讼(撤销全部保密命令的诉讼除外)的诉讼记录，在作出了《民事诉讼法》(1996年法律第109号)第92条第1款决定的情形，当事人请求阅览同款规定的记载的秘密，并且，履行了请求程序的人不是在诉讼中接受保密命令的人时，在请求后，法院书记员必须立即将请求主旨通知提出同款申请的当事人(提出请求的人除外。在第3款相同)。

在前款的情形，法院书记员自同款请求日起到满2周前(此日前向履行了请求程序的人提出了保密命令申请的情况下，申请到裁判生效前)，不得使履行了请求程序的人阅览同款记载秘密。

使提出第1款请求的人阅览同款记载的秘密，在有提出《民事诉讼法》第92条第1款申请的全体当事人同意时，不适用前二款规定。

【停止公开询问当事人】

第105条之7 侵害专利权或者独占许可权诉讼中的当事人，对于是判断是否构成侵害的基础事项并属于当事人保有的商业秘密的，在作为当事人本人、法定代理人、证人接受讯问的情形，全体法官一致认为，基于商业秘密，由当事人等在公开法庭陈述该事项显然对当事人的经营活动产生显著障碍，所以，不能充分陈述事项，并且，裁判应当以该事项为判断的基础，但因缺乏其陈述仅根据其他证据不能正确裁判是否侵害专利权、独占许可权时，法院可以用决定不公开询问该事项。

法院在作出前款决定时，必须提前听取当事人的意见。

在前款的情形，法院认为有必要时，可以要求当事人出示记载应当陈述事项要领的书面文件。在这种情形，任何人均不能要求公开已出示的书面文件。

法院认为就公开前款后段的书面文件有必要听取其意见时，可以向当事人、诉讼代理人或者辅佐人公开书面文件。

法院根据第1款规定不公开询问事项时，在使公众退庭前，必须同时宣告主旨和理由。在询问事项结束后，必须再次使公众入庭。

【信用恢复措施】

第106条 法院可以根据专利权人或者独占许可权人的请求,命令因故意或者过失侵害专利权或者独占许可权而导致侵害专利权人或者独占许可权人业务信用的人,不赔偿损害或者和赔偿损害同时,采取必要措施恢复专利权人或者独占许可权人营业信用。

第三节 专 利 费

【专利费】

第107条 作为专利费,获得专利权授权的人或者专利权人,自专利权授权日起,到第67条第1款规定的保护期限(在根据同条第2款规定延长时,增加其延长期间)届满的每年,每件必须缴纳按照下表上栏分类同表下栏列举的金额。

年度分类	缴费金额
第1年到第3年	每年2300日元,每一请求项再加200日元
第4年到第6年	每年7100日元,每一请求项再加500日元
第7年到第9年	每年2.14万日元,每一请求项再加1700日元
第10年到第25年	每年6.16万日元,每一请求项再加4800日元

专利权属于国家时,不适用前款规定。

与国家或者包括根据第109条规定或者其他法令规定获得减免专利费(以下在本款中称为"减免")的人共有专利权并规定持有额时,第1款的专利费不受第1款规定限制,国家以外的人必须缴纳国家以外的各共有人持有额比例乘在同款规定的专利费金额(有获得减免的人时,其减免后的金额)所得到的金额。

根据前款规定算出的专利费金额中,有不满10日元的尾数时,舍去尾数。

第1款的专利费,必须根据经济产业省令规定采用特许印花缴纳。但是,在经济产业省令规定的情形,可以根据经济产业省令规定采用现金缴纳。

【专利费缴纳期间】

第108条 根据前条第1款规定,第1年到第3年每年的专利费,必须自己送达应当授予专利的审定或者复审决定的誊本日起30日以内一次缴纳。

根据前条第1款规定,第4年以后每年的专利费,必须提前一年缴纳。但是,送达了应当作出专利权保护期限延长注册的审定或者复审决定的誊本日（以下在本款称为“誊本送达日”），决定不延长注册的情形，从专利权保护期限届满日所属年的最后一日起算超过30日时，必须在誊本送达日起30日以内一次缴纳从本年的次年到誊本送达日所属年（从誊本送达日到誊本送达日所属年的最后一日的日数不足30日时，誊本送达日的次年）各年度的专利费。

特许厅长可以根据应当缴纳注册费人的请求，以30日为限，延长第1款规定的期间。

缴纳专利费的人，因不能归其责的理由，在第1款规定的期间内未能缴纳其专利费时，不受同款规定限制，在其理由消失之日起14日（在偏远地区的人，2个月）以内，且在其期间满后6个月以内，可以缴纳其专利费。

【专利费的减免或者延期】

第109条 是获得专利权授权的人或者专利权人，考虑其财力符合政令规定要件者，特许厅长认为其缴纳专利费有困难时，可以减免、缓缴根据第107条第1款规定的第1年到第3年每年的专利费。

【利害关系人缴纳专利费】

第110条 即使违反应当缴费的人的意愿，利害关系人也可以缴纳专利费。

根据前款规定缴纳了专利费的利害关系人，可以在应当缴纳的人实际获得利益限度内请求清偿其费用。

【已缴专利费的返还】

第111条 限于下列情况，根据缴纳人的请求返还已缴专利费：

1. 错误缴纳的专利费；

2. 第114条第2款的撤销决定或者应当宣告专利无效的复审决定生效后下一年度起每年的专利费；

3. 应当宣告专利权保护期限延长注册无效复审决定生效后下一年度起每年的专利费（在决定不延长注册时，限于保护期限届满日的下一年以后的）。

同款第1项专利费自缴纳日起满1年后，同款第2项及第3项的专利费，自第114条第2款的撤销决定或者复审决定生效日起满6个月后，不能根据前款规定请求返还专利费。

根据第1款规定请求返还专利费的人，因不能归其责的理由，在前款规定的期间内未能提出其请求时，不受同款规定限制，在其理由消失之日起14

日（在偏远地区的人，2个月）以内，且在其期间满后6个月以内，可以提出其请求。

【专利费的补缴】

第112条 在第108条第2款规定的期间内或者根据第109条规定延期缴纳后的期间内未能缴纳专利费时，即使期限届满后，在期限届满后6个月以内，专利权人也可以补缴专利费。

根据前款规定补缴专利费的专利权人，除缴纳根据第107条第1款规定应当缴纳的专利费外，必须缴纳和专利费等额的增额专利费。

前款的增额专利费，必须根据经济产业省令规定采用特许印花缴纳。但是，在经济产业省令规定的情形，可以根据经济产业省令规定采用现金缴纳。

专利权人在根据第1款规定可以补缴专利费的期间内、在第108条第2款正文规定的期间内，没有缴纳应当缴纳的专利费和第2款的增额专利费时，专利权视为溯及同条第2款正文规定的期限届满时消灭。

专利权人在根据第1款规定可以补缴专利费的期间内，没有缴纳第108条第2款但书规定的专利费及第2款规定的增额专利费时，在决定不延长注册的情形，视为专利权溯及到专利权保护期限届满日所属年届满时消灭。

专利权人在根据第1款规定可以补缴专利费的期间内，没有缴纳根据第109条规定延期缴纳的专利费及第2款的增额专利费时，专利权视为自始即不存在。

【补缴专利费恢复专利权】

第112条之2 根据前条第4款或者第5款规定被视为消灭的专利权，或者根据同条第6款规定被视为自始即不存在的专利权的原专利权人，根据同条第1款规定，在可以补缴专利费的期间内，有正当理由未能缴纳同条第4款到第6款规定的专利费和增额专利费时，从其理由消失日起2个月以内，限于期限届满后1年以内，可以补缴专利费和增额专利费。

根据前款规定补缴了专利费和增额专利费时，专利权视为溯及到第108条第2款正文规定的期限届满时或者保护期限届满日所属午届满时存在或者自始存在。

【恢复的专利权效力的限制】

第112条之3 根据前条第2款规定恢复专利权的情形，有关产品专利，专利权效力不及于，根据第112条第1款规定在可以补缴专利费的期限届满后专利权恢复注册前进口，或者在日本国内生产或者取得的产品。

根据前条第2款规定恢复的专利权效力不及于，根据第112条第1款规定在可以补缴专利费的期限届满后专利权恢复注册前的下列行为：

1. 实施发明；

2. 产品专利的情形，生产、转让、进口、许诺转让等用于产品生产的；

3. 产品专利的情形，为转让或者出口产品而持有的；

4. 方法专利的情形，生产、转让或者进口、许诺转让等用于使用其方法的产品的；

5. 产品方法专利的情形，为转让或者出口而持有按照其方法生产的产品的。

第五章 专利异议申请

【专利异议申请】

第113条 限于发行专利公报之日起6个月以内，任何人可以以专利不符合下列各项之一为理由，向特许厅长提出专利异议的申请。在这种情形，专利申请有2个以上的请求项时，可以对各请求项提出专利异议申请。

（1）向不符合第17条之2第3款规定要件补正了的专利申请（外语书面文件申请除外）授予其专利；

（2）违反第25条、第29条、第29条之2、第32条或者39条第1款到第4款规定授予其专利；

（3）违反条约而授予其专利；

（4）向不符合第36条第4款第1项或者第6款（第4项除外）规定要件的专利申请授予其专利；

（5）添加在外语书面文件申请的专利申请说明书、权利要求书或者附图上记载的事项，不在外语书面文件记载事项的范围内。

【决定】

第114条 由3名或者5名复审员组成合议庭，对专利异议申请进行审理并作出决定。

复审员认为专利异议申请的专利符合前条各项之一时，必须作出旨在应撤销其专利的决定（以下称为“撤销决定”）。

撤销决定生效时，其专利权视为自始即不存在。

复审员认为专利异议申请的专利不符合前条各项之一时，必须作出旨在应维持其专利的决定。

对前款决定不能申请异议。

【申请的方式等】

第115条 提出专利异议申请的人，必须向特许厅长提交记载了下列事项的专利异议申请书：

(1) 专利异议申请人及代理人的姓名或者名称及住所或者居所；

(2) 申请专利异议的专利；

(3) 申请专利异议的理由及必要证据；

补正根据前款规定提交的专利异议申请书，不得变更其宗旨。但是，经过第113条规定的期间时，或者有根据第120条之5规定的通知时，对任一早届至时前进行的前款第3项列举的事项进行的补正，不在此限。

审判长必须向专利权人送达专利异议申请书的副本。

第123条第4款的规定，准用于专利异议申请。

【复审员的指定等】

第116条 第136条第2款及第137条到第144条的规定，准用于第114条第1款的合议庭及组成它的复审员。

【复审书记员】

第117条 特许厅长必须对各专利异议申请案件指定复审书记员。

第144条之2第3款到第5款的规定，准用于前款的复审书记员。

【审理方式等】

第118条 专利异议申请的审理，通过书面方式进行。

共有专利权的专利权人之一，就专利异议申请有中断或者中止审理及决定的程序的原因时，其中断或者中止对全体共有人有效。

【参加】

第119条 对专利权具有权利的人、对专利权具有其他利害关系的人，到专利异议申请作出决定前，为辅助专利权人，可以参加其审理。

第148条第4款及第5款和第149条的规定，准用于根据前款规定的参加人。

【证据调查及证据保全】

第120条 第150条及第151条的规定，准用于专利异议申请在审理过程中的证据调查和证据保全。

【根据职权的审理】

第120条之2 在专利异议申请审理时,可以审理专利权人、专利异议申请人或者参加人没有申请的理由。

在专利异议申请审理时,不能审理没有提出专利异议申请的请求项。

【申请的合并或者分离】

第120条之3 就同一专利权有2个以上的专利异议申请,除有特殊情况的情形外,应合并审理。

已根据前款规定进行了合并审理时,可以再次进行分离审理。

【申请的撤回】

第120条之4 根据下一条第1款规定发出了通知后,不能撤回专利异议申请。

第155条第3款的规定准用于专利异议申请的撤回。

【意见书的提交等】

第120条之5 审判长拟作出撤销决定时,必须将撤销专利的理由通知专利权人及参加人,指定相当的期间,给予提交意见书的机会。

限于在根据前款规定指定的期间内,专利权人可以请求修改添加在申请书的说明书、权利要求书或者附图。但是,其修改应限于以下列事项为目的:

(1) 减少专利权利请求范围;

(2) 修改误记或者误译;

(3) 解释不明确的记载;

(4) 将引用其他请求项记载的请求项记载,作为不引用该其他请求项记载的。

申请书有2个以上请求项,修订添加在申请书的专利请求范围的情形,可以对每个请求项提出前款的修改请求。但是,在各请求项提出专利异议申请的情形,必须对每个请求项提出同款的修订请求。

在前款的情形,在该请求项中,具有其他请求项引用其中之一请求项记载的关系及经济产业省令规定的其他关系,存在一组请求项(以下"一组请求项")时,必须向每该一组请求项提出请求。

在根据第1款规定指定的期间内请求了第2款的修改时,审判长必须将记载根据第1款规定已通知的撤销专利理由的书面文件和修订的请求书以及添加在其上的修订了的说明书、权利要求书或者附图的副本送达专利异议申请人,指定相当期间,给予提交意见书的机会。但是,有专利异议申请人旨在不希望提交意见书的申请时,或者有被认为不需要给予专利异议申请人提交意见书的机会的特殊实际情况时,不在此限。

在第2款的修改请求不以同款但书各项列举事项为目的时,或者不适合在第9款换读而准用第126条第5款到第7款的规定时,审判长必须将其理由通知专利权人及参加人,指定相当期间,给予提交意见书的机会。

在已提出第2款修订请求的情形,在其专利异议申请案件中有先已提出的修改请求时,该先请求视为已被撤回。

对添加在第2款修改请求书的修改过的说明书、权利要求书或者附图,限于可以进行第17条之5第1款的补正的期间内,可以撤回第2款的修改请求。在这种情形,根据第3款或者第4款的规定,将第2款的修改请求改为每个请求项或者每一组请求项时,必须撤回其全部请求。

第126条第4款到第7款,第127条,第128条,第131条第1款、第3款及第4款,第131条之2第1款,第132条第3款及第4款和第133条第1款、第3款及第4款的规定,准用于第2款的情形。在这种情形,第126条第7款中有"第1款但书第1项或者第2项"应换读为"没有提出专利异议申请的请求项有关的第1款但书第1项或者第2项"。

【决定的方式】

第120条之6 专利异议申请的决定,必须采用记载下列事项的文书作出。

(1)专利异议申请案件的编号;

(2)专利权人、专利异议申请人、参加人、代理人的姓名或者名称及住所或者居所;

(3)决定涉及的专利;

(4)决定的结论及理由;

(5)决定的年月日。

特许厅长作出决定后,必须将决定的誊本送达专利权人、专利异议申请人、参加人,以及申请参加专利异议申请的审理其申请被拒绝的人。

【决定的效力范围】

第120条之7 专利异议申请的决定对每个专利异议申请案件生效。但是,在下列各项列举的情形,分别在各该项规定的范围发生效力。

(1)对每个请求项提出专利异议申请的情形,并且,对每一组请求项提出第120条之5第2款修改请求的情形,每该一组请求项;

（2）对每个请求项提出专利异议申请的情形，非前项列举的情形，该每个请求项。

【复审规定等的准用】

第120条之8 第133条、第133条之2、第133条第4款、第135条、第152条、第168条、第169条第3款到第6款、第170条的规定，准用于专利异议申请的审理及决定。

第5款的规定，准用于根据在前款准用第135条规定的决定。

第六章 复 审

【核驳审定异议复审】

第121条 收到应当作出核驳的人，对审定有异议时，可以自审定誊本送达日起3个月以内，请求核驳异议复审。

因不能归于其责的理由，请求核驳异议复审的人在前款规定的期间内未能提出请求时，不受同款规定的限制，可以自理由消失日起14日（在国外的人，2个月）以内，在期限届满后6个月以内提出请求。

第122条 删除

【专利无效复审】

第123条 专利符合下列各项其中之一时，可以对宣告专利无效请求专利无效复审。在这种情形，涉及二个以上请求项的，可以对每个请求项提出请求：

1. 对不符合第17条之2第3款规定要件作出补正的专利申请（外语书面文件申请除外）授予专利时；

2. 违反第25条、第29条、第29条之2、第32条、第38条、第39条第1款到第4款规定授予专利时（在违反第38条规定授予专利的情形，基于根据第74条第1款规定的请求，转移其专利的专利权已注册时除外）；

3. 违反条约授予专利时；

4. 对不符合第36条第4款第1项或者第6款（第4项除外）规定要件的专利申请授予专利时；

5. 添加在外语书面文件的专利申请书的说明书、专利权利要求书、附图记载的事项，在外语书面文件记载事项的范围内没有时；

6. 将发明向不具有获得专利权利的人的专利申请授予专利时(基于根据第74条第1款规定的请求,转移专利的专利权已注册时除外);

7. 在授予专利后,专利权人根据第25条规定已变为不能享有专利权的人时,或者专利已变为违反条约时;

8. 违反第126条第1款但书或者第5款到第7款(包括第120条之5第9款或者第134条之2第9款准用的情形)、第120条之5第2款但书或者第134条之2第1款但书规定,修改添加在专利申请书的说明书、专利权利要求书、附图时。

仅限利害关系人[以符合前款第2项(限于违反第38条的规定而授予了专利时)或者同款第6项作为理由请求专利无效复审的情形,具有获得专利权利的人]可以请求专利无效复审。

在专利权消灭后,仍可以请求专利无效复审。

收到专利无效复审请求时,审判长必须将其主旨通知专利权的独占许可权人及其他对专利具有注册权利的人。

第124条 删除

第125条 应当宣告专利无效的复审决定生效时,专利权视为自始即不存在。但是,在专利符合第123条第1款第7项的情形,应当宣告专利无效的复审决定生效时,专利权视为专利符合同项时起不存在。

【延长注册无效复审】

第125条之2 专利权保护期限延长注册符合下列各项之一时,可以对宣告延长注册无效请求延长注册无效复审:

1. 认为在专利发明的实施中,不需要获得第67条第2款政令规定处分的情形,对申请进行延长注册时;

2. 专利权人或者对专利权具有独占许可权或者普通许可权的人,没有获得第67条第2款政令规定的处分的情形,对申请进行延长注册时;

3. 通过延长注册而延长的期间,超过不能实施专利发明的期间时;

4. 对非专利权人的申请进行延长注册时;

5. 对不符合第67条之2第4款规定要件的申请进行延长注册时。

限于利害关系人可以请求延长注册无效复审。

第120条第3款和第4款的规定,准用于延长注册无效复审请求。

应当宣告延长注册无效的复审决定生效时,由延长注册延长的保护期限视为自始未曾作出。但是,在延长注册符合第1款第3项的情形,延长注册的期间超过不能实施专利发明的期间,应宣告延长注册无效的复审决定生效时，对该超过的期间视为未进行延长。

【修改复审】

第126条 就添加在申请书的说明书、专利权利要求书、附图进行的修改，专利权人可以请求修改复审。但是，修改限于以下列事项为目的：

1. 减少专利权利请求范围；

2. 修改误记或者误译；

3. 释明不明确的记载。

4. 将引用其他请求项记载的请求项记载，作为不引用该其他请求项记载的。

专利异议申请或者专利无效复审从正处于特许厅审查时起到其决定复审决定（在对各请求项提出了申请或请求情况下，其全部决定或者复审决定）生效前，不能请求修改复审。

有二个以上请求项，修改添加在申请书的专利权利要求书的情形，可以根据第1款的规定，对每个请求项提出修改请求。在这种情形，在该请求项中，有一组的请求项时，必须对该一组的各请求项提出该请求。

修改添加在申请书的明细书或者附图的情形，拟根据第1款规定对各请求项提出请求时，必须修改说明书或者附图的全部请求项（根据前款后段规定，在根据第1款规定对一组各请求项提出请求的情形，包括修改说明书或者附图请求项的一组全部请求项）。

修改第1款的说明书、专利权利要求书、附图，必须在添加在申请书的说明书、专利权利要求书、附图［以同款但书第2项列举事项为目的的修改，首次添加在申请书的说明书、专利权利要求书、附图（外语书面文件申请的专利时，外语书面文件）］记载事项的范围内进行。

修改第1款的说明书、专利权利要求书、附图，不得实质上扩大或者变更专利权利要求。

以第1款但书第1项或者第2项列举事项为日的的修改，根据修改后的专利权利要求书记载的事项确定的发明，必须是在专利申请时能够独立获得专利的人。

在专利权消灭后，仍可以请求修改复审。但是，专利根据撤销决定而撤销，或者根据专利无效复审宣告无效后，不在此限。

第127条 专利权人在有独占许可权人、质权人或者根据第35条第1款、第77条第4款、第78条第1款规定的普通许可权人时，限于得到他们许可的情形，可以请求修改复审。

第128条 应当修改添加在申请书的说明书、专利权利要求书、附图的复审决定生效时，视为根据其修订后的说明书、专利权利要求书、附图，已作出专利申请、申请公开、审定应授予专利或者复审决定及授予专利权。

第129条 删除

第130条 删除

【复审请求的方式】

第131条 请求复审的人必须向特许厅长提交记载下列事项的请求书：

1. 当事人及代理人的姓名或者名称及住所或者居所；

2. 复审案件的标识；

3. 请求的主旨及理由。

在请求专利无效复审情形中，前款第3项列举的请求理由，必须具体确定宣告专利无效所根据的事实，并且，记载需要举证的各项事实和证据的关系。

在请求修改复审的情形，第1款第3项列举的请求主旨及理由，必须是根据经济产业省令规定记载的。

在请求修改复审时，必须在请求书添加修改过的说明书、专利权利要求书、附图。

【复审请求书的补正】

第131条之2 补正根据前条第1款规定提交的请求书，不得变更主要内容。但是，补正符合下列各项之一时，不在此限：

1. 在请求非专利无效复审的情形中，提出前条第1款第3项列举的理由时；

2. 审判长根据下款规定作出许可时；

3. 根据第133条第1款（包括第120条之5第9款及第134条之2第9款准用的情形）规定，在命令应当补正请求书的情形，补正被命令的事项时。

在请求专利无效复审中，补正前条第1款第3项列举请求理由变更主要内容的情形，审判长认为补正显然不会不正当延长审理，并且，符合下列各项之一的事由时，可以采用决定许可补正：

1. 在专利无效复审中，有第134条之2第1款的修改请求，因修改请求产生了需要补正请求的理由；

2. 前项列举者外，有合理理由在请求复审时的请求书上不记载补正请求理由，并且，被请求人同意补正。

补正的程序补正书根据第134条第1款规定在请求书副本送达前提交时,不能许可前款的补正。

对于第2款的决定,不能申请异议。

【共同复审】

第132条 相同专利权有2人以上请求专利无效复审或者延长注册无效复审时,他们可以共同请求复审。

就共有专利权向专利权人请求复审时,必须以全体共有人为被请求人提出请求。

专利权人或者获得专利权利的共有人请求复审共有权利时,必须全体共有人共同提出请求。

根据第1款或者前款规定请求复审者之一人或者根据第2款规定请求复审者之一人,有中断或者中止复审程序的原因时,中断或者中止对全体成员发生效力。

【违反形式的情形通过决定的驳回】

第133条 在请求书违反第131条规定时,审判长必须向请求人指定相当期间,命令应当补正请求书。

除前款规定的情形外,复审案件的程序符合下列各项之一时,审判长可以指定相当期间,命令应当进行补正:

1. 程序违反第7条第1款到第3款或者第9条的规定时;
2. 程序违反本法或者基于本法的命令规定的形式时;
3. 有关程序,没有缴纳根据第195条第1款或者第2款规定应当缴纳的手续费时。

根据前二款规定,已命令应当补正复审案件程序的人,在根据这些规定指定期间内未进行补正时,或者其补正违反第131条之2第1款的规定时,审判长可以采用决定驳回程序。

前款的决定,必须以书面形式作出并附理由。

【不合法程序的驳回】

第133条之2 复审案件的程序(复审请求除外)中,程序不合法并且不能进行补正的,审判长可以采用决定驳回程序。

拟根据前款规定驳回时,必须将理由通知履行程序的人,指定相当期间,给予提交答辩书的机会。

第1款的决定,必须以书面形式作出并附理由。

【答辩书的提交】

第 134 条 已请求复审时，审判长必须向被请求人送达请求书副本，指定相当期间，给予提交答辩书的机会。

根据第 132 条之 2 第 2 款规定许可补正请求书时，审判长必须向被请求人送达补正的程序补正书副本，指定相当期间，给提交答辩书的机会。但是，有认为没有必要给被请求人提交答辩书机会的特别情况时，不在此限。

受理了第 1 款或者前款正文的答辩书时，审判长应当向请求人送达副本。

在复审中，审判长可以讯问当事人及参加人。

【在专利无效复审中的修改请求】

第 134 条之 2 专利无效复审的被请求人，可以根据前条第 1 款或者第 2 款、下一条、第 153 条第 2 款、第 164 条之 2 第 2 款的规定，限于指定期间内，请求修改添加在申请书的说明书、专利权利要求书、附图。但是，修改限于以下列事项为目的：

1. 减少专利权利请求范围；
2. 修改误记或者误译；
3. 释明不明确的记载；
4. 将引用其他请求项记载的请求项记载，作为不引用该其他请求项记载的。

修改添加在申请书的专利权利要求书二个以上请求项的情形，可以对各请求项提出前款修改请求。但是，在各请求项请求专利无效复审的情况下，在各请求项中必须请求同款的修改。在前款的情形，在该请求项中有一组请求项时，必须对该组的各请求项提出该请求。

已受理第一款修改请求书和添加在请求书的修改过的说明书、专利权利要求书、附图时，审判长必须向请求人送达这些副本。

第 1 款的修改请求不是以在同款但书各项列举事项为目的，或者不符合第 9 款换读后准用第 126 条第 5 款到第 7 款的规定，即使当事人或者参加人未陈述理由，审判长也可以审理。在这种情形，根据其理由，审判长不同意修改请求时，必须将审理结果通知当事人和参加人，指定相当期间，给予陈述意见的机会。

提出第 1 款修改请求的情形，在复审案件中先提出了修改请求时，视为已撤回在先请求。

添加在第 1 款的修订请求书的修订过的说明书、专利权利要求书、附图，限于可以进行第 17 条之 5 第 2 款的补正期间内，可以撤回第 1 款的修改请求。在这种情形，根据第 2 款或者第 3 款将第 1 款的修改请求改为全部请求项或者一组的全部请求项时，必须撤回全部请求。

根据第 155 条第 3 款规定撤回专利无效复审请求全部请求项时，第 1 款的修改请求视为撤回全部请求项；撤回专利无效复审复审案件的全部请求时，视为撤回复审案件的同款全部修改请求。

第 126 条第 4 款到第 8 款、第 127 条、第 128 条、第 131 条第 1 款、第 3 款及第 4 款、第 131 条之 2 第 1 款、第 132 条第 3 款及第 4 款和第 133 条第 1 款、第 3 款及第 4 款的规定，准用于第 1 款的情形。在这种情形，第 126 条第 7 款中有“第 1 款但书第 1 项或者第 2 项”应当换读为“与没有提出专利无效复审请求请求项有关的第 1 款但书第 1 项或者第 2 项”。

【撤销判决后的修改请求】

第 134 条之 3 对专利无效复审的复审决定（限于决定复审请求没有理由的）根据第 181 条第 1 款规定撤销判决生效，并根据同条第 2 款规定开始审理时，限于被请求人在判决生效日起一周以内申请的情形，审判长可以向被请求人指定相当期间，补正添加在申请书的说明书、专利权利要求书、附图。

【因不合法复审请求通过复审决定驳回】

第 135 条 不合法复审请求并且不能补正的，可以不给被请求人提交答辩书的机会，采用复审决定将其驳回。

【复审的合议制】

第 136 条 复审由 3 名或者 5 名复审员组成合议庭进行。

前款合议庭的合议以过半数决定。

复审员的资格由政令规定。

【复审员的指定】

第 137 条 各复审案件（根据第 162 条规定复审员审查其请求的复审案件时，限于已作出根据第 164 条第 3 款规定的报告的），特许厅长必须指定应当组成前条第 1 款合议庭的复审员。

在根据前款规定指定的复审员中，参与复审的人有障碍时，特许厅长必须撤销指定，任用其他复审员补充。

【审判长】

第138条 特许厅长必须在根据前条第1款规定指定的复审员中,指定1人为审判长。

审判长总管复审案件的事务。

【复审员的排除】

第139条 复审员符合下列各项之一时,不得执行职务:

1. 复审员或者其配偶或者曾是配偶的人,是或者有了案件的当事人、参加人或者专利异议申请人时;

2. 复审员是或者有了案件的当事人、参加人或者专利异议申请人的四亲等以内的血亲、三亲等以内的姻亲或者共同居住的亲属时;

3. 复审员是案件的当事人、参加人或者专利异议申请人的监护人、监护监督人、保护人、监督人保护、辅助人、监督辅助人时;

4. 复审员曾任案件的证人或者鉴定人时;

5. 复审员是或者有了案件的当事人、参加人或者专利异议申请人的代理人时;

6. 复审员在案件申请异议的审定中曾作为审查员参与时;

7. 复审员对案件具有直接利害关系时。

第140条 有前条规定的排除原因时,当事人或者参加人可以申请排除。

【复审员的回避】

第141条 复审员存在会妨碍公正复审的情况时,当事人或者参加人可以请求回避。

当事人或者参加人采用书面文书或者口头向复审员陈述了案件后,不能要求复审员回避。但是,不知道有回避原因时,或者回避的原因在此后发生时,不在此限。

【排除或者回避的申请方式】

第142条 申请排除或者回避的人,必须向特许厅长提交记载其原因的书面文件。但是,在开庭审理时,可以采用口头方式进行。

排除或者回避的原因必须在提出前款申请日起3日内述明。前条第2款但书的事实,亦相同。

【申请排除或者回避的决定】

第143条 申请排除或者回避后,由其他复审员通过审理作出决定。但是,与申请有关的复审员可以发表意见。

前款的决定,必须以书面形式作出并附理由。

对于第 1 款的决定,不能申请异议。

第 144 条 申请排除或者回避后,对申请到作出决定前,必须中止复审程序。但是,要求迅速处理的行为,不在此限。

【复审书记员】

第 144 条之 2 对各复审案件(根据第 162 条规定,审查员在审查请求复审案件的情况下,限于根据第 164 条第 3 款规定的报告后),特许厅长必须指定复审书记员。

复审书记员的资格由政令规定。

根据第 1 款规定指定的复审书记员参与复审有障碍时,特许厅长必须解除指定,指定其他复审书记员。

有关复审案件,复审书记员办理制作和送达笔录事务外,接受审判长的命令,办理其他事务。第 139 条(第 6 项除外)和第 140 条起到前条的规定,准用于复审书记员。在这种情形,申请排除或者回避的复审书记员,不能参与排除或者回避的复审。

【复审的审理方式】

第 145 条 专利无效复审和延长注册无效复审采用开庭审理。但是,审判长可以根据当事人或者参加人的申请或者用职权决定采用书面审理。

非前款规定的复审采用书面审理。但是,审判长可以根据当事人的申请或者用职权,决定采用开庭审理。

根据第 1 款或者前款但书规定,通过开庭审理进行复审时,审判长必须决定日期和场所,并传唤当事人和参加人出庭日期。

《民事诉讼法》第 94 条(传唤日期)的规定,准用于前款传唤出庭日期。

根据第 1 款或者第 2 款但书规定的开庭审理公开进行。但是,有可能损害公共秩序或者善良风俗时,不在此限。

第 146 条 《民事诉讼法》第 154 条(口译人员的参加)的规定,准用于复审。

【笔录】

第 147 条 根据第 145 条第 1 款或者第 2 款但书的规定通过开庭审理的复审决定,复审书记员必须制作记载每次审理的主要内容及其他必要事项的笔录。

关于制作或者变更前款笔录,复审书记员收到了审判长命令的情形,认为其制作或者变更是不正当时,可以添加写入自己的意见。

《民事诉讼法》第162条第2款及第3款(开庭审理笔录)的规定,准用于第1款的笔录。

【参加】

第148条 根据第132条第1款规定可以请求复审的人,到审理终结前,可以作为请求人参加复审。

根据前款规定的参加人,即使在被参加人撤回复审请求后,也可以继续履行复审程序。

对复审结果具有利害关系的人,到审理终结前,可以为辅助一方当事人参加复审。

根据前款规定的参加人,可以履行一切复审程序。

根据第1款或者第3款规定的参加人有中断或者中止复审程序的原因时,其中断或者中止对参加人发生效力。

第149条 申请参加的人,必须向审判长提交参加申请书。

申请了参加时,审判长必须向当事人和参加人送达参加申请书副本,指定相当期间,给予发表意见的机会。

申请参加后,由将参加复审的复审员通过复审决定提出申请的人是否参加复审。

前款的决定,必须采用书面形式作出并附理由。

对于第3款的决定,不能申请异议。

【证据调查和证据保全】

第150条 关于复审,可以根据当事人或者参加人的申请或者用职权进行证据调查。

关于复审,复审请求前可以根据利害关系人的申请、复审进行中可以根据当事人或者参加人的申请或者用职权,进行证据保全。

根据前款规定的复审请求前的申请,必须向特许厅长提出。

在根据第2款规定的复审请求前提出申请时,特许厅长指定应当参与证据保全的复审员和复审书记员。

审判长根据第1款或者第2款规定用职权进行证据调查或者证据保全时,必须将结果通知当事人和参加人,指定相当期间,给予陈述意见的机会。

第1款或者第2款的证据调查或者证据保全,可以委托应当处理该事务的地方法院或者简易法院。

第151条 第147条和《民事诉讼法》第93条第1款(指定期日)、第94条(传唤出庭日期)、第179条到第181条、第183条到第186条、第188条、第190条、第191条、第195条到第198条、第199条第1款、第201条到第204条、第206条、第207条、第210条到第213条、第214条第1款到第3款、第215条到第222条、第223条第1款到第6款、第226条到第228条、第229条第1款到第3款、第231条、第232条第1款、第233条、第234条、第236条到第238条、第240条到第242条(证据)和第278条(提交代替询问的书面文件)的规定,准用于根据前条规定的证据调查或者证据保全。在这种情形,同法第179条中有"在法院,当事人自首的事实和显著的事实"应当换读为"显著的事实";同法第204条及第215条之3中有"最高法院规则"应当换读为"经济产业省令"。

【根据职权的审理】

第152条 当事人或者参加人在法定或者指定期间内没有履行程序时,或者没有根据第145条第3款规定按照规定到庭时,审判长可以开展复审程序。

第153条 在复审中,可以审理当事人或者参加人没有申请的理由。

根据前款规定,审理当事人或者参加人没有申请的理由时,审判长必须将审理结果通知当事人和参加人,指定相当期间,给予陈述意见的机会。

在复审中,不能审理请求人未申请的请求主旨。

【审理的合并或者分立】

第154条 当事人双方或者一方相同的2个以上的复审,可以合并审理。

根据前款规定进行合并审理时,可以重新单独审理。

【复审请求的撤回】

第155条 到复审决定生效前,可以撤回复审请求。

如果没有得到对方的许可,在提交第134条第1款答辩书后,则不能撤回复审请求。

有两个以上请求项,对专利两个以上的请求项请求专利无效复审时,可以每个请求项撤回其请求。

请求修改复审各请求项或者一组的各请求项时,撤回其请求必须撤回全部请求。

【审理终结的通知】

第156条 在非专利无效复审中，在案件作出复审决定时机成熟时，审判长必须将审理终结通知当事人和参加人。

专利无效复审中，在案件作出复审决定时机成熟时，尚未作出第164条之2第1款复审决定预告时，或者已作出同款复审决定预告的情形，在根据同条第2款规定指定期间内，被请求人未提出第134条之2第1款的修改请求或者第17条之5第2款补正时，审判长必须将审理终结通知当事人和参加人。

在必要时，即使根据前二款规定已作出通知后，审判长也可以根据当事人或者参加人的申请或者用职权进行再次审理。

复审决定必须在根据第1款或者第2款规定发出通知之日起20日内作出。但是，案件复杂时、有其他不得已的理由时，不在此限。

【复审决定】

第157条 作出复审决定后，复审终结。

复审决定必须采用记载下列事项的文书作出：

1. 复审编号；
2. 当事人、参加人、代理人的姓名或者名称及住所或者居所；
3. 复审案件的标识；
4. 复审决定的结论及理由；
5. 复审决定的年月日。

作出复审决定后，特许厅长必须向当事人、参加人及申请参加复审而拒绝其申请的人送达复审决定誊本。

【在核驳异议复审中的特殊规定】

第158条 在审查中完成的程序在核驳异议复审中也具有效力。

第159条 第53条的规定，准用于核驳异议复审。在这种情形，第53条第1款中有"第17条之2第1款第1项或者第3项"应当换读为"第17条之2第1款第1项、第3项或者第4项"；有"补正"应当换读为"补正(同款第1项或者第3项列举的情形，在核驳异议复审的请求前完成的除外)"。

第50条和第50条之2的规定，准用于在核驳异议复审中发现了和审定理由不相同的拒绝理由的情形。在这种情形，第50条但书中有"第17条之2第1款第1项或者第3项列举的情形(在同款第1项列举的情形，限于与拒绝理由通知一同发出了根据下一条规定的通知的情形)"应当换读为"第17

条之2第1款第1项(限于与拒绝理由通知一同发出了根据下一条规定通知的情形,在核驳异议复审请求前完成补正的除外)、第3项(在核驳异议复审的请求前完成补正的除外)或者第4项列举的情形”。

第51条和第67条之3第2款的规定,准用于有理由提出核驳异议复审请求的情形。

第160条 在核驳异议复审中撤销审定时,可以再次作出应当交付审查的复审决定。

作出了前款复审决定的情形,判断对案件的审查员有约束力。

作出第1款的复审决定时,不适用前条第3款的规定。

第161条 第134条第1款到第3款、第134条之2、第134条之3、第148条及第149条的规定,不适用核驳异议复审。

第162条 请求核驳异议复审的情形,和请求同时补正了添加在与请求有关的专利申请申请书的说明书、专利权利要求书、附图时,特许厅长必须使审查员审查其请求。

第163条 第48条、第53条和第54条的规定,准用于根据前条规定的审查。在这种情形,第53条第1款中“第17条之2第1款第1项或者第3项”应当换读为“第17条之2第1款第1项、第3项或者第4项”;有“补正”应当换读为“补正(同款第1项或者第3项列举的情形,在核驳异议复审请求前完成的除外)”。

第50条和第50条之2的规定,准用于在根据前条规定的审查中发现了和复审请求的审定理由不相同的拒绝理由时。在这种情形,第50条但书中有“第17条之2第1款第1项或者第3项列举的情形(在同款第1项列举的情形,限于与拒绝理由通知一同发出了根据下一条规定通知的情形)”应当换读为“第17条之2第1款第1项(和拒绝理由通知一同发出了根据下一条规定通知的情形,在核驳异议复审请求前完成补正的除外)、第3款(在核驳异议复审请求前完成补正的除外),或者第4项列举的情形”。

第51条和第52条的规定,准用于根据前条规定的审查中有理由提出复审请求的情形。

第164条 根据第162条规定在审查中作出应当授予专利的审定时,审查员必须撤销应当拒绝复审请求的审定。

除前款规定的情形外,审查员不得根据在前条第1款准用第53条第1款规定作出驳回决定。除第1款规定外,审查员对复审请求不作出审定,并必须向特许厅长报告审查结果。

【在专利无效复审中的特殊规定】

第164条之2 在专利无效复审案件作出复审决定时机成熟的情形,审判长认为复审请求有理由时及有经济产业省令的其他规定时,必须向当事人和参加人预告复审决定。

在预告前款复审决定时,为请求修改添加在申请书的说明书、专利权利要求书、附图,审判长必须向被请求人指定相当期间。

第157条第2款的规定,准用于第1款的复审决定预告。

【在修改复审中的特殊规定】

第165条 在修改复审请求不是以第126条第1款但书各项规定的事项为目的时,或者不适合同条第5款到第7款规定时,审判长必须将理由通知请求人,指定相当期间,给予提交意见书的机会。

第166条 第134条第1款到第3款、第134条之2、第134条之3、第148条及第149条的规定,不适用于修改复审。

【复审决定的效力】

第167条 专利无效复审或者延长注册无效复审的复审决定生效时,当事人和参加人不能基于相同事实及相同证据请求复审。

【复审决定的生效范围】

第167条之2 复审决定对每个复审案件发生效力。但是,下列各项列举的情形,根据各项规定确定:

1. 各请求项提出专利无效复审请求的情形,并且对一组的各请求项提出第134条之2第1款修改请求的情形,该一组的各请求项;

2. 一组的各请求项中提出修改复审请求的情形,该一组的各请求项;

3. 各请求项中提出复审请求的情形,并且是第1项列举情形以外的情形,该各请求项。

【和诉讼的关系】

第168条 在复审中,认为有必要时,到就专利异议申请的决定或者其他复审的复审决定生效,或者到诉讼程序完结,可以中止程序。

提起诉讼、申请了临时扣押命令或者临时处分命令的情形,法院认为有必要时,到复审决定生效前可以中止诉讼程序。

法院在提起侵害专利权或者独占许可权诉讼后,应当将主旨通知特许厅长。在诉讼程序终结时亦相同。

特许厅长收到根据前款规定的通知后,应当通知法院有无专利权复审。

作出了复审请求书的驳回决定、复审决定或者撤回请求时,亦相同。

法院根据前款规定收到通知有专利权复审请求的情形,在通知前已提交或者在通知后首次提交根据第104条之3第1款规定记载攻防方法的书面文件时,在诉讼中应当将主旨通知特许厅长。

特许厅长收到前款规定的通知时,可以要求法院寄送该诉讼诉讼记录内,复审员认为在复审中必要的文件复制本。

【复审费用的负担】

第169条 专利无效复审和延长注册无效复审的费用负担,在复审通过复审决定结案时,必须采用复审决定用职权决定;在复审不是通过复审决定结案时,必须通过复审采用决定方式用职权决定。

《民事诉讼法》第61条到第66条、第69条第1款及第2款、第70条、第71条第2款(诉讼费用的负担)的规定,准用于前款规定的复审费用。在这种情形,同法第71条第2款中有"最高法院规则"应当换读为"经济产业省令"。

核驳异议复审及修改复审的费用,由请求人负担。

《民事诉讼法》第65条(共同诉讼情形的负担)的规定,准用于根据前款规定请求人负担的费用。

在复审决定或者决定生效后,特许厅长根据请求决定复审费数额。

复审费用的范围、数额、缴纳和在复审中为履行程序行为的必要给付,只要不违反其性质,遵照《民事诉讼费用法》(1971年法律第44号)关于这些规定(第2章第1节及第3节规定的部分除外)的规范。

【费用额决定的执行力】

第170条 已生效的复审费金额的决定,具有和有执行效力的债务相同的效力。

第七章 再 审

【再审请求】

第171条 当事人或者参加人可以请求再审已生效的撤销决定及生效复审决定。

《民事诉讼法》第338条第1款及第2款、第339条(再审事由)的规定,准用于请求前款的再审。

第172条 复审请求人和被请求人,共谋以损害第三人的权利或者利益的目的使特许厅作出复审决定时,第三人可以请求再审生效复审决定。

请求前款的再审必须以其请求人和被请求人作为共同被请求人。

【再审的请求期间】

第173条 请求人必须在撤销决定或者复审决定生效后已知再审理由日起30日内提出再审请求。

请求再审的人因不能归其责的理由,在前款规定期间内不能提出请求时,不受同款规定的限制,在其理由消失日起14日(在国外的人,2个月)以内,在期限届满后6个月以内,可以提出请求。

请求人以没有按照法律规定进行代理为理由请求再审时,第1款规定的期间,自请求人或者法定代理人根据送达知道已有撤销决定或者复审决定日的次日起计算。

撤销决定或者复审决定生效日起满3年后,不能请求再审。

再审理由在撤销决定或者复审决定生效后产生时,前款规定期间自其理由发生日的次日起计算。

第1款和第4款的规定,不适用于以复审决定与在此前作出的生效复审决定相抵触为理由的再审请求。

【复审规定的准用】

第174条 第114条,第116条到120条之2,第120条之5到120条之8,第131条第1款,第131条之2第1款正文,第132条第3款,第154条,第155条第1款及第3款和第156条第1款、第3款及第4款的规定,准用于对已生效的撤销决定的再审。

第131条第1款,第131条之2第1款正文,第132条第3款及第4款,第133条,第133条之2,第134条第4款,第135条到第147条,第150条到第152条,第155条第1款,第156条第1款、第3款及第4款,第157条到160条,第167条之2正文,第168条,第169条第3款到第6款,第170条的规定,准用于再审核驳异议复审的生效复审决定。

第131条第1款,第131条之2第1款正文,第132条第1款、第2款及第4款,第133条,第133条之2,第134条第1款、第3款及第4款,第135条到第152条,第154条,第155条第1款到第3款,第156条第1款、第3款及第4款,第157条,第167条到第168条,第169条第1款、第2款、第5款及第6款,第170条的规定,准用于再审专利无效复审或者延长注册无效复审的生效复审决定。

第131条第1款及第4款,第131条之2第1款正文,第132条第3款及第4款,第133条,第133条之2,第134条第4款,第135条到第147条,第150条到第152条,第155条第1款及第4款,第156条第1款、第3款及第4款,第157条,第165条,第167条之2,第168条,第169条第3款到第6款和第170条的规定,准用于再审修改复审的生效复审决定。

《民事诉讼法》第348条第1款(审理的范围)的规定,准用于再审。

【根据再审恢复的专利权效力的限制】

第175条 已撤销或者宣告专利无效的专利权、已宣告保护期限延长注册无效的专利权通过再审恢复的情形,或者应当作出拒绝的复审决定后申请专利或者申请专利权保护期限延长注册,通过再审授予专利权或者注册延长专利权保护期限的情形,在产品发明专利时,专利权效力不及于在撤销决定或者复审决定生效后再审请求注册前,善意进口或者在日本国内生产、取得的产品。

已撤销或者宣告专利无效的专利权、已宣告保护期限延长注册无效的专利权通过再审恢复的情形,或者应当作出拒绝的复审决定后申请专利或者申请专利权保护期限延长注册,通过再审授予专利权或者注册延长专利权保护期限的情形,专利权效力不及于在撤销决定或者复审决定生效后再审请求注册前的下列行为:

1. 善意实施发明;
2. 对产品专利,善意生产、转让、进口、许诺转让等用于生产其产品的物品的;
3. 对产品专利,为转让或者出口而善意持有产品的;
4. 对方法专利,善意生产、转让、进口、许诺转让等用于使用其方法的物品的;
5. 对产品方法专利,为转让或者出口而善意持有通过其方法生产的产品的行为。

第176条 撤销或者宣告专利无效的专利权或者宣告保护期限延长注册无效的专利权通过再审恢复的情形,或者应当作出拒绝的复审决定后申请专利或者申请专利权保护期限延长注册,通过再审授予专利权或者注册延长专利权保护期限的情形,在该撤销决定或者专利复审决定生效后再审请求注册前,善意在日本国内已经实施发明经营或者正准备实施经营的人,在已经实施或者正准备实施的发明和经营目的范围内,对专利具有普通许可权。

第177条 删除

第八章 诉 讼

【对复审决定的诉讼】

第178条 对该撤销决定或者复审决定的诉讼和对驳回专利异议申请书、复审、再审请求书,或者第120条之5第2款或者第134条之2第1款修改请求书的决定的诉讼,由东京高等法院专属管辖。

限于当事人、参加人、申请参加专利异议申请的审理、复审或者再审而拒绝其申请的人,可以提起前款的诉讼。

在复审决定或者决定誊本送达日起满30日后,不能提起第1款的诉讼。

前款期间为不可变更期间。

为地处偏远地区或者交通不便之地的人,审判长可以用职权就前款的不变期间规定附加期间。

可以请求复审事项的诉讼,只能对复审决定提起。

【被告合格】

第179条 前一条第1款的诉讼中,必须以特许厅长为被告。但是,对专利无效复审、延长注册无效复审或者它们复审的生效复审决定,决定提起第171条第1款的再审的,必须以复审、再审的请求人或者被请求人为被告。

【起诉通知】

第180条 提起前一条但书规定的诉讼后,法院必须不迟延地将主旨通知特许厅长。

在前一款的情形,对已请求各请求项专利无效复审或者复审的生效复审决定,诉讼是提起再审的复审决定时,为确定该诉讼的请求项,法院必须向特许厅长寄送必要文书。

【复审决定撤销诉讼中特许厅长的意见】

第180条之2 提起第179条但书规定的诉讼后,关于案件就本法的适用及其他必要事项,法院可以征求特许厅长的意见。

在提起第179条但书规定的诉讼后,关于案件就本法的适用及其他必要事项,特许厅长得到法院许可后可以向法院发表意见。

特许厅长可以在特许厅的职员中指派其指定的人发表前二款的意见。

【复审决定或者决定的撤销】

第181条 提起第178条第1款诉讼后，法院认为请求有理由时，必须撤销复审决定或者决定。

复审员根据前款规定撤销复审决定或者决定的判决生效时，必须再进行审理，并作出复审决定或者决定。在这种情形，作出了撤销复审决定或者决定的判决，提出了第120条之5第2款或者第134条之2第1款的修改请求，在一组的请求中确定了一部分请求项时，复审员进行审理之际，必须撤销在该组请求项中其他请求项的复审决定或者决定。

【裁判正本等的寄送】

第182条 第179条但书规定的诉讼，在下列各项列举的情形中，法院必须不延迟向特许厅长寄送各项分别规定的文件：

1. 通过裁判结束诉讼程序的情形，各审级的裁判正文；

2. 未通过裁判结束诉讼程序的情形，为确定结束诉讼程序的诉讼请求项所需文件。

【合议庭的组成】

第182条之2 第178条第1款诉讼的案件，由5名法官组成合议庭，由合议庭进行审理及作出裁判决定。

【有关对价额的诉讼】

第183条 收到第83条第2款、第92条第3款或者第4款、第93条第2款裁定的人，对已生效裁定的对价数额有异议时，可以提起诉讼要求增减其数额。

自裁定誊本送达日起满6个月后，不能提起前款的诉讼。

【被告合格】

第184条 在前条第1款的诉讼中，必须以下列人员为被告：

1. 有关第83条第2款、第92条第4款或者第93条第2款的裁定，普通许可权人或者专利权人、独占许可权人；

2. 有关第92条第3款的裁定，普通许可权人或者第72条的其他人。

【异议申请和诉讼的关系】

第184条之2 处分异议申请或者审查请求如果未经决定或者裁决的，则不能提起撤销本法或者基于本法的命令规定的处分（在第195条之4规定处分除外）的诉讼。

第九章 根据《专利合作条约》有关国际申请的特别例外

【根据国际申请的专利申请】

第184条之3 基于1970年6月19日在华盛顿签订的《专利合作条约》（本章以下称为“条约”）第11条(1)或者(2)(b)或者第14条(2)的规定，承认国际申请日的国际申请，并且在条约第4条(1)(ⅱ)指定国家中包括日本的（限于专利申请），视为在国际申请日提出专利申请。

根据前款规定被视为专利申请的国际申请（以下称为“国际专利申请”），不适用第43条［包括第43条之2第2款（含在第43条之3第3款准用的情形）及在第43条之3第3款准用的情形］的规定。

【用外语提出国际专利申请的译文】

第184条之4 用外语提出国际专利申请（以下称为“外语专利申请”）的申请人，在条约第2条(xi)的优先日（以下称为“优先日”）起2年6个月（以下称为“国内书面文件提交期间”）以内，必须向特许厅长提交前条第1款规定的国际申请日（以下称为“国际申请日”）中条约第3条(2)规定的说明书、专利权利要求书、附图（限于附图中的说明。以下在本条相同）和摘要的日语译文。但是，国内书面文件提交期间届满前2个月起到届满日前，在提交下一条第1款规定书面文件的外语专利申请（在书面文件提交日以前已提交译文的除外）的情况下，自书面文件提交日起2个月（以下称为“译文提交特别例外期间”）以内，可以提交译文。

在前款的情形，外语专利申请的申请人完成基于条约第19条(1)规定的补正时，可以不提交同款规定的权利要求书译文，而提交补正后的权利要求书译文。

在国内书面文件提交期间（在第1款但书的外语专利申请的情况下，译文提交特别例外期间。以下与本条相同）内，没有提交第1款规定的说明书译文和前二款规定的权利要求书译文（以下称为“说明书等译文”）时，视为撤回国际专利申请。

根据前款规定被视为撤回的，国际专利申请申请人有正当理由在国内书面文件提交期间内未能提交说明书等译文时，自理由消失日起二个月以内，限于国内书面文件提交期限届满后一年以内，可以向特许厅长提交说明书等译文和第1款规定的附图和摘要的译文。

根据前款规定提交的译文,视为在国内书面文件提交期间届满时提交给特许厅长。

提交根据第1款规定的权利要求书译文的申请人,完成基于条约第19条(1)规定的补正时,限于在国内书面文件提交期间届满(在国内书面文件提交期间内,申请人提出申请审查的请求时,其请求时。以下称为“国内处理标准时”)日前,可以再提交补正后的权利要求书的日语译文。

第184条之7第3款正文的规定,准用于未提交第2款或者前款规定译文的情形。

【书面文件的提交及补正命令】

第184条之5 国际专利申请的申请人在国内书面文件提交期间内,必须向特许厅长提交记载下列事项的书面文件:

1. 申请人的姓名或者名称及住所或者居所;
2. 发明人的姓名及住所或者居所;
3. 国际申请编号及经济产业省令规定的其他事项。

下列情形,特许厅长可以指定相当期间,命令应当补正程序:

1. 在国内书面文件提交期间内没有提交根据前款规定应当提交的书面文件时;
2. 根据前款的规定,程序违反第7条第1款到第3款或者第9条的规定时;
3. 根据前款的规定,程序违反经济产业省令规定的形式时;
4. 在国内书面文件提交期间(在前条第1款但书外语专利申请的情况下,译文提交特别例外期间)内,没有提交根据前条第1款规定应当提交的摘要译文时;
5. 在国内书面文件提交期间内,没有缴纳根据第195条第2款规定应当缴纳的手续费时。

根据前款规定已命令应当补正程序的人在根据同款规定指定期间内没有补正时,特许厅长可以驳回国际专利申请。

【国际申请申请书、说明书的效力】

第184条之6 国际专利申请在国际申请日中的申请书视为根据第36条第1款规定提交的申请书。

用日语提交的国际专利申请(以下称为“日语专利申请”)在国际申请日中的说明书和在外语专利申请国际申请日中的说明书译文,视为根据第36条第2款规定添加在申请书提交的说明书;日语专利申请国际申请日中的请求范围和在外语专利申请国际申请日中的请求范围译文，视为根据同款规定添加在申请书提交的专利权利要求书；在日语专利申请国际申请日中的附图和在外语专利申请国际申请日中的附图（附图中的说明除外）和附图中说明的译文，视为根据同款规定添加在申请书提交的附图；日语专利申请的摘要和外语专利申请的摘要译文视为根据同款规定添加在申请书提交的摘要。

根据第184条之4第2款或者第6款的规定，基于条约第19条(1)规定提交补正后的请求范围译文的情形，不受前款规定限制，将补正后的权利要求译文视为根据第36条第2款规定添加在申请书提交的专利权利要求书。

【日语专利申请基于条约第19条的补正】

第184条之7 日语专利申请的申请人已进行基于条约第19条(1)规定的补正时，必须在国内处理标准时所属日前，向特许厅长提交基于同条(1)规定提交的补正书复制本。

根据前款规定提交补正书复制本时，视为通过补正书复制本对添加在申请书的专利权利要求书完成根据第17条之2第1款规定的补正。但是，基于条约第20条的规定，在前款规定期间内向特许厅送达了补正书时，视为通过补正书已进行补正。

在第1款规定期间内，日语专利申请的申请人未履行同款规定的程序时，视为未进行基于条约第19条(1)规定的补正。但是，在前款但书规定时，不在此限。

【基于条约第34条的补正】

第184条之8 国际专利申请的申请人完成基于条约第34条(2)(b)规定的补正时，在国内处理标准时所属日前，在补正日语专利申请的情况下，必须向特许厅长提交基于同条(2)(b)规定的补正书复制本；在补正外语专利申请的情况下，必须向特许厅长提交补正书的日语译文。

根据前款规定提交补正书复制本或者补正书译文时，视为通过补正书复制本或者补正书译文，对添加在申请书的说明书、专利权利要求书、附图完成根据第17条之2第1款规定的补正。但是，日语专利申请的补正，基于条约第36条(3)(a)的规定，在前款规定期间内补正书送达到特许厅时，视为通过补正书完成补正。

在第1款规定期间内，在国际专利申请的申请人未履行同款规定的程序时，视为未进行基于条约第34条(2)(b)规定的补正。但是，在前款但书规定时，不在此限。

有关根据第2款规定添加在外语专利申请申请书的说明书、专利权利要求书、附图,被视为已进行根据第17条之2第1款规定的补正时,视为提交同条第2款的误译修改书而已进行补正。

【国内公开】

第184条之9 根据第184条之4第1款或者第4款规定提交译文的外语专利申请,除发行专利公报外,国内书面文件提交期(在同条第1款但书外语专利申请的情况下,译文提交特别例外期间。以下在本款相同)满后[国内书面文件提交期间内,是申请人请求了审查申请的国际专利申请,并已进行条约第21条规定的国际公开(以下称为“国际公开”),请求审查申请后,根据第184条之4第4款规定对提交说明书等译文的外语专利申请,提交说明书等译文后],特许厅长必须不迟延地进行国内公开。

通过在专利公报上刊登下列事项进行国内公开:

1. 申请人的姓名或者名称及住所或者居所;
2. 专利申请编号;
3. 国际申请日;
4. 发明人的姓名及住所或者居所;
5. 第184条之4第1款规定的说明书和附图中说明译文记载的事项、同款规定的权利要求书译文(在提交同条第2款规定译文的情形,该译文)和同条第6款规定的译文记载的事项、附图(附图中的说明除外)的内容和摘要译文中记载的事项(特许厅长认为刊登在专利公报上有可能损害公共秩序或者善良风俗的除外);
6. 国内公开的编号及年月日;
7. 其他必要事项。

第64条第3款的规定,准用于根据前款规定在专利公报刊登同款第5项摘要译文中记载的事项时。

国际专利申请,不适用第64条的规定。

关于国际专利申请,第48条之5第1款、第48条之6、第66条第3款但书、第128条、第186条第1款第1项及第2项和第193条第2款第1项、第2项、第7项及第10项中有“申请公开”,在日语专利申请的情况下,规定为“第184条之9第1款的国际公开”,在外语专利申请的情况下,规定为“第184条之9第1款的国内公开”。

关于请求外语专利申请证明等,第186条第1款第1项中有“或者第67条之2第2款的资料”规定为“或者1970年6月19日在华盛顿签订的专利合作条约第3条(2)中规定的国际申请申请书、说明书、专利权利要求书、附图或者摘要(完成专利权授权的国际专利申请或者完成国际公开的除外)”。

关于国际专利申请,应当在专利公报上刊登的事项,第193条第2款第3项中有“申请公开后”规定为“完成国际公开的国际专利申请”。

【国际公开及国内公开的效果】

第184条之10 国际专利申请的申请人,就日语专利申请在国际公开后,就外语专利申请在国内公开后,出示记载国际专利申请发明内容的书面文件进行警告时,在进行警告后授予专利权前,在营业上实施了发明的人,在发明授予专利发明的情形,对其实施可以请求支付相当于应当获得金额的补偿金。即使没有作出警告的情形,就日语专利申请知道是已进行国际公开的国际专利申请发明,在授予专利权前,就外语专利申请知道是已进行国内公开的国际专利申请发明,在授予专利权前,在营业上实施了发明的人,也相同。

第65条第2款到第6款的规定,准用于根据前款规定行使请求权的情形。

【侨居国外人士专利管理人的特别例外】

第184条之11 侨居国外人士其国际专利申请的申请人,到国内处理标准时,不受第8条第1款规定的限制,可以不通过专利管理人履行程序。

前款规定的人,必须在国内处理标准时所属日后在经济产业省令规定的期间内,选任专利管理人并向特许厅长呈报。

在前款规定的期间内,未呈报选任的专利管理人时,视为撤回其国际专利申请。

第1款规定的人,通过专利管理人履行了第184条之4第4款规定的程序时,不适用前二款的规定。

【补正的特别例外】

第184条之12 就日语专利申请,履行根据第184条之5第1款规定的程序,并且缴纳根据第195条第2款规定应当缴纳的手续费后;就外语专利申请,履行根据第184条之4第1款或者第4款和第184条之5第1款规定的程序,并且缴纳根据第195条第2款规定应当缴纳的手续费后,如果不是已满国内处理标准时,则不受第17条第1款正文规定的限制,不能进行程序补正(第184条之7第2款和第184条之8第2款规定的补正除外)。

有关可以补正的外语专利申请的说明书、专利权利要求书、附图的范围,第17条之2第2款中有“第36条之2第2款的外语书面文件申请”规定为

“第184条之4第1款的外语专利申请”，同条第3款中有“首次添加在申请书的说明书、专利权利要求书、附图[在第36条之2第2款外语书面文件申请的情况下，根据同条第6款规定被视为说明书、专利权利要求书和附图，同条第2款规定的外语书面文件译文（提交误译修改书，有关说明书、专利权利要求书、附图在完成补正的情形，译文或者补正后的说明书、专利权利要求书、附图。与第34条之2第1款及第34条之3第1款相同）]”规定为“在第184条之4第1款国际申请日（本款以下称为‘国际申请日’）中第184条之3第2款国际专利申请（本款以下称为‘国际专利申请’）的说明书或者附图（限于附图中的说明）的第184条之4第1款译文、在国际申请日中国际专利申请权利要求书的同款译文[根据同条第2款或者第6款规定，基于1970年6月19日在华盛顿签订的《专利合作条约》第19条(1)的规定，在提交补正后权利要求书译文的情况下，该译文]、国际申请日中国际专利申请的附图（附图中的说明除外）（本款以下称为‘译文’）（提交误译修改书，有关说明书、专利权利要求书、附图在完成补正的情形，译文或者补正后的说明书、专利权利要求书、附图）”。

【向专利登记簿登记的特别例外】

第184条之12之2 日语专利申请履行了根据第184条之5第1款规定的程序，并且缴纳了根据第195条第2款规定应当缴纳的手续费后；外语专利申请履行了根据第184条之4第1款或者第4款和第184条之5第1款规定的程序，并且缴纳了根据第195条第2款规定应当缴纳的手续费后，如果未满国内处理标准时，不受第27条第1款第4项规定的限制，不能获得临时独占许可权登记。

【专利要件的特别例外】

第184条之13 第29条之2规定的其他专利申请或者实用新型注册申请，在国际专利申请或者《实用新型法》第48条之3第2款国际实用新型注册申请的情形，有关第29条之2规定的适用，同条中有“其他专利申请或者实用新型注册申请”规定为“其他专利申请或者实用新型注册申请（根据第184条之4第3款或者《实用新型法》第48条之4第3款规定，被视为已撤回的第184条之4第1款的外语专利申请，或者同法第48条之4第1款的外语实用新型注册申请除外）”；有“申请公开或者”规定为“申请公开”；有“发行”规定为“发行或者1970年6月19日在华盛顿签订的《专利合作条约》第21条规定的国际公开”；有“首次添加在申请书的说明书、专利权利要求书或者实用新型权利要求书、附图”规定为“在第184条之4第1款或者《实用新型法》第

48 条之 4 第 1 款国际注册申请日的国际申请说明书、权利要求书、附图”。

【发明新颖性丧失例外的特别例外】

第 184 条之 14 拟获得第 30 条第 2 款规定适用的国际专利申请申请人,不受同条第 3 款规定的限制,在国内处理标准时所属日后,在经济产业省令规定的期间内,可以向特许厅长提交记载其主旨的书面文件和证明达到符合第 29 条第 1 款各项之一的发明是可以获得第 30 条第 2 款规定适用的发明的书面文件。

【基于专利申请的优先权主张的特别例外】

第 184 条之 15 国际专利申请不适用第 41 条第 1 款但书及第 4 款和第 42 条第 2 款的规定。

日语专利申请就第 41 条第 3 款规定的适用,同款中有“或者申请公开”规定为“或者 1970 年 6 月 19 日在华盛顿签订的《专利合作条约》第 21 条规定的国际公开”。

外语专利申请就第 41 条第 3 款规定的适用,同款中“首次添加在专利申请申请书的说明书、专利权利要求书、附图”规定为“在第 184 条之 4 第 1 款国际申请日的国际申请说明书、权利要求书、附图”;有“或者申请公开”规定为“或者于 1970 年 6 月 19 日在华盛顿签订的《专利合作条约》第 21 条规定的国际公开”。

第 41 条第 1 款的在先申请在国际专利申请或者《实用新型法》第 48 条之 3 第 2 款的国际实用新型注册申请的情形,就第 41 条第 1 款到第 3 款及第 42 条第 1 款规定的适用,第 41 条第 1 款及第 2 款中有“首次添加在申请书的说明书、专利权利要求书或者实用新型权利要求书、附图”规定为在“第 184 条之 4 第 1 款或者《实用新型法》第 48 条之 4 第 1 款国际申请日的国际申请说明书、权利要求书、附图”;同款中有“同款”规定为“前款”;同条第 3 款中有“首次添加在在先申请申请书的说明书、专利权利要求书或者实用新型权利要求书、附图”规定为“在先申请的第 184 条之 4 第 1 款或者《实用新型法》第 48 条之 4 第 1 款国际申请日的国际申请说明书、权利要求书、附图”;有“同款”规定为“第 1 款”;有“有关……申请公开”规定为“有关……1970 年 6 月19 日在华盛顿签订的《专利合作条约》第 21 条规定的国际公开”;第 42 条第 1 款中有“自申请日起至经济产业省令规定的期间届满时”规定为“从第 184 条之 4 第 6 款或者《实用新型法》第 48 条之 4 第 6 款国内处理标准时,或者从第 184 条之 4 第 1 款或者同法第 48 条之 4 第 1 款国际申请日起至经济产业省令规定的期间届满时,任一个迟至时间”。

【变更申请的特别例外】

第184条之16 根据《实用新型法》第48条之3第1款或者第48条之16第4款规定被视为实用新型注册申请的国际申请变更为专利申请的，同法第48条之5第4款日语实用新型注册申请如果未履行同条第1款规定的程序、同法第48条之4第1款外语实用新型注册申请如果未履行根据同款或者同条第4款和同法第48条之5第1款规定的程序，并且，缴纳了根据同法第54条第2款规定应当缴纳的手续费后（就根据同法第48条之16第4款规定被视为实用新型注册申请的国际申请，同款规定的决定后），则不能进行变更。

【请求审查申请的时期限制】

第184条之17 国际专利申请的申请人，如果日语专利申请未履行第184条之5第1款规定的程序、如果外语专利申请未履行根据第184条之4第1款或者第4款和第184条之5第1款规定的程序，并且，缴纳了根据第195条第2款规定应当缴纳的手续费后，就国际专利申请不能提出申请审查请求；非国际专利申请的申请人，国内书面文件提交期（如果是第184条之4第1款但书的外语专利申请，译文提交特别例外期间）满后，就国际专利申请不能提出申请审查请求。

【拒绝理由的特别例外】

第184条之18 就外语专利申请的核驳、专利异议申请和专利无效复审，第49条第6项、第113条第1项及第5项，和第123条第1款第1项及第5项中有“外语书面文件申请”规定为“第184条之4第1款的外语专利申请”，第49条第6项、第113条第5项，和第123条第1款第5项中有“在外语书面文件”规定为“在第184条之4第1款国际申请日的国际申请说明书、权利要求书、附图”。

【修改的特别例外】

第184条之19 外语专利申请根据第120条之5第2款及第134条之2第1款的规定请求修改和修改复审的，第126条第5款中有“外语书面文件申请”规定为“第184条之4第1款的外语专利申请”，有“外语书面文件”规定为“在第184条之4第1款国际申请日的国际申请说明书、权利要求书、附图”。

【根据决定被视为专利申请的国际申请】

第184条之20 条约第2条(vii)的国际申请申请人，因在条约第4条(1)(ii)指定国中包括日本国的国际申请（限于专利申请），由条约第2条

(xv)的受理行政机关作出条约第 25 条(1)(a)规定的拒绝或者同条(1)(a)或者(b)规定的宣告,或者由条约第 2 条(xix)的国际秘书处作出条约第 25 条(1)(a)规定的认定时,在经济产业省令规定的期间内,根据经济产业省令规定,可以向特许厅长申请应当作出同条(2)(a)规定的决定。

已用外语提出的国际申请,提出前款申请的人在申请时,必须向特许厅长提交说明书、权利要求书、附图(限于附图中的说明)、摘要及经济产业省令规定的国际申请文件日语译文。

提出了第 1 款的申请时,特许厅长必须按照条约和根据《专利合作条约》规则的规定,决定拒绝其申请、宣告或者认定是否正当。

根据前款规定,特许厅长按照条约和根据《专利合作条约》规则的规定,作出同款的否决、宣告或者认定是不正当的决定时,就国际申请在视为没有否决、宣告或者认定的情形,与决定有关的国际申请视为在承认成为国际申请日之日提出的专利申请。

根据前款规定被视为申请专利的国际申请,有关申请公开,第 64 条第 1 款中有“专利申请日”规定为“第 184 条之 4 第 1 款的优先日”,同条第 2 款第 6 项中有“外语书面文件申请”规定为“外语完成的国际申请”,有“外语书面文件及外语摘要书面文件”规定为“在承认成为第 184 条之 20 第 4 款规定的国际申请日之日,国际申请说明书、权利要求书、附图和摘要”。

第 184 条之 3 第 2 款,第 184 条之 6 第 1 款及第 2 款,第 184 条之 9 第 6 款,第 184 条之 12 到第 184 条之 14,第 184 条之 15 第 1 款、第 3 款及第 4 款和第 184 条之 17 到前条的规定,准用于根据第 4 款的规定被视为专利申请的国际申请。在这种情形,有关这些规定的准用,由政令规定必要的技术性换读内容。

第十章　其他规定

【两个以上请求项的专利或者专利权的特殊规定】

第 185 条　两个以上请求项的专利或者专利权,就第 27 条第 1 款第 1 项、第 65 条第 5 款(包括第 184 条之 10 第 2 款准用的情形)、第 80 条第 1 款、第 97 条第 1 款、第 98 条第 1 款第 1 项、第 111 条第 1 款第 2 项、第 114 条第 3 款(包括在第 174 条第 1 款准用的情形)、第 123 条第 3 款、第 125 条、第 126 条第 8 款(包括第 134 条之 2 第 9 款准用的情形)、第 128 条(包括在第 120 条之 5 第 9 款及第 134 条之 2 第 9 款准用的情形)、第 132 条第 1 款(包括第

174 条第 3 款准用的情形)、第 175 条、第 176 条、第 193 条第 2 款第 5 项或者《实用新型法》第 20 条第 1 款规定的适用,视为各请求项授予专利或者有专利权。

【证明的请求】

第 186 条 关于专利,任何人均可请求特许厅长交付证明、文件的誊本或者摘抄本、阅览或者誊写文件,或者交付记载专利登记簿中在磁带上记录的事件的文件。但是,特许厅长认为下列书面文件需要保秘密时,不在此限:

1. 申请书、添加在申请书的说明书、专利权利要求书、附图、摘要或者外语书面文件、外语摘要书面文件、专利申请审查文件(完成专利权的授权或者申请公开的除外),或者第 67 条之 2 第 2 款的资料;

2. 核驳异议复审文件(案件的专利申请,完成专利权的授权或者申请公开的除外);

3. 是专利无效复审或者延长注册无效复审或者与对于这些复审生效复审决定再审有关的文件,并且当事人或者参加人申明已记载当事人或者参加人保有的商业秘密的;

4. 有可能损害个人名誉或者生活稳定的;

5. 有可能损害公共秩序或者善良风俗的。

对前款第 1 项到第 4 项列举的文件,特许厅长同意同款正文的请求时,必须将主旨和理由通知提交文件的人。

专利文件和专利登记簿中的磁带,不适用《行政机关信息公开法》(1999 年法律第 42 号)的规定。

专利文件和专利登记簿中在磁带上记录的个人保有信息[是指保护行政机关保有的《个人信息法》(2003 年法律第 58 号)第 2 条第 3 款规定的个人保有信息],不适用同法第 4 章的规定。

【发明专利标志】

第 187 条 专利权人、独占许可权人或者普通许可权人,必须根据经济产业省令规定,在产品专利、产品方法专利的产品(以下称为"专利产品")上,或者在前述产品的包装上,努力附着产品或者方法具有专利权的标志(以下称为"发明专利标志")。

【虚假标示的禁止】

第 188 条 任何人均不得作出下列行为:

1. 在非专利产品或者产品的包装上,附着发明专利标志或者与之混淆的标志的；

2. 不是专利产品，却在产品或者产品的包装上，附着发明专利标志或者与之混淆的标志，进行转让或者为转让而展览的；

3. 为使他人生产或者使用非专利产品，或者为进行转让，在广告中标示其产品发明与专利有关或者作出与之混淆标示的；

4. 在产品方法专利中，为使用非专利方法，或者为转让或者出租，在广告中标示其方法发明与专利有关或者作出与之混淆标示的。

【送达】

第189条 除在本法规定者外，送达的文件由经济产业省令规定。

第190条 《民事诉讼法》第98条第2款、第99条到第103条、第105条、第106条、第107条第1款（第2项及第3项除外）及第3款和第109条（送达）的规定，准用于本法或者由前条经济产业省令规定的文件送达。在这种情形，同法第98条第2款及第100条中有“法院书记员”应当换读为“特许厅长指定的职员或者复审书记员”；同法第99条第1款中有“邮政或者执行员”应当换读为“邮政”；同法第107条第1款中有“情形中，法院书记员”应当换读为“情形和应当送达审查文件情形中，特许厅长指定的职员或者复审书记员”；有“最高法院规则”应当换读为“经济产业省令”。

第191条 不知道应当接受送达的人的住所或者居所及其他应当送达的场所时，或者根据在前条准用《民事诉讼法》第107条第1款（第2项及第3项除外）的规定不能送达时，可以进行公告送达。

通过在官报和专利公报上刊登任何时候均应将送达文书交付应当接受送达的人，同时，张贴在特许厅公告栏，进行公告送达。

从在官报上刊登日起满20日，公告送达发生效力。

第192条 侨居国外人士有专利管理人时，必须送达给专利管理人。

侨居国外人士没有专利管理人时，可以将文件交付作为航空办理的挂号邮件（是指挂号邮件或者书信邮件服务中作为类似挂号邮件而由经济产业省令规定的）邮寄。

根据前款规定将文件交付挂号邮件邮寄时，视为在邮寄时已送达。

【专利公报】

第193条 特许厅发行专利公报。

本法规定者外，在专利公报中必须刊登下列事项：

1. 申请公开后应当作出拒绝的审定，或者放弃、撤回、驳回专利申请，或者撤回专利权保护期限延长注册申请；

2. 继受申请公开后获得专利的权利；

3. 申请公开后，根据第17条之2第1款规定，补正添加在申请书的说明书、专利权利要求书、附图（在根据同款但书各项规定已进行的情况下，限于根据提交误译修改书的）；

4. 根据第48条之3第5款（包括在同条第7款准用的情形）的规定申请审查请求；

5. 专利权的消灭（保护期限届满的和根据第112条第4款或者第5款规定的除外）或者恢复（限于根据第112条之2第2款规定的）；

6. 专利异议申请、请求复审或者再审，或者撤回它们；

7. 对专利异议申请的生效决定、复审的生效复审决定或者再审的生效决定、生效复审决定（限于已进行专利权设定注册或者公开申请）；

8. 记载在修改过的说明书和专利权利要求书的事项和附图的内容（限于应当作出修改的生效决定或者生效复审决定后）；

9. 请求裁定及其撤回，或者裁定；

10. 第178条第1款诉讼的生效判决（限于已授予专利权或者已申请公开的）。

【文件的提交】

第194条 为处理专利异议申请、复审或者再审程序以外的程序，特许厅长或者审查员可以要求当事人提交必要文件及其他物品。

在审查中，特许厅长或者审查员可以委托相关行政机关或者学校及其他团体开展必要调查。

【手续费】

第195条 下列人员必须缴纳考虑成本由政令规定数额的手续费：

1. 请求延长根据第4条、第5条第1款或者第108条第3款规定的期间，或者变更根据第5条第2款规定的期日的人；

2. 请求补发发明专利证书的人；

3. 根据第34条第4款规定呈报继受的人；

4. 根据第186条第1款规定请求证明的人；

5. 根据第186条第1款规定请求交付文件誊本或者摘抄本的人；

6. 根据第186条第1款规定请求阅览或者誊写文件的人；

7. 根据第186条第1款规定请求交付记载专利登记簿中在磁带上记录的事件的文件的人。

在附表中栏列举的人，必须分别缴纳在同表下栏列举的金额范围内由政令规定数额的手续费。

非专利申请人在提出申请审查请求后，通过补正添加在专利申请申请书的权利要求书，增加了请求项数量时，不受同款规定限制，专利申请人必须缴纳增加的请求项根据前款规定应当缴纳的申请审查请求手续费。

在根据这些规定应当缴纳手续费的人是国家时，不适用前三款规定。

国家和国家以外的人共有专利权或者获得专利的权利，并规定有持有额时，国家和国家以外的人对自己的专利权或者获得专利的权利，根据第 1 款或者第 2 款规定应当缴纳的手续费（限于申请审查请求手续费以外的由政令规定的手续费），不受这些规定中规定限制，国家以外的人必须缴纳其持有额比例乘以在这些规定中规定的手续费额所得到的金额。

与国家或者包括根据下一条规定或者其他法令规定获得减免申请审查请求手续费（本款以下称为“减免”）的人共有获得专利的权利，并规定有持有额时，这些人自己获得专利的权利根据第 2 款规定应当缴纳申请审查请求手续费，不受同款规定限制，国家以外的各共有人必须缴纳持有额比例乘同款规定的申请审查请求手续费金额（在获得减免的情况下，减免后的金额）所得到的金额。

根据前二款规定算出的手续费金额中，有不满 10 日元的尾数时，舍去尾数。

第 1 款到第 3 款的手续费，必须根据经济产业省令规定采用特许印花缴纳。但是，在经济产业省令规定的情形，可以根据经济产业省令规定采用现金缴纳。

在提出申请审查请求后，到送达下列命令、通知或者审定誊本之一前，放弃或者撤回专利申请时，根据缴纳了按照第 2 款规定应当缴纳的申请审查请求手续费的人的请求，返还由政令规定的金额：

1. 根据第 39 条第 6 款规定的命令；
2. 根据第 48 条之 7 规定的通知；
3. 根据第 50 条规定的通知；
4. 送达根据第 52 条第 2 款规定的审定誊本。

根据前款规定返还手续费，在放弃或者撤回专利申请日起满 6 个月后不能请求。

错误缴纳的手续费，根据缴纳人的请求返还。

自缴纳日起满 1 年后，不能根据前款规定请求返还手续费。

根据第 9 款或者第 11 款的规定请求返还手续费的人，因不能归其责的理由，在第10款或者前款规定的期间内未能提出其请求时，不受这些规定限制，在其理由消失之日起14日(在偏远地区的人，2个月)以内，且在这些规定中规定的期间满后6个月以内，可以提出其请求。

【申请审查请求手续费的减免】

第195条之2 对自己的专利申请提出申请审查请求，考虑其财力符合政令规定要件的人，特许厅长认为缴纳申请审查请求手续费有困难时，可以根据政令规定，减免根据前条第2款规定应当缴纳的申请审查请求手续费。

【行政程序法适用的除外】

第195条之3 根据本法或者基于本法的命令规定的处分，不适用《行政程序法》(1993年法律第88号)第2章及第3章的规定。

【根据行政异议审查法申请异议的限制】

第195条之4 驳回审定、撤销决定、复审决定及专利异议申请书、复审和再审的请求书，或者第120条之5第2款或者第134条之2第1款修改请求书的决定及根据本法规定已决定不能申请异议的处分，不能根据《行政异议审查法》提出异议申请。

第十一章　法律责任

【侵害罪】

第196条 侵害专利权或者独占许可权的人(进行根据第101条规定被视为侵害专利权或者独占许可权行为的行为人除外)，处10年以下有期徒刑或者1000万日元以下罚金，或者并处之。

第196条之2 进行根据第101条规定被视为侵害专利权或者独占许可权行为的行为人，处5年以下有期徒刑或者500万日元以下罚金，或者并处之。

【欺诈行为罪】

第197条 通过欺诈行为获得了专利、专利权保护期限延长注册、专利异议申请的决定或者复审决定的人，处3年以下有期徒刑或者300万日元以下罚金。

【虚假标示罪】

第198条 违反第188条规定的人，处3年以下有期徒刑或者300万日元以下罚金。

【伪证罪】

第199条 根据本法规定已宣誓的证人、鉴定人或者口译人向特许厅或者接受其委托的法院,进行虚假陈述、鉴定或者口译时,处3个月以上10年以下有期徒刑。

犯前款罪的人在案件判决誊本送达前,或者专利异议申请的决定或者复审决定生效前自首时,可以减轻或者免除刑罚。

【泄露秘密罪】

第200条 特许厅的职员或者曾担任过此职的人,泄露或者盗用因职务知悉的正在申请专利的发明秘密时,处1年以下有期徒刑或者50万日元以下罚金。

【违反保密命令罪】

第200条之2 违反保密命令的人,处5年以下有期徒刑或者5百万日元以下罚金,或者并处之。

前款的罪如果没有自诉则不能提起公诉。

第1款的罪也适用于在日本国外犯同款罪的人。

【两罚规定】

第201条 法人的代表人、法人或者个人的代理人、雇员及其他员工,在法人或者个人的业务中作出下列各项规定的犯罪行为时,除处罚行为人外,对法人处各项规定的罚金,对个人处各条正文的罚金:

1. 第196条、第196条之2或者前条第1款,3亿日元以下罚金;
2. 第197条或者第198条,1亿日元以下罚金。

在前款的情形,对行为人提起的前条第2款的自诉对法人或者个人发生效力;对法人或者个人的自诉对行为人发生效力。

根据第1款规定,在对第196条、第196条之2、前条第2款的犯罪行为处法人或者个人罚金的情形,时效期间按照这些罪规定的时效期间。

【罚款】

第202条 根据第151条[包括第71条第3款、第120条(含在第174条第1款准用的情形)及第174条第2款到第4款准用的情形]准用《民事诉讼法》第207条第1款的规定,已宣誓的人向特许厅或者受其委托的法院进行了虚假陈述时,处10万日元以下罚款。

第203条 根据本法规定,受到特许厅或者接受其委托的法院传唤的人,无正当理由不出席或者拒绝宣誓、陈述、作证、鉴定或者口译时,处10万日元以下罚款。

第204条 有关证据调查或者证据保全，被特许厅或者接受其委托的法院根据本法规定命令提交或者出示文件及其他物品的人，无正当理由不遵守命令时，处10万日元以下罚款。

附表(第195条)

序号	必须缴纳的人	金额
1	提出专利申请(下一项列举者除外)的人	每件1.6万日元
2	提出外语书面文件申请的人	每件2.6万日元
3	应根据第184条之5的规定履行程序的人	每件1.6万日元
4	根据第184条之20的规定提出申请的人	每件1.6万日元
5	申请延长专利权保护期注册的人	每件7.4万日元
6	提出申请审查请求的人	每件16.86万日元加每1请求项4000日元
7	提交误译修订书后就说明书、权利请求书或者附图进行补正的人	每件1.9万日元
8	根据第71条第1款的规定要求判定的人	每件4万日元
9	请求裁定的人	每件5.5万日元
10	请求撤销裁定的人	每件2.75万日元
11	请求复审或者再审(下一项列举者除外)的人	每件4.95万加每1请求项5500日元
12	请求再审专利权保护期延长注册的核驳、有关无效的复审或者它们的复审生效复审决定的人	每件5.5万日元
13	提出说明书、权利要求书或者附图修订请求的人	每件4.95万日元加每1请求项5500日元
14	申请参加复审或者再审的人	每件5.5万日元

第二编　专利法施行法

1959 年 4 月 13 日法律第 122 号

最新修改:1994 年 12 月 14 日法律第 116 号

【《专利法》的施行日期】

第 1 条　《专利法》(1959 年法律第 121 号。以下称为“新法”)自 1960 年 4 月 1 日起施行。

【《专利法》的废止】

第 2 条　《专利法》(1921 年法律第 96 号。以下称为“旧法”)废止。

【专利权】

第 3 条　根据旧法的专利权(附限制转移的专利权除外),在新法施行时现存者,在新法施行日,视为根据新法取得专利权。但是,效力不及于根据旧法第 125 条第 2 款的规定决定效力不及的产品。

第 4 条　旧法第 73 条第 3 款规定的权利,在新法施行时现存者,视为在新法施行日根据《修改专利法等部分的法律》(1994 年法律第 116 号)第 2 条规定,取得修改前《专利法》第 52 条第 1 项的权利。但是,不适用同条第 2 款及第 4 款的规定。

【附限制转移的专利权】

第 5 条　根据旧法是附限制转移的专利权,在新法施行时现已注册者,在新法施行日视为取得独占许可权。

【许可权】

第6条 根据旧法第14条第2款规定的许可权,在新法施行时现存者,在新法施行日,视为根据新法第35条第1款规定取得普通许可权。

第7条 根据旧法第37条规定的许可权,在新法施行时现存者,在新法施行日,视为根据新法第79条规定取得普通许可权。

第8条 根据旧法第38条第1款规定的许可权,在新法施行时现存者,在新法施行日;根据第20条第2款的规定,决定按照此规范,根据旧法第38条第1款规定的许可权,在复审决定生效日,根据新法第80条第1款规定取得普通许可权。

第9条 根据旧法第38条第2款规定的许可权,在新法实施时现存者,在新法施行日,视为根据新法第80条第1款规定取得普通许可权。

第10条 根据旧法第39条规定的许可权,在新法实施时现存者,在新法施行日,视为根据新法第80条第1款规定取得普通许可权。

在前款的情形,不适用新法第80条第2款的规定。

第11条 根据旧法第41条第1款规定的许可权,在新法施行时现存者,在新法施行日;根据第20条第5款规定,决定按照其规范,根据旧法第41条第1款规定的许可权,在许可日,视为根据新法第83条第2款裁定取得普通许可权。

第12条 根据旧法第48条第1款规定的许可权,在新法施行时现存者,在新法施行日,视为根据新法第78条第1款规定取得普通许可权。

第13条 根据旧法第49条规定的许可权,在新法施行时现存者,在新法施行日;根据第20条第2款规定,决定按照其规范,根据旧法第49条规定的许可权,在复审决定生效日,视为根据新法第92条第2款取得裁定普通许可权或者实用新型权的普通许可权。

第14条 根据旧法第126条第1款规定的许可权,在新法施行时现存者,在新法施行日;根据第20条第3款规定,决定按照其规范,根据旧法第126条第1款规定的许可权,在复审决定生效日,视为根据新法第176条规定取得普通许可权。

第15条 根据旧法第127条第1款规定的许可权,在新法施行时现存者,在新法施行日;根据第20条第3款规定,决定按照其规范,根据旧法第127条第1款规定的许可权,在复审决定生效日,视为根据新法第80条第1款规定取得普通许可权。

第16条 专利权人、独占许可人或者普通许可人根据第3条规定被视为根据新法取得专利权的，在根据旧法的专利权（包括根据第20条第1款规定，按照原有规范授予专利的）与专利申请日前申请的他人实用新型权抵触时，不能在营业上实施专利发明。

前款规定的情形，视为符合新法第72条规定的情形，适用新法第92条规定。

第17条 根据第3条规定，被视为根据新法取得专利权的，与根据旧法的专利权（包括根据第20条第1款规定，按照原有规范已授予专利者）抵触的实用新型权，在专利申请日前或者与之同日申请的保护期限届满时，有关专利权或者实用新型权保护期限届满时现存的独占许可权，在原实用新型权范围内，原实用新型权人视为具有根据新法第80条第1款规定的普通许可权。

在前款的情形，不适用新法第80条第2款的规定。

根据第3条规定，被视为根据新法取得专利权的，与根据旧法的专利权（包括根据第20条第1款规定，按照原有规范授予专利的）抵触的实用新型权，在专利申请日前或者与之同日申请的，保护期限届满时，在届满时，对实用新型权具有独占许可权或者实用新型权或者独占许可权，实际上有《实用新型法》（1959年法律第123号）第19条第3款准用新法第99条第1款效力的普通许可权人，在原权利范围内，就该专利权或者其实用新型权保护期届满时实际上存在的独占许可权，视为具有根据新法第80条第1款规定的普通许可权。

【保护期限】

第18条 根据第3条的规定，被视为根据新法取得专利权的，根据旧法的专利权（包括根据第20条第1款规定，按照原有规范授予专利的）的保护期限，仍然按照原有规范。但是，除在第20条第5款规定的情形外，不能延长。

【质权】

第19条 以在新法施行前授权的专利权为标的设定质权，在新法施行时实际上没有注册的，在新法施行日失效。

【正在审查的程序】

第20条 在新法施行时，实际上正在审查的专利申请（包括正在审查的上诉审），有关其专利申请，到审定或者复审决定生效前，仍然按照原有规范。

在新法施行时,实际上正在审查的旧法第49条、第53条第1款或者第2款、第84条第1款的复审,或者对于这些复审的复审决定的上诉审判,仍然按照原有规范。但是,在新法施行时,实际上正在审查的旧法第49条、第53条第1款或者第2款、第84条第1款的复审(包括新法施行时,案件实际上正审查的上诉审判,新法施行后被发回,在复审已审理的情形,其复审),将复审的复审决定视为上诉审判的复审决定,将驳回复审请求书的决定视为驳回上诉审判请求书的决定。

在新法施行时,实际上正在审查的旧法第121条第1款(包括旧法第128条第1款准用的情形)的再审,仍然按照原有规范。

第2款但书的规定,准用于前款的情形。

第1款到第3款规定程序以外的程序,并在新法施行时实际上正在特许厅审查的,仍然按照原有规范。

【正当权利人的专利申请】

第21条 在新法施行时,实际上正在审查的旧法第10条或者第11条规定的正当权利人的专利申请,这些规定在新法施行后仍有效。

【获得专利权利的继受】

第22条 继受获得在新法施行前已进行的专利申请后的专利权利(继承及其他一般继受的除外),在新法施行时实际上没有向特许厅长呈报的,在新法施行日失效。

【专利权的转移】

第23条 转移在新法施行前授予的专利权(根据继承及其他一般继受的除外)或者处分的限制,在新法施行时实际上没有登记的,在新法施行日失效。

以在新法施行前授予的专利权为标的,质权的转移(根据继承及其他一般继受的除外)、变更或者处分的限制,在新法施行时实际上没有登记的,在新法施行日失效。

【职务发明】

第24条 新法第35条的规定,也适用于在新法施行前雇员、法人的负责人或者公务员完成的发明。

【无效复审】

第25条 根据旧法授予的专利或者根据旧法第53条第1款规定授予的许可(包括根据第20条第1款或者第2款规定,按照原有规范授予专利或者许可),在根据《修改专利法等一部分的法律》(1993年法律第26号)再审修改前的《专利法》第123条第1款或者第129条第1款的复审,或者这些复审的生效复审决定,旧法第57条的规定在新法施行后仍有效,并限于在同条第1款或者第2款规定的情形,可以宣告其专利或者许可无效。

旧法第84条第1款第1项的复审,或者再审对其审判决定的上诉审审判的生效决定(包括根据第20条第2款规定,按照原有规范作出的该决定,并已确定的),在新法施行后提出请求的,也和前款相同。

新法施行前授予的专利或者根据旧法第53条第1项或者第2款规定授予的许可,旧法第85条的规定在新法施行后仍有效。

【专利费】

第26条 在新法施行前已缴纳或者应当缴纳的专利费,仍然按照原有规范。

新法第111条的规定,也适用于在新法施行前缴纳的专利费(包括根据前款规定,按照原有规范缴纳的)。

根据旧法已延长保护期限的专利权(包括根据第20条第5款规定,按照原有规范延长保护期限的),就专利费的缴纳,旧法第65条第2款、第4款及第7款、第66条第1款、第67条和第69条的规定,除第1款规定的情形外,新法施行后仍有效。

根据旧法第11条(包括第21条的规定仍具有效力的情形)的规定向正当权利人授予专利时,旧法第65条第6款的规定在新法施行后仍有效。

【专利补偿审查会】

第27条 根据第20条第5款的规定,按照原有规范延长专利权存续期间时,根据旧《专利法施行令》(1921年敕令第460号)第3条的规定,曾赋予专利补偿审查会的权限规定为专利发明实施审议会的权限。

【补偿金】

第28条 获得新法施行前发生的补偿金的权利,仍然按照原有规范。

【处分】

第29条 根据旧法处分、程序及其他行为(包括根据第20条第1款到第3款或者第5款规定,按照原有规范完成的),在新法中有与之相当的规定时，视为根据新法作出的。

【法律责任的适用】

第30条 在新法施行前完成的行为、根据第20条第1款到第3款或者第5款规定决定按照原有规范程序在新法施行后完成的行为，就法律责任的适用，仍然按照原有规范。

第三编　实用新型法

1959年4月13日法律第123号

最新修改:2014年6月13日法律第69号

第一章　总　　则

【目的】

第1条　本法的目的是,通过保护和利用与产品的形状、结构或者组合有关的设计,奖励设计,以推动产业发展。

【定义】

第2条　本法所称“设计”,是指利用自然规律的技术创造物。

本法所称"注册实用新型",是指已获得实用新型注册的设计。

在本法中,有关设计所称"实施",是指制造、使用、转让、出租、出口、进口、转让或者许诺出租(包括为转让或者出租的展览。以下相同)设计产品的行为。

【程序的补正】

第2条之2 提出了实用新型登记申请、请求及其他有关实用新型注册程序(以下简称"程序")的人,限于案件正在特许厅审查的情形,可以进行补正。但是,经济产业省令规定的期间届满后,不能补正添加在申请书的说明书、实用新型权利要求书、附图、摘要,或者第8条第4款或者在第11条第1款准用专利法(1959年法律第121号)第43条第1款[包括在第11条第1款准用同法第43条之2第2款(包括在第11条第1款准用同法第43条之3第3款准用的情形)及在第43条之3第3款准用的情形]规定的书面文件。

根据前款正文的规定,补正说明书、实用新型权利要求书、附图时,必须在首次添加在申请书的说明书、实用新型注册请求的范围或者附图中记载事项的范围内进行。

不受第1款规定的限制,不能补正在第14条之2第1款中添加在修订书的修订过的说明书、实用新型权利要求书、附图。

下列情形,特许厅长可以指定相当期间,命令应当补正程序:

1. 程序违反第2条之5第2款准用《专利法》第7条第1款到第3款或者第9条规定时;

2. 程序违反本法或者基于本法的命令规定的形式时;

3. 有关程序,没有缴纳根据第32条第1款规定应当缴纳的注册费时;

4. 有关程序,没有缴纳根据第54条第1款或者第2款规定应当缴纳的手续费时。

在补正程序(缴纳注册费和手续费除外)时,必须提交程序补正书。

【程序的驳回】

第2条之3 根据前条第4款、第6条之2或者第14条之3的规定,命令应当进行程序补正的人在根据这些规定指定的期间内没有进行补正时,特许厅长可以驳回程序。

【非法人社团履行程序的能力】

第2条之4 非法人社团或者财团并规定有代表人或者管理人的,可以以其名义履行下列程序:

1. 提出第12条第1款规定的实用新型技术评价请求；

2. 请求复审；

3. 对复审的生效复审决定请求再审。

非法人社团或者财团并规定有代表人或者管理人的，可以以其名义请求再审生效复审决定。

【《专利法》的准用】

第2条之5 《专利法》第3条和第5条的规定，准用于本法规定的期间和期日。

《专利法》第7条到第9条、第11条到第16条、第18条之2到第24条的规定，准用于程序。

《专利法》第25条的规定，准用于实用新型权及其他关于实用新型注册的权利。

《专利法》第26条的规定，准用于实用新型注册。

第二章　实用新型注册和实用新型注册申请

【实用新型注册的要件】

第3条 除下列设计外，能够在产业上利用并已完成产品形状、构造或者组合的设计，可以获得实用新型注册：

1. 在实用新型注册申请前，在日本国内或者外国公知的设计；

2. 在实用新型注册申请前，在日本国内或者外国公开实施的设计；

3. 在实用新型注册申请前，在日本国内外发行的刊物上刊登的设计或者通过通信线路能够为公众利用的设计。

实用新型注册申请前，在设计所属技术领域中具有普通知识的人，基于前款各项列举的设计能非常容易完成设计时，设计不受同款规定限制，不能获得实用新型注册。

第3条之2 实用新型注册申请的设计是实用新型注册申请日前的其他实用新型注册申请或者专利申请，并且，是与实用新型注册申请后根据第14条第3款规定发行刊登同款各项列举事项的实用新型公报（以下称为“实用新型公报”），或者根据《专利法》第66条第3款的规定发行刊登同款各项列举事项的专利公报，或者在记载在申请公开的首次添加在申请书的说明书、实用新型权利要求书、专利权利要求书、附图（在同法第36条之2第2款外语书面文件申请的情况下，同条第1款的外语书面文件）的设计或者发明（在进行设计或者发明的人和实用新型注册申请设计的设计人是同一人时,设计或者发明除外)相同时,设计不受前条规定限制,不能获得实用新型注册。但是,实用新型注册申请时,申请人及其他实用新型注册申请或者专利申请的申请人是同一人时,不在此限。

【不能获得实用新型注册的设计】

第4条 有可能损害公共秩序、善良风俗或者公众卫生的设计,不受第3条第1款规定的限制,不能获得实用新型注册。

【临时普通许可权】

第4条之2 具有获得实用新型注册权利的人,在首次添加在实用新型注册申请申请书的说明书、实用新型权利要求书、附图记载事项的范围内,对基于获得实用新型注册权利应当取得的实用新型权,可以许可他人临时普通许可权。

根据前款规定,与临时普通许可权有关的实用新型注册申请已授予实用新型权时,在由临时普通许可权设定行为规定范围内,实用新型权视为许可具有临时普通许可权的人普通许可权。

《专利法》第33条第2款及第3款、第34条之3第4款到第6款及第8款到第10款、第34条之5的规定,准用于临时普通许可权。在这种情形,同法第34条之3第8款中的“根据《实用新型法》第4条之2第1款规定,与临时普通许可权有关的实用新型注册申请,第46条第1款”应当换读为“根据第1款或者前条第4款的规定,与临时普通许可权有关的专利申请,《实用新型法》第10条第1款”;同条第9款中的“第46条第2款”应当换读为“《实用新型法》第10条第2款”。

【实用新型注册申请】

第5条 拟获得实用新型注册的人必须向特许厅长提交记载下列事项的申请书:

1. 实用新型注册申请人的姓名或者名称及住所或者居所;
2. 设计人的姓名及住所或者居所。

在申请书中必须添加说明书、实用新型权利要求书、附图和摘要。

在前款的说明书中,必须记载下列事项:

1. 设计的名称;
2. 附图的简要说明;
3. 设计的详细说明。

前款第3项设计的详细说明必须根据经济产业省令规定，明确并且充分地记载到属于设计技术领域具有普通知识的人能够实施的程度。

在第2款实用新型权利要求书中，必须划分请求项，在每个请求项，实用新型注册申请人为确定拟获得实用新型注册的设计，记载认为需要的全部事项。在这种情形，不妨碍一个请求项的设计与其他请求项的设计记载相同。

第2款的实用新型权利要求书的记载，必须符合下列各项：

1. 在设计的详细说明中记载拟获得实用新型注册的设计；

2. 拟申请实用新型注册的设计明确；

3. 各请求项的记载简洁；

4. 记载了根据经济产业省令规定的其他事项。

在第2款的摘要中，必须记载在说明书、实用新型权利要求书、附图中记载的设计的概要及经济产业省令规定的其他事项。

第6条 二个以上的设计，根据经济产业省令规定的具有技术关系并属于符合设计单一性要件的一组设计时，可以用一份申请书提出实用新型注册申请。

【补正命令】

第6条之2 实用新型注册申请符合下列各项之一时，特许厅长可以指定相当期间，命令补正添加在申请书的说明书、实用新型权利要求书、附图：

1. 实用新型注册申请的设计不是产品的形状、结构或者组合时；

2. 实用新型注册申请的设计根据第4条的规定是不能进行实用新型注册时；

3. 实用新型注册申请不符合第5条第6款第4项或者前条规定的要件时；

4. 添加在实用新型注册申请申请书的说明书、实用新型权利要求书、附图中，没有记载必要事项或者其记载显然不明确时。

【申请在先】

第7条 相同设计在不同日期有二个以上的实用新型注册申请时，仅最先的实用新型注册申请人可以对设计获得实用新型注册。

相同设计在同日有二个以上的实用新型注册申请时，对设计都不能获得实用新型注册。

实用新型注册申请的设计和专利申请的发明相同时，在不同日期提出实用新型注册申请和专利申请时，仅在实用新型注册申请人比专利申请人先提出申请时,可以对设计获得实用新型注册。

放弃、撤回、驳回实用新型注册申请或者专利申请时,就前三款规定的适用,视为实用新型注册申请或者专利申请自始未曾发生。

对专利申请应当作出拒绝的审定或者复审决定生效时,就第 3 款规定的适用,视为专利申请自始未曾发生。但是,专利申请根据符合专利法第 39 条第 2 款后段的规定,应当作出拒绝的审定或者复审决定生效时,不在此限。

专利法第 39 条第 4 款的协商不成立或者不能协商时,实用新型注册申请人对设计不能获得实用新型注册。

【基于实用新型注册申请的优先权主张】

第 8 条 拟申请实用新型注册的人,除下列情形外,有关实用新型注册申请的设计,此人基于具有获得实用新型注册、与专利权利有关的实用新型注册申请或者专利申请,并记载在首次添加在先提出申请(以下称为"在先申请")申请书的说明书、实用新型权利要求书或者专利权利要求书、附图(在先申请是《专利法》第 36 条之 2 第 2 款外语书面文件申请的情形,同条第 1 款的外语书面文件)的设计,可以主张优先权。但是,在先申请具有临时独占许可权的人时,在实用新型注册申请之际,限于得到此人许可的情形:

1. 实用新型注册申请不是自在先申请日起 1 年以内提出的情形(自在先申请之日起一年以内未能提出其实用新型注册申请有正当理由的,并且,在经济产业省令规定的期间提出了其实用新型注册申请的除外);

2. 在先申请是根据第 11 条第 1 款准用《专利法》第 44 条第 1 款规定分割实用新型注册申请的新实用新型注册申请、根据第 10 条第 1 款或者第 2 款规定变更申请的实用新型注册申请,或者根据同法第 44 条第 1 款规定分割专利申请的新专利申请、根据同法第 46 条第 1 款或者第 2 款规定变更申请的专利申请、根据同法第 46 条之 2 第 1 款规定基于实用新型注册的专利申请的情形;

3. 申请实用新型注册时,放弃、撤回或者驳回在先申请的情形;

4. 申请实用新型注册时,在先申请审定或者复审决定生效的情形;

5. 申请实用新型注册时,在先申请根据第 14 条第 2 款规定授权的情形。

根据前款规定同时优先权主张的实用新型注册申请设计中,记载在首次添加在作为优先权主张基础的在先申请申请书的说明书、实用新型权利要求书、专利权利要求书、附图(在先申请是《专利法》第 36 条之 2 第 2 款外语书面文件申请情况下,同条第 1 款的外语书面文件)的设计[该在先申请根据前款或者同法第 41 条第 1 款规定主张优先权,或者根据同法第 43 条第 1 款、第

43 条之 2 第 1 款(包括在同法第 43 条之 3 第 3 款准用的情形)或者第 43 条之 3 第 1 款或者第 2 款(包括在第 11 条第 1 款准用这些规定的情形)规定同时主张优先权申请的情形,该在先申请已作为主张优先权的基础,在申请时记载在申请书面文件(限于相当于说明书、实用新型权利要求书或者专利权利要求书、附图的)的设计除外],就第 3 条、第 3 条之 2 正文、前条第 1 款到第 3 款、第 11 条第 1 款准用同法第 30 条第 1 款及第 2 款、第 17 条、第 26 条准用同法第 69 条第 2 款第 2 项、同法第 79 条、同法第 81 条、同法第 82 条第 1 款和同法第 39 条第 3 款及第 4 款和第 72 条、《外观设计法》(1959 年法律第 125 号)第 26 条、第 31 条第 2 款及第 32 条第 2 款、商标法(1959 年法律第 127 号)第 29 条、第 33 条之 2 第 3 款及第 33 条之 3 第 3 款(包括同法第 68 条第 3 款准用这些规定的情形)规定的适用,视为在先申请时已提出实用新型注册申请。

根据第 1 款规定同时主张优先权,在首次添加在实用新型注册申请申请书的说明书、实用新型权利要求书、附图记载的设计中,有关记载首次添加在作为优先权主张基础的在先申请申请书的说明书、实用新型权利要求书、专利权利要求书、附图(在先申请是在《专利法》第 36 条之 2 第 2 款外语书面文件申请的情形,同条第 1 款的外语书面文件)的设计[该在先申请根据前款或者同法第 41 条第 1 款规定主张优先权,或者根据同法第 43 条第 1 款、第 43 条之 2 第 1 款(包括在同法第 43 条之 3 第 3 款准用的情形)或者第 43 条之 3 第 1 款或者第 2 款(包括第 11 条第 1 款准用这些规定的情形)规定同时主张优先权申请的情形,该在先申请已作为主张优先权的基础,在申请时记载在申请书面文件(限于相当于说明书、实用新型权利要求书或者专利权利要求书、附图的)的设计除外],发行实用新型公报时,实用新型注册申请视为在先申请已发行实用新型公报或者申请公开,适用第 3 条之 2 正文或者同法第 29 条之 2 正文的规定。

拟根据第 1 款规定主张优先权的人,必须在经济产业省令规定的期间内,向特许厅长提交记载其主旨及在先申请标志的书面文件。

【在先申请的撤回】

第 9 条 根据前条第 1 款的规定作为优先权主张基础的在先申请,自申请日起至经济产业省令规定的期间届满时视为撤回。但是,放弃、撤回、驳回在先申请的情形、在先申请审定或者复审决定生效的情形、对该在先申请已授予第 14 条第 2 款规定权利的情形、已撤回基于该在先申请的全部优先权主张的情形,不在此限。

根据前条第1款规定同时主张优先权的实用新型注册申请申请人，自在先申请日起至经济产业省令规定的期间届满后，不能撤回其主张。

根据前条第1款规定同时主张优先权的实用新型注册申请，自在先申请日起在经济产业省令规定的期间内，撤回时，视为同时撤回优先权主张。

【申请的变更】

第10条 专利申请人可以将专利申请{根据《专利法》第46条之2第1款的规定，基于实用新型注册的专利申请[包括根据同法第44条第2款(包括同法第46条第6款准用的情形)的规定，被视为在该专利申请时提出的]除外}变更为实用新型注册申请。但是，专利申请自应当作出拒绝的首次审定誊本送达日起满3个月后，或者自专利申请日起满9年6个月后，不在此限。

外观设计注册申请人可以将外观设计注册申请[按照《外观设计法》第13条第6款准用同法第10条之2第2款的规定，根据《专利法》第46条之2第1款的规定，基于实用新型注册被视为在专利申请时提出的外观设计注册申请(包括根据《外观设计法》第10条之2第2款的规定，被视为在外观设计注册申请时提出的)的除外]变更为实用新型注册申请。但是，外观设计注册申请从应当作出拒绝的首次审定誊本送达日起满3个月后，或者从外观设计注册申请日起满9年6个月后，不在此限。

根据前二款的规定变更了申请时，实用新型注册申请视为在专利申请或者外观设计注册申请时已提出。但是，在实用新型注册申请符合第3条之2规定的其他实用新型注册申请，或者《专利法》第29条之2规定的实用新型注册申请的情形，就这些规定的适用和第11条第1款准用同法第30条第3款规定的适用，不在此限。

在根据第1款或者第2款的规定变更申请的情形，有关在下一条第1款准用专利法第43条第2款[包括第11条第1款准用同法第43条之2第2款(包含在下条第1款准用同法第43条之3第3款准用的情形)及第43条之3第3款准用的情形]规定的适用，同法第43条第2款中有“从最先日起1年4个月以内”规定为“从最先日起1年4个月，或者根据《实用新型法》第10条第1款或者第2款规定，从申请变更的实用新型注册申请日到3个月，任一迟至日”。

根据第1款或者第2款的规定变更了申请时，视为撤回专利申请或者外观设计注册申请。

根据《专利法》第4条的规定延长同法第121条第1款规定的期间时，以延长的期间为限,视为已延长第1款但书规定的3个月期间。

根据《外观设计法》第68条第1款准用专利法第4条的规定,延长《外观设计法》第46条第1款规定的期间时,以延长的期间为限,视为已延长第2款但书规定的3个月期间。

变更第1款规定申请的情形,原专利申请提交的书面文件或者文件,根据第8条第4款或者第11条第1款准用《专利法》第30条第3款或者第43条第1款及第2款[包括在第11条第1款准用的在同法第43条之2第2款(包括在第11条第1款准用的在同法第43条之3第3款准用的情形)及第43条之3第3款准用的情形]的规定,是新实用新型注册申请必须提交的,视为和新的实用新型注册申请同时已向特许厅长提交。

在专利申请有具有临时独占许可权的人时,限于得到其许可的情形,专利申请人可以根据第1款的规定变更申请。

第8款的规定,准用于根据第2款规定的申请变更。

【《专利法》的准用】

第11条 《专利法》第30条(发明新颖性丧失的例外)、第38条(共同申请)、第43条到第44条(根据巴黎公约主张优先权的程序和专利分割申请)的规定,准用于实用新型注册申请。

《专利法》第33条和第34条第1款、第2款及第4款到第7款(获得专利的权利)的规定,准用于获得实用新型注册的权利。

《专利法》第35条(临时独占许可权的部分除外)(职务发明)的规定,准用于雇员、法人的负责人、国家公务员、地方公务员完成的设计。

第三章 实用新型技术评价

【实用新型技术评价的请求】

第12条 实用新型注册申请或者实用新型注册,任何人均可请求特许厅长进行实用新型注册申请的设计或者关于注册实用新型的技术评价、第3条第1款第3项及第2款(限于同项列举的设计)、第3条之2和第7条第1款到第3款及第6款规定的评价(以下称为"实用新型技术评价")。在这种情形,二个以上请求项的实用新型注册申请或者实用新型注册,可以对每个请求项提出请求。

在实用新型权消灭后,仍可以根据前款规定提出请求。但是,根据实用新型注册无效复审被宣告无效后,不在此限。

不受前二款规定限制，基于实用新型注册，根据《专利法》第46条之2第1款规定提出专利申请后，不能根据第1款的规定提出请求。

根据第1款规定提出了请求时，特许厅长必须指派审查员制作请求的实用新型技术评价报告书（以下称为“实用新型技术评价书”）。

《专利法》第47条第2款的规定，准用于制作实用新型技术评价书。

根据第1款规定的请求不能撤回。

非实用新型注册申请人或者非实用新型权人根据第1款规定提出请求后，基于请求的实用新型注册（在实用新型注册申请有了根据同款规定请求的情形，包含实用新型注册申请的实用新型注册），提出根据《专利法》第46条之2第1款规定的专利申请时，视为未提出请求。在这种情形，特许厅长必须将主旨通知请求人。

第13条 实用新型公报发行前请求实用新型技术评价时，特许厅长在该实用新型公报发行时或者其发行后，必须不迟延地在实用新型公报刊登其宗旨；在实用新型公报发行后请求实用新型技术评价时，特许厅长在此后必须不迟延地在实用新型公报刊登其宗旨。

非实用新型注册申请人或者非实用新型权人请求实用新型技术评价时，特许厅长必须将主旨通知实用新型注册申请人或者实用新型权人。

特许厅长制作实用新型技术评价书时，请求人是实用新型注册申请人或者实用新型权人时，必须向请求人送达誊本；请求人不是实用新型注册申请人或者实用新型权人时，必须向请求人和实用新型注册申请人或者实用新型权人送达誊本。

第四章 实用新型权

第一节 实用新型权

【实用新型权的授权】

第14条 实用新型权根据设定注册产生。

实用新型注册申请后，除放弃、撤回、驳回实用新型注册申请外，进行实用新型权设定注册。

进行前款注册后，必须在实用新型公报上刊登下列事项：

1. 实用新型权人的姓名或者名称及住所或者居所；
2. 实用新型注册申请的编号及年月日；

3. 设计人的姓名及住所或者居所；

4. 添加在申请书的说明书、实用新型权利要求书中记载的事项和附图的内容；

5. 添加在申请书的摘要中记载的事项；

6. 授权编号及授权年月日；

7. 其他必要事项。

《专利法》第64条第3款的规定，准用于根据前款规定在实用新型公报刊登记载同款第5项摘要事项的情形。

【说明书、实用新型权利要求书、附图的修改】

第14条之2 除下列情形外，以一次为限，实用新型权人可以修改添加在申请书的说明书、权利要求书、附图：

1. 根据第13条第3款的规定，首次实用新型技术评价书誊本送达日起满2个月时；

2. 有关实用新型注册无效复审，已满根据第39条第1款规定首次指定的期间时。

前款的修改限于以下列事项为目的：

1. 减少实用新型注册权利请求范围；

2. 修改误记；

3. 释明不明确的记载；

4. 将引用其他请求项记载的请求项记载，作为不引用该其他请求项记载的。

第1款的修改必须在添加在申请书的说明书、权利要求书、附图（在以前款第2项列举的事项为目的的修改时，首次添加在申请书的说明书、权利要求书、附图）记载事项的范围内进行。

第1款的修改不得实质上扩大或者变更权利要求书。

《专利法》第4条的规定，准用于第1款第1项规定的期间。

进行第1款修改的人，因不能归其责的理由，在同款第1项规定的期间届满前未能修改时，不受同款规定限制，自理由消失日起14日（在国外的人，2个月）以内，期限届满后6个月以内，可以进行修改。

进行第1款修改外，限于以删除请求项为目的，实用新型权人可以修改添加在申请书的说明书、权利要求书、附图。但是，实用新型注册无效复审正处在特许厅审查时，根据第41条准用《专利法》第156条第1款规定的通知后（在根据同条第3款规定再次审理时，此后，又根据同条第1款规定的通知后)，不能修改添加在申请书的说明书、权利要求书、附图。

实用新型权消灭后，仍可以进行第1款及前款的修改。但是，根据实用新型注册无效复审宣告无效后，不在此限。

进行第1款或者第7款的修改，必须提交修改书。

进行第1款的修改时，必须在修改书上添加修改过的说明书、权利要求书、附图。

进行了第1款或者第7款的修改时，视为根据修改后的说明书、权利要求书、附图，完成实用新型注册申请及实用新型权的设定注册。

进行了第1款或者第7款的修改时，在第1款修改的情况下，必须在实用新型公报上刊登已修改的说明书、权利要求书记载的事项和附图的内容；在第7款修改的情况下，必须在实用新型公报上刊登其主旨。

《专利法》第127条及第132条第3款的规定，准用于第1款及第7款的情形。

【修改的补正命令】

第14条之3 提交了修改书(限于前条第1款修改的)的情形，添加在修改书的修改过的说明书、权利要求书、附图的记载符合下列各项之一时，特许厅长可以指定相当期间，命令应当补正添加在修改书的修改过的说明书、权利要求书、附图：

1. 根据添加在修正书的修改过的权利要求书记载的事项确定的设计，不是产品的形状、结构或者组合时；
2. 根据添加在修正书的修改过的权利要求书记载的事项确定的设计，按照第4条的规定不能进行实用新型注册时；
3. 添加在修改书的修改过的说明书、权利要求书、附图的记载，不符合第5条第6款第4项或者第6条规定的要件时；
4. 添加在修改书的修改过的说明书、权利要求书、附图没有记载必要事项，或者记载显然不明确时。

【保护期限】

第15条 实用新型权保护期限自实用新型注册申请日起满10年终止。

【实用新型权的效力】

第16条 实用新型权人专有在营业上实施注册实用新型的权利。但是，实用新型权设定独占许可权时，在独占许可权人专有实施注册实用新型的权利范围，不在此限。

【与他人注册实用新型的关系】

第 17 条 注册实用新型是使用实用新型申请日前申请的他人注册实用新型、专利发明、外观设计或者和与之类似的外观设计时，或者与实用新型注册权和实用新型注册申请日前申请的他人外观设计权、商标权抵触时，实用新型权人、独占许可权人或者普通许可权人在营业上不能实施注册实用新型。

【实用新型权转移的特别例外】

第 17 条之 2 实用新型注册符合第 37 条第 1 款第 2 项规定的要件时(限于违反第 11 条第 1 款准用《专利法》第 38 条规定授予实用新型注册时)，或者符合第 37 条第 1 款第 5 项规定的要件时，有关实用新型注册设计具有获得实用新型注册权利的人，可以根据经济产业省令规定，请求实用新型权人转移实用新型权。

基于根据前款规定的请求转移了实用新型权注册时，实用新型权视为自始属于获得登记的人。

共有实用新型权，基于根据第 1 款规定的请求转移持有额时，不适用第 26 条准用《专利法》第 73 条第 1 款的规定。

【独占许可权】

第 18 条 实用新型权人对其实用新型权可以设定独占许可权。

独占许可权人在设定行为规定范围内专有在营业上实施实用新型的权利。

《专利法》第 77 条第 3 款到第 5 款(转移等)、第 97 条第 2 款(放弃)和第 98 条第 1 款第 2 项及第 2 款(注册的效果)的规定，准用于独占许可权。

【普通许可权】

第 19 条 实用新型权人对其实用新型权可以许可他人普通许可权。

普通许可权人根据本法规定或者在设定行为规定范围内有在营业上实施注册实用新型的权利。

《专利法》第 73 条第 1 款(共有)、第 97 条第 3 款(放弃)和第 99 条(普通许可权的对抗效力)的规定，准用于普通许可权。

【因无效复审请求注册前实施的普通许可权】

第 20 条 符合下列各项之一的人，在《专利法》第 123 条第 1 款专利无效复审(以下在本款简称“专利无效复审”)请求注册前，不知道专利符合同条第 1 款各项之一规定的要件，在日本国内已经实施发明经营或者正准备经营，在已经实施或者正准备实施的发明和经营目的范围内，对宣告专利无效情形中的实用新型权或者此时实际上存在的独占许可权具有普通许可权：

1. 实用新型注册的设计和专利的发明相同的情形，在已宣告专利无效情形中的原专利权人；

2. 宣告专利无效，有关与其发明相同的设计，在正当权利人已进行实用新型注册登记情形中的原专利权人；

3. 前二项列举的情形，在专利无效复审请求注册时，实际上对宣告无效专利的专利权具有独占许可权的人，或者对专利权、独占许可权具有普通许可权的人。

实用新型权人或者独占许可权人，有权从根据前款规定具有普通许可权的人处获得相当对价。

【未实施时设定普通许可权的裁定】

第 21 条 注册实用新型连续 3 年以上在日本国内未适当实施时，拟实施注册实用新型的人可以要求实用新型权人或者独占许可权人协商许可普通许可权。但是，自实用新型注册申请日起未满 4 年时，不在此限。

前款的协商不成立或者不能协商时，拟实施注册实用新型的人可以请求特许厅长裁定。

《专利法》第 84 条到第 91 条之 2（裁定的程序等）的规定，准用于前款裁定。

【为实施自己的注册实用新型裁定设定普通许可权】

第 22 条 实用新型权人或者独占许可权人在注册实用新型符合第 17 条规定的情形时，为实施注册实用新型，可以要求同条的他人协商许可普通许可权、专利权或者外观设计权的普通许可权。

被要求前款协商的第 17 条的他人，可以向要求其协商的实用新型权人或者独占许可权人，他们根据协议就普通许可权、专利权或者外观设计权，在拟获得普通许可权许可并实施的注册实用新型范围内，要求协商许可普通许可权。

第 1 款的协商不成立或者不能协商时，实用新型权人或者独占许可权人可以请求特许厅长裁定。

在第 2 款的协商不成立或者不能协商时，请求前款的裁定后，限于根据第 7 款准用《专利法》第 84 条的规定，作为应当提交答辩书的期间并在特许厅长指定的期间内，第 17 条的他人可以请求特许厅长裁定。

在第 3 款或者前款的情形，设定普通许可权变成不正当侵害第 17 条的他人或者实用新型权人或者独占许可权人的利益时，特许厅长不能作出应当设定普通许可权的裁定。

前款规定的情形外，在第 4 款的情形，有关第 3 款裁定的请求未作出应当设定普通许可权的裁定时，特许厅长不能作出应当设定普通许可权的裁定。

《专利法》第 84 条、第 84 条之 2、第 85 条第 1 款及第 86 条到第 91 条之 2（裁定的程序等）的规定，准用于第 3 款或者第 4 款的裁定。

【为公共利益设定普通许可权的裁定】

第 23 条 为公共利益有特殊需要实施注册实用新型时，拟实施注册实用新型的人可以要求实用新型权人或者独占许可权人协商许可普通许可权。

在前款的协商不成立或者不能协商时，拟实施注册实用新型的人可以请求经济产业大臣裁定。

《专利法》第 84 条、第 84 条之 2、第 85 条第 1 款及第 86 条到第 91 条之 2（裁定的程序等）的规定，准用于前款的裁定。

【普通许可权的转移等】

第 24 条 除根据第 21 条第 2 款、第 22 条第 3 款或者第 4 款、前条第 2 款、《专利法》第 92 条第 3 款、《外观设计法》第 33 条第 3 款裁定的普通许可权外，限于与实施经营同时进行的情形、得到实用新型权人（有关独占许可权，在普通许可权的情况下，实用新型权人和独占许可权人）许可的情形、继承及其他一般继受的情形，可以转移普通许可权。

除根据第 21 条第 2 款、第 22 条第 3 款或者第 4 款、前条第 2 款、《专利法》第 92 条第 3 款、《外观设计法》第 33 条第 3 款裁定的普通许可权外，限于得到实用新型权人（有关独占许可权，在普通许可权的情况下，实用新型权人和独占许可权人）许可的情形，普通许可权人可以对普通许可权设定质权。

根据第 21 条第 2 款、前条第 2 款裁定的普通许可权，限于与实施经营同时进行的情形，可以转移。

根据第 22 条第 3 款、《专利法》第 92 条第 3 款、《外观设计法》第 33 条第 3 款裁定的普通许可权，在普通许可权人的实用新型权、专利权、外观设计权和实施经营同时转移时跟随它们转移，在实用新型权、专利权、外观设计权和实施经营分开转移时或者消灭时该普通许可权消灭。

根据第 22 条第 4 款裁定的普通许可权，伴随普通许可权人的实用新型权、专利权、外观设计权转移,实用新型权、专利权、外观设计权消灭时该普通许可权消灭。

【质权】

第25条 以实用新型权、独占许可权、普通许可权为标的设定质权时,除在合同中作出特别规定外,质权人不能实施注册实用新型。

《专利法》第96条(物上代位)的规定,准用于以实用新型权、独占许可权、普通许可权为标的的质权。

《专利法》第98条第1款第3项及第2款(注册的效果)的规定,准用于实用新型权、独占许可权为标的的质权。

【《专利法》的准用】

第26条 《专利法》第69条第1款及第2款、第70条到第71条之2(专利权效力不及的范围和专利发明的技术范围)、第73条(共有)、第76条(没有继承人的情形专利权消灭)、第79条(源于在先使用的普通许可权)、第79条之2(源于专利权转移注册前实施的普通许可权)、第81条、第82条(外观设计权保护期限届满后的普通许可权)、第97条第1款(放弃)和第98条第1款第1项及第2款(注册的效果)的规定,准用于实用新型权。

第二节 权利侵害

【停止请求权】

第27条 实用新型权人、独占许可权人可以请求侵害或者有可能侵害自己实用新型权或者独占许可权的人(以下称为"侵害人")停止侵害或者预防侵害。

实用新型权人、独占许可权人根据前款规定提出请求时,可以请求销毁构成侵害行为的产品[包括计算机程序(是指《专利法》第2条第4款规定的计算机程序。在下一条相同)。以下相同]、拆除用于侵害行为的设备,以及其他预防侵害的必要行为。

【视为侵害的行为】

第28条 下列行为视为侵害实用新型权或者独占许可权:

1. 在营业上生产、转让(是指转让和出租,产品是计算机程序时,包括通过通信线路提供。以下相同)、进口、许诺转让等(包括为转让的展览。以下相同)仅用于制造注册实用新型产品的物品的;

2. 用于制造注册实用新型产品的物品(在日本国内广泛普遍流通的除外),根据设计因课题的解决是不可缺少的,知道设计是实用新型及其物品被用于实施设计,在营业上生产、转让、进口、许诺转让的;

3. 以注册实用新型产品为业,转让、出租或者为出口而持有的。

【损害额的推定】

第29条 实用新型权人、独占许可权人请求因故意或者过失侵害自己实用新型权或者独占许可权的人赔偿因其侵害自己已受损害时,在此人转让构成侵害行为产品时,可以将转让产品的数量(以下在本款称为"转让数量"),乘以如果没有其侵害行为则实用新型权人或者独占许可权人已售产品每单位数量利益额得到的金额,在不超过符合实用新型权人或者独占许可权人实施能力的数额限度,作为实用新型权人或者独占许可权人已受损害额。但是,有相当于实用新型权人或者独占许可权人不能销售的全部或者部分转让数量的情况时,扣除符合相当于该情况数量的金额。

实用新型权人、独占许可权人请求因故意或者过失侵害自己实用新型权或者独占许可权的人赔偿因其侵害自己已受损害时,在此人通过侵害行为获有利益时,其利益额推定为实用新型权人或者独占许可权人已受损害额。

实用新型权人、独占许可权人可以请求因故意或者过失侵害自己实用新型权或者独占许可权的人将相当于实施注册实用新型应当获得数量的金额,作为自己已受损害额予以赔偿。

前款的规定,不妨碍请求超过同款规定金额的损害赔偿。在这种情形,侵害实用新型权或者独占许可权的人没有故意或者重大过失时,法院可以酌情决定损害赔偿额。

【实用新型技术评价书的出示】

第29条之2 实用新型权人或者独占许可权人如果不出示注册实用新型的实用新型技术评价书进行警告后,不能对侵害自己实用新型权或者独占许可权的人行使权利。

【实用新型权人等的责任】

第29条之3 实用新型权人或者独占许可权人,在向侵害人行使权利或者进行警告的情形,应当宣告实用新型注册无效为宗旨的复审决定(根据第37条第1款第6项列举的理由除外)生效时,此人承担赔偿因行使权利或者警告给对方造成损害的责任。但是,基于实用新型技术评价书[实用新型注册申请的设计或者注册实用新型根据第3条第1款第3项及第2款(限于同款列举的设计)、第3条之2和第7条第1款到第3款及第6款的规定,收到不能进行实用新型注册评价的除外]行使权利或者进行警告时,以及其他已尽相当注意而行使权利或者进行警告的,不在此限。

就添加在实用新型注册申请申请书的说明书、实用新型权利要求书、附图,完成的根据第14条之2第1款或者第7款的修改,就在实用新型权设定注册时变成非实用新型权利要求书记载的设计,行使权利或者作出警告的情形,准用前款的规定。

【《专利法》的准用】

第30条 《专利法》第104条之2到第106条(具体情况的明示义务、专利权人权利行使的限制、主张的限制、文件的提交、为计算损害的鉴定、相当损害额的认定、保密命令、保密命令的撤销、请求阅览诉讼记录的通知、停止公开询问当事人及信用恢复措施)的规定,准用于侵害实用新型权或者独占许可权。在这种情形,同法第104条之4中有"下列决定或者复审决定已生效"应换读为"第1项列举的复审决定已生效或者有了第3项列举的修订",有"该决定或者复审决定已生效"应换读为"该复审决定已生效或者有了修订",同条第4项中有"旨在应进行修改的决定或者复审决定"应换读为"《实用新型法》第14条之2第1款或者第7款的修改。"

第三节 注 册 费

【注册费】

第31条 获得实用新型权授权的人或者实用新型权人,作为注册费,自实用新型权设定登记日到第15条规定的保护期限届满日,每年每件必须缴纳按照下表上栏列举的分类同表下栏列举的金额。

年度分类	金额
第1年到第3年	每年2100日元,每一请求项再加100日元
第4年到第6年	每年6100日元,每一请求项再加300日元
第7年到第10年	每年1.81万日元,每一请求项再加900日元

实用新型权属于国家时,不适用前款的规定。

国家或者根据第32条之2规定或者其他法令规定获得注册费减免(以下在本款称为"减免")的人共有实用新型权并规定有持有额时,第1款的注册费不受第1款规定限制,国家以外的人必须缴纳以其持有额比例乘以国家以外的各共有人在同款规定的注册费金额（在获得减免的情况下，减免后的金额）所得的金额。

根据前款规定算出的注册费金额中，有不满 10 日元的尾数时，舍去尾数。

第 1 款的注册费，必须根据经济产业省令规定采用特许印花缴纳。但是，在经济产业省令规定的情形，可以根据经济产业省令规定采用现金缴纳。

【注册费的缴纳期限】

第 32 条 根据前条第 1 款规定的第 1 年到第 3 年每年的注册费，必须和实用新型注册申请同时（在变更了根据第 10 条第 1 款或者第 2 款规定的申请，或者分割根据在第 11 条第 1 款准用《专利法》第 44 条第 1 款规定申请的情形，和变更申请或者分割申请同时）一次缴纳。

根据前条第 1 款规定的第 4 年以后每年的注册费，必须提前一年缴纳。

特许厅长可以根据应当缴纳注册费的人的请求，以 30 日为限，延长第 1 款规定的期间。

缴纳注册费的人，因不能归其责的理由，在根据前款规定已延长的期间内未能缴纳其注册费时，不受第 1 款及前款规定限制，在其理由消失之日起 14 日（在偏远地区的人，2 个月）以内，且在其期间满后 6 个月以内，可以缴纳其注册费。

【注册费的减免或者延期】

第 32 条之 2 根据第 31 条第 1 款的规定，应当缴纳第 1 年到第 3 年每年的注册费的人是实用新型注册申请设计的设计人或者继承人的情形，特许厅长认为其因贫困而没有缴纳注册费的财力时，可以根据政令规定减免或者延期缴纳注册费。

【注册费的补缴】

第 33 条 在第 32 条第 2 款规定的期间或者根据前条规定的延期缴纳期间内，实用新型权人未能缴纳注册费时，即使期限届满后，在期限届满后 6 个月以内，也可以补缴注册费。

根据前款规定补缴注册费的实用新型权人，应当缴纳根据第 31 条第 1 款规定的注册费外，必须缴纳和注册费等额的增额注册费。

前款的增额注册费，必须根据经济产业省令规定采用特许印花缴纳。但是，在经济产业省令规定的情形，可以根据经济产业省令规定采用现金缴纳。

根据第 1 款的规定，在可以补缴注册费的期间内，实用新型权人没有缴纳根据第31条第1款规定的第4年以后每年的注册费和第2款的增额注册费时,实用新型权视为溯及到第32条第2款规定的期限届满时消灭。

根据第1款的规定,在可以补缴注册费的期间内,实用新型权人没有缴纳根据前条规定延期缴纳的注册费或者第2款的增额注册费时,实用新型权视为自始即不存在。

【根据补缴注册费恢复的实用新型权】

第33条之2 根据前条第1款的规定,在可以补缴注册费的期间内,根据前条第4款规定被视为已消灭的实用新型权的原实用新型权人,或者根据前条第5款规定被视为自始即不存在的实用新型权的原实用新型权人,有正当理由未能缴纳前条第4款或者第5款规定的注册费和增额注册费时,自理由消失日起在2个月以内,限于期限届满后一年以内,可以补缴注册费和增额注册费。

根据前款规定补缴注册费或者增额注册费后,实用新型权视为溯及到第32条第2款规定期限届满时存在,或者自始存在。

【恢复的实用新型权效力的限制】

第33条之3 根据前条第2款规定恢复了实用新型权时,实用新型权的效力不及于根据第33条第1款规定,在可以补缴注册费的期限届满后实用新型权恢复注册前,进口、在日本国内制造或者取得注册实用新型的产品。

根据前条第2款规定恢复的实用新型权效力,不及于根据第33条第1款的规定,在可以补缴注册费期限届满后实用新型权恢复注册前的下列行为:

1. 实施设计;
2. 生产、转让、进口、许诺转让等用于制造注册实用新型产品的物品的;
3. 转让、出租、为出口持有注册实用新型产品的。

【已缴注册费的返还】

第34条 限于下列情况,根据缴纳的人的请求返还已缴注册费:

1. 错误缴纳的注册费;
2. 应当驳回实用新型注册申请的处分生效情形的注册费;
3. 应当宣告实用新型注册无效复审决定生效的下一年度起每年的注册费;
4. 实用新型注册权保护期限届满日的下一年度起每年的注册费。

前款第1项的注册费自缴纳日起满1年后、前款第2项或者第3项的注册费从各种处分或者复审决定生效日起满6个月后、前款第4项的注册费自实用新型权设定注册之日起满1年后，不能根据前款规定请求返还注册费。

根据第1款规定请求返还注册费的人，因不能归其责的理由，在前款规定的期间内未能提出请求时，不受同款规定限制，在其理由消失之日起14日（在偏远地区的人，2个月）以内，且在其期间满后6个月以内，可以提出其请求。

第35条 删除

【《专利法》的准用】

第36条 《专利法》第110条（利害关系人缴纳专利费）的规定，准用于注册费。

第五章 复 审

【实用新型注册无效复审】

第37条 实用新型注册符合下列各项之一时，可以对宣告实用新型注册无效请求实用新型注册无效复审。在这种情形，有二个以上请求项的，可以对各请求项提出请求：

1. 向不符合第2条之2第2款规定要件而已补正的实用新型注册申请进行了实用新型注册时；

2. 违反第2条之5第3款准用《专利法》第25条、第3条、第3条之2、第4条、第7条第1款到第3款或者第6款，或者违反第11条第1款准用同法第38条第1款的规定，进行了实用新型注册时（违反第11条第1款准用同法第38条的规定而进行了实用新型注册的情况下，基于根据第17条之2第1款规定的请求，实用新型注册已转移实用新型权登记的除外）；

3. 违反条约进行了实用新型注册时；

4. 向不符合第5条第4款或者第6款（第4项除外）规定要件的实用新型注册申请进行了实用新型注册时；

5. 不具有获得实用新型注册权利的人的实用新型注册申请，对其设计进行了实用新型注册时（基于根据第17条之2第1款规定的请求，实用新型注册已转移实用新型权登记的除外）；

6. 进行了实用新型注册后，实用新型权人根据第2条之5第3款准用专利法第25条的规定变为不能享有实用新型权的人时，或者实用新型注册变为违反条约时；

7. 违反第14条之2第2款到第4款的规定，修改了添加在实用新型注册申请书的说明书、实用新型权利要求书、附图时。

任何人均可请求实用新型注册无效复审。但是，以实用新型注册符合前款第2项（限于违反在第11条第1款准用《专利法》第38条的规定授予实用新型权时）或者符合前款第5项为理由的，限于对实用新型注册设计具有获得实用新型注册权利的人可以请求。

在实用新型权消灭后仍可以请求实用新型注册无效复审。

收到实用新型注册无效复审请求时，审判长必须将主旨通知对实用新型权具有独占许可权的人和对实用新型注册已注册其他权利的人。

【复审请求的形式】

第38条　请求复审的人，必须向特许厅长提交记载下列事项的请求书：

1. 当事人及代理人的姓名或者名称及住所或者居所；

2. 复审案件的标识；

3. 请求的宗旨及理由。

前款第3项列举的请求理由，必须具体地确定宣告实用新型注册无效所根据的事实，并且，记载各个需要举证事实和证据的关系。

【复审请求书的补正】

第38条之2　补正根据前条第1款规定提交的请求书，不得变更要旨。但是，根据下款规定，审判长已许可时，不在此限。

补正前条第1款第3项列举的请求理由变更要旨的情形，显然补正不可能不正当迟延审理的，并且，有符合下列各项事由之一的事由时，审判长可以采用决定许可补正：

1. 进行了第14条之2第1款的修改，因修改产生了需要补正请求理由的；

2. 前款列举者外，有合理理由在复审请求时的请求书中没有记载该补止的请求理由，并且，被请求人同意补正的。

根据下一条第1款的规定，在请求书副本送达前提交了补正的程序补正书时，不能许可前款补正。

对于第2款的决定或者其不作为，不能申请异议。

【答辩书的提交】

第39条　收到复审申请时，审判长必须向被请求人送达请求书副本，指定相当期间，给予提交答辩书的机会。

根据前条第 2 款规定许可补正请求书时，审判长必须向被请求人送达补正的程序补正书副本，指定相当期间，给予提交答辩书的机会。但是，有认为没有必要给予被请求人提交答辩书机会的特殊情况时，不在此限。

审判长收到了第 1 款或者前款正文的答辩书时，或者实用新型注册无效复审正在特许厅审查的情形，进行了第 14 条之 2 第 1 款或者第 7 款的修改时，必须向请求人送达副本。

关于复审，审判长可以询问当事人和参加人。

在提出了实用新型注册无效复审请求的情形，在此请求后，基于实用新型注册而提出根据《专利法》第 46 条之 2 第 1 款规定的专利申请时，审判长必须将主旨通知请求人和参加人。

【复审请求的撤回】

第 39 条之 2 到复审决定生效前，可以撤回复审请求。

提交前条第 1 款答辩书后，如果没有得到对方许可，不能撤回复审请求。

复审请求人收到根据前条第 5 款规定的通知时，不受前款规定的限制，自收到通知之日起，以 30 日为限，可以撤回复审请求。

《专利法》第 4 条的规定，准用于前款规定的期间。在这种情形，同条中的“特许厅长”应当换读为“审判长”。

复审请求人因不能归其责的理由，在第 3 款规定的期间内未能撤回请求时，不受同款规定限制，在理由消失日起 14 日（在国外的人，2 个月）以内，在期限届满后 6 个月以内，可以撤回请求。

二个以上请求项的实用新型注册，对其二个以上请求项请求实用新型注册无效复审时，可以对各请求项分别撤回请求。

【与诉讼的关系】

第 40 条 在复审中认为有必要时，在其他复审决定生效或者诉讼程序结束前，可以中止程序。

在提起诉讼后或者申请临时扣押命令、临时处分命令的情形，法院认为有必要时，在复审决定生效前，可以中止诉讼程序。

在提起了侵害实用新型权或者独占许可权的诉讼时，法院应当将主旨通知特许厅长。在诉讼程序结束时，亦相同。

收到前款规定的通知时，特许厅长应当将有无实用新型权复审请求通知法院。驳回复审请求书的决定、复审决定或者撤回请求时，亦相同。

收到根据前款规定就实用新型权请求复审的通知的情形，在该诉讼中，在通知前提交或者在通知后首次提交记载根据第30条准用《专利法》第104条之3第1款规定的攻防方法的书面文件时，法院应当将主旨通知特许厅长。

特许厅长收到前款规定的通知时，可以要求法院寄送诉讼记录中复审员认为在复审中必要书面文件的复制本。

【《专利法》的准用】

第41条 《专利法》第125条，第132条到第133条之2，第135条到第154条，第156条第1款、第3款及第4款，第157条，第167条，第167条之2，第169条第1款、第2款、第5款及第6款和第170条的规定，准用于复审。在这种情形，同法第156条第1款中的“在专利无效复审以外的复审，案件”，应当换读为“案件”。

第六章 再审和诉讼

【再审请求】

第42条 当事人或者参加人可以请求再审生效复审决定。

《民事诉讼法》（1996年法律第109号）第338条第1款及第2款和第339条（再审事由）的规定，准用于前款的再审请求。

第43条 复审请求人和被请求人共谋，以损害第三人的权利或者利益为目的已作出复审决定时，第三人可以请求再审生效复审决定。

请求前款的再审必须以其请求人和被请求人作为共同被请求人。

【根据再审恢复的实用新型权效力的限制】

第44条 被宣告无效的实用新型权根据再审恢复时，实用新型权的效力不及于，复审决定生效后再审请求注册前，善意进口、在日本国内制造或者取得注册实用新型的产品。

被宣告无效的实用新型权根据再审恢复时，实用新型权的效力不及于，复审决定生效后再审请求注册前的下列行为：

1. 善意实施设计；

2. 善意生产、转让、进口、许诺转让等用于制造注册实用新型产品的产品的；

3. 为转让、出租、出口而善意持有注册实用新型产品的。

【《专利法》的准用】

第45条 《专利法》第173条(再审请求期间)、第174条第3款及第5款(复审规定等的准用)和第176条(根据再审请求注册前实施的普通许可权)的规定,准用于再审。在这种情形,同法第174条第3款中的"第131条第1款、第131条之2第1款正文"应当换读为"《实用新型法》第38条第1款、第38条之2第1款正文";有"第134条第1款、第3款及第4款"应当换读为"第39条第1款、第3款及第4款";有"自……到第168条"应当换读为"第167条之2、同法第40条"。

《专利法》第4条的规定,准用于前款准用同法第173条第1款规定的期间。

第46条 删除

【对复审决定的诉讼】

第47条 对复审决定的诉讼及对复审或者再审请求书的驳回决定的诉讼,由东京高等法院专属管辖。

《专利法》第178条第2款到第6款(起诉期间等)和第179条到第182条之2(被告适格、起诉通知等、在复审决定撤销诉讼中特许厅长的意见、撤销复审决定或决定、裁判正本等寄送、合议庭的组成)的规定,准用于前款的诉讼。

【有关对价额的诉讼】

第48条 收到第21条第2款、第22条第3款或者第4款、第23条第2款裁定的人,有关在裁定中规定的对价额有异议时,可以提起诉讼要求增减其数额。

《专利法》第183条第2款(起诉期间)和第184条(被告适格)的规定,准用于前款诉讼。

第48条之2 删除

第七章 根据《专利合作条约》有关国际申请的特别例外

【根据国际申请的实用新型注册申请】

第48条之3 基于1970年6月19日在华盛顿签订的《专利合作条约》（以下在本章称为“条约”）第11条(1)或者(2)(b)或者第14条(2)的规定，承认国际申请日的国际申请在条约第4条(1)(ii)的指定国中包括日本国的（限于实用新型注册申请），视为在国际申请日提出实用新型注册申请。

《专利法》第184条之3第2款（根据国际申请的专利申请）的规定，准用于根据前款规定被视为实用新型注册申请的国际申请（以下称为“国际实用新型注册申请”）。

【用外语提交的国际实用新型注册申请的译文】

第48条之4 用外语提交的国际实用新型注册申请（以下称为“外语实用新型注册申请”）的申请人，自条约第2条(xi)的优先日（以下称为“优先日”）起2年6个月（以下称为“国内书面文件提交期间”）以内，必须在前条第1款规定的国际申请日（以下称为“国际申请日”）向特许厅长提交条约第3条(2)规定的说明书、权利要求书、附图（限于附图中的说明。以下在本条相同）和摘要的日语译文。但是，自国内书面文件提交期间届满前2个月起到届满日前，在提出第48条之5第1款规定的书面文件外语实用新型注册申请（在书面文件提交日以前提交译文的除外）的情况下，自书面文件提交日起2个月（以下称为“译文提交特别例外期间”）以内，可以提交译文。

在前款的情形，外语实用新型注册申请的申请人已进行基于条约第19条(1)规定的补正时，可以不提交同款规定的权利要求书译文，而提交补正后的权利要求书译文。

在国内书面文件提交期间（在第1款但书外语实用新型注册申请的情况下，译文提交特别例外期间。在下款相同）内，没有提交第1款规定的说明书译文和前二款规定的权利要求书译文（以下称为“说明书等译文”）时，视为已撤回国际实用新型注册申请。

根据前款规定被视为撤回的，国际实用新型注册申请的申请人，有正当理由在国内书面文件提交期间内未能提交说明书等译文时，在理由消失日起2个月以内，限于国内书面文件提交期限届满后1年以内，可以向特许厅长提交说明书等译文和第1款规定的附图和摘要的译文。

根据前款规定提交的译文,视为在国内书面文件提交期间届满时已向特许厅长提交。

提交第1款规定权利要求书译文的申请人,已进行基于条约第19条(1)规定的补正时,限于到国内书面文件提交期间届满[在国内书面文件提交期间内,申请人根据条约第23条(2)或者第40条(2)规定提出请求(以下称为"国内处理请求")时,其国内处理请求时。以下称为"国内处理标准时"]所属日前,可以再提交补正后的权利要求书日语译文。

《专利法》第184条之7第3款正文的规定,准用于未提交第2款或者前款规定的译文的情形。

【书面文件的提交和补正命令等】

第48条之5 国际实用新型注册申请的申请人,必须在国内书面文件提交期间内,向特许厅长提交记载下列事项的书面文件:

1. 申请人的姓名或者名称及住所或者居所;
2. 设计人的姓名及住所或者居所;
3. 国际申请编号及经济产业省令规定的其他事项。

下列情形,特许厅长可以指定相当期间,命令应当补正程序:

1. 在国内书面文件提交期间内,没有提交根据前款规定应当提交的书面文件时;
2. 根据前款的规定,程序违反第2条之5第2款准用《专利法》第7条第1款到第3款或者第9条的规定时;
3. 根据前款的规定,程序违反经济产业省令规定的形式时;
4. 根据前条第1款的规定,在国内书面文件提交期间(在前条第1款但书外语实用新型注册申请的情况下,译文提交特别例外期间)内,没有提交应当提交的摘要译文时;
5. 根据第32条第1款的规定,在国内书面文件提交期间内,没有缴纳应当缴纳的注册费时;
6. 根据第54条第2款的规定,在国内书面文件提交期间内,没有缴纳应当缴纳的手续费时。

《专利法》第184条之5第3款的规定,准用于根据前款规定基于命令的补正。

国际实用新型注册申请的申请人,在用日语提出国际实用新型注册申请(以下称为"日语实用新型注册申请")的情况下如果不是履行第1款规定的程序,在外语实用新型注册申请的情况下如果不是履行根据同款和前条第1

款规定的程序,并且,缴纳了根据第32条第1款规定应当缴纳的注册费,以及缴纳了根据第54条第2款规定应当缴纳的手续费后,则不能提出国内处理请求。

【国际申请的申请书、说明书等的效力】

第48条之6 国际实用新型注册申请在国际申请日的申请书视为根据第5条第1款规定提交的申请书。

日语实用新型注册申请在国际申请日的说明书和外语实用新型注册申请在国际申请日的说明书译文,视为根据第5条第2款的规定添加在申请书提交的说明书;日语实用新型注册申请在国际申请日的权利要求书和外语实用新型注册申请在国际申请日的权利要求书译文,视为根据同款规定添加在申请书提交的实用新型权利要求书;日语实用新型注册申请在国际申请日的附图和外语实用新型注册申请在国际申请日的附图(附图中的说明除外)及附图中说明的译文,视为根据同款规定添加在申请书提交的附图;日语实用新型注册申请的摘要和外语实用新型注册申请的摘要译文,视为根据同款规定添加在申请书中提交的摘要。

根据第48条之4第2款或者第6款的规定,基于条约第19条(1)的规定提交补正后的权利要求书译文的情形,不受前款规定限制,将补正后的权利要求书译文,视为根据第5条第2款规定添加在申请书提交的实用新型权利要求书。

【附图的提交】

第48条之7 国际申请在国际申请日没有附图时,国际实用新型注册申请的申请人必须在国内处理标准时所属日前向特许厅长提交附图。

在国内处理标准时日前没有提交根据前款规定的附图时,特许厅长可向国际实用新型注册申请的申请人指定相当期间,命令应当提交附图。

根据前款规定被命令应当提交附图的人在根据同款规定指定的期间内没有提交时,特许厅长可以驳回国际实用新型注册申请。

根据第1款规定或者根据第2款规定基于命令提交的附图(在附图中添加提交附图的简要说明时,提交附图和说明),视为根据第2条之2第1款规定的程序补正。在这种情形,不适用同款但书的规定。

【补正的特别例外】

第48条之8 根据第48条之15第1款准用《专利法》第184条之7第2款和第184条之8第2款的规定,有关被视为根据第2条之2第1款规定的补正,不适用同款但书的规定。

国际实用新型注册申请进行的基于条约第 28 条(1)或者第 41 条(1)规定的补正,不适用第 2 条之 2 第 1 款但书的规定。

外语实用新型注册申请的说明书、权利要求书、附图,就可以补正的范围,第 2 条之 2 第 2 款中有“首次添加在申请书的说明书、权利要求书、附图”改为“在第 48 条之 4 第 1 款国际申请日的国际申请说明书、权利要求书、附图”。

《专利法》第 184 条之 12 第 1 款的规定,准用于对国际实用新型注册申请进行的第 2 条之 2 第 1 款正文或者基于条约第 28 条(1)或者第 41 条(1)规定的补正。在这种情形,同法第 184 条之 12 第 1 款中有“第 195 条第 2 款”应当换读为“根据《实用新型法》第 32 条第 1 款规定应当缴纳的注册费和同法第 54 条第 2 款”;有“缴纳后,满国内处理标准时”应当换读为“缴纳后”。

【实用新型注册要件的特别例外】

第 48 条之 9 第 3 条之 2 规定的其他实用新型注册申请或者专利申请,是国际实用新型注册申请或者《专利法》第 184 条之 3 第 2 款的国际专利申请时,就第 3 条之 2 规定的适用,同条中有“是其他的实用新型注册申请或者专利申请”规定为“是其他实用新型注册申请或者专利申请(根据第 48 条之 4 第 3 款或者《专利法》第 184 条之 4 第 3 款的规定,被视为被撤回的第 48 条之 4 第 1 款的外语实用新型注册申请或者同法第 184 条之 4 第 1 款的外语专利申请除外)”,有“发行或者”规定为“发行”,有“或者申请公开”规定为“或者申请公开,或者 1970 年 6 月 19 日在华盛顿签订的《专利合作条约》第 21 条规定的国际公开”,有“首次添加在申请书的说明书、实用新型权利要求书或者专利权利要求书、附图”规定为“在第 48 条之 4 第 1 款或者同法第 184 条之 4 第 1 款国际申请日的国际申请说明书、权利要求书、附图”。

【基于实用新型注册申请等主张优先权的特别例外】

第 48 条之 10 国际实用新型注册申请,不适用第 8 条第 1 款但书和第 4 款和第 9 条第 2 款的规定。

日语实用新型注册申请,就第 8 条第 3 款规定的适用,同款中的“实用新型公报的发行”规定为“实用新型公报的发行或者 1970 年 6 月 19 日在华盛顿签订的《专利合作条约》第 21 条规定的国际公开”。

外语实用新型注册申请,就第 8 条第 3 款规定的适用,同款中的“首次添加在实用新型注册申请申请书的说明书、实用新型权利要求书、附图”规定为“在第48条之4第1款国际申请日的国际申请说明书、权利要求书、附图”，有“实用新型公报的发行”规定为“实用新型公报的发行或者1970年6月19日在华盛顿签订的《专利合作条约》第21条规定的国际公开”。

第8条第1款的在先申请是国际实用新型注册申请或者《专利法》第184条之3第2款国际专利申请的情形，就第8条第1款到第3款及第9条第1款规定的适用，第8条第1款及第2款中的“首次添加在申请书的说明书、权利要求书或者专利权利要求书、附图”规定为“在第48条之4第1款或者《专利法》第184条之4第1款国际申请日的国际申请说明书、权利要求书、附图”，同条第3款中有“首次添加在先申请申请书的说明书、权利要求书、专利权利要求书、附图”规定为“在先申请在第48条之4第1款、《专利法》第184条之4第1款国际申请日的国际申请说明书、权利要求书、附图”，有“申请公开”规定为“1970年6月19日在华盛顿签订的《专利合作条约》第21条规定的国际公开”、第9条第1款中有“自申请日起至经济产业省令规定的期间届满时”规定为“从第48条之4第6款、《专利法》第184条之4第6款国内处理标准时，或者从第48条之4第1款、同法第184条之4第1款国际申请日至经济产业省令规定的期间届满时，任一迟至时间”。

【变更申请的特别例外】

第48条之11 根据《专利法》第184条之3第1款或者第184条之20第4款的规定，被视为专利申请的国际申请变更为实用新型注册申请，在同法第184条之6第2款日语专利申请的情况下如果不是已履行根据同法第184条之5第1款的程序、在同法第184条之4第1款外语专利申请的情况下如果不是已履行根据同款或者同条第4款和同法第184条之5第1款规定的程序，并且，缴纳了根据同法第195条第2款规定应当缴纳的手续费后（根据同法第184条之20第4款的规定被视为专利申请的国际申请，作出同款规定的决定后），则不能进行变更。

【注册费缴纳期限的特别例外】

第48条之12 缴纳国际实用新型注册申请第1年到第3年每年的注册费，第32条第1款中有“和实用新型注册申请的同时”规定为“根据第48条之4第1款规定的国内书面文件提交期间内（在作出同条第6款规定的国内处理请求的情况下，到请求国内处理时）”。

【请求实用新型技术评价的时期限制】

第48条之13 请求国际实用新型注册申请的实用新型技术评价,第12条第1款中的“任何人均”规定为“满第48条之4第6款规定的国内处理标准时后,任何人均”。

【修改的特别例外】

第48条之13之2 外语实用新型注册申请根据第14条之2第1款规定的修改,同条第3款中的“首次添加在申请书的说明书、权利要求书、附图”规定为“在第48条之4第1款国际申请日的国际申请说明书、权利要求书、附图”。

【无效理由的特别例外】

第48条之14 外语实用新型注册申请的实用新型注册无效复审,第37条第1款第1项中有“向不符合第2条之2第2款规定要件已补正的实用新型注册申请进行实用新型注册时”规定为“第48条之4第1款外语实用新型注册申请的实用新型注册,添加在申请书的说明书、权利要求书、附图中记载的事项,在同款国际申请日的国际申请说明书、权利要求书、附图记载事项范围内没有时”。

【《专利法》的准用】

第48条之15 《专利法》第184条之7(日语专利申请基于条约第19条的补正)和第184条之8第1款到第3款(基于条约第34条的补正)的规定,准用于国际实用新型注册申请基于条约的补正。在这种情形,同法第184条之7第2款和第184条之8第2款中“第17条之2第1款”应当换读为“《实用新型法》第2条之2第1款”。

《专利法》第184条之11(侨居国外人士的专利管理人的特别例外)的规定,准用于国际实用新型注册申请程序。

《专利法》第184条之9第6款和第184条之14的规定,准用于国际实用新型注册申请。

【根据决定被视为实用新型注册申请的国际申请】

第48条之16 条约第2条(vii)的国际申请申请人,对条约第4条(1)(ii)的指定国中包括日本国的国际申请(限于实用新型注册申请),由条约第2条(xv)的受理行政机关宣告拒绝条约第25条(1)(a)规定或者进行同条(1)(a)或者(b)规定,或者由条约第2条(xix)的国际秘书处已作出条约第25条(1)(a)规定的认定时,可以在经济产业省令规定的期间内,根据经济产业省令规定向特许厅长提出应当作出同条(2)(a)规定决定的申请。

有关用外语提出国际申请，提出前款申请的人在申请时，必须向特许厅长提交说明书、权利要求书、附图(限于附图中的说明)、摘要和经济产业省令规定的关于国际申请的其他文件的日文译文。

已提出第1款的申请时，特许厅长必须根据条约和《专利合作条约》规则的规定，作出否决、宣告或者认定的申请是否正当的决定。

根据前款规定，特许厅长按照条约和基于《专利合作条约》规则的规定，认为同款的否决、宣告或者认定不正当时，对其国际申请在决定不否决、宣告或者认定的情形，视为在承认成为国际申请日之日已提出实用新型注册申请。

第48条之6第1款及第2款、第48条之7、第48条之8第3款、第48条之9、第48条之10第1款、第3款及第4款、第48条之12到第48条之14和专利法第184条之3第2款、第184条之9第6款、第184条之12第1款和第184条之14的规定，准用于根据前款规定被视为实用新型注册申请的国际申请。在这种情形，关于准用这些规定的必要技术性修改，由政令规定。

第八章 其他规定

【向实用新型注册簿登记】

第49条 下列事项登记到备置在特许厅的实用新型注册簿：

1. 实用新型权的设定、转移、根据信托的变更、恢复或者处分的限制；
2. 独占许可权的设定、保存、转移、变更、消灭或者处分的限制；
3. 以实用新型权或者独占许可权为标的，质权的设定、转移、变更、消灭或者处分的限制。

可以采用磁带制作全部或者部分实用新型注册簿(包括通过与之类似方法能够准确记录一定事项并存放的物品。以下相同)。

本法规定者外，登记的必要事项由政令规定。

【实用新型专利证书的颁发】

第50条 有实用新型权设定注册时、第14条之2第1款的修改时，或者基于根据第17条之2第1款规定的请求转移了实用新型权登记时，特许厅长向实用新型权人颁发实用新型专利证书。

实用新型专利证书的补发由经济产业省令规定。

【两个以上请求项的实用新型注册或者实用新型权的特殊规则】

第50条之2 对两个以上请求项的实用新型注册或者实用新型权，第12条第2款、第14条之2第8款，在第26条中准用《专利法》第97条第1款或者第98条第1款第1项、第34条第1款第3项、第37条第3款、第41条准用同法第125条，第41条或者第45条第1款准用同法第174条第3款，就分别准用同法第132条第1款、第44条，第45条第1款准用同法第176条，第49条第1款第1项或者第53条第2款准用同法第193条第2款第5项规定的适用，视为各请求项进行实用新型注册或者有实用新型权。

【实用新型专利标志】

第51条 实用新型权人、独占许可权人或者普通许可权人，必须根据经济产业省令规定，努力在注册实用新型产品或者产品包装上，附着产品是注册实用新型的标志(以下称为"实用新型专利标志")。

【虚假标识的禁止】

第52条 任何人均不得进行下列行为：

1. 在非授权实用新型产品或者产品包装上，附着注册实用新型标志或者与之混淆的标志的；

2. 转让、出租或者为转让、出租而展览非授权实用新型产品，而在该产品或者产品包装上附着授权实用新型标志或者与之混淆的标志的；

3. 为制造或者使用非授权实用新型产品，或者为转让、出租，而在广告中表示产品与授权实用新型有关或者作出与之混淆的标示的。

【实用新型公报】

第53条 特许厅发行实用新型公报。

《专利法》第193条第2款(限于第5项到第7项、第9项及第10项的部分)的规定，准用于实用新型公报。

【手续费】

第54条 下列人员，必须缴纳考虑成本由政令规定数额的手续费：

1. 根据第2条之5第1款准用《专利法》第5条第1款的规定、第32条第3款的规定或者第14条之2第5款、第39条之2第4款、第45条第2款或者下一条第5款准用同法第4条的规定，请求延长期间的人；或者根据在第2条之5第1款准用同法第5条第2款的规定，请求变更期日的人。

2. 根据第11条第2款准用《专利法》第34条第4款的规定，进行继受呈报的人。

3. 请求补发实用新型专利证书的人。

4. 根据第 55 条第 1 款准用《专利法》第 186 条第 1 款的规定,请求证明的人。

5. 根据第 55 条第 1 款准用《专利法》第 186 条第 1 款的规定,请求交付文件誊本或者摘抄本的人。

6. 根据第 55 条第 1 款准用《专利法》第 186 条第 1 款的规定,请求阅览或者誊写文件的人。

7. 根据第 55 条第 1 款准用《专利法》第 186 条第 1 款的规定,请求交付实用新型登记簿中在磁带上记录的事项的文件的人。

在附表中栏列举的人,在同表右栏列举金额的范围内,必须分别缴纳由政令规定数额手续费。

根据前二款规定应当缴纳手续费的人是国家时,不适用这些规定。

国家和国家以外的人共有实用新型权或者获得实用新型注册的权利,并规定有持有额时,国家和国家以外的人对自己的实用新型权或者获得实用新型注册的权利,根据第 1 款或者第 2 款的规定应当缴纳的手续费(限于实用新型技术评价请求手续费以外的由政令规定的手续费)不受这些规定的限制,国家以外的人必须缴纳其持有额比例乘以在这些规定中规定的手续费金额得到的金额。

与国家或者包括根据第 8 款规定或者其他法令的规定获得减免实用新型技术评价请求手续费(以下在本款称为"减免")的人共有实用新型权或者获得实用新型注册的权利,并规定有持有额时,这些人自己的实用新型权或者获得实用新型注册的权利,根据第 2 款规定应当缴纳的实用新型技术评价请求手续费不受前款规定限制,国家以外的各共有人必须缴纳持有额的比例乘以同款规定的实用新型技术评价请求手续费金额(有获得减免的人时,其减免后的金额)所得到的金额。

根据前二款规定算出的手续费金额中,有不满 10 日元的尾数时,舍去尾数。

第 1 款及第 2 款的手续费,必须根据经济产业省令规定采用特许印花缴纳。但是,在经济产业省令规定的情形,可以根据经济产业省令规定采用现金缴纳。

请求对自己的与实用新型注册申请有关的设计或者注册实用新型进行实用新型技术评价的人,是与实用新型注册申请有关的设计或者注册实用新型的设计人或者继承人的情形,特许厅长认为因其贫困没有财力缴纳根据第

2 款规定应当缴纳的实用新型技术评价请求手续费时，可以根据政令减免手续费。

【手续费的返还】

第 54 条之 2 提出实用新型技术评价请求后，根据第 12 条第 7 款的规定被视为未提出其请求时，返还请求人根据前条第 2 款规定已缴纳的实用新型技术评价请求手续费。

在第 39 条之 2 第 3 款或者第 5 款规定的期间（同条第 3 款规定的期间根据同条第 4 款准用《专利法》第 4 条规定延长时，延长后的期间）内，撤回实用新型注册无效复审请求时，根据其请求返还请求人根据前条第 2 款规定缴纳的复审请求手续费。

自撤回实用新型注册无效复审请求之日起满 6 个月后，不能根据前款的规定请求返还手续费。

实用新型注册无效复审的参加人，根据第 39 条第 5 款的规定，自收到通知之日起 30 日内撤回参加申请时，根据其请求返还参加人根据前条第 2 款规定已缴纳的申请参加的手续费。

《专利法》第 4 条的规定，准用于前款规定的期间。在这种情形，同条中有“特许厅长”应当换读为“审判长”。

实用新型注册无效复审的参加人因不能归其责的理由，在第 4 款规定的期间内，不能撤回参加申请时，在理由消失日起 14 日（在国外的人，2 个月）以内，期限届满后 6 个月以内，撤回申请时，不受同款规定限制，根据其请求返还参加人根据前条第 2 款规定已缴纳的申请参加的手续费。

自撤回申请参加日起满 6 个月后，不能根据第 4 款和前款的规定请求返还手续费。

实用新型注册无效复审的参加人没有撤回参加申请时，在第 4 款或者第 6 款规定的期间（在第 4 款规定的期间根据在第 5 条准用《专利法》第 4 条的规定延长时，延长后的期间）内，撤回实用新型注册无效复审请求时，根据其请求返还参加人根据前条第 2 款规定已缴纳的申请参加的手续费。但是，根据在第 41 条准用同法第 148 条第 2 款的规定继续进行复审程序时，不在此限。

自撤回实用新型注册无效复审请求日起满 1 年后，不能根据前款的规定请求返还手续费。

错误缴纳的手续费，根据缴纳的人的请求返还。

自缴纳日起满 1 年后，不能根据前款规定请求返还手续费。

根据第2款、第4款、第6款、第8款或者第10款的规定请求返还手续费的人,因不能归其责的理由,在第3款、第7款、第9款或者前款规定的期间内未能提出请求时,不受这些规定限制,在其理由消失之日起14日(在偏远地区的人,2个月)以内,且在这些规定中规定的期间满后6个月以内,可以提出其请求。

【《专利法》的准用】

第55条 《专利法》第186条(证明等的请求)的规定,准用于实用新型注册。

《专利法》第189条到第192条(送达)的规定,准用于根据本法规定的送达。

《专利法》第194条的规定,准用于程序。在这种情形,同条第2款中的"审查"应当换读为"《实用新型法》第12条第1款规定的实用新型技术评价"。

《专利法》第195条之3的规定,准用于根据本法或者基于本法的命令规定的处分。

《专利法》第195条之4(根据《行政异议审查法》规定的审查请求限制)的规定,准用于根据本法规定的复审决定及复审或者再审请求书的驳回决定、根据本法规定已决定不能申请异议的处分或者这些不作为。

第九章 法律责任

【侵害罪】

第56条 侵害实用新型权或者独占许可权的人,处5年以下有期徒刑或者500万日元以下罚金,或者并处之。

【欺诈行为罪】

第57条 通过诈欺行为获得实用新型注册或者复审决定的人,处1年以下有期徒刑或者100万日元以下罚金。

【虚假标示罪】

第58条 违反第52条规定的人,处1年以下有期徒刑或者100万日元以下罚金。

【伪证罪】

第59条 根据本法规定,已宣誓的证人、鉴定人或者口译人向特许厅或者接受其委托的法院作出虚假的陈述、鉴定或者口译时，处 3 个月以上 10 年以下有期徒刑。

犯前款罪的人在案件判决誊本送达前或者复审决定生效前自首时，可以减免刑罚。

【泄露秘密罪】

第 60 条 特许厅的职员或者曾担任此职的人，泄露或者盗用因职务而知悉的正在申请实用新型注册的设计秘密时，处 1 年以下有期徒刑或者 50 万日元以下罚金。

【违反保密命令罪】

第 60 条之 2 违反根据第 30 条准用专利法第 105 条之 4 第 1 款规定命令的人，处 5 年以下有期徒刑或者 500 万日元以下罚金，或者并处之。

前款的罪如果不自诉则不能提起公诉。

第 1 款的罪也适用于在日本国外犯了同款罪的人。

【两罚规定】

第 61 条 法人的代表人、法人或者个人的代理人、雇员及其他员工，在法人或者个人的业务中作出下列各项规定的犯罪行为时，除处罚行为人外，对法人处各项规定的罚金，对个人处各条正文的罚金：

1. 第 56 条或者前条第 1 款，3 亿日元以下罚金；
2. 第 57 条或者第 58 条，3000 万日元以下罚金。

在前款的情形，对行为人提起的前条第 2 款的自诉对法人或者个人发生效力；对法人或者个人提起的自诉对行为人发生效力。

根据第 1 款的规定，在对第 56 条、前条第 1 款的犯罪行为处法人或者个人罚金的情形，时效期间按照这些罪规定的时效期间。

【罚款】

第 62 条 第 26 条准用《专利法》第 71 条第 3 款、第 41 条或者在第 45 条第 1 款准用同法第 174 条第 3 款，根据分别准用在同法第 151 条准用《民事诉讼法》第 207 条第 1 款的规定，已宣誓的人向特许厅或者受其委托的法院作出虚假陈述时，处 10 万日元以下罚款。

第 63 条 根据本法规定，接受特许厅或者受其委托法院传唤的人，无正当理由拒不出席或者拒绝宣誓、陈述、作证、鉴定或者口译时，处 10 万日元以下罚款。

第64条 关于调查证据或者证据保全,根据本法规定,由特许厅或者受到其委托的法院命令提交或者出示文件及其他物品的人,无正当理由不遵守命令时,处10万日元以下罚款。

附表(第54条)

必须缴费的人	缴费金额
提出实用新型注册申请的人	每件1.4万日元
根据第48条之5第1项的规定,应当履行程序的人	每件1.4万日元
根据第48条之16第1款的规定,提出申请的人	每件1.4万日元
提出实用新型技术评价请求的人	每件4.2万日元再加每1请求项1300日元
进行说明书、实用新型权利要求书、附图修改的人	每件1400日元
根据在第26条准用《专利法》第71条第1项规定,要求判定的人	每件4万日元
请求裁定的人	每件5.5万日元
请求撤销裁定的人	每件2.75万日元
请求复审或者再审的人	每件4.95万日元再加每1请求项5500日元
申请参加复审或者再审的人	每件5.5万日元

第四编　实用新型法施行法

1959年4月13日法律第124号
最新修改1993年4月23日法律第26号

【《实用新型法》的施行日期】

第1条　《实用新型法》(1959年法律第123号。以下称为"新法")自1960年4月1日起施行。

【《实用新型法》的废止】

第2条　《实用新型法》(1921年法律第97号。以下称为"旧法")废止。

【实用新型权】

第3条　根据旧法的实用新型权(附限制转移的实用新型权除外),在新法施行时现存者,决定在新法施行日根据《修改专利法等一部分的法律》(1993年法律第26号。以下称为"1993年法")附则第4条第1款规定仍有效者,视为根据1993年法修改前的《实用新型法》(以下称为"1959年法")取得实用新型权。但是,其效力不及于根据第26条准用《专利法》(1921年法律第96号。以下称为"旧专利法")第125条第2款规定决定效力不及的产品。

第4条　旧法第26条准用《旧专利法》第73条第3款规定的权利,在新法施行时现存者,在新法施行日,视为取得1959年法第12条第1项的权利。但是,同条第2款及第4款的规定,不适用。

【附限制转移的实用新型权】

第5条　根据旧法是附限制转移的实用新型权,在新法施行时现已注册者,在新法施行日,视为根据1959年法取得独占许可权。

【许可权】

第6条 根据旧法第7条规定的许可权，在新法施行时现存者，在新法施行日，视为根据新法第26条准用《专利法》(1959年法律第121号。以下称为“新专利法”)第79条规定取得普通许可权。

第7条 根据旧法第8条第1款规定的许可权，在新法施行时现存者，在新法施行日；根据第21条第2款规定，决定按照此规范，根据旧法第8条第1款规定的许可权，在复审决定生效日，视为根据新法第20条第1款规定取得普通许可权。

第8条 根据旧法第8条第2款规定的许可权(第9条规定的除外)，在新法施行时现存者，在新法施行日，视为根据新法第20条第1款规定取得普通许可权。

第9条 根据旧法第8条第2款规定的许可权(限于外观设计权)，在新法施行时现存者，在新法施行日，视为根据新法第26条准用新《专利法》第82条第1款规定取得普通许可权。

第10条 根据旧法第9条规定的许可权(第11条规定的除外)，在新法施行时现存者，在新法实行日，视为根据新法第20条第1款规定取得普通许可权。

在前款的情形，不适用新法第20条第2款的规定。

第11条 根据旧法第9条规定的许可权(限于与外观设计权有关者)，在新法施行时现存者，在新法施行日，视为根据新法第26条准用新《专利法》第81条规定取得普通许可权。

第12条 根据旧法第11条规定的许可权，在新法施行时现存者，在新法施行日；根据第21条第2款规定，决定按照其规范，根据旧法第11条规定的许可权，在复审决定生效日，视为根据新法第22条第2款取得裁定的普通许可权或者外观设计权的普通许可权。

第13条 根据旧法第26条准用旧《专利法》第14条第2款规定的许可权，在新法施行时现存者，在新法施行日，视为根据新法第9条第3款准用新《专利法》第35条第1款规定取得普通许可权。

第14条 根据旧法第26条准用旧《专利法》第48条第1款规定的许可权，在新法施行时现存者，在新法施行日，视为根据新法第19条第1项规定取得普通许可权。

第15条 根据旧法第26条准用旧《专利法》第126条第1款规定的许可权，在新法施行时现存者，在新法施行日；根据第21条第3款规定，决定按照其规范,根据旧法第26条准用旧专利法第126条第1款规定的许可权,在复审决定生效日,视为根据在新法第45条准用新《专利法》第176条规定取得普通许可权。

第16条 根据旧法第26条准用旧《专利法》第127条第1款规定的许可权,在新法施行时现存者,在新法施行日;根据第21条第3款规定,决定按照此规范,根据旧法第26条准用旧《专利法》第127条第1款规定的许可权,在复审决定生效日,视为根据新法第20条第1款规定取得普通许可权。

第17条 根据第3条规定被视为根据1959年法取得实用新型权,根据旧法的实用新型权(包括根据第21条第1款规定,按照原有规范授予实用新型注册者)与实用新型注册申请日前申请的他人专利权抵触时,实用新型权人、独占许可权人或者普通许可权人,不能在营业上实施注册实用新型。

在前款规定的情形,视为符合新法第17条规定时,适用新法第22条规定。

第18条 根据第3条规定已被视为根据1959年法取得的实用新型权,是与根据旧法的实用新型权(包括根据第21条第1款的规定,按照原有规范授予实用新型权的)抵触的专利权,在实用新型注册申请日前或者与之同日申请者的保护期限届满时,原专利权人在原专利权范围内,对该实用新型权或者专利权保护期限届满时实际上存在的独占许可权,视为具有根据新法第20条第1款规定的普通许可权。

前款的情形,不适用新法第20条第2款的规定。

根据第3条规定已被视为根据1959年法取得的实用新型权,是与根据旧法的实用新型权(包括根据第21条第1款的规定,按照原有规范授予实用新型权的)抵触的专利权,在实用新型注册申请日前或者与之同日申请者的保护期限届满时,在届满时,对专利权具有独占许可权的人或者对专利权或者独占许可权有具有新《专利法》第99条第1款效力的普通许可权的人,在原权利范围内,对实用新型权或者专利权保护期限届满时实际上存在的独占许可权,视为具有根据第20条第1款规定的普通许可权。

【保护期限】

第19条 根据第3条的规定,被视为根据1959年法取得的实用新型权,根据《实用新型法》(包括根据第21条第1款的规定,按照原有规范授予实用新型注册的)的保护期限,仍然按照原有规范。

【质权】

第 20 条 新法施行前以实用新型权为标的设定质权的，在新法施行时实际上没有注册的，在新法施行日失效。

【正在审查的程序】

第 21 条 在新法施行时，实际上正在审查的实用新型权注册申请（包含正在审查上诉审判的），有关实用新型注册申请，到审定或者复审决定生效，仍然按照原有规范。

在新法施行时实际上正在审查的旧法第 11 条、第 14 条第 1 款或者第 22 条第 1 款的复审或者它们复审决定的上诉审判，仍然按照原有规范。但是，在新法施行时实际上正在审查的旧法第 11 条、第 14 条第 1 款或者第 22 条第 1 款的复审（包括新法施行时案件实际上正在进行的上诉审、新法施行后被驳回而正在复审情形中的复审），将复审决定视为上诉审判的复审决定，将驳回复审请求书的决定视为驳回上诉审判请求书的决定。

在新法施行时，现正在审查的旧法第 26 条或者同条准用在旧《专利法》第 128 条第 1 款准用同法第 121 条第 1 款的再审，仍然按照原有规范。

第 2 款但书的规定，准用于前款的情形。

不是第 1 款到第 3 款规定的程序，并在新法施行时现正在特许厅审查的，仍然按照原有规范。

【正当权利人的实用新型注册申请】

第 22 条 在新法施行时，实际上正在审查的旧法第 26 条准用旧《专利法》第 10 条或者第 11 条规定的正当权利人的实用新型注册申请，这些规定在新法施行后仍有效。

【获得实用新型注册权利的继受】

第 23 条 继受在新法施行前提出的在实用新型注册申请后进行实用新型注册的权利（继承及其他一般继受的除外。），在新法施行时，实际上没有向特许厅长呈报的，在新法施行日失效。

【实用新型权的转移等】

第 24 条 在新法施行前进行的实用新型权转移（根据继承及其他一般继受的除外）或者处分的限制，在新法施行时实际上没有注册的，在新法施行日失效。

以在新法施行前进行的以实用新型权为标的，质权的转移（继承及其他一般继受的除外）、变更或者处分的限制，在新法施行时实际上没有注册的，在新法施行日失效。

【职务设计】

第25条 新法第9条第3款准用新《专利法》第35条的规定，也适用新法施行前雇员、法人的负责人或者公务员完成的设计。

【无效复审】

第26条 根据旧法进行实用新型注册或者根据旧法第14条第1款规定授予的许可（包括根据第21条第1款或者第2款规定，按照原有规范授予实用新型注册或者许可），有关1959年法第37条第1款或者第40条第1款的复审或者它们生效复审决定的再审，旧法第16条的规定在新法施行后仍有效，限于在同条第1款或者第2款规定的情形，可以宣告实用新型注册或者许可无效。

旧法第22条第1款第1项的复审或者复审决定的上诉审判，有关生效复审决定（包括是根据第21条第2款的规定，按照原有规范作出的复审决定生效的）的再审，在新法施行后提出请求的，也和前款相同。

在新法施行前已进行实用新型注册或者根据旧法第14条第1款规定授予的许可，旧法第23条的规定在新法施行后仍有效。

【注册费】

第27条 在新法施行前已缴纳或者应当缴纳的注册费，仍然按照原有规范。

根据1959年法第34条准用的1993年法附则第4条第1款的规定，决定仍具有效力者，根据1993年法修改前的《专利法》第111条的规定，也适用在新法施行前已缴纳的注册费（包括根据前款规定按照原规范已缴纳的）。

根据旧法第26条准用旧《专利法》第11条（包括根据第22条规定仍具有效力的情形）的规定，向正当权利人作出了实用新型注册时，旧法第26条准用旧《专利法》第65条第6款的规定在新法施行后仍有效。

第28条 根据第3条规定，被视为根据1959年法取得实用新型权，根据旧法的实用新型权（包括根据第21条第1款规定，按照原有规范作出了实用新型注册的），就1959年法第31条第1款规定的适用，同款中有“第15条第1项”应当规定为“旧《实用新型法》第10条第1款”。

【补偿金】

第29条 获得新法施行前具有的补偿金的权利，仍然按照原有规范。

【处分】

第 30 条 根据旧法已进行的处分、程序及其他行为（包括根据第 21 条第 1 款到第 3 款或者第 5 款的规定，按原有规范完成的），在 1959 年法中有与之相当的规定时，视为根据 1959 年法已进行的。

【法律责任的适用】

第 31 条 新法施行前已进行的行为，和根据第 21 条第 1 款到第 3 款或者第 5 款的规定决定按照原有规范的程序在新法施行后已进行的行为，法律责任的适用仍然按照原有规范。

第五编　外观设计法

1959 年 4 月 13 日法律第 125 号

最新修改:2014 年 6 月 13 日法律第 69 号

第一章　总　　则

【日的】

第 1 条　本法的目的是,通过保护和利用外观设计,奖励外观设计创作,以推动产业发展。

【定义】

第2条 本法所称"外观设计",是指产品(包括产品的组成部分。第8条除外,以下相同)的形状、花纹、色彩或者它们的结合,通过视觉使人产生美感之物。

前款产品组成部分的形状、花纹、色彩或者它们的结合,包括用于产品操作(限于该产品为能发挥其功能状态而进行的)并标示在该产品或者和它作为一个整体使用的产品上图像。

在本法中,外观设计所称"实施",指制造、使用、转让、出租、出口、进口、许诺转让或者出租(包括为转让或者出租的展览。以下相同)外观设计产品的行为。

本法所称"注册外观设计",是指获得外观设计注册的外观设计。

第二章 外观设计注册和外观设计注册申请

【外观设计注册的要件】

第3条 除下列外观设计外,创作了能够在工业上利用的外观设计的人对外观设计可以获得外观设计注册:

1. 外观设计注册申请前,在日本国内或者外国公知的外观设计;

2. 外观设计注册申请前,在日本国内外发行的刊物上刊登的外观设计或者通过通信线路能够为公众利用的外观设计;

3. 类似前二项列举的外观设计。

外观设计注册申请前,在外观设计所属领域中具有普通知识的人,基于在日本国内或者在外国公知的形状、花纹、色彩或者它们的结合,能容易完成外观设计创作时,不受前款规定限制,对外观设计(前款各项列举的除外)不能获得外观设计注册。

第3条之2 外观设计注册申请的外观设计,与是外观设计注册申请日前其他提出外观设计注册申请,并在外观设计注册申请后,根据第20条第3款或者第66条第3款规定,由外观设计公报刊登的(以下在本条称为"在先外观设计注册申请")申请书的记载和添加在申请书的附图、照片、模型、样品表现的外观设计的一部分相同或者类似时,不受前条第1款规定的限制,外观设计不能获得外观设计注册。但是,外观设计注册申请的申请人和在先外观设计申请的申请人是同一人,并根据第20条第3款的规定,在刊登在先外观设计注册申请的外观设计公报(根据同条第4款的规定,刊登同条第3

款第 4 项列举的事项除外）发行日前，申请了该外观设计注册时，不在此限。

【外观设计新颖性丧失的例外】

第 4 条 违反具有获得外观设计注册权利的人的意思，导致符合第 3 条第 1 款第 1 项或者第 2 项的外观设计，在符合日起 6 个月内，此人提出外观设计注册申请的外观设计，有关同条第 1 款及第 2 款规定的适用，视为不符合同条第 1 款第 1 项或者第 2 项。

源于具有获得外观设计注册权利的人的行为，导致符合第 3 条第 1 款第 1 项或者第 2 项的外观设计（因刊登在发明、实用新型、外观设计、商标的公报，符合同条第 1 款第 1 项或者第 2 项的除外），在符合日起 6 个月内，此人提出外观设计注册申请的外观设计，有关同条第 1 款及第 2 款规定的适用，和前款相同。

拟获得前款规定适用的人，必须和外观设计注册申请同时向特许厅长提交记载其主旨的书面文件，并且，在外观设计注册申请日起 30 日内，向特许厅长提交证明符合第 3 条第 1 款第 1 项或者第 2 项的外观设计是可获得前款规定适用的外观设计的书面文件（在下一款称为“证书”）。

提交证书的人，因不能归其责的理由，在前款规定的期间内未能提交证书时，不受同款规定限制，在其理由消失之日起 14 日（在偏远地区的人，2 个月）以内，且在其期间满后 6 个月以内，可以向特许厅长提交其证书。

【不能获得外观设计注册的外观设计】

第 5 条 下列外观设计，不受第 3 条规定限制，不能获得外观设计注册：

1. 有可能损害公共秩序或者善良风俗的外观设计；
2. 有可能和他人业务产品产生混同的外观设计；
3. 仅由为确保产品功能而不可缺少的形状构成的外观设计。

【临时普通许可权】

第 5 条之 2 具有获得外观设计注册权利的人，在外观设计注册申请申请书的记载和添加在申请书的附图、照片、模型、样品表现的外观设计或者在与之类似外观设计的范围内，对基于获得外观设计注册的权利应当取得的外观设计权，可以许可他人临时普通许可权。

根据前款规定，与临时普通许可权有关的外观设计注册申请在外观设计权设定登记后，在临时普通许可权设定行为规定的范围内，就外观设计权视为许可具有临时普通许可权的人普通许可权。

《专利法》（1959 年法律第 121 号）第 33 条第 2 款及第 3 款，第 34 条之 3

第4款、第6款及第8款到第10款和第34条之5的规定,准用于临时普通许可权。在这种情形,同法第34条之3第8款中的"第46条第1款"应当换读为"《外观设计法》第13条第2款";同条第9款中的"根据《外观设计法》(1959年法律第125号)第5条之2第1款规定的与临时普通许可权有关的外观设计注册申请,根据第46条第2款"应当换读为"根据第1款或者前条第4款规定的与临时普通许可权有关的专利申请,《外观设计法》第13条第1款"。

【外观设计注册申请】

第6条 拟获得外观设计注册的人,必须向特许厅长提交记载下列事项的申请书,并在申请书上添加记载拟获得外观设计注册的外观设计附图:

1. 外观设计注册申请人的姓名或者名称及住所或者居所;
2. 完成创作人的姓名及住所或者居所;
3. 外观设计的产品。

根据经济产业省令规定的情形,可以不提交前款的附图,提交表现拟申请外观设计注册的外观设计照片、模型、样品。这种情形,必须在申请书上分别记载照片、模型、样品。

根据第1款第3项记载的外观设计产品或者添加在申请书的附图、照片或者模型,因具有所属领域普通知识的人不能理解外观设计产品的材质或者大小而不能识别外观设计时,必须在申请书上记载外观设计产品的材质或者大小。

外观设计产品的形状、花纹、色彩在基于产品具有的功能发生变化的情形,拟对变化前后产品的形状、花纹、色彩或者它们的结合获得外观设计注册时,必须在申请书上记载其主旨和产品的该功能说明。

根据第1款或者第2款规定提交的附图、照片或者模型上附着外观设计色彩时,可以省略白色或者黑色中一种颜色的彩色。

根据前款规定省略彩色时,必须在申请书上记载其主旨。

在根据第1款规定提交的附图中记载外观设计的情形、在根据第2款规定提交的照片或者模型中表现外观设计的情形,全部或者部分外观设计产品透明时,必须在申请书上记载其主旨。

【一外观设计一申请】

第7条 外观设计注册申请必须根据经济产业省令规定的产品分类,每件外观设计分别提出申请。

【成套产品的外观设计】

第8条 同时在两个以上产品使用并构成经济产业省令规定(以下称为“成套产品”)的产品的外观设计,成套产品作为整体不可分时,可以作为一个外观设计申请获得外观设计注册。

【申请在先】

第9条 相同或者与之类似外观设计,在不同日期有两个以上外观设计注册申请时,仅最先的外观设计注册申请人对其外观设计可以获得外观设计注册。

相同或者与之类似外观设计,在同日期有两个以上外观设计注册申请时,仅根据外观设计注册申请人协商决定的一个外观设计注册申请人对其外观设计可以获得外观设计注册。协商不成立或者不能协商时,任何人对其外观设计均不能获得外观设计注册。

放弃、撤回、驳回外观设计注册申请时,或者外观设计注册申请应当作出拒绝的审定或者复审决定生效时,就前二款规定的适用,外观设计注册申请视为自始未发生。但是,外观设计注册申请根据符合前款后段规定,在应当作出拒绝的审定或者复审决定生效时,不在此限。

在第2款的情形,特许厅长必须指定相当期间,命令外观设计注册申请人进行同款的协商,并应当呈报结果。

在根据前款规定的指定期间内,没有根据同款规定的呈报时,特许厅长可以视为第2款的协商不成立。

【补正申请书的记载或者附图及主要内容变更】

第9条之2 补正申请书的记载(根据第6条第1款第1项及第2项列举的事项和同条第2款的规定记载的事项除外。在第17条之2第1款及第24条第1款相同)或者添加在申请书的附图、照片、模型、样品,变更它们的主要内容及外观设计权授权后被承认时,外观设计注册申请视为在提交程序补正书时已进行补正。

【联合外观设计】

第10条 外观设计注册申请人从自己的外观设计注册申请的外观设计或者自己的注册外观设计中选择的一个外观设计(以下称为主外观设计),对与之类似的外观设计(以下称为“联合外观设计”),限于联合外观设计的外观设计注册申请日[根据第15条准用《专利法》第43条第1款或者第43条之3第1款或者第2款的规定,在同时主张优先权的外观设计注册申请时首次申请的申请日、根据1900年12月14日在布鲁塞尔、1911年6月2日在华盛顿、1925年11月6日在海牙、1934年6月2日在伦敦、1958年10月31日在里斯本和1967年7月14日在斯德哥尔摩修改的1883年3月20日《保护工业产权巴黎公约》第4条C(4)的规定被视为首次申请的申请日、根据同条A(2)的规定承认首次申请的申请日。以下在本款相同]是在主外观设计外观设计注册申请日以后、根据第20条第3款规定发行刊登主外观设计外观设计注册申请的外观设计公报(根据同条第4款规定,已刊登同条第3款第4项列举的事项除外)日前的情形,不受第9条第1款或者第2款规定的限制,可以获得外观设计注册。

主外观设计的外观设计权设定有独占许可权时,不受前款规定限制,主外观设计的联合外观设计不能获得外观设计注册。

仅类似根据第1款规定获得外观设计注册的联合外观设计的外观设计,不能获得外观设计注册。

一个主外观设计有2个以上联合外观设计申请外观设计注册时,这些联合外观设计不适用第9条第1款或者第2款的规定。

【外观设计注册申请的分割】

第10条之2 外观设计注册申请人限于外观设计注册申请正处于审查、复审、再审时,可以将包括两个以上外观设计的外观设计注册申请的一部分改为一个或者两个以上的新的外观设计注册申请。

根据前款规定分割了外观设计注册申请时,新外观设计注册申请视为在原外观设计注册申请时提出。但是,第4条第3款和第15条第1款准用专利法第43条第1款及第2款(包括第15条第1款准用的在同法第43条之3第3款准用这些规定的情形)规定的适用,不在此限。

提出第1款规定的新外观设计注册申请的情形,原来外观设计注册申请提交的书面文件或者文件,根据第4条第3款或者第15条第1款准用《专利法》第43条第1款及第2款(包括第15条第1款准用的在同法第43条之3第3款准用这些规定的情形)的规定,是新外观设计注册申请必须提交的,视为和新外观设计注册申请同时向特许厅长提交。

第11条 删除

第12条 删除

【申请的变更】

第13条 专利申请人可以将专利申请变更为外观设计注册申请。但是，专利申请应当作出拒绝的首次审定誊本送达日起满3个月后，不在此限。

实用新型注册申请人可以将实用新型注册申请变更为外观设计注册申请。

第1款但书规定的期间，根据《专利法》第4条的规定延长同法第121条第1款规定的期间时，以延长的期间为限视为已延长。

变更根据第1款或者第2款规定的申请后，原申请视为撤回。

专利申请人在专利申请有具有临时独占许可权人时，限于获得其许可的情形，可以根据第1项规定变更申请。

第10条之2第2款及第3款的规定，准用于根据第1款或者第2款规定变更申请的情形。

【根据《专利合作条约》有关国际申请变更申请的特别例外】

第13条之2 根据《专利法》第184条之3第1款、第184条之20第4款的规定被视为专利申请的国际申请变更为外观设计注册申请，在同法第184条之6第2款日语专利申请的情况下如果不是履行了根据同法第184条之5第1款规定的程序、在同法第184条之4第1款外语专利申请的情况下如果不是履行了同款或者同条第4款和同法第184条之5第1款规定的程序，并且，缴纳了根据同法第195条第2款的规定应当缴纳的手续费后（根据同法第184条之20第4款的规定被视为专利申请的国际申请，在同款规定的决定后），则不能进行变更。

根据《实用新型法》（1959年法律第123号）第48条之3第1款、第48条之16第4款的规定被视为实用新型注册申请的国际申请变更为外观设计注册申请，在同法第48条之5第4款日语实用新型申请的情况下如果不是履行了根据同条第1款规定的程序、在同法第48条之4第1款外语实用新型注册申请的情况下如果不是履行了根据同款或者同条第4款和同法第48条之5第1款规定的程序，并且，缴纳了根据同法第54条第2款规定应当缴纳的手续费后（根据同法第48条之16第4款的规定被视为实用新型注册申请的国际申请，在同款规定的决定后），则不能进行变更。

【秘密外观设计】

第14条 外观设计注册申请人可以指定自外观设计权设定注册日起3年以内的期间，对外观设计进行保密。

拟根据前款规定提出请求的人，必须在外观设计注册申请的同时，或者根据第42条第1款规定缴纳第1年注册费的同时，向特许厅长提交记载下列事项的书面文件：

1. 外观设计注册申请人的姓名或者名称及住所或者居所；

2. 请求保密期。

外观设计注册申请人或者外观设计权人可以请求延长或者缩短根据第1款规定请求保密的期间。

符合下列各项之一时，特许厅长必须根据第1款的规定向外观设计权利人以外的人出示已请求保密的外观设计：

1. 获得外观设计权人许可时；

2. 审查、复审、再审外观设计或者与外观设计相同、类似外观设计的，或者诉讼当事人或者参加人请求时；

3. 法院请求时；

4. 利害关系人向特许厅长提交记载外观设计权人的姓名或者名称和注册编号的书面文件以及经济产业省令规定的其他书面文件并提出请求时。

【《专利法》的准用】

第15条 《专利法》第38条(共同申请)、第43条第1款到第4款(根据《巴黎公约》主张优先权的程序)和第43条之3(根据《巴黎公约》主张优先权)的规定，准用于外观设计注册申请。在这种情形，同法第43条第1款中的“在经济产业省令规定的期间内”应换读为“和外观设计注册申请同时”，同条第2款中的“下列各项列举日期中最早日起1年4个月”应换读为“外观设计注册申请日起3个月”，同法第43条之3第3款中的“前2条”应换读为“第43条”。

《专利法》第33条和第34条第1款、第2款及第4款到第7款(获得专利的权利)的规定，准用于获得外观设计注册的权利。

《专利法》第35条(临时独占许可权部分除外)(职务发明)的规定，准用于员工、法人的负责人、国家公务员、地方公务员完成的外观设计创作。

第三章 审　　查

【由审查员的审查】

第16条 特许厅长必须指派审查员使其审查外观设计注册申请。

【拒绝的审定】

第17条 外观设计注册申请符合下列各项之一时，审查员对外观设计注册申请必须作出核驳：

1. 外观设计注册申请的外观设计，根据第3条、第3条之2、第5条、第8条、第9条第1款或者第2款、第10条第1款到第3款、第15条第1款中准用专利法第38条，或者第68条第3款中准用同法第25条的规定，不能进行外观设计注册时；

2. 外观设计注册申请的外观设计，根据条约的规定不能进行外观设计注册时；

3. 外观设计注册申请不符合第7条规定的要件时；

4. 外观设计注册申请人对外观设计不具有获得外观设计注册的权利时。

【补正的驳回】

第17条之2 补正申请书的记载或者添加在申请书的附图、照片、模型、样品，变更它们的主要内容时，审查员必须采用决定驳回补正。

根据前款规定的驳回决定，必须以书面形式作出并附理由。

根据第1款规定作出了驳回决定后，从决定誊本送达日起到满3个月，不得对外观设计注册申请进行审定。

对于根据第1款规定的驳回决定，在外观设计注册申请人请求补正驳回决定异议复审时，复审的复审决定生效前，审查员必须中止审查外观设计注册申请。

【补正后外观设计的新申请】

第17条之3 根据前条第1款规定的驳回决定誊本送达日起3个月以内，外观设计注册申请人就补正后的外观设计提出新的外观设计注册申请时，外观设计注册申请视为在提交程序补正书时补正。

有了前款规定的新外观设计注册申请时，原外观设计注册申请视为撤回。

限于在外观设计注册申请的同时，就第1款规定的新外观设计注册申请，外观设计注册申请人向特许厅长提交记载了希望获得同款规定适用的文件的情形，应适用前2款的规定。

第17条之4 为地处偏远地区或者交通不便之地的人，特许厅长可以根据请求或者用职权延长前条第1款规定的期间。

为地处偏远地区或者交通不便之地的人，审判长可以根据请求或者用职权延长在第50条第1款（包括第57条第1款准用的情形）准用前条第1款规定的期间。

【外观设计注册的审定】

第 18 条 审查员没有发现拒绝外观设计注册申请的理由时，必须作出应当进行外观设计注册的审定。

【《专利法》的准用】

第 19 条 《专利法》第 47 条第 2 款(审查员的资格)、第 48 条(审查员的排除)、第 50 条(拒绝理由的通知)、第 52 条(审定的程序)和第 54 条(和诉讼的关系)的规定，准用于外观设计注册申请的审查。

第四章 外观设计权

第一节 外观设计权

【外观设计权的授权】

第 20 条 外观设计权根据设定注册产生。

根据第 42 条第 1 款第 1 项规定缴纳了第 1 年的注册费时，进行外观设计权设定注册。

有了前款的授权时，必须在外观设计公报刊登下列事项：

1. 外观设计权人的姓名或者名称及住所或者居所；
2. 外观设计注册申请的编号及年月日；
3. 注册编号及设定注册年月日；
4. 申请书和添加在申请书的附图、照片、模型、样品的内容；
5. 其他必要事项。

根据第 14 条第 1 款规定请求保密的外观设计不受同款规定的限制，根据第 14 条第 1 款规定指定的期限届满后，应当不迟延地刊登前款第 4 项列举的事项。

【保护期限】

第 21 条 外观设计权(联合外观设计权除外)的保护期限，自设定注册日起满 20 年终止。

联合外观设计的外观设计权保护期限，自主外观设计的外观设计权设定注册日起满 20 年终止。

【联合外观设计外观设计权的移转】

第22条 主外观设计和联合外观设计的外观设计权不能分开转移。

主外观设计的外观设计权根据第44条第4款的规定消灭时、应当宣告无效的复审决定生效时、被放弃时，联合外观设计的外观设计权不能分开转移。

【外观设计权的效力】

第23条 外观设计权人专有在营业上实施注册外观设计和与之类似外观设计的权利。但是，外观设计权设定独占许可权时，在独占许可权人专有实施注册外观设计和与之类似外观设计权利的范围，不在此限。

【外观设计注册的范围】

第24条 外观设计注册的范围必须基于申请书的记载及添加在申请书的附图的记载，或者添加在申请书的照片、模型、样品表现出来的外观设计决定。

判断外观设计和其他外观设计是否类似，应当基于由购买者的视觉产生的美感进行。

第25条 可以要求特许厅判定外观设计和与之类似外观设计的范围。

有了根据前款规定的请求时，特许厅长必须指定3名复审员使其进行判定。

《专利法》第71条第3款及第4款的规定，准用于第1款的判定。

第25条之2 法院委托鉴定注册外观设计和与之类似外观设计范围后，特许厅长必须指定3名复审员使其进行鉴定。

《专利法》第71条之2第2款的规定，准用于前款的委托鉴定。

【和他人注册外观设计等的关系】

第26条 外观设计权人、独占许可权人或者普通许可权人，在注册外观设计是利用外观设计注册申请日前申请的他人注册外观设计或者与之类似外观设计、专利发明或者注册实用新型时；或者外观设计权中部分注册外观设计，同外观设计注册申请口前申请的他人专利权、实用新型权、商标权或者在外观设计注册申请日前产生的他人著作权抵触时，不能在营业上实施注册外观设计。

外观设计权人、独占许可权人或者普通许可权人，在类似注册外观设计的外观设计是利用外观设计注册申请日前申请的他人注册外观设计或者与之类似外观设计、专利发明或者注册实用新型时；或者外观设计中部分注册外观设计的类似外观设计，同外观设计注册申请日前申请的他人外观设计权、专利权、实用新型权、商标权或者在外观设计注册申请日前产生的他人著作权抵触时，不能在营业上实施类似注册外观设计的外观设计。

【外观设计权转移的特别例外】

第26条之2 外观设计注册符合第48条第1款第1项规定的要件时（限于违反第15条第1款准用《专利法》第38条规定授予外观设计注册时），或者符合第48条第1款第3项规定的要件时，对该外观设计注册的外观设计具有获得外观设计注册权利的人，可以根据经济产业省令规定，请求外观设计权人转移外观设计权。

主外观设计或者联合外观设计的外观设计权之一消灭后，除已消灭的外观设计权根据第49条规定视为自始不存在外，对主外观设计或者联合外观设计的外观设计权不能提出根据前款规定的请求。

基于第1款规定的请求转移了外观设计权注册时，外观设计权视为自始应当归属获得注册的人。有关该外观设计权的外观设计，对根据第60条之12第1款规定的请求权亦同。

基于第1款规定的请求，转移共有外观设计权持有额的情形，不适用第36条准用《专利法》第73条第1款的规定。

【独占许可权】

第27条 外观设计权人对其外观设计权可以设定独占许可权。但是，限于主外观设计和全部联合外观设计的外观设计权同时向同一人设定的情形，可以对主外观设计或者联合外观设计的外观设计权设定独占许可权。

在设定行为规定范围，独占许可权人专有在营业上实施注册外观设计或者与之类似外观设计的权利。

主外观设计的外观设计权根据第44条第4款规定消灭时、应当宣告无效的复审决定生效时或者已被放弃时，限于向同一人同时设定全部联合外观设计的外观设计权的情形，可以对联合外观设计的外观设计权设定独占许可权。

《专利法》第77条第3款到第5款（移转等）、第97条第2款（放弃）和第98条第1款第2项及第2款（注册的效果）的规定，准用于独占许可权。

【普通许可权】

第28条 外观设计权人对其外观设计权可以许可他人普通许可权。

普通许可权人在根据本法规定或者设定行为规定的范围内，在营业上具有实施注册外观设计或者与之类似外观设计的权利。

《专利法》第73条第1款(共有)、第97条第3款(放弃)及第99条(普通许可权的对抗效力)的规定,准用于普通许可权。

【源于在先使用的普通许可权】

第29条 不知道是申请注册的外观设计而自己进行其外观设计或者与之类似外观设计创作,或者不知道是申请注册的外观设计而从已进行其外观设计或者与之类似外观设计创造的人处得知,在外观设计注册申请时{根据第9条之2的规定或者在第17条之3第1款[包括第50条第1款(包括第57条第1款准用的情形)准用的情形]的规定,被视为在外观设计注册申请提交程序补正书时提交,原外观设计注册申请时或者提交程序补正书时},实际上,在日本国内,已经实施外观设计或者与之类似外观设计经营的人或者正准备实施经营的人,在已经实施或者正准备实施的外观设计和经营目的范围内,对外观设计注册申请的外观设计权具有普通许可权。

【源自在先申请的普通许可权】

第29条之2 不知道是申请注册的外观设计而自己进行其外观设计或者与之类似外观设计创作,或者不知道是申请注册的外观设计而从已进行其外观设计或者与之类似外观设计创造的人处得知,在外观设计注册申请时,实际上,在日本国内,已经实施外观设计或者与之类似外观设计经营的人或者正准备实施经营的人(符合前条的除外),限于符合下列各项的情形,在已经实施或者正准备实施的外观设计和经营目的范围内,对外观设计注册申请的外观设计权具有普通许可权:

1. 在外观设计注册申请日前,自己对外观设计或者与之类似外观设计提出外观设计注册申请,已经实施经营与外观设计注册申请有关外观设计的人或者是正准备实施经营的人;

2. 对前项自己提出的外观设计注册申请,申请外观设计注册的外观设计符合第3条第1款各项之一,应当作出拒绝的审定或者复审决定确定的人。

【源于外观设计权转移注册前实施的普通许可权】

第29条之3 根据第26条之2第1款规定基于请求转移外观设计权注册时,实际上具有外观设计权、外观设计权的独占许可权或者外观设计权、独占许可权的普通许可权的人,在外观设计权转移注册前,不知道外观设计注册符合第48条第1款第1项规定的要件(限于违反第15条第1款准用《专利法》第38条规定授予外观设计注册时）或者符合第48条第1款第3项规定的要件，在日本国内已经实施外观设计或者与之类似外观设计经营或者正准备实施经营的，在已经实施或者正准备实施的外观设计和经营目的范围内，对外观设计权具有普通许可权。

外观设计权人有权从根据前款规定具有普通许可权人处获得相当对价。

【源自无效复审请求注册前实施的普通许可权】

第30条 符合下列各项其中之一者，在请求外观设计注册无效复审注册前，不知道外观设计注册符合第48条第1款各项之一的，在日本国内已经实施外观设计或者与之类似外观设计经营的人，或者正准备实施经营的人，在已经实施或者正准备实施的外观设计和经营目的范围内，对宣告外观设计权或者外观设计注册无效时实际上存在的独占许可权具有普通许可权：

1. 相同或者与之类似外观设计，有二个以上的外观设计注册，在已宣告其中之一无效情形的原外观设计权人；

2. 宣告外观设计注册无效，就相同或者与之类似外观设计给正当权利人进行外观设计注册情形的原外观设计权人；

3. 在前二项列举的情形，请求外观设计注册无效复审注册时，实际上对宣告无效的外观设计注册的外观设计权具有独占许可权的人，或者对外观设计权或者独占许可权具有普通许可权的人。

外观设计权人或者独占许可权人，有权从根据前款规定具有普通许可权的人处获得相当对价。

【外观设计权等保护期限届满后的普通许可权】

第31条 外观设计注册申请日前或者与之同日外观设计注册申请的外观设计权中，类似注册外观设计的外观设计部分，与其外观设计权抵触的情形，外观设计权保护期限届满时，原外观设计权人在原外设计权范围内，对该外观设计权或者外观设计权保护期限届满时实际上存在的独占许可权具有普通许可权。

外观设计注册申请日前或者与之同日申请的专利权或者实用新型权，与外观设计权抵触的情形，专利权或者实用新型权保护期限届满时，准用前款规定。

第32条 外观设计注册申请日前或者与之同日的外观设计注册申请的外观设计权中，类似注册外观设计的外观设计部分与其外观设计权抵触的情形，外观设计权保护期限届满时，在届满时实际上对保护期限届满的外观设计权具有独占许可权的人,或者对外观设计权或者独占许可权具有普通许可权的人,在原权利范围内,对该外观设计权或者外观设计权保护期限届满时实际上存在的独占许可权具有普通许可权。

外观设计注册申请日前或者与之同日申请的专利权或者实用新型权,与外观设计权抵触的情形,专利权或者实用新型权保护期限届满时,准用前款规定。

外观设计权人或者独占许可权人,有权从根据前二款规定具有普通许可权的人处获得相当对价。

【普通许可权的设定裁定】

第33条 注册外观设计或者与之类似外观设计符合第26条规定的情形,为实施注册外观设计或者与之类似外观设计,外观设计权人或者独占许可权人可以要求同条的他人协商许可普通许可权,或者要求协商专利权、实用新型权许可普通许可权。

被要求前款协商的第26条的他人,可以向要求其协商的外观设计权人或者独占许可权人,在他们通过协商获得许可普通许可权、对专利权或者实用新型权许可普通许可权而拟实施的注册外观设计或者与之类似外观设计的范围内,要求协商许可普通许可权。

第1款的协商不成立或者不能协商时,外观设计权人或者独占许可权人可以请求特许厅长裁定。

第2款的协商不成立或者不能协商的情形,有了前款的裁定请求时,第26条的他人限于根据第7款准用《专利法》第84条的规定,以此人应当提交答辩书为期间,在特许厅长指定的期间内,可以请求特许厅长裁定。

在第3款或者前款的情形,设定普通许可权变成不正当侵害第26条的他人、外观设计权人或者独占许可权人的利益时,特许厅长不能作出应当设定普通许可权的裁定。

前款规定的情形外,在第4款的情形,对第3款裁定的请求未作出应当设定普通许可权的裁定时,特许厅长不能作出应当设定普通许可权的裁定。

《专利法》第84条、第84条之2、第85条第1款和第86条到第91条之2(裁定的程序等)的规定,准用于第3款或者第4款的裁定。

【普通许可权的转移等】

第34条 除根据前条第3款或者第4款、《专利法》第92条第3款、实用新型法第22条第3款裁定的普通许可权外,限于与实施经营同时进行的情形、获得外观设计权人(独占许可权在普通许可权的情况下,外观设计权人和独占许可权人)许可的情形、继承及其他一般继受的情形,可以转移普通许可权。

普通许可权人除根据前条第3款或者第4款、《专利法》第92条第3款或者《实用新型法》第22条第3款裁定的普通许可权外,限于获得外观设计权人(独占许可权在普通许可权的情况下,外观设计权人和独占许可权人)许可的情形,可以对普通许可权设定质权。

根据前条第3款、《专利法》第92条第3款、《实用新型法》第22条第3款裁定的普通许可权,普通许可权人的外观设计权、专利权或者实用新型权和实施经营同时转移时跟随它们转移,外观设计权、专利权、实用新型权和实施经营分开转移时或者消灭时,该普通许可权消灭。

根据前条第4款裁定的普通许可权伴随普通许可权人的外观设计权、专利权、实用新型权转移,在外观设计权、专利权、实用新型权消灭时,该普通许可权消灭。

【质权】

第35条 以外观设计权、独占许可权、普通许可权为标的设定质权时,除在合同中作出特别规定的情形外,质权人不能实施外观设计或者与之类似外观设计。

《专利法》第96条(物上代位)的规定,准用于以外观设计权、独占许可权、普通许可权为标的的质权。

《专利法》第98条第1款第3项及第2款(注册的效果)的规定,准用于以外观设计权或者独占许可权为标的的质权。

【《专利法》的准用】

第36条 《专利法》第69条第1款及第2款(专利权效力不及的范围)、第73条(共有)、第76条(没有继承人的情形专利权的消灭)、第97条第1款(放弃)和第98条第1款第1项及第2款(注册的效果)的规定,准用于外观设计权。

第二节 权利侵害

【停止请求权】

第37条 外观设计权人、独占许可权人可以请求侵害或者有可能侵害自己外观设计权或者独占许可权的人停止侵害或者预防侵害。

外观设计权人、独占许可权人在根据前款规定提出请求时,可以请求销毁构成侵害行为的产品[包括计算机软件(是指《专利法》第2条第4款规定的计算机软件等。在下一条相同),以下相同]、拆除用于侵害行为的设备,以及其他预防侵害的必要行为。

根据第14条第1款规定请求保密的外观设计的外观设计权人或者独占许可权人,关于外观设计,如果不是出示记载在第20条第3款各项列举事项的书面文件并获得特许厅长的证明进行警告后,不能根据第1款规定提出请求。

【视为侵害的行为】

第38条 下列行为视为侵害外观设计权或者独占许可权:

1. 在营业上生产、转让(所称转让和出租,在产品是程序时,包括通过通信线路提供。以下相同)、进口、许诺转让等(包括为转让的展览。以下相同)仅用于制造注册外观设计或者与之类似外观设计产品的物品的;

2. 在营业上,为转让、出租或者出口持有注册外观设计或者与之类似外观设计产品的。

【损害额的推定】

第39条 外观设计权人、独占许可权人请求因故意或者过失侵害自己外观设计权或者独占许可权的人赔偿因其侵害自己已受损害的情形,在此人转让构成侵害行为的产品时,可以将转让产品数量(以下在本款称为"转让数量"),乘以如果没有其侵害行为则外观设计权人或者独占许可权人已售产品每单位数量的利益额得到的金额,在不超过符合外观设计权人或者独占许可权人实施能力的数额限度,作为外观设计权人或者独占许可权人已受损害额。但是,有相当于外观设计权人或者独占许可权人不能销售的全部或者部分转让数量的情况时,扣除符合相当于该情况数量的金额。

外观设计权人、独占许可权人请求因故意或者过失侵害自己外观设计权或者独占许可权的人赔偿因其侵害自己已受损害的情形,在此人通过侵害行为获有利益时,其利益额推定为外观设计权人或者独占许可权人已受损害额。

外观设计权人、独占许可权人可以请求因故意或者过失侵害自己外观设计权或者独占许可权的人,将相当于实施注册外观设计或者与之类似外观设计应当获得的金额,作为自己已受损害额进行赔偿。

前款的规定,不妨碍请求超过同款规定金额的损害赔偿。在这种情形,侵害外观设计权或者独占许可权的人没有故意或者重大过失时，法院可以酌情决定损害赔偿额。

【过失推定】

第40条 侵害他人外观设计权或者独占许可权的人，推定对其侵害行为有过失。但是，侵害根据第14条第1款规定请求保密的外观设计的外观设计权或者独占许可权，不在此限。

【《专利法》的准用】

第41条 《专利法》第104条之2到第105条之6（具体情况的明示义务、专利权人权利行使的限制、主张的限制、文件的提交、为计算损害的鉴定、相当损害额的认定、保密命令、保密命令的撤销和请求阅览诉讼记录的通知）和第106条（恢复信用措施）的规定，准用于侵害外观设计权或者独占许可权。

第三节 注 册 费

【注册费】

第42条 获得外观设计权设定注册的人或者外观设计权人，到第21条规定的保护期限届满前，每年每件必须缴纳下列金额的注册费。

第1年到第3年	每年8500日元
第4年到第20年	每年1.69万日元

外观设计权属于国家时，不适用前款规定。

国家和国家以外的人共有外观设计权并规定有持有额时，第1款的注册费不受第1款规定的限制，国家以外的人必须缴纳其持有额比例乘在同款规定的注册费金额所得到的金额。

根据前款规定算出的注册费金额中，有不满10日元的尾数时，舍去尾数。

第1款的注册费，必须根据经济产业省令规定采用特许印花缴纳。但是，在经济产业省令规定的情形，可以根据经济产业省令规定采用现金缴纳。

【注册费的缴纳期限】

第43条 根据前条第1款第1项规定的第1年注册费，必须自作出外观设计注册的审定或者复审决定的誊本送达日起30日内缴纳。

根据前条第 1 款规定的第 2 年以后每年的注册费，必须提前 1 年缴纳。

特许厅长可以根据应当缴纳注册费人的请求，以 30 日内为限，延长第 1 款规定的期间。

缴纳注册费的人，因不能归其责的理由，在第 1 款规定的期间内未能缴纳其注册费时，不受同款规定限制，在其理由消失之日起 14 日（在偏远地区的人，2 个月）以内，且在其期间届满后 6 个月以内，可以缴纳其注册费。

【注册费的补缴】

第 44 条 外观设计权人在前条第 2 款规定的期间内未能缴纳注册费时，即使是期限届满后，6 个月以内，也可以补缴注册费。

根据前款规定补缴注册费的外观设计权人，应当缴纳根据第 42 条第 1 款规定的注册费外，必须缴纳和注册费等额的增额注册费。

前款的增额注册费，必须根据经济产业省令规定采用特许印花缴纳。但是，在经济产业省令规定的情形，可以根据经济产业省令规定采用现金缴纳。

外观设计权人在根据第 1 款规定能够补缴注册费的期间内，未缴纳注册费和第 2 款的增额注册费时，外观设计权视为溯及到前条第 2 款规定的期限届满时消灭。

【根据补缴注册费恢复的外观设计权】

第 44 条之 2 根据前条第 4 款的规定外观设计权被视为已消灭的外观设计权，原外观设计权人在根据同条第 1 款规定可以补缴注册费的期间内，有正当理由未能缴纳同条第 4 款规定的注册费和增额注册费时，自理由消失日 2 个月以内，限于期限届满后 1 年以内，可以补缴注册费和增额注册费。

根据前款规定补缴了注册费和增额注册费时，外观设计权视为溯及到根据第 43 条第 2 款规定的期限届满时存续。

【恢复的外观设计权的限制】

第 44 条之 3 外观设计权根据前条第 2 款规定恢复时，外观设计权的效力不及于，根据第 44 条第 1 款的规定可以补缴注册费的期限届满后恢复外观设计权注册前，进口、在日本国内制造或者取得注册外观设计或者与之类似外观设计的产品。

根据前条第 2 款规定恢复的外观设计权的效力不及于，根据第 44 条第 1 款规定可以补缴注册费的期限届满后外观设计权恢复注册前的下列行为：

1. 实施外观设计或者与之类似外观设计；

2. 生产、转让、进口、许诺转让等仅用于制造注册外观设计或者与之类似外观设计产品的物品的；

3. 为转让、出租、出口持有注册外观设计或者与之类似外观设计产品的。

【《专利法》的准用】

第45条 《专利法》第110条（利害关系人缴纳专利费）和第111条第1款（第3项除外）到第3款（已缴专利费的返还）的规定，准用于注册费。

第五章 复 审

【核驳异议复审】

第46条 收到应当核驳的人，对审定有异议时，可以自审定誊本送达日起3个月内请求核驳异议复审。

请求核驳异议复审的人，因不能归其责的理由，在前款规定期间内未能提出请求时，不受前款规定限制，可以自理由消失日起14日（在国外的人，2个月）以内，在期限届满后6个月以内提出请求。

【补正驳回决定异议复审】

第47条 收到根据第17条之2第1款规定驳回决定的人，对决定有异议时，可以自决定誊本送达日起3个月以内，请求补正驳回决定异议复审。但是，提出第17条之3第1款规定的新外观设计注册申请时，不在此限。

前条第2款的规定，准用于补正驳回决定异议复审的请求。

【外观设计注册无效复审】

第48条 外观设计注册符合下列各项之一时，对宣告外观设计注册无效，可以请求外观设计注册无效复审：

1. 违反第3条、第3条之2、第5条、第9条第1款或者第2款、第10条第2款或者第3款、第15条第1款准用《专利法》第38条、第68条第3款准用同法第25条的规定进行了外观设计注册时（违反第15条第1款准用同法第38条规定授予外观设计注册情况下，基于根据第26条之2第1款规定的请求，转移了外观设计注册的外观设计权登记时除外）；

2. 违反条约进行了外观设计注册时；

3. 对于不具有获得外观设计注册权利的人的外观设计注册申请，向外观设计进行了外观设计注册时（基于根据第26条之2第1款规定的请求，转移了外观设计权登记的除外）；

4．进行外观设计注册后，外观设计权人根据第68条第3款准用《专利法》第25条的规定变为不能享有外观设计权的人时，或者外观设计注册变为违反条约时。

任何人均可请求外观设计注册无效复审。但是，以外观设计符合前款第1项（限于违反第15条第1款准用专利法第38条规定授予外观设计时）或者前款第3项为理由的，限于对注册的外观设计具有获得外观设计注册权利的人可以请求。

外观设计权消灭后，仍可以请求外观设计注册无效复审。

请求外观设计注册无效复审后，审判长必须将主旨通知对外观设计权具有独占许可权和关于外观设计注册具有其他注册权利的人。

【外观设计注册无效复审】

第49条 应当宣告外观设计注册无效的复审决定生效时，外观设计权视为自始即不存在。但是，外观设计注册符合前条第1款第4项的情形，应当宣告外观设计注册无效的复审决定生效时，外观设计权视为自外观设计注册符合同项时起不存在。

【审查规定的准用】

第50条 第17条之2及第17条之3的规定，准用于核驳异议复审。在这种情形，第17条之2第3项和第17条之3第1项中有“3个月”应当换读为“30日”；第17条之2第4款中有“请求补正驳回决定异议复审时”应当换读为“提起了第59条第1款的诉讼时”。

第18条的规定，准用于以请求核驳异议复审作为理由的情形。但是，根据第52条准用《专利法》第160条第1款的规定，重新作出应当交付审查的复审决定时，不在此限。

《专利法》第50条（拒绝理由的通知）的规定，准用于在核驳异议复审中，发现了和审定的理由不相同的拒绝理由的情形。

【补正驳回决定异议复审的特殊规定】

第51条 补正驳回决定异议复审中，作出了应当撤销决定的复审决定的情形，决定对案件的审查员具有约束力。

【《专利法》的准用】

第52条 《专利法》第131条第1款及第2款、第131条之2（第1款第3项及第2款第1项除外）到第134条、第135条到第154条、第155条第1款及第2款、第156条第1款、第3款及第4款、第157条、第158条、第160条第1款及第2款、第161条、第167条到第170条(复审请求、复审员、复审程序、与诉讼的关系和复审中的费用)的规定,准用于复审。在这种情形,同法第156条第1款中有"在非专利无效复审中,案件"应当换读为"案件";同法第161条中有"核驳异议复审"和同法第169条第3款中有"核驳异议复审和修改复审"应当换读为"核驳异议复审和补正驳回决定异议复审"。

第六章 再审和诉讼

【再审请求】

第53条 当事人或者参加人可以请求再审生效复审决定。

《民事诉讼法》(1996年法律第109号)第338条第1款及第2款和第339条(再审事由)的规定,准用于前款的再审请求。

第54条 复审的请求人和被请求人共谋,以损害第三人的权利或者利益为目的并已作出复审决定时,第三人可以请求再审生效复审决定。

请求前款的再审必须以其请求人和被请求人作为共同被请求人。

【根据再审恢复的外观设计权效力的限制】

第55条 已宣告无效的外观设计权根据再审恢复时,外观设计权的效力不及于在复审决定生效后再审请求注册前,善意地进口、在日本国内制造或者取得注册外观设计或者与之类似外观设计的产品。

宣告无效的外观设计权根据再审恢复时,外观设计权的效力不及于在复审决定生效后再审请求注册前的下列行为:

1. 善意实施外观设计或者与之类似的外观设计;

2. 善意生产、转让、进口、许诺转让等仅用于制造注册外观设计或者与之类似外观设计产品之物品的;

3. 为转让、出租或者出口善意持有注册外观设计或者与之类似外观设计产品的。

第56条 已宣告无效的外观设计权根据再审恢复时,或者对应当作出拒绝复审决定的外观设计注册申请根据再审授予了外观设计权时,在复审决定生效后再审请求注册前,善意在日本国内已经实施经营外观设计或者与之类似外观设计的人,或者正准备实施经营的人,在已经实施或者正准备实施的外观设计和经营目的范围内,对外观设计权具有普通许可权。

【复审规定的准用】

第57条 第50条第1款及第3款的规定,准用于再审核驳异议复审的生效复审决定。

第51条的规定,准用于再审补正驳回决定异议复审的生效复审决定。

【《专利法》的准用】

第58条 《专利法》第173条及第174条第5款的规定,准用于再审。

《专利法》第131条第1款,第131条之2第1款正文,第132条第3款及第4款,第133条,第133条之2,第134条第4款,第135条到第147条,第150条到第152条,第155条第1款,第156条第1款、第3款及第4款,第157条,第158条,第160条,第167条之2正文,第168条,第169条第3款到第6款,第170条的规定,准用于再审核驳异议复审的生效复审决定。在这种情形,同法第169条第3款中有"核驳异议复审和修改复审"应当换读为"核驳异议复审"。

《专利法》第131条第1款,第131条之2第1款正文,第132条第3款及第4款,第133条,第133条之2,第134条第4款,第135条到第147条,第150条到第152条,第155条第1款,第156条第1款、第3款及第4款,第157条,第167条之2正文,第168条,第169条第3款到第6款,第170条的规定,准用于再审驳回补正决定异议复审的生效复审决定。在这种情形,同法第169条第3款中的"核驳异议复审和修改复审"应当换读为"补正驳回决定异议复审"。

《专利法》第174条第3款的规定,准用于再审外观设计注册无效复审的生效复审决定。

【对复审决定的诉讼】

第59条 对于复审决定的诉讼、对于根据第50条第1款(包括第57条第1款准用的情形)准用第17条之2第1款规定驳回决定的诉讼及对复审或者再审请求书的驳回决定的诉讼,由东京高等法院专属管辖。

《专利法》第178条第2款到第6款(起诉期间等)、第179条(被告合格)、第180条第1款(起诉通知等)和第180条之2到第182条(在复审决定撤销诉讼中,寄送特许厅长的意见、撤销复审决定或者决定和裁判正本等)的规定,准用于前款的诉讼。在这种情形,同条第2项中的"为确定诉讼的请求项,必要的"应当换读为"记载其主旨的"。

【对价额的诉讼】

第60条 收到第33条第3款或者第4款裁定的人,对裁定中规定的对价额有异议时,可以提起诉讼要求增减其数额。

《专利法》第183条第2款(起诉期间)和第184条(被告合格)的规定,准用于前款的诉讼。

第60条之2 删除

第六章之二 根据《日内瓦修改协定》的特别例外

第一节 国际注册申请

【国际注册申请】

第60条之3 日本国民、在日本国内有住所或者居所(法人时,营业所)的外国人,可以向特许厅长提出工业品外观设计国际注册海牙协定日内瓦修改协定(以下称为"日内瓦修改协定")第1条(vii)规定的国际申请(以下称为"国际申请")。在这种情形,符合经济产业省令规定的要件时,可以二人以上共同提出国际申请。

拟根据前款规定提出国际申请(以下称为"国际注册申请")的人,必须根据经济产业省令规定,提交用外语撰写的申请书及必要物件。

【外观设计注册申请规定的准用】

第60条之4 在第68条第2款准用《专利法》第17条第3款(限于第3项的部分)及第18条第1款的规定,准用于国际注册申请。

【对经济产业省令的委任】

第60条之5 前二条规定者外,关于国际注册申请,为实施《日内瓦修改协定》及基于《日内瓦修改协定》的规则,必要事项的细则由经济产业省令规定。

第二节 国际外观设计注册申请的特别例外

【由国际申请的外观设计注册申请】

第60条之6 以日本作为《日内瓦修改协定》第1条(xix)规定的指定缔约国的国际申请,有关其国际申请,就《日内瓦修改协定》第1条规定的国际注册[以下称为"国际注册(vi)"],根据《日内瓦修改协定》第10条的规定已进行公开(以下称为"国际公开")者,视为根据经济产业省令规定,在《日内瓦修改协定》第10条(2)规定的国际注册日(以下称为"国际注册日")已提出外观设计注册申请。

包含二个以上外观设计的国际申请,有关前款规定的适用,同款中有"已提出的外观设计注册申请"改为"对国际注册对象的每个外观设计已提出外观设计注册申请"。

根据第1款(含根据前一款的规定换读使用的情形)规定已被视为国际申请(以下称为"国际外观设计注册申请")的、记录在《日内瓦修改协定》第1条(viii)规定的国际注册簿(国际注册簿)下表上栏列举的事项,视为记载在根据第6条第1款规定提交的申请书的同表下栏列举的事项。

国际注册人的姓名或者名称及其住所	创作了国际注册的外观设计的人的姓名及其住所	构成国际注册对象的外观设计的1个或者2个以上产品,或者出现使用国际注册对象的外观设计的1个或者2个以上产品
外观设计注册申请人的姓名或者名称及住所或者居所	外观设计创作者的姓名及住所或者居所	与外观设计有关的物品

记录在国际外观设计注册申请国际注册簿上的外观设计,视为在根据第6条第1款规定提交的附图上记载的拟获得外观设计注册的外观设计。

【丧失外观设计新颖性例外的特别例外】

第60条之7 拟获得第4条第2款规定适用的国际外观设计注册申请的申请人,不受同条第3款规定限制,在国际公开之日后,在经济产业省令规定的期间内,可以向特许厅长提交证明记载其宗旨的书面文件和符合第3条第1款第1项或者第2项的外观设计是可以获得第4条第2款规定适用的书面文件。

【联合外观设计注册的特别例外】

第60条之8 主外观设计的外观设计注册申请和联合外观设计的外观设计注册申请至少其中之一是国际外观设计注册申请的情形,有关第10条第1款规定的适用,同款中有"或者根据第43条之3第1款或者第2款的规定"应该为"或者根据第43条之3第1款或者第2款的规定,或者根据《日内瓦修改协定》第 6 条(1)(a)的规定”。

【秘密外观设计的特别例外】

第 60 条之 9 第 14 条的规定,不适用于国际外观设计注册申请的申请人。

【根据《巴黎公约》主张优先权程序的特别例外】

第 60 条之 10 第 15 条第 1 款换读后准用《专利法》第 43 条第 1 款到第 4 款、第 6 款及第 7 款(包含在第 15 条第 1 款换读后准用同法第 43 条之 3 第 3 款准用的情形)和第 43 条之 3 第 2 款的规定,不适用于国际外观设计注册申请。

《专利法》第 43 条第 2 款到第 4 款、第 6 款及第 7 款的规定,准用于根据《日内瓦修改协定》第 6 条(1)(a)规定提出了优先权主张的人。在这种情形,同法第 43 条第 2 款中有“下列各项列举日中从最先之日开始 1 年 4 个月以内”,应换读为“经济产业省令规定的期间内”。

【获得外观设计注册权利的特别例外】

第 60 条之 11 国际外观设计注册申请,有关在第 15 条第 2 款准用《专利法》第 34 条第 4 款规定的适用,同款中有“继承及其他一般继受的情形除外,特许厅长”,改为“《日内瓦修改协定》第 1 条(xxviii)规定的国际秘书处”。

第 15 条第 2 款准用《专利法》第 34 条第 5 款及第 6 款的规定,不适用于国际外观设计者注册申请。

【国际公开的效果等】

第 60 条之 12 国际公开后,国际外观设计注册申请的申请人,出示记载国际外观设计注册申请的外观设计书面文件发出了警告时,对此警告后外观设计权设定注册前,在营业中实施了该国际外观设计注册申请的外观设计或者与之类似外观设计的人,在该国际外观设计注册申请的外观设计是注册外观设计的情形,对实施该注册外观设计或者与之类似外观设计者,可以请求支付相当于应当获得金额的补偿金。即使在没有进行警告的情形,对明知是已进行国际公开的国际外观设计注册申请的外观设计,在外观设计权设定注册前,在营业上实施了国际外观设计注册申请的已经进行国际公开的外观设计,或者与之类似的外观设计的人,相同。

《专利法》第65条第2款到第6款的规定，准用于根据前款规定行使请求权的情形。在这种情形，同条第5款中有“申请公开后”应换读为“国际公开后”，同条第6款中，“第101条、第104条至第104条之3、第105条、第105条之2、第105条之4到第105条之7”应换读为“《外观设计法》第38条、在同法第41条准用《专利法》第104条之2到第105条之2、第105条之4到第105条之6，和在《外观设计法》第52条准用的专利法”。

【外观设计权设定注册的特别例外】

第60条之13 国际外观设计注册申请，有关第20条第2款规定的适用，同款中有“根据第42条第1款第1项规定缴纳第1年的注册费”，改为“应当作出外观设计注册为宗旨的核定或者复审决定”。

【国际注册消灭的效果】

第60条之14 作为其基础的国际注册已消灭时，国际外观设计注册申请视为已被撤回。

在作为其基础的国际注册已消灭时，根据前条规定通过换读适用第20条第2款规定而获得设定注册的外观设计权（以下称为“以国际注册为基础的外观设计权”）视为已消灭。

前二款的效果自该国际注册从国际注册簿消灭之日生效。

【联合外观设计外观设计权转移的特别例外】

第60条之15 在主外观设计的外观设计权是以国际注册为基础的外观设计权的情形，有关第22条第2款规定的适用，同款中有“第44条第4款”，改为“第60条之14第2款”。

【联合外观设计外观设计权设定独占许可权的特别例外】

第60条之16 在主外观设计的外观设计权是以国际注册作为基础的外观设计权的情形，有关第27条第3款规定的适用，同款中有“第44条第4款”，改为“第60条之14第2款”。

【外观设计权放弃的特别例外】

第60条之17 具有以国际注册作为基础的外观设计权的人，可以放弃其外观设计权。

在第36条准用《专利法》第97条第1款的规定，不适用于以国际注册作为基础的外观设计权。

【外观设计权注册效果的特别例外】

第 60 条之 18 以国际注册作为基础的外观设计权的转移、因信托而变更、因放弃而消灭或者处分的限制,如果不注册则不发生效力。

第 36 条准用《专利法》第 98 条第 1 款第 1 项及第 2 款的规定,不适用于以国际注册作为基础的外观设计权。

【向外观设计注册簿注册的特别例外】

第 60 条之 19 以国际注册作为基础的外观设计权,就第 61 条第 1 款第 1 项规定的适用,同项中有"外观设计权的设定、转移、因信托而变更、消灭、恢复或者处分的限制",改为"外观设计权的设定、因信托而变更、消灭(限于因保护期间届满者)或者处分的限制"。

以国际注册作为基础的外观设计权的转移或者消灭(因保护期间届满者除外),以在国际注册簿上的登记为准。

【外观设计公报的特别例外】

第 60 条之 20 以国际注册作为基础的外观设计权,就第 66 条第 2 款第 1 项规定的适用,同项中有"根据第 44 条第 4 款规定者除外或者恢复(限于根据第 44 条之 2 第 2 款的规定者)",改为"根据第 60 条之 14 第 2 款规定者(限于没有按照《日内瓦修改协定》第 17 条进行延期者)除外"。

【国际外观设计注册申请的个别指定手续费】

第 60 条之 21 拟提出国际外观设计注册申请的人,每件必须向《日内瓦修改协定》第 1 条(xxviii)规定的国际秘书处缴纳相当于 7.46 万日元的《日内瓦修改协定》第 7 条(2)规定的个别指定手续费。

国际外观设计注册申请或者以国际注册作为基础的外观设计权作为基础的国际注册,提出《日内瓦修改协定》第 17 条(2)延期(在国际注册日起已满 15 年后提出者除外)的人,每件必须向国际秘书处缴纳相当于 8.45 万日元金额的个别指定手续费。

第 42 条到第 45 条及第 67 条第 2 款(限于附表第 1 项列举的部分)的规定,不适用于国际外观设计注册申请及以国际注册作为基础的外观设计权。

【个别指定手续费的返还】

第 60 条之 22 撤回国际外观设计注册申请,或者应当拒绝国际外观设计注册申请的核定或者复审决定已生效时,根据缴纳了按照前条第 1 款或者第 2 款规定应当缴纳的个别指定手续费的人的请求,返还政令规定数额手续费。

撤回国际外观设计注册申请,或者应当拒绝国际外观设计注册申请的核定、复审决定自生效日起已满6个月后,不能根据前款规定请求返还个别指定手续费。

根据第1款规定请求返还个别指定手续费的人,因不能归其责的理由,在前款规定的期间内未能提出其请求时,不受同款规定限制,在其理由消失之日起14日(在偏远地区的人,2个月)以内,且在其期间满后6个月以内,可以提出其请求。

【对经济产业省令的委任】

第60条之23 第60条之6到前条规定者外,为实施《日内瓦修改协定》及根据《日内瓦修改协定》的规则,必要事项的细则由经济产业省令规定。

第七章 其他规定

【程序的补正】

第60条之24 提出外观设计注册申请、请求及其他有关外观设计注册程序的人,限于案件正处于审查、复审或者再审的情形,可以进行补正。

【向外观设计登记簿的登记】

第61条 下列事项登记到备置在特许厅的外观设计登记簿:

1. 外观设计权的设定、转移、根据信托的变更、消灭、恢复或者处分的限制;

2. 独占许可权的设定、保存、转移、变更、消灭或者处分的限制;

3. 以外观设计权或者独占许可权为标的,质权的设定、转移、变更、消灭或者处分的限制。

可以用磁带制作全部或者部分外观设计登记簿(包括通过与之类似方法能够准确记录 定事项并存放的物品。以下相同)。

本法规定者外,注册的必要事项由政令规定。

【外观设计专利证书的颁发】

第62条 外观设计权授权时或者根据第26条之2第1款规定基于请求转移外观设计权注册时,特许厅长向外观设计权人颁发外观设计专利证书。

外观设计专利证书的补发由经济产业省令规定。

【证明等的请求】

第63条 关于外观设计注册,任何人均可以请求特许厅长交付证明、文件誊本或者摘抄本、阅览或者誊写文件、模型、样品,或者交付记载外观设计登记簿中在磁带上记录的事项的文件。但是,对下列文件、模型、样品,特许厅长认为需要保密时,不在此限:

1. 申请书或者添加在申请书的附图、照片、模型、样品,或者外观设计注册申请的文件,尚未进行外观设计注册的;

2. 根据第14条第1款的规定,请求保密的外观设计的文件、模型、样品;

3. 是核驳异议复审或者补正驳回决定异议复审的文件,并且,对案件的外观设计注册申请尚未进行外观设计注册的;

4. 再审外观设计注册无效复审或者其复审生效复审决定的文件,并且,当事人或者参加人申明记载了当事人或者参加人保有的商业秘密[是指《反不正当竞争法》(1993年法律第47号)第2条第6款规定的商业秘密]的;

5. 有可能损害个人的名誉或者生活稳定的;

6. 有可能损害公共秩序或者善良风俗的。

有关前款第1项到第5项列举的文件、模型、样品,特许厅长同意同款正文的请求时,必须将主旨及理由通知提交文件、模型、样品的人。

外观设计的文件和外观设计登记簿中的磁带,不适用《行政机关保有信息公开法》(1999年法律第42号)的规定。

同法第4章的规定,不适用外观设计注册文件和外观设计登记簿中在磁带上记录的个人保有信息[是指行政机关保有《个人信息保护法》(2003年法律第58号)第2条第3款规定的个人保有信息]。

【外观设计注册标志】

第64条 外观设计权人、独占许可权人或者普通许可权人必须根据经济产业省令规定,在注册外观设计或者与之类似外观设计的产品或者产品的包装上,努力附着产品是注册外观设计或者与之类似外观设计的标志(以下称为“外观设计注册标志”)。

【虚假标示的禁止】

第65条 任何人均不得进行下列行为:

1. 在非授权外观设计或者与之类似外观设计的产品或者产品的包装

上，附着外观设计注册标志或者和它混淆的标志的；

2. 转让、出租或者为转让、出租而展示非授权外观设计或者与之类似外观设计的产品，并在产品或者产品的包装上附着外观设计注册标志或者与之混淆标志的；

3. 为使他人制造或者使用，或者为转让、出租非授权外观设计或者与之类似外观设计的产品，在广告中标示产品是授权外观设计或者与之类似外观设计，或者作出与之混淆的标示的。

【外观设计公报】

第66条 特许厅发行外观设计公报。

本法规定者外，外观设计公报必须刊登下列事项：

1. 外观设计权的消灭（因保护期限届满的和根据第44条第4款规定的除外）或者恢复（限于根据第44条之2第2款规定的）；

2. 请求复审、再审或者撤回请求，或者复审、再审的生效复审决定（限于已进行外观设计权授权的）；

3. 请求裁定、撤回请求，或者裁定；

4. 对第59条第1款诉讼的生效判决（限于已进行外观设计权授权的）。

前款规定者外，根据符合第9条第2款后段的规定，对外观设计注册申请应当作出拒绝的审定或者复审决定生效时，必须在外观设计公报上刊登外观设计注册申请的下列事项。在这种情形，在外观设计注册申请中，有根据第14条第1款规定请求作为秘密的外观设计注册申请时，从应当拒绝的审定或者复审决定生效日到根据同款规定指定期间（有二个以上请求保密的外观设计注册申请时，在其中最长的期间）满后，应当不迟延地刊登第3项列举的全部外观设计注册申请事项：

1. 外观设计注册申请人的姓名或者名称及住所或者居所；

2. 外观设计注册申请的编号及年月日；

3. 申请书及添加在申请书的附图、照片、模型、样品的内容；

4. 其他必要事项。

【手续费】

第67条 下列人员，必须缴纳考虑成本由政令规定金额的手续费：

1. 根据第14条第4款的规定要求公开外观设计的人；

2. 根据第15条第2款准用《专利法》第34条第4款的规定，进行继受呈报的人；

3. 请求根据第17条之4、第43条第3款、在第68条第1款中准用《专利法》第4条或者第5条第1款规定延长期间，或者根据在第68条第1款准用同法第5条第2款规定变更期日的人；

4. 提出国际注册申请的人；

5. 请求补发外观设计专利证书的人；

6. 根据第63条第1款规定请求证明的人；

7. 根据第63条第1款规定请求交付文件誊本或者摘抄本的人；

8. 根据第63条第1款规定请求阅览或者誊写文书、模型、样品的人；

9. 根据第63条第1款规定请求交付外观设计登记簿中在磁带上记录的事项的文件的人。

在附表中栏列举者，在同表下栏列举金额范围内，必须分别缴纳由政令规定金额的手续费。

根据前二款规定应当缴纳手续费的人是国家时，不适用前二款的规定。

国家和国家以外的人共有外观设计权或者获得外观设计注册的权利并规定有持有额时，国家和国家以外的人对自己的外观设计权或者获得外观设计注册的权利，根据第1款或者第2款规定应当缴纳的手续费(限于由政令规定的)不受这些规定中规定限制，国家以外的人必须缴纳其持有额比例乘在它们中规定的手续费金额所得到的金额。

根据前款规定算出的手续费金额中，有不满10日元的尾数时，舍去尾数。

第1款或者第2款的手续费，必须根据经济产业省令规定采用特许印花缴纳。但是，在经济产业省令规定的情形，可以根据经济产业省令规定采用现金缴纳。

错误缴纳的手续费，根据缴纳人的请求返还。

自缴纳日起满1年后，不能根据前款规定请求返还手续费。

根据第7款规定请求返还手续费的人，因不能归其责的理由，在前款规定的期间内未能提出其请求时，不受同款规定限制，在其理由消失之日起14日(在偏远地区的人，2个月)以内，且在其期间满后6个月以内，可以提出其请求。

【《专利法》的准用】

第68条 《专利法》第3条到第5条(期间及期日)的规定，准用于本法规定的期间和期日。在这种情形，同法第4条中有“第121条第1款”应当换读为“外观设计法第46条第1款或者第47条第1款”。

《专利法》第 6 条到第 9 条、第 11 条到第 16 条、第 17 条第 3 款及第 4 款、第 18 条到第 24 条和第 194 条(程序)的规定,准用于外观设计注册申请、请求及外观设计的其他程序。在这种情形,同法第 9 条中的“核驳异议复审”应当换读为“核驳异议复审或者补正驳回决定异议复审”;同法第 14 条中的“核驳异议复审”应当换读为“核驳异议复审或者补正驳回决定异议复审”。

《专利法》第 25 条(外国人享有的权利)的规定,准用于外观设计权及其他关于外观设计注册的权利。

《专利法》第 26 条(条约的效力)的规定,准用于外观设计注册。

《专利法》第 189 条到第 192 条(送达)的规定,准用于根据本法规定的送达。

《专利法》第 195 条之 3 的规定,准用于根据本法或者基于本法的命令规定的处分。

《专利法》第 195 条之 4(根据《行政异议审查法》规定的审查请求限制)的规定,准用于根据本法规定的补正的驳回决定、审定、复审决定及复审或者再审请求书的驳回决定、根据本法规定决定不能提出异议的处分或者这些不作为。

第八章 法律责任

【侵害罪】

第 69 条 侵害外观设计权或者独占许可权的人(进行根据第 38 条规定被视为侵害外观设计权或者独占许可权行为的行为人除外),处 10 年以下有期徒刑或者 1000 万日元以下罚金,或者并处之。

第 69 条之 2 进行根据第 38 条规定被视为侵害外观设计权或者独占许可权行为的行为人,处 5 年以下有期徒刑或者 500 万日元以下罚金,或者并处之。

【欺诈行为罪】

第 70 条 通过诈欺行为获得外观设计注册或者复审决定的人,处 1 年以下有期徒刑或者 100 万日元以下罚金。

【虚假标示罪】

第 71 条 违反第 65 条规定的人,处 1 年以下有期徒刑或者 100 万日元以下罚金。

【伪证罪】

第72条 根据本法规定,已宣誓的证人、鉴定人或者口译人向特许厅或者接受其委托的法院作出虚假陈述、鉴定或者口译时,处3个月以上10年以下有期徒刑。

犯前款罪的人在案件判决誊本送达前,或者审定或者复审决定生效前自首时,可以减轻或者免除刑罚。

【泄露秘密罪】

第73条 特许厅的职员或者曾担任过其职的人,泄露或者盗用因职务而知悉的正申请外观设计注册的外观设计秘密时,处1年以下有期徒刑或者50万日元以下罚金。

【违反保密命令罪】

第73条之2 违反根据第41条准用《专利法》第105条之4第1款(包括在第60条之12第2款换读准用的在同法第65条第6款准用的情形)规定命令的人,处5年以下有期徒刑或者500万日元以下罚金,或者并处之。

前款的罪如果没有自诉则不能提起公诉。

第1款的罪也适用于在日本国外犯同款罪的人。

【两罚规定】

第74条 法人的代表人、法人或者个人的代理人、雇员及其他员工,在法人或者个人的业务中作出下列各项规定的犯罪行为时,处罚行为人外,对法人处各项规定的罚金,对个人处各条正文的罚金:

1. 第69条、第69条之2或者前条第1款,3亿日元以下罚金;
2. 第70条或者第71条,3000万日元以下罚金。

在前款的情形,对行为人提起的前条第2款的自诉对法人或者个人发生效力;对法人或者个人提起的自诉对行为人发生效力。

根据第1款规定,对第69条、第69条之2、前条第1款的犯罪行为处法人或者个人罚金的情形,时效期间按照这些罪规定的时效期间。

【罚款】

第75条 第25条第3款准用《专利法》第71条第3款、第52条、第58条第2款或者第3款或者同条第4款准用同法第174条第3款,根据分别准用同法第151条准用《民事诉讼法》第207条第1款的规定,已宣誓的人向特许厅或者接受委托的法院作出虚假陈述时,处10万日元以下罚款。

第76条 根据本法规定，收到特许厅或者受其委托的法院传唤的人，无正当理由不出席或者拒绝宣誓、陈述、证言、鉴定或者口译时，处10万日元以下罚款。

第77条 关于证据调查或者保全证据，根据本法规定，收到特许厅或者其委托的法院的命令提交或者出示文件及其他物品的人，无正当理由不遵守命令时，处10万日元以下罚款。

附表(第67条)

必须缴费的人	缴费金额
提出外观设计注册申请的人	每件1.6万日元
请求根据第14条第1款的规定将外观设计作为秘密的人	每件5100日元
要求根据第25条第1款规定判定的人	每件4万日元
请求裁定的人	每件5.5万日元
请求撤销裁定的人	每件2.5万日元
请求复审或者再审的人	每件5.5万日元
申请参加复审或者再审的人	每件5.5万日元

第六编　外观设计法施行法

（1959年4月13日法律第126号）

【《外观设计法》的施行日期】

第1条　《外观设计法》(1959年法律第125号。以下称为“新法”)自1960年4月1日起施行。

【《外观设计法》的废止】

第2条　《外观设计法》(1921年法律第98号。以下称为“旧法”)废止。

【外观设计权】

第3条　根据旧法的外观设计权(附限制转移的外观设计权除外),在新法施行时实际上存在者,在新法施行日,视为根据新法取得外观设计权。但是,其效力不及于根据在旧法第25条准用《专利法》(1921年法律第96号。以下称为“旧专利法”)第125条第2项规定决定效力不及的产品。

【附限制转移的外观设计权】

第4条　根据旧法附限制转移的外观设计权,在新法施行时实际上注册者,在新法施行日,视为取得独占许可权。

【许可权】

第5条　根据旧法第9条规定的许可权,在新法施行时实际上存在者,在新法实行日,视为根据新法第29条规定取得普通许可权。

第6条　根据旧法第10条第1款规定的许可权,在新法施行时现存者,在新法施行日;根据第16条第2款规定,决定按照其规范,根据旧法第10条第1款规定的许可权,在复审决定生效日,视为根据新法第30条第1款规定取得普通许可权。

第7条 根据旧法第10条第2款规定的许可权,在新法实施时实际上存在者,在新法施行日,视为根据新法第32条第2款规定取得普通许可权。

第8条 根据旧法第11条规定的许可权,在新法实施时实际上存在者,在新法施行日,视为根据新法第31条第2款规定取得普通许可权。

第9条 根据旧法第13条规定的许可权,在新法施行时实际上存在者,在新法施行日;根据第16条第2款规定,决定按照其规范,根据旧法第13条规定的许可权,在复审决定生效日,视为根据新法第33条第2款取得裁定的普通许可权或者实用新型权的普通许可权。

第10条 根据旧法第25条准用旧《专利法》第14条第2款规定的许可权,在新法施行时实际上存在者,在新法施行日,视为根据新法第15条第3款准用《专利法》(1959年法律第121号。以下称为"新专利法")第35条第1款规定取得普通许可权。

第11条 根据旧法第25条准用旧《专利法》第48条第1款规定的许可权,在新法施行时实际上存在者,在新法施行日,视为根据新法第28条第1款规定取得普通许可权。

第12条 根据旧法第25条准用旧《专利法》第126条第1款规定的许可权,在新法施行时实际上存在者,在新法实行日;根据第16条第3款规定,决定按照其规范,根据在旧法第25条准用旧《专利法》第126条第1款规定的许可权,在复审决定生效日,视为根据新法第56条规定取得普通许可权。

第13条 根据旧法第25条准用旧《专利法》第127条第1款规定的许可权,在新法施行时实际上存在者,在新法实行日;根据第16条第3款规定,决定按照其规范,根据旧法第25条准用旧《专利法》第127条第1款规定的许可权,在复审决定生效日,视为根据新法第30条第1款规定取得普通许可权。

【保护期限】

第14条 被视为根据第3条规定根据新法取得外观设计权,根据旧法外观设计权(包括根据第16条第1款规定,按照原有规范授予外观设计注册的)的保护期限,仍然按照原有规范。

【质权】

第15条 以在新法施行前授予的外观设计权为标的设定质权,在新法施行时实际上没有注册者,在新法施行日失效。

【正在审查的程序】

第16条 新法施行时实际上正在审查的外观设计注册申请(包括正在审查的上诉审判者),外观设计注册申请到审定或者复审决定生效,仍然按照原有规范。

新法施行时实际上正在审查的旧法第13条或者第22条第1款的复审,或者这些复审决定的上诉审判,仍然按照原有规范。但是,在新法施行时实际上正在审查的旧法第13条或者第22条第1款的复审(包括新法施行时实际上案件正在审查的上诉审判,新法施行后被退回,正在复审情形中的复审),将复审决定视为上诉审判的复审决定,将复审请求书的驳回决定视为上诉审判请求书的驳回决定。

新法施行时实际上正在审查的旧法第25条或者同条准用旧专利法第128条第1款准用同法第121条第1款的再审,仍然按照原有规范。

第2款但书的规定,准用于前款的情形。

非第1款到第3款规定的程序,新法施行时实际上正在特许厅审查的,仍然按照原有规范。

【正当权利人的外观设计注册申请】

第17条 新法施行时实际上正在审查的在旧法第25条准用旧《专利法》第10条或者第11条规定的正当权利人的外观设计注册申请,这些规定在新法施行后仍有效。

【继受获得外观设计注册的权利】

第18条 新法施行前提出外观设计注册申请后,继受获得外观设计注册的权利(继承及其他一般继受的除外),在新法施行时实际上没有向特许厅长呈报的,在新法施行日失效。

【外观设计权的转移等】

第19条 新法施行前转移的外观设计权(继承及其他一般继受的除外)或者处分的限制,在新法施行时实际上没有注册的,在新法施行日失效。

在新法施行前已进行的以外观设计权为标的的质权的转移(继承及其他一般继受的除外)、变更或者处分的限制,在新法施行时实际上没有注册的,在新法施行日失效。

【职务创作】

第20条 新法第15条第3款准用新《专利法》第35条规定,在新法施行前雇员、法人的负责人或者公务员创作的外观设计,也适用该条。

【无效复审】

第21条 根据旧法已进行的外观设计注册(包括根据第16条第1款的规定,按照原有规范完成的外观设计注册),有关新法第48条第1款的复审或者生效复审决定的再审,旧法第17条的规定在新法施行后仍有效,限于同条第1款规定的情形,可以宣告外观设计注册无效。

旧法第22条第1款第1项的复审或者复审决定的上诉审判生效复审决定(包括是根据第16条第2款规定,按照原有规范作出的复审决定,生效的)的再审,在新法施行后请求的,和前款亦同。

【注册费】

第22条 新法施行前全部已缴纳或者应当缴纳的注册费,仍然按照原有规范。

新法第45条准用新《专利法》第111条规定,即使在新法施行前缴纳的注册费(包括根据前款规定按照原有规范缴纳的),也适用。

根据旧法第25条准用旧《专利法》第11条(包括根据第17条规定,仍具有效力时)的规定,授予正当权利人外观设计注册时,旧法第25条准用旧专利法第65条第6款的规定,在新法施行后仍有效。

【补偿金】

第23条 获得新法施行前产生的补偿金的权利,仍然按照原有规范。

【处分】

第24条 根据旧法已作出的处分、程序及其他行为(包括根据第16条第1款到第3款或者第5款规定,按照原有规范已进行的),在新法中有与之相当的规定时,视为根据新法作出。

【法律责任的适用】

第25条 对于新法施行前已进行的行为、根据第16条第1款到第3款或者第5款的规定,有关决定按照原有规范的手续新法施行已进行的行为,法律责任的适用仍然按照原有规范。

第七编　商　标　法

1959 年 4 月 13 日法律第 127 号

最新修改:2014 年 6 月 25 日法律第 84 号

第一章　总　　则

【目的】

第 1 条　本法的目的是,通过保护商标,维护商标使用人的业务信用,以推动产业发展,同时保护购买者的利益。

【定义】

第2条 在本法中所称“商标”，是指通过人的知觉能够识别者中，下列文字、图形、符号、立体形状、色彩或者它们的结合、声音及其他由政令规定者：

1. 在营业上生产、证明、转让商品的人在商品上使用的；

2. 在营业上提供或者证明服务的人在服务上使用的（前项所列的除外）。

前款第2项的服务包括零售和批发业务中开展向顾客提供方便条件的业务。

在本法中，有关标志所称“使用”，是指下列行为：

1. 在商品、商品的包装上附着标志的；

2. 转让、交付、为转让或者交付目的的展览、出口、进口，或者通过通信线路提供在商品或者商品的包装上附着标志的；

3. 提供服务时，在供顾客使用的物品（包括转让、出租的物品。以下相同）上附着标志的；

4. 提供服务时，使用在供顾客使用的物品上附着标志提供服务的；

5. 为提供服务展览在供提供服务用的物品（包括提供服务时，供顾客使用的物品。以下相同）上所附标志的；

6. 提供服务时，在提供给顾客的有关该服务的物品上附着标志的；

7. 通过电磁方法（是指电子方法、磁力方法及其他通过人的知觉不能认识的方法。在下项相同）提供介入影像画面服务时，在影像画面上标示标志提供服务的；

8. 在商品或者服务的广告、价格表或者交易文件上附着标志的展览、发行，或者在以它们为内容的信息中附着标志通过电磁方法提供的。

9. 有声音标志时，在上述各项列举者外，为转让、交付商品或者提供服务，发出声音标志的行为；

10. 前述各项列举者外，由政令规定的行为。

在前款，在商品及其他物品上附着标志时，有关下列各项列举的各种标志，应分别包含在各项列举者：

(1) 文字、图形、符号、立体形状或者它们的结合，或者它们与色彩结合的标志，商品或者商品的包装、供提供服务用的物品或者将与商品或者服务的广告做成标志的形状；

(2) 声音标志,在商品、供提供服务用的物品,或者有关商品、服务的广告上附着记录媒体的情形(包括商品、供提供服务用的物品,或者有关商品、服务的广告本身是记录媒体的情形),将标志记录在该记录媒体上。

本法所称"注册商标",是指获得商标注册的商标。

在本法中,类似商品的范围包括服务,类似服务的范围包括商品。

第二章 商标注册和商标注册申请

【商标注册的要件】

第3条 除下列商标外,在自己业务的商品或者服务上使用的商标,可以获得商标注册:

1. 仅用普通使用的方法标示商品或者服务通用名称的标志构成的商标;

2. 在商品或者服务上常用的商标;

3. 仅用普通使用的方法标示商品的产地、销售地、品质、原材料、功能、用途、数量、形状(包括包装的形状。在第26条第1款第2项及第3项;相同)、生产或者使用的方法、日期及其特征、数量、价格,或者提供服务的场所、质量、提供服务用的物品、功能、用途、形态、提供的方法、日期及其特征、数量、价格的标志构成的商标;

4. 仅用普通使用的方法标示常用人名或者名称的标志构成的商标;

5. 仅极为简单并常见的标志构成的商标;

6. 购买者不能辨认是何人业务的商品或者服务的其他商标。

尽管符合前款第3项至第5项的商标,但使用的结果购买者能够辨认是何人业务的商品或者服务的,不受同款规定的限制,可以获得商标注册。

【不能获得商标注册的商标】

第4条 不受前条规定的限制,下列商标不能获得商标注册:

1. 和日本国旗、菊花徽章、勋章、奖章或者外国国旗相同或者近似的商标。

2. 是《巴黎公约》(是指1900年12月14在布鲁塞尔、1911年6月2日在华盛顿、1925年11月6日在海牙、1934年6月2日在伦敦、1958年10月31日在里斯本及1967年7月14日在斯德哥尔摩修改的1883年3月20日《保护工业所有权巴黎公约》。以下相同)的同盟国、世界贸易组织成员或者《商标法条约》缔约国国家的徽章及其他纪念章(《巴黎公约》同盟国、世界贸易组织成员或者《商标法条约》缔约国的国旗除外)，并与经济产业大臣指定者相同或者近似的商标。

3. 标示联合国及其他国际组织[在(2)是指“国际组织”]的标志，与经济产业大臣指定者相同或者类似的商标(下列者除外)。

(1) 是作为标示与自己业务有关的商品或者服务而在需要者间广泛知晓的商标或者与之类似者，用于其商品或者服务或者与之类似的商品或者服务上;

(2) 是由与标示国际组织简称的商标相同或者类似的标志构成的商标，用于不会发生误认与该国际组织有关的商品或者服务上。

4. 与《限制使用红十字标志和名称法》(1947 年法律第 159 号)第 1 条的标志或者名称，或者武力攻击等事态中《保护国民措施法》(2004 年法律第 112 号)第 158 条第 1 款的特殊标志相同或者近似的商标。

5. 日本国、《巴黎公约》同盟国、世界贸易组织成员、《商标法条约》缔约国的政府或者地方政府监督用或者证明用的印章或者符号中，与经济产业大臣指定者相同或者近似标志的商标，在与使用印章、符号的商品或者服务相同或者类似的商品或者服务上使用的。

6. 标示国家、地方政府或者它们的机构、公益团体不以营利为目的的标志，或者标示公益事业不以营利为目的的标志，与其驰名者相同或者近似的商标。

7. 有可能损害公共秩序或者善良风俗的商标。

8. 包含他人的肖像或者他人的姓名、名称、著名雅号、艺名、笔名或者它们著名简称的商标(得到他人许可的除外)。

9. 政府或者地方政府(以下称“政府”)举办的博览会或者政府以外的人举办的博览会并符合特许厅长规定标准的，或者与外国政府或者获得其许可的人举办的国际博览会奖相同或者近似标志的商标(获奖人作为商标的一部分使用标志的除外)。

10. 作为标示他人业务的商品或者服务在购买者间已广泛知晓的商标或者与之近似的商标，而在其商品、服务或者与它们类似的商品、服务上使用的。

11. 是商标注册申请日前申请商标注册的他人注册商标或者与之近似的商标，在商标注册指定商品或者指定服务[是指根据第 6 条第 1 款(包括第 68 条第 1 款准用的情形)的规定，指定的商品或者服务。以下相同]或者与它们类似的商品或者服务上使用的。

12. 与他人注册防御商标(是指获得防御商标注册的标志。以下相同)相同的商标,在注册防御商标指定商品或者指定服务上使用的。

13. 删除。

14. 与根据《种苗法》(1998 年法律第 83 号)第 18 条第 1 款的规定获得品种注册的品种名称相同或者近似的商标,在品种种苗或者与之类似的商品或者服务上使用的。

15. 有可能与他人业务的商品或者服务产生混同的商标(第 10 项至前项所列的除外)。

16. 有可能产生误认商品质量或者服务品质的商标。

17. 特许厅长指定的标示日本葡萄酒或者白酒产地的标志,或者在世界贸易组织成员的葡萄酒或者白酒产地的标志中,标示该成员禁止将非该产地作为产地的葡萄酒或者白酒上使用的商标,而在非该产地作为产地的葡萄酒或者白酒上使用的。

18. 商品等(是指商品、商品的包装或者服务,与第26 条第1 款第5 项相同)当然具备的特征中由政令规定者构成的商标。

19. 作为标示他人业务的商品或者服务,与在日本国内或者国外的购买者间已广泛知晓的商标相同或者近似的商标,并以不正当的目的(是指得到不正当利益目的、给他人造成损害的目的及其他不正当目的。以下相同)使用的(上述各项所列举的除外)。

国家、地方政府或者它们的机构、公益团体,从事不以营利为目的或者开展公益事业不以营利为目的,对前款第 6 项的商标提出商标注册申请时,不适用同项的规定。

符合第 1 款第 8 项、第 10 项、第 15 项、第 17 项、第 19 项的商标,在商标注册申请时不符合各该项的,不适用这些规定。

【商标注册申请】

第 5 条 拟获得商标注册的人,必须在记载下列事项的申请书上添加必要书面文件,并向特许厅长提交:

1. 商标注册申请人的姓名或者名称及住所或者居所;

2. 拟获得商标注册的商标;

3. 指定商品或者指定服务和由第 6 条第 2 款政令规定的商品或者服务的分类。

下列商标拟获得商标注册时,必须在申请书中记载其宗旨:

(1) 商标的文字、图形、符号、立体形状或者色彩是发生变化的,其变化

前后,由其文字、图形、符号、立体形状、色彩或者由它们的结合构成的商标;

(2) 由立体形状(包含文字、图形、符号、色彩或者与它们组合的结合)构成的商标(前项列举者除外);

(3) 仅由色彩构成的商标(第1项列举者除外);

(4) 由声音构成的商标;

(5) 前述各项列举者除外,经济产业省令规定的商标。

拟获得商标注册的商标仅由特许厅长指定的文字(以下称“标准文字”)构成,拟获得商标注册时,必须在申请书上记载其主旨。

拟就经济产业省令规定的商标获得商标注册时,必须根据经济产业省令规定,在申请书上记载商标的详细说明,或者在申请书上附加经济产业省令规定的物品。

前款的记载及物品,必须具体确定拟获得商标注册的商标。

记载拟获得商标注册的商标部分中,与记载拟获得商标注册的商标栏目的色彩相同色彩的部分,视为不是商标的部分。但是,明确了应当附着色彩的范围并标示应当附着和此栏色彩相同色彩的部分,不在此限。

【申请日的认定】

第5条之2 除商标注册申请符合下列各项之一的情形外,特许厅长必须将提交商标注册申请申请书的日期作为商标注册申请日认定:

1. 被认为拟获得商标注册的意思表示不明确时;

2. 被认为没有记载商标注册申请人的姓名或者名称,或者记载未明确到能确定商标注册申请人的程度时;

3. 申请书中没有记载拟获得商标注册的商标时;

4. 没有记载指定商品或者指定服务时。

商标注册申请符合前款各项之一时,特许厅长必须指定相当期间,命令拟获得商标注册的人补充商标注册申请。

补充商标注册申请时,必须提交补充手续的书面文件(以下称“手续补充书”)。

根据第2款规定命令应当补充商标注册申请的人,在根据同款规定指定的期间内已进行补充时,特许厅长必须将提交手续补充书日作为商标注册申请日认定。

根据第2款规定命令应当补充商标注册申请的人,在根据同款规定指定的期间内未进行补充时,特许厅长可以驳回商标注册申请。

【一商标一申请】

第6条 商标注册申请必须对每件商标指定商标使用的一类或者二类以上的商品或者服务。

前款指定必须按照政令确定的商品和服务的分类进行。

前款的商品和服务分类不是确定商品或者服务类似的范围。

【集体商标】

第7条 一般社团法人及其他社团(不具有法人资格和公司除外),或者经营联合会和根据其他特别法设立的协会(不具有法人资格的除外),或者与它们相当的外国法人,可以对使其成员使用的商标获得集体商标的商标注册。

在前款的情形中,就第3条第1款规定的适用,同款中的"自己的"改为"自己或者成员的"。

根据第1款规定拟获得集体商标商标注册的人,在第5条第1款的商标注册申请中,必须向特许厅长提交书面文件,证明商标注册申请人是第1款规定的法人。

【地理标志】

第7条之2 经营联合会和根据其他特别法设立的协会(不具有法人资格的除外,限于在特别法中规定,不得无正当理由拒绝具有成员资格的人加入,或者不得对其加入赋予比现有成员加入时困难的条件)、工商协会、工商俱乐部或者《特定非营利活动促进法》(1998年法律第7号)第2条第2款规定的特定非营利活动法人或者与它们相当的外国法人(以下称为"协会"),对是使其成员使用的商标,并符合下列各项之一的,其商标使用的结果作为标示自己或者成员业务的商品或者服务而在购买者间广泛知晓时,不受第3条规定(同条第1款第1项或者第2项情形除外)的限制,可以获得地理标志商标注册:

1. 仅用普通使用的方法标示地理名称及自己或者成员业务的商品或者服务通用名称的文字构成的商标;

2. 仅用普通使用的方法标示作为标示地理名称及自己或者成员业务的商品或者服务常用名称的文字构成的商标;

3. 仅用普通使用方法标示地理名称及自己或者成员业务的商品或者服务的通用名称或者标示它们常用的名称的文字,仅用普通使用方法标示构成的商标;标示商品产地或者服务提供场所时附着的常用文字,仅用普通使用方法标示构成的商标。

前款所称“地理名称”，是指被认为在自己或者成员申请商标注册前，使用申请商标的商品产地或者服务提供场所及其他类似它们的程度，与商品或者服务具有密切关联性的地理名称或者其简称。

第1款的情形中，就第3条第1款（限于与第1项及第2项有关的部分）规定的适用，同款中有“自己的”规定为“自己或者成员的”。

拟根据第1款的规定获得地理标志商标注册的人，在第5条第1款的商标注册申请中，必须向特许厅长提交书面文件证明商标注册申请人是协会，提交必要文件证明申请商标注册的商标包含第2款规定的地理名称。

【申请在先】

第8条 在相同或者类似的商品或者服务上使用相同或者近似商标，在不同日期有二个以上商标注册申请时，仅最先的商标注册申请人对商标可以获得商标注册。

在相同或者类似的商品或者服务上使用相同或者近似商标，在同日有二个以上商标注册申请时，仅根据商标注册申请人协商决定的一个商标注册申请人对商标可以获得商标注册。

放弃、撤回、驳回商标注册申请时，或者商标注册申请审定或者复审决定生效时，就前二款规定的适用，商标注册申请视为自始未发生。

第2款的情形，特许厅长必须指定相当期间，命令商标注册申请人进行同款的协商并呈报结果。

第2款的协商不成立或者在根据前款规定的指定期间内没有同款规定的呈报时，仅由特许厅长举行的按照公正方法抽签确定的一个商标注册申请人可以获得商标注册。

【申请时间的特别例外】

第9条 政府举办的博览会或者政府以外的人举办的符合特许厅长规定标准的博览会，《巴黎公约》同盟国、世界贸易组织成员、《商标法条约》缔约国领域内政府或者得到其许可者举办的国际博览会，不属于《巴黎公约》同盟国、世界贸易组织成员、《商标法条约》缔约国国家领域内政府或者得到其许可者举办的并符合特许厅长规定标准的国际博览会，在其会上展出的商品或者展览的服务上使用的商标，使用商标展出商品或者展览服务的人，在展出商品或者展览服务日起6个月以内，将商品或者服务作为指定商品或者指定服务提出商标注册申请时，其商标注册申请视为在展出商品或者展览服务时提出。

有关申请商标注册的商标，拟获得适用前款规定的人，必须和商标注册申请同时向特许厅长提交记载其主旨的书面文件，并且，必须在商标注册申请日起30日内，向特许厅长提交书面文件（在下一款称为“证书”），证明申请商标注册的商标和商品或者服务是同款规定的商标和商品或者服务。

提交证书的人，因不能归其责的理由，在前款规定的期间内未能提交证书时，不受同款规定限制，在其理由消失之日起14日（在偏远地区的人，2个月）以内，且在其期间满后6个月以内，可以向特许厅长提交其证书。

【根据《巴黎公约》主张优先权】

第9条之2 基于在《巴黎公约》同盟国提出的商标（限于相当于在第2条第1款第2项规定的商标）注册申请优先权，根据《巴黎公约》第4条规定的规范，基于符合同款第1项规定商标的商标注册申请，可以主张优先权。

第9条之3 下表上栏所列者在基于同表下栏所列国家提出申请的优先权，根据《巴黎公约》第4条规定的规范，可以主张商标注册申请。

日本国民或者《巴黎公约》同盟国国民（包括根据《巴黎公约》第3条规定被视为同盟国国民者）	世界贸易组织成员或者《商标法条约》缔约国
世界贸易组织成员国民（是指成立世界贸易组织的《马拉卡什协定议定书》一C第1条3规定的成员国民。）或者商标法条约缔约国国民	《巴黎公约》同盟国、世界贸易组织成员或者《商标法条约》缔约国

【补正指定商品或者拟获得商标注册的商标和主要内容变更】

第9条之4 对记载在申请书的指定商品、指定服务或者拟获得商标注册的商标进行的补正，在变更了它们的主要内容和有了商标权设定注册后而被承认时，对补正提交程序补正书时视为提出商标注册申请。

【商标注册的分案申请】

第10条 限于商标注册申请正在审查、复审、再审时，或者商标注册申请应当作出拒绝的复审决定之诉正在法院审理时，以两个以上的商品或者服务作为指定商品或者指定服务的商标注册申请，商标注册申请人可以将其一部分提出一件或者二件以上新的商标注册申请。

前款的情形，新商标注册申请视为在原商标注册申请时提出。但是，就第9条第2款和第13条第1款准用《专利法》（1959年法律第121号）第43条第1款及第2款（包括第13条第1款准用的同法第43条之3第3款准用这些规定的情形)规定的适用,不在此限。

提出第1款规定的新商标注册申请的情形,原商标注册申请提交的书面文件或者文件,根据第9条第2款或者第13条第1款准用《专利法》第43条第1款及第2款(包括第13条第1款准用的同法第43条之3第3款准用这些规定的情形)的规定是新商标注册申请必须提交的,视为和新商标注册申请同时已向特许厅长提交。

【申请的变更】

第11条 商标注册申请人可以将集体商标的商标注册申请变更为普通商标注册申请(是指集体商标商标注册申请和地理标志商标注册申请以外的商标注册申请。以下相同)或者地理标志商标注册申请。

商标注册申请人可以将地理标志商标注册申请变更为普通商标注册申请或者集体商标商标注册申请。

商标注册申请人可以将普通商标注册申请变更为集体商标商标注册申请或者地理标志商标注册申请。

商标注册申请审定或者复审决定生效后,不能根据前三款规定变更商标注册申请。

根据第1款到第3款的规定变更了商标注册申请时,原商标注册申请视为撤回。

前条第2款及第3款的规定,准用于根据第1款到第3款规定变更商标注册申请的情形。

第12条 防御商标注册申请人可以将防御商标注册申请变更为商标注册申请。

防御商标注册申请审定或者复审决定生效后,不能根据前款规定变更申请。

第10条第2款及第3款和前条第5款的规定,准用于根据第1款规定变更申请的情形。

【申请公告】

第12条之2 申请了商标注册时,特许厅长必须公告申请。

通过在商标公报刊登下列事项公告申请。但是,第3项或者第4项所列举的事项,特许厅长认为在商标公报上刊登该事项有可能损害公共秩序或者善良风俗时,不在此限:

1. 商标注册申请人的姓名或者名称及住所或者居所;

2. 商标注册申请的编号及年月日；

3. 在申请书记载的商标（第5条第3款规定的情形，通过标准文字表现的。以下相同）；

4. 指定商品或者指定服务；

5. 其他必要事项。

【《专利法》的准用】

第13条 《专利法》第43条第1款到第4款、第6款及第7款和第43条之3第2款及第3款的规定，准用于商标注册申请。在此情形，同法第43条第1款中的“经济产业省令规定的期间内”应当换读为“和商标注册申请同时”；同法第43条之2第2款中的“或者世界贸易组织成员”应当换读为“、世界贸易组织成员或者《商标法条约》缔约国”；同法第43条之3第2款中的“或者世界贸易组织成员国民”应当换读为“、世界贸易组织成员国民或者商标法条约缔约国国民”；同条第3款中的“前二条”应当换读为“第43条”、“前二款”应当换读为“前款”。

《专利法》第33条第1款到第3款和第34条第4款到第7款（获得专利权利）的规定，准用于根据商标注册申请产生的权利。

【核准注册前的金钱请求权】

第13条之2 商标注册申请人申请商标注册后，出示记载申请内容的书面文件进行警告时，其警告后商标权核准注册前，对在申请指定商品或者指定服务上使用申请商标的人，可以请求支付相当于因使用产生的业务损失额的金钱。

如果未授予商标权，则不能行使根据前款规定的请求权。

根据第1款的规定行使请求权，不妨碍行使商标权。

放弃、撤回、驳回商标注册申请时，对商标注册申请应当予以拒绝的审定或者复审决定生效时，第43条之3第2款的撤销决定生效时，除第46条之2第1款但书情形外应当宣告商标注册无效的复审决定生效时，第1款的请求权视为自始不存在。

第27条、第37条、第39条准用《专利法》第104条之3第1款及第2款、第105条、第105条之2、第105条之4到第105条之6及第106条、第56条第1款准用同法第168条第3款到第6款和《民法》（1896年法律第89号）第719条及第724条（侵权行为）的规定，准用于根据第1款规定行使请求权的情形。在这种情形，具有请求权的人在商标权授权前已知使用申请注册商标的事实及使用人时，同条中有“受害人或者法定代理人已知损害及加害人时”应当换读为“商标权授权日”。

第三章 审 查

【由审查员审查】

第14条 特许厅长必须指派审查员进行审查商标注册申请。

【拒绝的审定】

第15条 商标注册申请符合下列各项之一时，审查员必须对商标注册申请作出应当进行拒绝的审定：

1. 根据第3条、第4条第1款、第7条之2第1款、第8条第2款或者第5款、第51条第2款(包括第52条之2第2款准用的情形)、第53条第2款或者第77条第3款准用《专利法》第25条的规定，申请商标注册的商标不能进行商标注册时；

2. 根据条约规定，申请商标注册的商标不能进行商标注册时；

3. 商标注册申请不符合第5条第5款、第6条第1款或者第2款规定的要件时。

【拒绝理由的通知】

第15条之2 审查员拟作出应当进行拒绝的审定时，必须将拒绝理由通知商标注册申请人，指定相当期间，给予提交意见书的机会。

第15条之3 申请商标注册的商标是商标注册申请日前申请商标注册的他人的商标或者与之近似商标，并在商标的指定商品或者指定服务或者与它们类似的商品或者服务上使用时，审查员可以通知商标注册申请人，因他人的商标进行商标注册，商标注册申请变为符合第15条第1款时，指定相当期间，给予其提交意见书的机会。

在已进行前款通知的情形，他人的商标已进行商标注册时，不需要进行前条的通知。

【商标注册的审定】

第16条 审查员在政令规定的期间内，没有发现拒绝商标注册申请的理由时，必须作出应当进行商标注册的审定。

【补正的驳回】

第16条之2 补正在申请书记载的指定商品或者指定服务或者拟获得

商标注册的商标,变更它们的主要内容时,审查员必须采用决定驳回补正。

根据前款规定的驳回决定,必须以书面形式作出并附理由。

根据第1款规定作出了驳回决定时,自决定誊本送达日到满3个月前,不得对商标注册申请作出核定。

商标注册申请人对根据第1款规定的驳回决定请求第45条第1款的复审时,到复审决定生效前,审查员必须中止审查商标注册申请。

【《专利法》的准用】

第17条 《专利法》第47条第2款(审查员的资格)、第48条(审查员的排除)、第52条(审定的方式)和第54条(与诉讼的关系)的规定,准用于商标注册申请的审查。

【《外观设计法》的准用】

第17条之2 《外观设计法》(1959年法律第125号)第17条之3(有关补正后外观设计的新申请)的规定,准用于根据第16条之2第1款规定采用决定驳回补正的情形。

《外观设计法》第17条之4的规定,准用于延长前款或者在第55条之2第3款(包括第60条之2第2款准用的情形)准用同法第17条之3第1款规定期间的情形。

第四章 商 标 权

第一节 商 标 权

【商标权的核准注册】

第18条 商标权根据核准注册产生。

根据第40条第1款的规定缴纳了注册费时,或者根据第41条之2第1款的规定,在送达应当进行商标注册的审定或者复审决定誊本日起30日内,缴纳了应当缴纳的注册费时,进行商标权核准注册。

前款的注册后,必须在商标公报上刊登下列事项:

1. 商标权人的姓名或者名称及住所或者居所;
2. 商标注册申请编号及年月日;
3. 在申请书记载的商标;
4. 指定商品或者指定服务;

5. 注册编号及核准注册的年月日；

6. 其他必要事项。

特许厅长必须在根据前款规定刊登同款各项所列事项的商标公报(以下称为“商标公报”)发行日起两个月间,在特许厅让公众自由阅览申请文件及其附属物品。但是,有可能损害个人名誉或者生活稳定的文件或者物品,以及有可能损害公共秩序或者善良风俗的文件或者物品,且特许厅长认为有必要保密的,不在此限。

虽是有可能损害个人名誉或者生活稳定的文件或者物品,但根据前款但书的规定,特许厅长认为不需要保密的,特许厅长拟将其供自由阅览时,必须将主旨及理由通知提交文件或者物品的人。

【有效期】

第19条 商标权有效期从核准注册日起满10年终止。

商标权有效期可以根据商标权人的续展注册申请续展。

续展了商标权有效期的注册时,有效期应当在届满时已续展。

【有效期续展注册的申请】

第20条 申请商标权有效期续展注册的人,必须向特许厅长提交记载下列事项的申请书:

1. 商标权人的姓名或者名称及住所或者居所;

2. 商标注册的注册编号;

3. 根据经济产业省令规定的其他事项。

续展注册申请必须在商标权有效期届满前6个月起至届满日前提出。

商标权人在前款规定期间内未能提出续展注册申请时,即使是期限届满后,在期限届满后6个月以内,也可以提出申请。

在根据前款规定可以申请续展注册的期间内,商标权人没有申请时,商标权视为溯及到有效期届满时消灭。

【商标权的恢复】

第21条 根据前条第4款的规定,商标权被视为消灭的原商标权人,根据同条第3款规定有正当理由在可以申请续展期间内未能申请时,在自理由消失日起两个月以内,限于期限届满后6个月以内,可以提出申请。

根据前款规定申请续展注册后,有效期视为溯及到期限届满时续展。

【恢复的商标权效力的限制】

第22条 根据前条第2款的规定恢复的商标权,效力不及于可以提出第20条第3款规定的续展注册申请期限届满后,根据前条第1款申请续展商标权有效期注册前的下列行为:

1. 在指定商品或者指定服务上使用注册商标;
2. 第37条各项列举的行为。

【有效期的续展注册】

第23条 根据第40条第2款的规定缴纳了注册费时,或者根据第41条之2第2款的规定,在申请续展注册的同时缴纳了应当缴纳的注册费时,续展商标权有效期的注册。

根据第20条第3款或者第21条第1款的规定申请续展注册的情形,不受前款规定限制,缴纳了根据第40条第2款规定的注册费和根据第43条第1款规定的增额注册费时,或者缴纳了根据第41条之2第2款规定在续展注册申请的同时应当缴纳的注册费和根据第43条第2款规定的增额注册费时,续展商标权有效期的注册。

前二款注册后,必须在商标公报上刊登下列事项:

1. 商标权人的姓名或者名称及住所或者居所;
2. 注册编号及续展注册年月日;
3. 其他必要事项。

【商标权的分割】

第24条 指定商品或者指定服务有两个以上时,可以在每个指定商品或者指定服务范围分割商标权。

即使商标权消灭后,在请求第46条第3款的复审时,限于案件正在复审、再审或者诉讼的情形,也可以进行前款的分割。

【商标权的转移】

第24条之2 指定商品或者指定服务有两个以上时,可以分割为各个指定商品或者指定服务,并进行商标权转移。

国家、地方政府、它们的机构或者公益团体不以营利为目的的商标注册申请,不能转让第4条第2款规定的商标权。

不以营利为目的开展公益事业的人,其商标注册申请除和事业同时进行的情形外,不能转移第4条第2款规定的商标权。

地理标志的商标权不能转让。

【集体商标商标权的转移】

第24条之3 除下款规定的情形外，转移集体商标的商标权时，商标权视为变更为普通商标权。

拟将集体商标商标权作为集体商标商标权转移时，必须同时向特许厅长提交记载其主旨的书面文件、第7条第3款规定的书面文件和转移注册的申请。

【请求标示防止因商标权转移产生混同】

第24条之4 商标权转移的结果，在相同商品或者服务上使用近似注册商标，或者在类似的商品或者服务上使用相同或者近似的注册商标，在商标权变为属于不同商标权人的情形，一件商标注册的商标权人、独占许可权人、普通许可权人在指定商品或者指定服务上通过使用注册商标，有可能侵害其他注册商标的商标权人或者独占许可权人业务上的利益（限于正使用该其他注册商标的指定商品或者指定服务的）时，其他注册商标的商标权人或者独占许可权人为防止此人业务的商品或者服务与自己业务的商品或者服务混同，可以请求该注册商标的商标权人、独占许可权人、普通许可权人在使用中应当附着适当标志。

【商标权的效力】

第25条 商标权人专有在指定商品或者指定服务上使用注册商标的权利。但是，对商标权设定独占许可权时，就独占许可权人专有使用注册商标权利的范围，不在此限。

【商标权效力所不及的范围】

第26条 商标权的效力不及于下列商标（包括成为其他商标一部分的）：

1. 以普通使用的方法标示自己的肖像，或者自己的姓名、名称、著名雅号、艺名、笔名或者它们著名简称的商标；

2. 以普通使用的方法标示指定商品或者与之类似商品的通用名称、产地、销售地、质量、原材料、功能、用途、数量、形状、生产或者使用方法或者日期及其他特征、数量、价格，或者类似指定商品的服务的通用名称、提供服务的场所、质量、提供服务用的物品、功能、用途、样态、提供方法或者日期及其他特征、数量、价格的商标；

3. 以普通使用的方法标示指定服务或者与之类似服务的通用名称、提供服务的场所、质量、提供服务用的物品、功能、用途、样态、提供方法或者日期及其他特征、数量、价格,或者类似指定服务的商品的通用名称、产地、销售地、品质、原材料、功能、用途、数量、形状、生产或者使用方法或者日期及其他特征、数量、价格的商标;

4. 在指定商品或者指定服务或者与它们类似的商品或者服务上常用的商标;

5. 商品等当然具备的特征中,仅由政令规定者构成的商标;

6. 前述各项列举者外,不是按照需要人能够识别是何人业务的商品或者服务的方式使用的商标。

商标权核准注册后,以不正当竞争的目的使用自己的肖像,或者自己的姓名、名称、著名的雅号、艺名、笔名或者它们著名简称的情形,不适用前款第1项的规定。

商标权的效力不及于下列行为,但是,限于其行为非以不正当竞争目的所为。

1. 根据《关于保护特定农林水产品名称的法律法》(2014年法律第84号。以下在本款称为"特定农林水产品名称保护法")第3条第1款规定,在商品或者商品的包装上,附着《特定农林水产品名称保护法》第2条第3款规定的地理标志(以下在本款称为"地理标志")的行为;

2. 转让、交付、为转让或者交付而展示、出口、进口根据《特定农林水产品名称保护法》第3条第1款规定在商品或者商品的包装上附着了地理标志产品的行为;

3. 根据《特定农林水产品名称保护法》第3条第1款规定,在有关商品的发货单上附着地理标志进行展示的行为。

【注册商标等的范围】

第27条 注册商标的范围必须基于在申请书记载的商标确定。

指定商品或者指定服务的范围必须基于申请书的记载确定。

在第1款的情形,应当考虑第5条第4款的记载及物品后解释在申请书上记载的商标的记载含义。

第28条 可以要求特许厅判定商标权的效力范围。

根据前款规定提出请求后,特许厅长必须指定3名复审员使其作出判定。

《专利法》第71条第3款及第4款的规定,准用于第1款的判定。

第28条之2 法院委托鉴定商标权效力后,特许厅长必须指定3名复审员使其作出鉴定。

《专利法》第71条之2第2款的规定，准用于前款的委托鉴定。

【与他人专利权等的关系】

第29条 在指定商品或者指定服务上使用注册商标，因使用形态和商标注册申请日前申请的他人专利权、实用新型权、外观设计权，或者在商标注册申请日前产生的他人著作权或者著作邻接权相抵触时，商标权人、独占许可权人或者普通许可权人对指定商品或者指定服务中抵触的部分，不能按照其形态使用注册商标。

【独占许可权】

第30条 商标权人可以对商标权设定独占许可权。但是，第4条第2款规定的申请商标注册的商标权和地理标志商标权，不在此限。

独占许可权人在设定行为规定的范围内，在指定商品或者指定服务上，专有使用注册商标的权利。

限于获得商标权人许可时和继承及其他一般继受时，可以转移独占许可权。

《专利法》第77条第4款及第5款（质权的设定等）、第97条第2款（放弃）和第98条第1款第2项及第2款（注册的效果）的规定，准用于独占许可权。

【普通许可权】

第31条 商标权人可以对商标权许可他人普通许可权。但是，第4条第2款规定的申请商标注册的商标权，不在此限。

普通许可权人在设定行为规定范围内，在指定商品或者指定服务上，有使用注册商标的权利。

限于获得商标权人（独占许可权在普通许可权的情况下，商标权人和独占许可权人）许可的情形、继承及其他一般继受的情形，可以转移普通许可权。

普通许可权已登记时，对于此后取得商标权或者独占许可权的人，或者商标权的独占许可权的人，也发生效力。

普通许可权的转移、变更、消灭或者处分的限制，如果不登记则不能对抗第三人。

《专利法》第73条第1款（共有）、第94条第2款（质权的设定）、第97条第3款（放弃）的规定，准用于普通许可权。

【团体成员的权利】

第31条之2 具有集体商标商标权的第7条第1款规定的法人成员(以下称“团体成员”)或者具有地理标志商标权的协会成员(以下称为“区域团体成员”),具有根据法人或者协会的规定在指定商品或者指定服务上使用集体商标或者地理标志注册商标的权利。但是,对商标权(限于集体商标商标权)设定独占许可权时,独占许可权人专有使用注册商标权利的范围,不在此限。

前款正文的权利不能转移。

就第24条之4、第29条、第50条、第52条之2、第53条及第73条规定的适用,团体成员和区域团体成员视为普通许可权人。

集体商标和地理标志注册商标,就第33条第1款第3项规定的适用,同项中有“或者对商标权或者独占许可权具有第31条第4款效力的普通许可权的人”规定为“或者对商标权或者独占许可权具有第31条第4款效力的普通许可权的人,或者具有使用商标权利的团体成员和区域团体成员”。

【源于在先使用进行商标使用的权利】

第32条 他人商标注册申请前,在日本国内非不正当竞争的目的,在商标注册申请的指定商品或者指定服务或者与它们类似的商品或者服务上,使用商标或者与之类似商标的结果,在商标注册申请时[根据第9条之4的规定,或者根据第17条之2第1款或者第55条之2第3款(包括第60条之2第2款准用的情形)准用《外观设计法》第17条之3第1款的规定,商标注册申请被视为在提交程序补正书时已提交的,原商标注册申请时或者提交程序补正书时],实际上,其商标作为标示自己业务的商品或者服务在购买者间已广泛知晓时,此人继续在商品或者服务上使用商标的情形,有在其商品或者服务上使用商标的权利。即使继受该业务的人,亦相同。

为防止与此人业务的商品或者服务和自己业务的商品或者服务混同,商标权人或者独占许可权人可以请求根据前款规定具有使用商标权利的人应当附着适当标志。

第32条之2 他人地理标志商标注册申请前,在日本国内非不正当竞争的目的,在商标注册申请的指定商品或者指定服务或者与它们类似的商品或者服务上使用商标或者与之类似商标的人,继续在商品或者服务上使用商标的情形,有在商品或者服务上使用商标的权利。即使对继受业务的人,亦相同。

为防止此人业务的商品或者服务和自己或者成员业务的商品或者服务

混同,商标权人可以请求根据前款规定有使用商标权利的人应当附着适当标志。

【根据无效复审请求注册前的使用使用商标的权利】

第33条 符合下列各项之一的人,在第46条第1款复审请求注册前,不知商标注册符合同款各项之一,在日本国内,在指定商品或者指定服务或者与它们类似的商品或者服务上使用注册商标或者与之近似商标,其商标作为标示自己业务的商品或者服务在购买者间已广泛知晓时,此人继续在商品或者服务上使用商标的情形,有在其商品或者服务上使用商标的权利。即使继受业务的人,亦相同:

1. 对在相同或者类似的指定商品或者指定服务上使用的相同或者近似商标,有二个以上商标注册,在宣告其中之一无效情形的原商标权人;

2. 对宣告商标注册无效而在相同或者类似的指定商品或者指定服务上使用的相同或者近似商标,正当权利人已进行商标注册情形的原商标权人;

3. 前二项所列的情形,第46条第1款复审请求已注册时,实际上对宣告商标注册无效的商标权具有独占许可权的人,或者对商标权或者独占许可权具有第31条第4款效力的普通许可权的人。

商标权人或者独占许可权人,有权从根据前款规定具有使用商标的权利人处获得相当对价。

第32条第2款的规定,准用于第1款的情形。

【专利权等有效期届满后使用商标的权利】

第33条之2 商标注册申请日前或者与之同日申请专利的专利权与商标注册申请的商标权相抵触的情形,在专利权有效期届满时,原专利权人在原专利权范围内,在商标注册申请的指定商品或者指定服务或者与它们类似的商品或者服务上,有使用注册商标或者与之类似商标的权利。但是,限于不以不正当竞争目的进行使用的情形。

第32条第2款的规定,准用于前款的情形。

在商标注册申请日前或者与之同日申请的实用新型权或者外观设计权与商标注册申请的商标权相抵触的情形,在实用新型权或者外观设计权有效期届满时,准用前2款的规定。

第33条之3 商标注册申请日前或者与之同日申请专利的专利权与商标注册申请的商标权相抵触的情形,专利权有效期届满时,在届满时实际上对专利权具有独占许可权或者对专利权或者独占许可权具有普通许可权的人,在原有权利范围内,在注册商标申请的指定商品或者指定服务或者与它们类似的商品或者服务上,有使用注册商标或者与之类似商标的权利。但是,限于不以不正当竞争目的进行使用的情形。

第32条第2款及第33条第2款的规定,准用于前款的情形。

在商标注册申请日前或者与之同日申请的实用新型权或者外观设计权与商标注册申请的商标权相抵触的情形,实用新型权或者外观设计权有效期届满时,准用前2款的规定。

【质权】

第34条 以商标权、独占许可权、普通许可权为标的设定质权时,除在合同中作出特别规定的情形外,质权人不能在指定商品或者指定服务上使用注册商标。

以普通许可权为标的,质权的设定、转移、变更、消灭或者处分的限制,如果不登记则不能对抗第三人。

《专利法》第96条(物上代位)的规定,准用于以商标权、独占许可权、普通许可权为标的的质权。

《专利法》第98条第1款第3项及第2款(注册的效果)的规定,准用于以商标权或者独占许可权为标的的质权。

【《专利法》的准用】

第35条 《专利法》第73条(共有)、第76条(没有继承人的情形专利权的消灭)、第97条第1款(放弃)、第98条第1款第1项及第2款(注册的效果)的规定,准用于商标权。在这种情形,同法第98条第1款第1项中有"转移(根据继承及其他一般继受的除外)"应当换读为"分割、转移(根据继承及其他一般继受的除外)"。

第二节 权利侵害

【停止请求权】

第36条 商标权人、独占许可权人可以请求侵害或者有可能侵害自己商标权或者独占许可权的人停止侵害或者预防侵害。

商标权人、独占许可权人根据前款规定提出请求时,可以请求销毁构成侵害行为的物品、拆除用于侵害行为的设备,以及其他预防侵害的必要行为。

【视为侵害的行为】

第37条 下列行为视为侵害商标权或者独占许可权：

1. 在指定商品或者指定服务上使用与注册商标近似的商标,或者在指定商品或者指定服务类似的商品或者服务上使用注册商标或者与之近似商标；

2. 为转让、交付或者出口指定商品或者与指定商品或者指定服务类似的商品,在商品或者商品的包装上附着注册商标或者与之近似商标而持有的；

3. 在提供指定服务或者与指定服务或者指定商品类似的服务时,为使用在供顾客使用的物品上附着的注册商标或者与之近似商标提供该服务,持有或者进口它的；

4. 在提供指定服务或者与指定服务或者指定商品类似的服务时,为使用在供顾客使用的物品上附着的注册商标或者与之近似商标,使他人提供该服务,转让、交付、为转让或者交付而持有或者进口的；

5. 为在指定商品或者指定服务或者与它们类似的商品或者服务上使用注册商标或者与之近似商标,持有标示注册商标或者与之类似商标的物品的；

6. 为使他人在指定商品或者指定服务或者与它们类似的商品或者服务上使用注册商标或者与之近似的商标,转让、交付或者为转让、交付而持有标示注册商标或者与之近似商标的物品的；

7. 为在指定商品或者指定服务或者与它们类似的商品或者服务上使用或者使他人使用注册商标或者与之近似商标,制造、进口标示注册商标或者与之近似商标的物品的；

8. 以只用于为制造标示注册商标或者与之近似商标的物品为业,制造、转让、交付、进口其物品的。

【损害额的推定】

第38条 商标权人、独占许可权人请求因故意或者过失侵害自己商标权或者独占许可权的人赔偿因其侵害自己已受损害的情形,在此人转让构成侵害行为的商品时,可以将转让商品数量(以下在本款称“转让数量”),乘以如果没有其侵害行为则商标权人或者独占许可权人已售产品每单位数量利益额得到的金额,在不超过符合商标权人或者独占许可权人使用能力的数额限度内,作为商标权人或者独占许可权人已受损害额。但是,有相当于商标权人或者独占许可权人不能销售的全部或者部分转让数量的情况时,扣除符合相当于该情况数量的金额。

商标权人、独占许可权人请求因故意或者过失侵害自己商标权或者独占许可权的人赔偿因其侵害自己已受损害的情形，在此人通过侵害行为已获得利益时，其利益额推定为商标权人或者独占许可权人已受损害额。

商标权人、独占许可权人可以请求因故意或者过失侵害自己商标权或者独占许可权的人将相当于使用注册商标应当获得的金额，作为自己已受损害额予以赔偿。

前款的规定，不妨碍请求超过同款规定金额的损害赔偿。在此情形，侵害商标权或者独占许可权的人没有故意或者重大过失时，法院可以酌情决定损害赔偿额。

【主张的限制】

第38条之2 侵害商标权、独占许可权或者请求支付第13条之2第1款（包括第68条第1款准用的情形）规定的金钱诉讼终局判决生效后，下列复审决定或者决定生效时，曾是诉讼当事人的人，就终局判决在再审之诉（包括向以该诉讼为本诉的临时扣押命令案件的债权人请求损害赔偿为目的的诉讼、向以该诉讼为本诉的临时处分命令案件的债权人请求损害赔偿和返还不当得利为目的的诉讼）中，不能主张复审决定或者决定生效：

1. 应当宣告商标注册无效的复审决定；
2. 应当撤销商标注册的决定。

【《专利法》的准用】

第39条 《专利法》第103条（过失推定）、第104条之2（具体情况的明示义务）、第104条之3第1款及第2款（专利权人等权利行使的限制）、第105条到第105条之6（文件的提交、为计算损害的鉴定、相当损害额的认定、保密命令、保密命令的撤销和请求阅览诉讼记录的通知）和第106条（信用恢复措施）的规定，准用于侵害商标权或者独占许可权。

第三节 注 册 费

【注册费】

第40条 获得商标权核准注册的人，必须每件缴纳3.76万日元乘以分类（是指定商品或者指定服务属于第6条第2款政令所规定的商品或者服务的分类。以下相同）数量所得金额的注册费。

提出商标权有效期续展注册申请的人，必须每件缴纳4.85万日元乘以分类数量所得金额的注册费。

商标权属于国家时,不适用前二款的规定。

国家和国家以外的人共有商标权并规定有持有额时,第 1 款或者第 2 款的注册费不受第 1 款或者第 2 款规定的限制,国家以外的人必须缴纳其持有额比例乘以在这些规定中规定的注册费金额所得到的金额。

根据前款规定算出的注册费金额中,有不满 10 日元的尾数时,舍去尾数。

第 1 款或者第 2 款的注册费,必须根据经济产业省令规定采用特许印花缴纳。但是,在经济产业省令规定的情形,可以根据经济产业省令规定采用现金缴纳。

【注册费的缴纳期限】

第 41 条 根据前条第 1 款规定的注册费,必须在应当作出商标注册的审定或者复审决定誊本送达日起 30 日内缴纳。

特许厅长可以根据应当缴纳注册费的人的请求,以 30 日为限,延长前款规定的期间。

根据前条第 2 款规定的注册费,必须和续展注册申请同时缴纳。

缴纳注册费的人,因不能归其责的理由,在第 1 款规定的期间内未能缴纳其注册费时,不受同款规定限制,在其理由消失之日起 14 日(在偏远地区的人,2 个月)以内,且在其期间满后 6 个月以内,可以缴纳其注册费。

【注册费的分期缴纳】

第 41 条之 2 不受第 40 条第 1 款规定限制,获得商标权核准注册的人可分期缴纳注册费。在这种情形,必须在应当进行商标注册的审定或者复审决定誊本送达日起 30 日内,每件缴纳 2.19 万日元乘以分类数量所得金额的前提下,到商标权有效期届满前 5 年,每件缴纳 2.19 万日元乘以分类数量得到的金额。

申请商标权有效期续展注册的人,不受第 40 条第 2 款规定限制,可以分期缴纳注册费。在这种情形,必须和续展注册申请同时缴纳每件 2.83 万日元乘以分类数量所得金额的前提下,到商标权有效期届满前 5 年,缴纳每件 2.83 万日元乘以分类数量得到的金额。

根据第 1 款或者前款规定,到商标权有效期届满前 5 年,未能缴纳应当缴纳的注册费时,即使期限届满后,在期限届满后 6 个月以内,商标权人也可以补缴注册费。

根据前款规定,在可以补交注册费期间内,未缴纳根据第 1 款或者第 2

款规定到商标权有效期届满前5年应当缴纳的注册费和第43条第3款的增额注册费时,商标权视为溯及到有效期届满前5年之日消灭。

第40条第3款到第5款的规定,准用于第1款及第2款的情形。

前条第2款及第4款的规定,准用于根据第1款规定应当进行商标注册的审定或者复审决定誊本送达日起30日内缴纳必须缴纳注册费的情形。

【利害关系人缴纳注册费】

第41条之3 即使违反应当缴费的人的意愿,利害关系人也可以缴纳注册费(应当在申请续展注册的同时缴纳的注册费除外)。

根据前款规定缴纳了注册费的利害关系人,可以在应当缴费的人实际获得利益限度请求清偿其费用。

【已缴注册费的返还】

第42条 限于下列者,根据缴纳的人的请求返还已缴注册费:

1. 错误缴纳的注册费;

2. 根据第41条之2第1款或者第2款规定,到商标权有效期届满前5年应当缴纳的注册费(限于到商标权有效期届满前5年第43条之3第2款的撤销决定或者应当宣告商标注册无效的复审决定生效的情形)。

根据前款规定返还注册费,同款第1项的注册费自缴纳日起满1年、同款第2项的注册费自第43条之3第2款的撤销决定或者复审决定生效日起满6个月,不能请求。

根据第1款规定请求返还注册费的人,因不能归其责的理由,在前款规定的期间内未能提出其请求时,不受同款规定限制,在其理由消失之日起14日(在偏远地区的人,2个月)以内,且在其期间满后6个月以内,可以提出其请求。

【增额注册费】

第43条 根据第20条第3款或者第21条第1款规定申请续展注册的人,除缴纳根据第40条第2款规定应缴纳的注册费外,必须缴纳和注册费等额的增额注册费。

第41条之2第2款的情形,前款规定的人除根据同条第2款的规定在续展注册申请的同时缴纳应当缴纳的注册费外,必须缴纳和注册费等额的增额注册费。

第41条之2第3款的情形,商标权人除根据同条第1款或者第2款的规定到商标权有效期届满前5年缴纳应当缴纳的注册费之外,必须缴纳和注册费等额的增额注册费。

前三款的增额注册费,必须根据经济产业省令规定采用特许印花缴纳。但是,在经济产业省令规定的情形,可以根据经济产业省令规定采用现金缴纳。

第四章之二 注册异议的申请

【注册异议的申请】

第43条之2 任何人限于商标公报发行日起2个月以内,均可以以商标注册符合下列各项之一为理由向特许厅长提出注册异议申请。在这种情形,商标注册有二个以上指定商品或者指定服务的,可以每个指定商品或者指定服务提出注册异议申请:

1. 违反第3条、第4条第1款、第7条之2第1款、第8条第1款、第2款或者第5款、第51条第2款(包括第52条之2第2款准用的情形)、第53条第2款或者第77条第3款准用《专利法》第25条的规定进行商标注册的;
2. 违反条约进行商标注册的。
3. 对于不满足第5条第5款规定要件的商标注册申请进行了商标注册的。

【决定】

第43条之3 由3名或者5名复审员组成合议庭,审理注册异议申请并作出决定。

复查员认为申请注册异议的商标注册符合前43条之2各项之一时,必须作出应当撤销商标注册的决定(以下称“撤销决定”)。

撤销决定生效时,商标权视为自始即不存在。

复查员认为申请注册异议的商标注册不符合前43条之2各项之一时,必须作出应当维持商标注册的决定。

对于第4款的决定,不能申请异议。

【申请的方式】

第43条之4 申请注册异议的人,必须向特许厅长提交记载下列事项的注册异议申请书:

1. 注册异议申请人及代理人的姓名或者名称及住所或者居所;
2. 申请注册异议的商标注册标志;
3. 申请注册异议的理由及必要证据标志。

补正根据前款规定提交的注册异议申请书,不得变更其主要内容。但是,到第43条之2规定的期限届满后满30日前,就前款第3项所列事项进行的补正,不在此限。

为地处偏远地区或者交通不便之地的人,特许厅长可以根据请求或者用职权延长前款规定的期间。

审判长必须向商标权人寄送注册异议申请书的副本。

第46条第4款的规定,准用于申请注册异议的情形。

【复审员的指定等】

第43条之5 第56条第1款准用《专利法》第136条第2款和第137条到第144条的规定,准用于第43条之3第1款的合议庭和组成它的复审员。

【复审书记员】

第43条之5之2 每个注册异议申请案件,特许厅长必须指定复审书记员。

第56条第1款准用《专利法》第144条之2第3款到第5款的规定,准用于前款的复审书记员。

【审理的方式】

第43条之6 审理注册异议申请通过书面形式进行。但是,审判长可以根据商标权人、注册异议申请人、参加人的申请或者用职权决定开庭审理。

第56条第1款准用《专利法》第145条第3款到第5款、第146条和第147条的规定,准用于根据前款但书规定的开庭审理。

共有商标权的一个商标权人,对注册异议申请有中断、中止审理和决定程序的原因时,其中断或者中止对全体共有人发生效力。

【参加】

第43条之7 对商标权具有权利的人和关于商标权具有其他利害关系的人,到注册异议申请决定前,为协助商标权人,可以参加审理。

第56条第1款准用《专利法》第148条第4款及第5款和第149条的规定,准用于根据前款规定的参加人。

【证据调查和证据保全】

第43条之8 第56条第1款准用《专利法》第150条和第151条的规定,准用于注册异议申请审理中的证据调查和证据保全。

【根据职权的审理】

第43条之9 审理注册异议申请时,可以审理商标权人、注册异议申请人或者参加人没有申请的理由。

审理注册异议申请时，不能审理未提出注册异议申请的指定商品或者指定服务。

【申请的合并与分立】

第43条之10 对相同商标权有两个以上注册异议申请，除有特殊情况外，应当合并审理。

根据前款规定已合并审理时，可以再次单独审理。

【申请的撤回】

第43条之11 根据下一条作出通知后，不能撤回注册异议申请。

第56条第2款准用《专利法》第155条第3款的规定，准用于撤回注册异议申请。

【撤销理由的通知】

第43条之12 审判长拟作出撤销决定时，必须将撤销商标注册的理由通知商标权人及参加人，指定相当期间，给予提交意见书的机会。

【决定的方式】

第43条之13 必须用记载下列事项的文书作出申请注册异议的决定：

1. 注册异议申请案件编号；

2. 商标权人、注册异议申请人、参加人、代理人的姓名或者名称及住所或者居所；

3. 与决定有关的商标注册标志；

4. 决定结论及理由；

5. 决定年月日。

特许厅长在作出决定后，必须向商标权人、注册异议申请人、参加人及申请参加审理注册异议申请而被拒绝的人送达决定誊本。

【决定的生效范围】

第43条之14 注册异议申请的决定对各注册异议申请案件生效。但是，被申请指定商品或者指定服务，对注册异议申请的决定确定各指定商品或者指定服务。

【复审规定的准用】

第43条之15 第56条第1款准用《专利法》第133条、第133条之2、第134条第4款、第135条、第152条、第168条、第169条第3款到第6款及第

170 条的规定,准用于注册异议申请的审理和决定。

第 43 条之 3 第 5 款的规定,准用于根据前款准用《专利法》第 135 条规定的决定。

第五章 复 审

【核驳的复审】

第 44 条 收到应当作出核驳审定通知的人,对审定有异议时,在审定誊本送达日起 3 个月以内可以请求复审。

请求前款复审的人因不能归其责的理由,在同款规定期间内未能提出请求时,不受同款规定的限制,可以在理由消失日起 14 日(在国外的人,2 个月)内,在期限届满后 6 个月以内提出请求。

【对补正驳回决定的复审】

第 45 条 收到根据第 16 条之 2 第 1 款规定的驳回决定的人,对决定有异议时,在决定誊本送达日起 3 个月内可以请求复审。但是,提出第 17 条之 2 第 1 款准用《外观设计法》第 17 条之 3 第 1 款规定的新商标注册申请时,不在此限。

前条第 2 款的规定,准用于前款的复审请求。

【商标注册无效的复审】

第 46 条 商标注册符合下列各项之一时,可以对宣告商标注册无效请求复审。在这种情形,商标注册有二个以上的指定商品或者指定服务的,可以对各个指定商品或者指定服务提出请求:

1. 违反第 3 条、第 4 条第 1 款、第 7 条之 2 第 1 款、第 8 条第 1 款、第 2 款或者第 5 款、第 51 条第 2 款(包括第 52 条之 2 第 2 款准用的情形)、第 53 条第 2 款或者第 77 条第 3 款准用《专利法》第 25 条的规定进行商标注册时;

2. 违反条约进行商标注册时;

3. 对于不满足第 5 条第 5 款规定要件的商标注册申请进行了商标注册的;

4. 未继受根据商标注册申请产生的权利,对此人的商标注册申请进行商标注册时;

5. 在进行商标注册后,根据第 77 条第 3 款准用《专利法》第 25 条的规定,商标权人变为不能享有商标权的人时或者商标注册变为违反条约时;

6. 在进行商标注册后，注册商标变为符合第4条第1款第1项到第3项、第5项、第7项或者第16项列举的商标时；

7. 在进行地理标志商标注册后，商标权人变为不是协会时，或者注册商标作为标示商标权人或者成员业务的商品或者服务在购买者间变为广泛知晓的或者不符合第7条之2第1款各项时。

限于利害关系人可以请求前款的复审。

商标权消灭后，仍可以请求第1款的复审。

提出了第1款的复审请求时，审判长必须将主旨通知对商标权具有独占许可权的人和关于商标注册具有其他注册权利的人。

第46条之2 应当宣告商标注册无效的复审决定生效时，商标权视为自始即不存在。但是，商标注册符合前条第1款第5项到第7项的情形，应当宣告商标注册无效的复审决定生效时，商标权视为自商标注册符合同款第5项到第7项时起不存在。

在前款但书的情形，不能确定商标注册符合前条第1款第5项到第7项的时间时，商标权视为从应当宣告商标注册无效的复审请求注册日即不存在。

第47条 违反第3条、第4条第1款第8项或者第11项到第14项或者第8条第1款、第2款或者第5款的规定已进行商标注册时，违反第4条第1款第10项或者第17项的规定已进行商标注册时（以不正当竞争目的获得商标注册的情形除外），违反同款第15项的规定（以不正当竞争的目的获得商标注册的情形除外）已进行商标注册时，商标注册符合第46条第1款第4项时，自商标权核准注册日起满5年后，对商标注册不能请求同款的复审。

违反第7条之2第1款的规定已进行商标注册的情形（限于商标使用的结果，标示商标注册申请人或者成员业务的商品或者服务，在购买者间尚未广泛知晓的情形），自商标权核准注册日起满5年，并且，注册商标标示商标权人或者成员业务的商品或者服务，在购买者间已广泛知晓时，对商标注册不能请求第46条第1款的复审。

第48条 删除

第49条 删除

【撤销商标注册的复审】

第50条 商标权人、独占许可权人、普通许可权人连续3年以上在日本国内均未在指定商品或者指定服务上使用注册商标（包括由仅变更字体的相同文字构成的商标、相互变更平假名、片假名、罗马字标志并产生相同称呼和观念的商标、在外观上由相同视觉效果图形构成的商标及其他一般社会观念认为与注册商标相同的商标。以下在本条相同)时,任何人可以请求复审撤销指定商品或者指定服务的商标注册。

提出了前款复审请求的情形,被请求人如果未证明商标权人、独占许可权人、普通许可权人之一在复审请求注册前3年内在日本国内在请求的指定商品或者指定服务之一上使用注册商标,商标权人就不能避免撤销指定商品或者指定服务的商标注册。但是,被请求人证明有正当理由不在指定商品或者指定服务上使用注册商标时,不在此限。

自第1款的复审请求前3个月起到复审请求注册日期间内,商标权人、独占许可权人、普通许可权人之一在日本国内在请求的指定商品或者指定服务上使用注册商标的情形,请求人证明使用注册商标是已知提出复审请求后的,注册商标的使用不符合第1款规定的注册商标使用。但是,被请求人证明有正当理由使用注册商标时,不在此限。

第51条 商标权人故意在指定商品或者指定服务上使用近似注册商标的商标,或者在与类似指定商品或者指定服务有关的商品或者服务上使用注册商标或者与之近似商标,产生误认商品品质或者服务质量或者与他人业务的商品或者服务混同时,任何人均可请求复审撤销商标注册。

根据前款规定应当撤销商标注册的复审决定生效日起如果未满5年,就注册商标的指定商品或者指定服务或者与它们类似的商品或者服务,曾经的商标权人对注册商标或者与之近似商标不能获得商标注册。

第52条 商标权人不使用同款规定的商标日起满5年后,不能请求前条第1款的复审。

第52条之2 商标权转移的结果,在相同商品或者服务上使用近似注册商标或者在类似商品或者服务上使用相同或者近似注册商标的商标权变为属于不同商标权人的情形,一件注册商标的商标权人以不正当竞争目的在指定商品或者指定服务上使用注册商标,产生和其他注册商标的商标权人、独占许可权人、普通许可权人业务的商品或者服务混同时,任何人均可以请求复审撤销商标注册。

第51条第2款和前条的规定,准用于前款的复审。

第53条 独占许可权人或者普通许可权人在指定商品或者指定服务或者与它们类似的商品或者服务上使用注册商标或者与之近似商标,使人产生误认商品质量或者服务品质或者与他人业务的商品或者服务混同时,任何人均可以请求复审撤销商标注册。但是,商标权人不知道事实并付出相当注意时,不在此限。

根据同款规定应当撤销商标注册的复审生效日起如果未满5年,就商标注册的指定商品或者指定服务或者与它们类似的商品或者服务,曾经是商标权人、独占许可权人、普通许可权人并进行前款规定使用的人,不能获得注册商标或者与之近似商标的商标注册。

第52条的规定,准用于第1款的复审。

第53条之2 在《巴黎公约》同盟国、世界贸易组织成员、《商标法条约》缔约国具有商标权利(限于相当于商标权的权利。)的人,在注册商标是与权利有关的商标或者与之近似商标,并以与权利有关的商品、服务或者与它们类似的商品或者服务作为指定商品或者指定服务,无正当理由商标注册申请未得到对商标具有权利的人的许可,而由代理人、代表人或者在商标注册申请日前1年以内曾经的代理人、代表人获得商标注册时,关于商标具有权利的人可以请求复审撤销商标注册。

第53条之3 前条的复审自商标权核准注册日起满5年后不能请求。

第54条 应当撤销商标注册的复审决定生效时,商标权其后消灭。

不受前款规定限制,根据第50条第1款的复审应当撤销商标注册的复审决定生效时,商标权视为在同款复审请求注册日消灭。

第55条 第46条第4款的规定,准用于出现第50条第1款、第51条第1款、第52条之2第1款、第53条第1款、第53条之2复审请求的情形。

【核驳复审的特殊规定】

第55条之2 第15条之2和第15条之3的规定,准用于在第44条第1款复审中发现了和审定理由不相同的拒绝理由的情形。

第16条的规定,准用于有理由提出第44条第1款的复审请求的情形。但是,根据第56条第1款中准用《专利法》第160条第1款的规定,重新作出应当交付审查的复审决定时,不在此限。

第16条之2和《外观设计法》第17条之3的规定,准用于第44条第1款的复审。在这种情形,第16条之2第3款和同法第17条之3第1款中有"3个月"应当换读为"30日";第16条之2第4款中有"请求第45条第1款的复审时"应当换读为"提起第63条第1款的诉讼时"。

【复审决定的生效范围】

第55条之3 复审决定对各复审案件生效。但是,请求每个指定商品或者指定服务的第46条第1款的复审,复审决定确定各指定商品或者指定服务。

【《专利法》的准用】

第56条 《专利法》第131条第1款,第131条之2第1款(第2项及第3项除外),第132条到第133条之2,第134条第1款、第3款及第4款,第135条到第154条,第155条第1款及第2款,第156条第1款、第3款及第4款,第157条,第158条,第160条第1款及第2款,第161条,第167条,第168条到第170条(复审决定的效果、复审的请求、复审员、复审程序、与诉讼的关系和在复审中的费用)的规定,准用于复审。在这种情形,同法第131条之2第1款第1项中的"在请求非专利无效复审的情形,前条第1款第3项列举的请求理由"应当换读为"在请求非商标法第46条第1款复审的情形,提出同法第56条第1款准用《专利法》第131条第1款第3项列举的请求理由";同法第132条第1款和第167条中的"专利无效复审或者延长注册无效复审"和同法第145条第1款及第169条第1款中的"专利无效复审和延长注册无效复审"应当换读为"《商标法》第46条第1款、第50条第1款、第51条第1款、第52条之2第1款、第53条第1款或者第53条之2的复审",同法第156条第1款中的"在专利无效复审以外的复审中,案件"应当换读为"案件",同法第161条中的"核驳异议复审"和同法第169条第3款中"核驳异议复审及修改复审"应当换读为"《商标法》第44条第1款或者第45条第1款的复审"。

《专利法》第155条第3款(复审请求的撤回)的规定,准用于第46条第1款的复审。

【《外观设计法》的准用】

第56条之2 《外观设计法》第51条的规定,准用于第45条第1款的复审。

第六章 再审和诉讼

【请求再审】

第57条 当事人或者参加人可以请求再审生效的撤销决定和生效复审决定。

《民事诉讼法》(1996年法律第109号)第338条第1款及第2款和第339条(再审的事由)的规定,准用于前款的再审请求。

第58条 复审请求人和被请求人共谋,以损害第三人的权利或者利益为目的作出复审决定时,第三人可以请求再审生效复审决定。

前款的再审必须以请求人和被请求人作为共同被请求人提出请求。

【根据再审恢复的商标权效力的限制】

第59条 撤销或者宣告无效的商标注册根据再审恢复商标权时，商标权的效力不及于下列行为：

1. 在撤销决定或者复审决定生效后再审请求注册前，在指定商品或者指定服务上善意使用注册商标；

2. 在撤销决定或者复审决定生效后再审请求注册前，善意实施第37条各项所列的行为。

第60条 已撤销或者宣告无效的商标注册商标权根据再审恢复的情形，或者根据再审对作出了应当拒绝复审决定的商标注册申请核准了商标权注册的情形，在撤销决定或者复审决定生效后再审请求注册前，在日本国内善意在指定商品或者指定服务或者与它们类似的商品或者服务上使用注册商标或者与之近似商标，结果是在再审请求注册时，商标作为标示自己业务的商品或者服务，实际上在购买者间已广泛知晓时，此人继续在商品或者服务上使用商标的情形，有在商品或者服务上使用商标的权利。即使继受业务的人，亦相同。

第32条第2款的规定，准用于前款的情形。

【复审规定的准用】

第60条之2 第43条之3，第43条之5到第43条之9，第43条之12到第43条之15，第56条第1款准用于《专利法》第131条第1款，第131条之2第1款正文，第132条第3款，第154条，第155条第1款和第156条第1款、第3款及第4款以及第56条第2款准用同法第155条第3款的规定，准用于再审生效的撤销决定。

第55条之2和第55条之3的规定，准用于对于第44条第1款生效复审决定的再审。

第55条之3和第56条之2的规定，准用于对于第45条第1款生效复审决定的再审。

第55条之3的规定，准用于对于第46条第1款、第50条第1款、第51条第1款、第52条之2第1款、第53条第1款或者第53条之2生效复审决定的再审。

【《专利法》的准用】

第61条 《专利法》第173条(再审的请求期间)和第174条第3款及第

5 款(复审规定的准用)的规定,准用于再审。在这种情形,同条第 3 款中的“第 167 条到第 168 条”应当换读为“第 167 条、第 168 条”,“专利无效复审或者延长登记无效复审”应当换读为“《商标法》第 46 条第 1 款、第 50 条第 1 款、第 51 条第 1 款、第 52 条之 2 第 1 款、第 53 条第 1 款或者第 53 条之 2 的复审”。

【《外观设计法》的准用】

第 62 条 《外观设计法》第 58 条第 2 款(复审规定的准用)的规定,准用于对于第 44 条第 1 款生效复审决定的再审。在这种情形,同法第 58 条第 2 款中的“第 167 条之 2 正文、第 168 条”应当换读为“第 168 条”。

《外观设计法》第 58 条第 3 款的规定,准用于对于第 45 条第 1 款生效复审决定的再审。在这种情形,同法第 58 条第 3 款中的“第 167 条之 2 正文、第 168 条”应当换读为“第 168 条”。

【对复审决定的诉讼】

第 63 条 对于撤销决定或者复审决定的诉讼,对于根据第 55 条之 2 第 3 款(包括第 60 条之 2 第 2 款准用的情形)准用第 16 条之 2 第 1 款规定的驳回决定的诉讼,对于注册异议申请书、复审或者再审请求书驳回决定的诉讼,由东京高等法院专属管辖。

《专利法》第 178 条第 2 款到第 6 款(起诉期间等)和第 179 条到第 182 条(被告合格、起诉通知等、在复审决定撤销诉讼中特许厅长的意见、撤销复审决定或者决定和寄送裁判正本等)的规定,准用于前款的诉讼。在这种情形,同法第 179 条中的“专利无效复审、延长注册无效复审”应当换读为“商标法第 46 条第 1 款、第 50 条第 1 款、第 51 条第 1 款、第 52 条之 2 第 1 款、第 53 条第 1 款或者第 53 条之 2 的复审”。

第 63 条之 2 删除

第七章 防御商标

【防御商标注册的要件】

第 64 条 商品的注册商标作为标示自己业务的指定商品,在购买者间已广泛知晓的情形,在注册商标的指定商品、非类似商品或者非指定商品类似服务上,因他人使用注册商标,有可能使其商品或者服务与自己业务的指定商品产生混同时,在有此可能的商品或者服务上,商标权人可以对与注册商标相同标志获得防御商标注册。

服务的注册商标作为标示自己业务的指定服务，在购买者间已广泛知晓的情形，在注册商标的指定服务、非类似服务或者非指定服务类似商品上，因他人使用注册商标，有可能使其服务或者商品与自己业务的指定服务产生混同时，在有此可能的服务或者商品上，商标权人可以对与注册商标相同标志获得防御商标注册。

地理标志商标权的防御商标注册，适用前二款的规定，这些规定中有“自己的”改为“自己或者成员的”。

【申请的变更】

第65条 商标注册申请人可以将商标注册申请变更为防御商标注册申请。

商标注册申请审定或者复审决定生效后，不能根据前款规定变更申请。

第10条第2款及第3款和第11条第5款的规定，准用于根据第1款规定变更申请的情形。

【基于防御商标注册的权利有效期】

第65条之2 基于防御商标注册的权利有效期，自核准注册日起满10年终止。

基于防御商标注册的权利有效期，可以通过申请续展注册续展。但是，根据第64条的规定，注册防御商标能获得防御商标注册的事由消失时，不在此限。

【基于防御商标注册的权利有效期的续展注册】

第65条之3 基于防御商标注册的权利提出有效期续展注册申请的人，必须向特许厅长提交记载下列事项的申请书：

1. 申请人的姓名或者名称及住所或者居所；
2. 防御商标注册的注册编号；
3. 经济产业省令规定的其他事项。

申请续展注册必须在基于防御商标注册权利有效期届满前6个月内提出。

基于防御商标注册申请权利有效期续展注册的人，对根据前款规定在可以申请续展注册期间内有正当理由未能申请时，自理由消失日起2个月以内，限于期限届满后6个月以内，可以提出申请。

基于防御商标注册申请了权利有效期续展注册时，有效期视为在届满时（根据前款规定申请后，申请时）续展。但是，对申请应当作出拒绝的审定或者复审决定生效，或者基于防御商标注册续展了权利有效期注册时，不在此限。

第65条之4 基于防御商标注册的权利申请有效期续展注册符合下列各项之一时，对其申请，审查员必须作出应当拒绝的审定：

1. 申请的注册防御商标根据第64条的规定可以获得防御商标注册的事由消失时；

2. 提出申请的人不是具有基于防御商标注册的权利人时。

对基于防御商标注册的权利申请有效期续展注册，没有发现拒绝的理由时，审查员必须作出应当续展注册的审定。

第65条之5 第14条、第15条之2和《专利法》第48条（审查员的回避）、第52条（审定的方式）的规定，准用于审查基于防御商标注册申请权利有效期续展注册。

【基于防御商标注册的权利有效期续展注册】

第65条之6 根据下一条第2款规定缴纳了注册费后，注册续展基于防御商标注册的权利有效期。

有了前款的注册时，必须在商标公报上刊登下列事项：

1. 具有基于防御商标注册权利的人的姓名或者名称及住所或者居所；

2. 注册编号及续展注册年月日；

3. 其他必要事项。

【注册费】

第65条之7 基于防御商标注册权利获得核准注册的人，每件必须缴纳3.76万日元乘分类数量所得金额的注册费。

基于防御商标注册权利获得有效期续展注册的人，每件必须缴纳4.18万日元乘分类数量所得金额的注册费。

第40条第3款到第5款的规定，准用于前二款的情形。

【注册费的缴纳期限】

第65条之8 根据前条第1款规定的注册费，必须在应当作出防御商标注册的审定或者复审决定誊本送达日起30日内缴纳。

根据前条第2款规定的注册费，必须在应当作出基于防御商标注册权利有效期续展注册的审定或者复审决定誊本送达日（基于防御商标注册权利有效期届满前送达时，有效期届满日）起30日内缴纳。

特许厅长可以根据应当缴纳注册费的人的请求，以30日内为限，延长前2款规定的期间。

缴纳注册费的人,因不能归其责的理由,在第1款或者第2款规定的期间内未能缴纳其注册费时,不受这些规定限制,在其理由消失之日起14日(在偏远地区的人,2个月)以内,且在这些规定中规定的期间满后6个月以内,可以缴纳其注册费。

【利害关系人缴纳注册费】

第65条之9 即使违反应当缴费的人的意愿,利害关系人也可以根据第65条之7第1款或者第2款规定缴纳注册费。

根据前款规定缴纳了注册费的利害关系人,可以在应当缴纳的人实际获得利益限度请求清偿其费用。

【错误缴纳注册费的返还】

第65条之10 错误缴纳第65条之7第1款或者第2款规定的注册费的,根据缴纳的人的请求返还。

自缴纳日起满1年后,不能根据前款规定请求返还注册费。

根据第1款规定请求返还注册费的人,因不能归其责的理由,在前款规定的期间内未能提出其请求时,不受同款规定限制,在其理由消失之日起14日(在偏远地区的人,2个月)以内,且在其期间满后6个月以内,可以提出其请求。

【基于防御商标注册权利的附属性】

第66条 基于防御商标注册的权利,在商标权分割时消灭。

基于防御商标注册的权利在转移商标权时,跟随商标权转移。

基于防御商标注册的权利,在商标权消灭时消灭。

根据第20条第4款的规定商标权视为已消灭的情形,根据第21条第2款的规定恢复的商标权,基于防御商标注册的权利效力,不及于第67条各项列举、可以申请第20条第3款规定的续展注册期限届满后根据第21条第1款申请注册续展商标权有效期前的行为。

【视为侵害的行为】

第67条 下列行为视为侵害商标权或者独占许可权:

1. 在指定商品或者指定服务上使用注册防御商标的;

2. 为转让、交付或者为出口指定商品,在指定商品或者指定商品的包装上附着注册防御商标而持有的;

3. 在提供指定服务时,为使用在供顾客使用的物品上附着的注册防御商标提供该指定服务,持有或者进口的;

4. 提供指定服务时,为使用在供顾客使用的物品上附着的注册防御商标提供该指定服务,转让、交付、为转让或者交付而持有或者进口的;

5. 为在指定商品或者指定服务上使用注册防御商标,持有标示注册防御商标的物品的;

6. 为使他人在指定商品或者指定服务上使用注册防御商标,转让、交付或者为转让、交付而持有标示注册防御商标的物品的;

7. 为在指定商品或者指定服务上使用或者使他人使用注册防御商标,制造、进口标示注册防御商标的物品的。

【商标规定的准用】

第68条 第5条、第5条之2、第6条第1款及第2款、第9条之2到第10条、第12条之2、第13条第1款和第13条之2的规定,准用于防御商标注册申请。在这种情形,第5条第1款中的"1. 指定商品或者指定服务和第6条第2款政令规定的商品及服务的分类"应当换读为"3. 指定商品或者指定服务和第6条第2款政令规定的商品及服务的分类;4. 申请防御商标注册的商标注册注册编号";第5条之2第1款的"4. 没有记载指定商品或者指定服务时"应当换读为"4. 没有记载指定商品或者指定服务时;5. 没有记载申请防御商标注册的商标注册注册编号时";第13条之2第5款的"第37条"应当换读为"第67条(第1项的部分除外)"。

第14条到第15条之2和第16条到第17条之2的规定,准用于防御商标注册申请的审查。在这种情形,第15条第1项中的"第3条、第4条第1款、第7条之2第1款、第8条第2款或者第5款、第51条第2款(包括第52条之2第2款准用的情形)、第53条第2款"应当换读为"第64条",同法第3项中的"第5条第5款或者第6条第1款或者第2款"应换读为"第6条第1款或者第2款"。

第18条、第26条到第28条之2、第32条到第33条之3、第35条、第38条之2、第39条准用于《专利法》第104条之3第1款及第3款和第69条的规定,准用于基于防御商标注册的权利。在这种情形,第18条第2款中有"根据第40条第1款规定的注册费,或者根据第41条之2第1款的规定,在送达应当作出商标注册的审定或者复审决定誊本日起30日内应当缴纳的注册费"应当换读为"根据第65条之7第1款规定的注册费"。

第43条之2(第3项除外)到第45条、第46条(第1款第3项及第7项除外)、第46条之2、第53条之2、第53条之3、第54条第1款和第55条之2到第56条之2的规定,准用于防御商标注册的注册异议申请和复审。在这种情形,第43条之2第1项和第46条第1款第1项中有“第3条、第4条第1款、第7条之2第1款、第8条第1款、第2款或者第5款、第51条第2款(包括第52条之2第2款准用的情形)、第53条第2款”应当换读为“第64条”,同款第6项中有“注册商标变为符合第4条第1款第1项到第3项、第5项、第7项或者第16项所列的商标时”应当换读为“注册商标变为违反第64条的规定时”。

前一章的规定,准用于防御商标的再审和诉讼。在这种情形,第59条第2项中有“第37条各项”应当换读为“第67条第2项到第7项”,第60条中有“商标注册的商标权”应当换读为“防御商标注册的基于防御商标注册权利”,有“商标注册申请”应当换读为“防御商标注册申请或者基于防御商标注册的权利申请有效期续展注册”,有“商标权核准注册”应当换读为“基于防御商标注册的授权注册或者基于防御商标注册的续展权利有效期注册”,有“或者在与它们类似的商品或者服务上,注册商标或者与之近似商标”应当换读为“有关……和注册防御商标相同的商标”。

第七章之二 根据《马德里协定议定书》的特别例外

第一节 国际注册申请

【国际注册申请】

第68条之2 日本国民、在日本国内有住所或者居所(在法人的情况下,办公机构)的外国人,拟获得1989年6月27日在马德里通过的商标国际注册马德里协定的议定书(以下称“议定书”)第2条(1)规定的国际注册(以下称“国际注册”)的人,必须以下列各项之一为基础,向特许厅长提出议定书第2条(2)规定的申请(以下称“国际注册申请”)。在这种情形,符合经济产业省令规定的要件时,可以二人以上共同提出国际注册申请:

1. 正在特许厅审查的自己的商标注册申请或者防御商标注册申请(以下称“商标注册申请”);

2. 自己的商标注册或者防御商标注册(以下称“商标注册”)。

拟提出国际注册申请的人,必须根据经济产业省令的规定,提交用外语制作的申请书和必要书面文件。

在申请书中必须记载下列事项：

1. 申请国际注册的商标要求保护的议定书缔约国国名；

2. 申请国际注册的商标要求保护的商品或者服务和第6条第2款政令规定的商品及服务的分类。

对申请国际注册的商标或者标志，拟获得议定书第3条(3)规定适用的人，必须在申请书记载其主旨和附着的色彩或者其组合，并且，在申请书添加附着色彩的申请商标注册的商标、标志或者注册商标、注册防御商标的抄本。

第68条之3 特许厅长必须向议定书第2条(1)规定的国际秘书处(以下称“国际秘书处”)寄送申请国际注册的申请书和必要书面文件。

在前款的情形，在申请书中记载的事项和作为其基础的商标注册申请或者商标注册记载的事项一致时，特许厅长必须在申请书上记载其主旨和国际注册申请受理日。

在第1款的情形，特许厅长向申请国际注册的申请人寄送已寄送给国际秘书处的申请国际注册的申请书复制本。

【事后指定】

第68条之4 国际注册人可以根据经济产业省令规定，将议定书第3条之3规定的指定领域(以下称为“指定领域”)向特许厅长指定为国际注册后的领域(以下称为“事后指定”)。

【续展国际注册有效期的申请】

第68条之5 国际注册人可以根据经济产业省令规定，向特许厅长申请续展议定书第7条(1)规定的国际注册有效期(以下称“续展国际注册有效期”)。

【请求变更国际注册人记录】

第68条之6 国际注册人或者受让人可以根据经济产业省令规定，请求特许厅长变更议定书第9条规定的国际注册人(以下称“变更国际注册人”)记录。

对国际注册中指定的每个商品、服务，可以提出前款规定的请求，或者可以向国际注册具有效力的各缔约国提出前款规定的请求。

【商标注册申请规定的准用】

第68条之7 第77条第2款准用《专利法》第17条第3款(限于第3项的部分)和同法第18条第1款的规定，准用于国际注册申请、事后指定、申请续展国际注册有效期和请求变更国际注册人记录。

【对经济产业省令的委托】

第68条之8 为实施议定书和基于议定书的规则，从第68条之2到前条规定者外，国际注册申请、事后指定、申请续展国际注册有效期、请求变更国际注册人记录等必要事项的细目由经济产业省令规定。

第二节 国际商标注册申请的特别例外

【根据指定领域的商标注册申请】

第68条之9 指定日本国的指定领域，视为在议定书第3条(4)规定的国际注册日（以下称“国际注册日”）提出商标注册申请。但是，事后指定的情形，根据议定书第3条之3(2)的规定，国际注册的事后指定视为于记录在议定书第2条(1)规定的国际秘书处注册簿（以下称“国际注册簿”）之日（以下称“事后指定日”）提出商标注册申请。

指定日本国的国际注册，在国际注册簿中的下表上栏所列举事项，视为记载在根据第5条第1款规定提交的申请书中同表下栏所列举事项。

国际注册人的姓名或者名称及住所	商标注册申请人的姓名或者名称及住所或者居所
记载在国际注册簿的事项中，为解释国际注册商标记载的含义，作为必要事项而经济产业省令规定的事项	商标的详细说明
在国际注册中被指定的商品或者服务和商品或者服务的类别	指定商品或者指定服务和由第6条第2款政令规定的商品和服务的分类

【申请国际商标注册申请时的特别例外】

第68条之10 根据前条第1款的规定，被视为商标注册申请领域指定（以下在本章称“国际注册商标申请”）的注册商标（以下在本条称“基于国际注册的注册商标”）和商标注册前的注册商标（基于国际注册的注册商标除外。以下在本条称“基于国内注册的注册商标”）相同，并且，基于国际注册的注册商标指定商品或者指定服务和基于国内注册的注册商标指定商品或者指定服务重复的，基于国际注册的注册商标商标权人和基于国内注册的注册商标商标权人相同时，在重复的范围，国际商标注册申请视为于基于国内注册的注册商标商标注册申请日提出。

第68条之32第3款及第4款的规定，准用于前款的国际商标注册申请。

【申请时的特别例外】

第 68 条之 11 国际商标注册申请,就第 9 条第 2 款规定的适用,同款有"与商标注册申请同时"改为"自国际商标注册申请日起 30 日内"。

【分割申请的特别例外】

第 68 条之 12 国际商标注册申请,不适用第 10 条的规定。

【变更申请的特别例外】

第 68 条之 13 国际商标注册申请,不适用第 11 条及第 65 条的规定。

【商标公报刊登申请公开事项的特别例外】

第 68 条之 14 国际商标注册申请,就第 12 条之 2 第 2 款规定的适用,同款第 2 项中有"商标注册申请编号及年月日"改为"国际注册的编号及国际注册日(事后指定的国际商标注册申请的情形,是事后指定日)"。

【根据《巴黎公约》等主张优先权程序的特别例外】

第 68 条之 15 国际商标注册申请,不适用第 13 条第 1 款换读后准用《专利法》第 43 条第 1 款到第 4 款、第 6 款及第 7 款的规定。

国际商标注册申请,就第 13 条第 1 款换读后准用《专利法》第 43 条之 3 第 3 款准用同法第 43 条第 1 款规定的适用,同款中有"经济产业省令规定的期间内"改为"国际商标注册申请日起 30 日内"。

【根据商标注册申请产生的权利的特别例外】

第 68 条之 16 国际商标注册申请,就第 13 条第 2 款准用《专利法》第 34 条第 4 款规定的适用,同款中有"继承及其他一般继受除外,特许厅长"改为"国际秘书处"。

国际商标注册申请,不适用在第 13 条第 2 款准用《专利法》第 34 条第 5 款到第 7 款的规定。

【伴随国际注册人变更国际商标注册申请的办理】

第 68 条之 17 由于变更国际注册人,在国际注册中分割转移全部或者部分指定的商品或者服务时,国际商标注册申请视为变为变更后的申请人各自的商标注册申请。

【补正后的商标新申请的特别例外】

第 68 条之 18 国际商标注册申请,不适用第 17 条之 2 第 1 款或者第 55 条之 2 第 3 款(包括第 60 条之 2 第 2 款准用的情形)准用《外观设计法》第 17 条之 3 的规定。

国际商标注册申请,不适用在第17条之2第2款准用《外观设计法》第17条之4的规定。

【商标权核准注册的特别例外】

第68条之19 国际商标注册申请,就第18条第2款规定的适用,同款有"根据第40条第1款规定缴纳了注册费,或者根据第41条之2第1款规定,在送达应当进行商标注册的审定或者复审决定誊本日起30日内缴纳了应当缴纳的注册费时"改为"由国际秘书处发出将缴纳了第68条之30第1款第2项列举数额的个别手续费记录到国际注册簿的通报时"。

国际商标注册申请,就第18条第3款规定的适用,同款第2项中有"商标注册申请编号及年月日"改为"国际注册的编号及国际注册日(事后指定的国际商标注册申请的情形,是事后指定日)",同款第5项中有"注册编号及核准注册年月日"改为"国际注册编号及核准注册年月日"。

【因国际注册消灭的效果】

第68条之20 在作为其基础的国际注册全部或者部分消灭时,在消灭的范围,国际商标注册申请视为撤回全部或者部分指定商品或者指定服务。

作为其基础的国际注册全部或者部分消灭时,在消灭的范围,根据前条第1款规定因换读适用第18条第2款规定获得核准注册的商标权(以下称"基于国际注册的商标权"),视为全部或者部分指定商品或者指定服务消灭。

自国际注册从国际注册簿消灭日起,前二款的效果生效。

【基于国际注册的商标权有效期】

第68条之21 基于国际注册的商标权有效期,自国际注册日(在商标权核准注册前已进行续展国际注册有效期时,最近的续展日)起满10年终止。

基于国际注册的商标权有效期,可以通过续展国际注册有效期进行续展。

国际注册有效期续展后,基于国际注册的商标权有效期在其终止时续展。

未续展国际注册有效期时,基于国际注册的商标权视为溯及到有效期终止时消灭。

【有效期续展注册的特别例外】

第68条之22 基于国际注册的商标权,不适用第19条到第22条和第23条第1款及第2款的规定。

基于国际注册的商标权,就第23条第3款规定的适用,同款中有“前二款的注册”改为“国际注册有效期续展”,同款第2项中有“注册编号及续展注册年月日”改为“国际注册编号及国际注册有效期续展日”。

【商标权分割的特别例外】

第68条之23 基于国际注册的商标权,不适用第24条的规定。

【集体商标商标权转移的特别例外】

第68条之24 除提交第7条第3款规定书面文件的情形外,不能转移基于国际注册的集体商标商标权。

基于国际注册的商标权,不适用第24条之3的规定。

【放弃商标权的特别例外】

第68条之25 基于国际注册的商标权人可以放弃商标权。

基于国际注册的商标权,不适用第35条中准用《专利法》第97条第1款的规定。

【商标权注册效果的特别例外】

第68条之26 基于国际注册的商标权的转移、因信托的变更、因放弃的消灭或者处分的限制,如果不登记则不发生效力。

基于国际注册的商标权,不适用第35条换读后准用《专利法》第98条第1款第1项及第2款的规定。

【向商标注册簿登记的特别例外】

第68条之27 基于国际注册的商标权,就第71条第1款第1项规定的适用,同项中有“设定商标权、续展有效期、分割、转移、变更、消灭、恢复或者处分的限制”改为“设定商标权、因信托变更或者处分的限制”。

基于国际注册的商标权,有效期的续展、转移、变更(根据信托的除外)或者消灭按照国际注册簿登记的范围。

【程序补正的特别例外】

第68条之28 国际商标注册申请,限于根据第15条之2[包括第55条之2第1款(包括第60条之2第2款准用的情形)准用的情形],或者第15条之3[包括第55条之2第1款(包括第60条之2第2款准用的情形)准用的情形]规定指定期间内,可以补正在申请书记载的指定商品或者指定服务。

国际商标注册申请,根据第 68 条之 9 第 2 款的规定视为详细说明商标的事项除外,不适用第 68 条之 40 的规定。

【指定商品或者指定服务有两个以上商标权的特殊规定的特别例外】

第 68 条之 29 基于国际注册的商标权,就第 69 条规定的适用,同条中的“第 20 条第 4 款、第 33 条第 1 款、第 35 条准用专利法第 97 条第 1 款或者第 98 条第 1 款第 1 项”改为“第 33 条第 1 款、第 68 条之 25 第 1 款或者第 68 条之 26 第 1 款”,“第 71 条第 1 款第 1 项”改为“第 68 条之 27 第 1 款换读适用第 71 条第 1 款第 1 项、第 68 条之 27 第 2 款”。

【基于国际注册商标权的个别手续费】

第 68 条之 30 拟基于国际注册获得商标权核准注册的人,作为议定书第 8 条(7)(a)规定的个别手续费(以下称为“个别手续费”),每件必须向国际秘书处缴纳下列金额:

1. 相当于 2700 日元的基础上,每分类再加 8600 日元的金额;
2. 相当于分类数乘 3.76 万日元得到的金额。

前款第 1 项所列金额的个别手续费必须在国际注册前缴纳,第 2 项所列金额的个别手续费必须在经济产业省令规定的期间内缴纳。

国际商标注册申请作出了商标注册的审定或者复审决定时,特许厅长应当将与申请有关的第 1 款第 2 项所列金额的个别手续费缴纳期限通知国际秘书处。

因没有缴纳第 1 款第 2 项所列金额的个别手续费,作为其基础的国际注册撤销时,视为撤回国际商标注册申请。

基于国际注册续展商标权有效期的人,必须向国际秘书处缴纳每件相当于 4.85 万日元乘分类数量所得金额的个别手续费。

国际商标注册申请和基于国际注册的商标权,不适用第 40 条到第 43 条和第 76 条第 2 款(限于附表第 1 项列举的部分)的规定。

【对经济产业省令的委托】

第 68 条之 31 为实施议定书和基于议定书的规则,第 68 条之 9 到前条规定者外,必要事项的细则由经济产业省令规定。

第三节 商标注册申请等的特别例外

【撤销国际注册后商标注册申请的特别例外】

第68条之32 根据议定书第6条(4)规定指定日本国为国际注册对象的商标,在该国际注册中国际注册撤销指定的全部或者部分商品或者服务时,原国际注册人可以对全部或者部分商品或者服务提出商标注册申请。

符合下列各项时,视为在同款国际注册的国际注册日(同款的国际注册是事后指定的情形,国际注册的事后指定日)根据前款规定提出商标注册申请:

1. 前款的商标注册申请自同款国际注册撤销日起3个月以内提出的;
2. 拟获得商标注册的商标和前款国际注册对象的商标相同的;
3. 前款的商标注册申请的指定商品或者指定服务包括同款国际注册指定的商品或者服务范围的。

第1款国际注册的国际商标注册申请,根据巴黎公约第4条规定承认优先权时,承认根据同款规定的商标注册申请优先权。

第1款国际注册的国际商标注册申请,根据在第9条之3或者第13条第1款中换读后准用专利法第43条之3第2款规定承认优先权时,也和前款相同。

根据第1款规定的商标注册申请,就第10条第1款规定的适用,同款中有"商标注册申请的部分"改为"商标注册申请的部分(包括第68条之32第1款的国际注册中限于指定商品或者服务)"。

根据第1款规定提出商标注册申请的人,因不能归其责的理由,在第2款第1项规定的期间内未能提出其申请时,不受同项规定限制,在其理由消失之日起14日(在偏远地区的人,2个月)以内,且在其期间满后6个月以内,可以提出其申请。

根据前款规定提出的商标注册申请,视为在第2款第1项规定的期间届满时已提出。

【议定书废除后商标注册申请的特别例外】

第68条之33 根据议定书第15条(5)(b)的规定,指定日本国的国际注册人变为不具有基于议定书第2条(1)规定提出国际申请资格的人时,曾是国际注册人的人,在国际注册中曾指定的商品或者服务上,可以提出商标注册申请。

前条第2款到第7款的规定，准用于根据前款规定的商标注册申请。在这种情形，同条第2款第1项中“自同款的国际注册撤销日3个月以内”应当换读为“自根据议定书第15条(3)的规定废除生效日起2年以内”。

【拒绝理由的特别例外】

第68条之34 对根据第68条之32第1款或者前条第1款规定的商标注册申请，就第15条规定的适用，同条中有“符合下列各项之一的”改为“符合下列各项之一的或者根据第68条之32第1款或者第68条之33第1款规定的商标注册申请，不符合第68条之32第1款、第68条之33第1款、第68条之32第2款各项(包括第68条之33第2款换读后准用的情形)规定的要件时”。

对国际注册的商标权，就根据第68条之32第1款或者前条第1款规定的商标注册申请(在第68条之37和第68条之39指“原国际注册商标权的再申请”)，不适用第15条(限于第1项及第2项的部分)的规定。

【商标权核准注册的特别例外】

第68条之35 根据第68条之32第1款、第68条之33第1款规定的商标注册申请，申请的国际注册自国际注册日(完成国际注册有效期续展时，最近续展日)起10年以内应当作出商标注册的审定或者复审决定的情形，申请的国际注册根据议定书第6条(4)的规定撤销日前或者根据议定书第15条(3)的规定废除生效日前，第68条之30第1款第2项所列金额的个别手续费缴纳给国际秘书处时，不受第18条第2款规定限制，进行商标权核准注册。

【有效期的特别例外】

第68条之36 前条规定的商标权有效期，自申请的商标进行国际注册日(续展国际注册有效期时，最近的续展日)起满10年终止。

前款规定的商标权有效期，不适用第19条第1款的规定。

【注册异议申请的特别例外】

第68条之37 原国际注册的商标权再申请商标注册，就第43条之2规定的适用，同条中有“、商标注册”改为“、商标注册(原国际注册的商标权再申请商标注册的情况下，对原有国际注册的商标注册不提出注册异议申请，满本条规定的期间除外)”。

【商标注册无效复审的特别例外】

第68条之38 根据第68条之32第1款或者第68条之33第1款规定，对商标注册申请的商标注册，就第46条第1款的复审，同款中有“符合下列各项之一时”改为“符合下列各项之一时或者违反第68条之32第1款、第68条之33第1款、第68条之32第2款各项（包括第68条之33第2款换读后准用的情形）的规定进行时”。

第68条之39 原国际注册的商标权再申请商标注册，就第47条规定的适用，同条中有“不能请求”改为“不能请求。即使是自商标权核准注册日满5年之前，原有国际注册的商标权再申请商标注册，对原有国际注册的商标注册根据本条的规定变为不能请求第46条第1款的复审时，亦相同”。

第八章 其他规定

【程序的补正】

第68条之40 提出商标注册申请、防御商标注册申请、请求及其他关于商标注册或者防御商标注册程序的人，限于案件正在进行审查、对注册异议申请的审理、复审或者再审的情形，可以进行补正。

不受前款规定限制，提出商标注册申请的人，根据第40条第1款或者第41条之2第1款规定在缴纳注册费的同时，可以减少商标注册申请分类数量。

【有二个以上指定商品或者指定服务的商标权的特殊规定】

第69条 指定商品或者指定服务有2个以上的商标注册或者商标权，就第13条之2第4款（包括第68条第1款准用的情形）、第20条第4款、第33条第1款、第35条准用《专利法》第97条第1款或者第98条第1款第1项、第43条之3第3款、第46条第3款、第46条之2、第54条、第56条第1款或者第61条准用同法第174条第3款中分别准用同法第132条第1款、第59条、第60条、第71条第1款第1项或者第75条第2款第4项规定的适用，视为在各指定商品或者指定服务上进行商标注册或者存在商标权。

【近似注册商标的商标的特殊规定】

第70条 第25条、第29条、第30条第2款、第31条第2款、第31条之2第1款、第34条第1款、第38条第3款、第50条、第52条之2第1款、第59条第1项、第64条、第73条或者第74条中的“注册商标”，包括与注册商标近似的商标，如果将色彩作成和注册商标相同色彩，则被认为与注册商标是相同商标。

第4条第1款第12项或者第67条中的“注册防御商标”,包括近似注册防御商标的标志,如果将色彩作成和注册防御商标相同色彩,则被认为和注册防御商标是相同标志。

第37条第1项或者第51条第1款中的“近似注册商标的商标”,不包括近似注册商标的商标,如果将色彩作成和注册商标相同色彩,则被认为和注册商标是相同商标。

前3款的规定,不适用于仅由色彩构成的注册商标。

【向商标注册簿的登记】

第71条 下列事项登记到备置在特许厅的商标注册簿:

1. 商标权的设定、有效期的续展、分割、转移、变更、消灭、恢复或者处分的限制;

2. 基于防御商标注册权利的设定、有效期的续展、转移或者消灭;

3. 独占许可权或者普通使用权的设定、保存、转移、变更、消灭或者处分的限制;

4. 以商标权、独占许可权、普通使用权为标的,质权的设定、转移、变更、消灭或者处分的限制。

可以用磁带制作全部或者部分商标注册簿(包括通过与之类似方法能够准确记录一定事项并存放的物品。以下相同)。

本法规定者外,注册的必要事项由政令规定。

【商标注册证等的交付】

第71条之2 商标权核准注册后或者基于防御商标注册的权利核准注册后,特许厅长向商标权人颁发商标注册证或者防御商标注册证。

补发商标注册证或者防御商标注册证由经济产业省令规定。

【证明的请求】

第72条 关于商标注册或者防御商标注册,任何人均可请求特许厅长交付证明、文件的誊本或者摘抄本、阅览或者誊写文件或者第5条第4款的物品,或者交付在商标注册簿中在磁带上记录的事项的文件。但是,特许厅长认为下列文件或者同款的物品需要保密时,不在此限:

1. 第46条第1款(包括第68条第4款准用的情形)、第50条第1款、第51条第1款、第52条之2第1款、第53条第1款、第53条之2(包括第68条第4款准用的情形)的复审或者这些生效复审决定文件的再审,并且当事人或者参加人声明记载有当事人或者参加人保有的商业秘密[是指《反不正当竞争法》(1993年法律第47号)第2条第6款规定的商业秘密]的;

2. 有可能损害个人名誉或者生活稳定的;

3. 有可能损害公共秩序或者善良风俗的。

前款第1项或者第2项所列文件,特许厅长同意同款正文的请求时,必须将主旨及理由通知提交文件的人。

商标注册或者防御商标注册的文件和商标注册簿中的磁带,不适用《行政机关信息公开法》(1999年法律第42号)的规定。

商标注册或者防御商标注册的文件和商标注册簿中在磁带上记录的个人保有信息[是指行政机关保有《个人信息保护法》(2003年法律第58号)第2条第3款规定的个人保有信息],不适用同法第4章的规定。

【商标注册标志】

第73条 商标权人、独占许可权人、普通许可权人,根据经济产业省令规定,在指定商品、指定商品的包装、用于提供指定服务用的物品上附着注册商标时,或者在提供指定服务时在提供给顾客的有关该指定服务的物品上附着注册商标时,必须努力在商标上附着商标是注册商标的标志(以下称"注册商标标志")。

【虚假标志的禁止】

第74条 任何人均不得作出下列行为:

1. 使用注册商标以外的商标的情形,在商标上附着注册商标标志或者与之混淆的标志的;

2. 在指定商品或者指定服务以外的商品或者服务上使用注册商标的情形,在商标上附着注册商标标志或者与之混淆标志的;

3. 在商品或者商品的包装上附着注册商标以外的商标、在指定商品以外的商品或者在商品的包装上附着商品的注册商标、在商品或者商品的包装上附着服务的注册商标,并为转让或者交付的目的持有在商标上附着注册商标标志或者与之混淆标志的;

4. 提供服务时在供顾客使用的物品上附着注册商标以外的商标、提供指定服务以外的服务时在供顾客使用的物品上附着服务的注册商标,或者提供服务时在供顾客使用的物品上附着商品的注册商标,为使用在商标上附着注册商标标志或者与之混淆标志的物品(在下项称"服务虚假商标注册标志物")提供服务,持有、进口的;

5. 为使他人使用与服务有关的虚假商标注册标志物提供该服务，转让、交付或者为转让、交付持有、进口的。

【商标公报】

第75条 特许厅发行商标公报。

本法规定者外，在商标公报中必须刊登下列事项：

1. 在申请公开后，应当作出拒绝的审定，或者放弃、撤回、驳回商标注册申请或者防御商标注册申请；

2. 在申请公开后，继受根据商标注册申请产生的权利；

3. 申请公开后，补正申请书记载的指定商品或者指定服务、拟获得注册商标的商标或者拟获得防御商标注册的标志；

4. 商标权的消灭（根据有效期届满者和根据第41条之2第4款规定的除外）；

5. 注册异议申请、请求复审或者再审，或者撤回它们；

6. 注册异议申请生效决定、生效复审决定，或者再审生效决定、生效复审决定；

7. 第63条第1款诉讼的生效判决。

【手续费】

第76条 下列人员，必须缴纳考虑成本由政令规定金额的手续费：

1. 根据第13条第2款准用专利法第34条第4款的规定，进行继受呈报的人；

2. 根据第17条之2第2款（包括第68条第2款准用的情形）准用《外观设计法》第17条之4、第41条第2款（包括第41条之2第6款准用的情形）、第43条之4第3款（包括第68条第4款准用的情形）、第65条之8第3款或者第77条第1款准用《专利法》第4条或者第5条第1款规定请求期间延长的人，或者根据第77条第1款准用同法第5条第2款规定请求变更日期的人；

3. 根据第68条之2的规定，向特许厅长提出国际注册申请的人；

4. 根据第68条之4的规定，向特许厅长提出事后指定的人；

5. 根据第68条之5的规定，向特许厅长提出国际注册有效期续展申请的人；

6. 根据第68条之6的规定，请求特许厅长变更国际注册记录人记录的人；

7. 请求补发商标注册证或者防御商标注册证的人；

8. 根据第72条第1款的规定,请求证明的人;

9. 根据第72条第1款的规定,请求交付文件的誊本或者摘抄本的人;

10. 根据第72条第1款的规定,请求阅览或者誊写文件或者第5条第4款的物品的人;

11. 根据第72条第1款的规定,请求交付商标注册簿中在磁带上记录的事项的文件的人。

附表中栏列举的人,必须缴纳在同表下栏分别所列举金额范围内,由政令规定金额的手续费。

根据这些规定应当缴纳手续费的人是国家时,不适用前二款的规定。

国家和国家以外的人共有商标权、根据商标注册申请产生的权利或者基于防御商标注册的权利的情形,并规定有持有额时,国家和国家以外的人就自己的商标权、根据商标注册申请产生的权利或者基于防御商标注册的权利,根据第1款或者第2款规定应当缴纳的手续费(限于由政令确定的)不受在这些规定中规定限制,国家以外的人必须缴纳其持有额比例乘以在它们中规定的手续费金额得到的金额。

根据前款规定算出的手续费金额中,有不满10日元的尾数时,舍去尾数。

第1款或者第2款的手续费,必须根据经济产业省令规定采用特许印花缴纳。但是,在经济产业省令规定的情形,可以根据经济产业省令规定采用现金缴纳。

错误缴纳的手续费,根据缴纳的人的请求返还。

自缴纳日起满1年后,不能根据前款规定请求返还手续费。

根据第7款规定请求返还手续费的人,因不能归其责的理由,在前款规定的期间内未能提出其请求时,不受同款规定限制,在其理由消失之日起14日(在偏远地区的人,2个月)以内,且在其期间满后6个月以内,可以提出其请求。

【《专利法》的准用】

第77条 《专利法》第3条到第5条(期间和期日)的规定,准用于本法规定的期间和期日。在这种情形,同法第4条中有"第121条第1款"应当换读为"《商标法》第44条第1款或者第45条第1款"。

《专利法》第6条到第9条、第11条到第16条、第17条第3款及第4款、第18条到第24条和第194条(程序)的规定,准用于商标注册申请、防御商标注册申请、请求及商标注册或者防御商标注册的其他程序。在这种情形,同法第9条中有“核驳异议复审”应当换读为“《商标法》第44条第1款或者第45条第1款的复审”，同法第14条中有“核驳异议复审”应当换读为“商标法第44条第1款或者第45条第1款的复审”，同法第17条第3款中的“2 程序违反本法或者基于本法的命令规定的形式时。”应当换读为“2 程序违反本法或者基于本法的命令规定的形式时。2之2 有关程序，没有缴纳根据商标法第40条第2款规定的注册费，或者没有根据同法第41条之2第2款规定在申请续展注册的同时缴纳应当缴纳的注册费（包括根据商标法第43条第1款或者第2款规定应当缴纳的增额注册费）时。”同法第18条之2第1款的有“不能的”应当换读为“不能［符合商标法第5条之2第1款各项（包括同法第68条第1款准用的情形）的除外］。”

《专利法》第25条（外国人权利的享有）的规定，准用于商标权和关于商标注册的其他权利。

《专利法》第26条（条约的效力）的规定，准用于商标注册和防御商标注册。

《专利法》第189条到第192条（送达）的规定，准用于根据本法规定的送达。

《专利法》第195条之3的规定，准用于根据本法或者基于本法的命令规定的处分。

《专利法》第195条之4（根据《行政异议审查法》规定的审查请求限制）的规定，准用于根据本法规定的审定、补正驳回的决定、撤销决定或者复审决定和注册异议申请书、复审或者再审请求书的驳回决定以及根据本法的规定决定不能申请异议的处分或者这些不作为。

【过渡措施】

第77条之2 基于本法规定制定或者废改命令的情形，在判断为合理而必要的范围内，同时制定或者废改在命令中规定所需过渡措施（包括法律责任的过渡措施）。

第九章 法律责任

【侵害罪】

第78条 侵害商标权或者独占许可权的人（进行根据第37条或者第67条规定被视为侵害商标权或者独占许可权行为的行为人除外），处10年以下有期徒刑或者1000万日元以下的罚金，或者并处之。

第78条之2 进行根据第37条或者第67条规定被视为侵害商标权或者独占许可权行为的行为人,处5年以下有期徒刑或者500万日元以下罚金,或者并处之。

【欺诈行为罪】

第79条 通过欺诈行为获得商标注册、防御商标注册、基于商标权或者防御商标注册权利有效期续展注册、注册异议申请的决定或者复审决定的人,处3年以下有期徒刑或者300万日元以下罚金。

【虚假标示罪】

第80条 违反第74条规定的人,处3年以下有期徒刑或者300万日元以下罚金。

【伪证罪】

第81条 根据本法规定,已宣誓的证人、鉴定人或者口译人向特许厅或者受其委托的法院进行虚假陈述、鉴定或者口译时,处3个月以上10年以下有期徒刑。

犯前款罪的人在案件判决誊本送达前,或者注册异议申请的决定或者复审决定生效前自首时,可以减轻或者免除刑罚。

【违反保密命令罪】

第81条之2 违反根据第39条准用《专利法》第105条之4第1款规定(包括第13条之2第5款准用的情形)命令的人,处5年以下有期徒刑或者5百万日元以下罚金,或者并处之。

前款的罪,如果没有自诉则不能提起公诉。

第1款的罪,也适用于在日本国外犯同款罪的人。

【两罚规定】

第82条 法人的代表人、法人或者个人的代理人、雇员及其他员工,在法人或者个人的业务中作出下列各项所列规定的犯罪行为时,处罚行为人外,对法人处各项规定的罚金,对个人处各条正文规定的罚金:

1. 第78条、第78条之2或者前条第1款,3亿日元以下罚金;
2. 第79条或者第80条,1亿日元以下罚金。

在前款的情形,对行为人提起的前条第2款的自诉对法人或者个人发生效力;对法人或者个人提起的自诉对行为人发生效力。

根据第1款规定,违反第78条、第78条之2、前条第1款的行为处法人或者个人罚金的情形,时效期间按照这些罪规定的时效期间。

【罚款】

第83条 第28条第3款(包括第68条第3款准用的情形)准用《专利法》第71条第3款、第43条之8(包括第60条之2第1款和第68条第4款准用的情形)或者第56条第1款(包括第68条第4款准用的情形)、第61条(包括第68条第5款准用的情形)准用同法第174条第3款、第62条第1款(包括第68条第5款准用的情形)准用《外观设计法》第58条第2款,或者第62条第2款(包括第68条第5款准用的情形)准用同法第58条第3款,分别根据准用《专利法》第151条、准用《民事诉讼法》第207条第1款的规定,已宣誓的人向特许厅或者受其委托的法院进行虚假陈述时,处10万日元以下罚款。

第84条 根据本法的规定,被特许厅或者受其委托的法院传唤的人,无正当理由拒不出席或者拒绝宣誓、陈述、作证、鉴定或者口译时,处10万日元以下罚款。

第85条 有关证据调查或者证据保全,根据本法的规定,被特许厅或者受其委托的法院命令提交或者出示文件及其他物品的人,无正当理由不服从命令时,处10万日元以下罚款。

附表(第76条)

序号	必须缴纳的人	金额
1	提出商标注册申请的人	每件6000日元再加每分类1.5万日元
2	提出防御商标注册申请或者基于防御商标注册权利有效期的续展注册申请的人	每件1.2万日元再加每分类3万日元
3	申请商标权分割的人	每件3万日元
4	根据第28条第1款(包括第68条第3款准用的情形)的规定,请求裁定的人	每件4万日元
5	提出注册异议申请的人	每件3000日元再加每分类8000日元
6	申请参加注册异议申请审理的人	每件1.1万日元
7	请求复审或者再审的人	每件1.1万日元再加每分类4万日元
8	申请参加复审或者再审的人	每件5.5万日元

第八编　商标法施行法

1959 年 4 月 13 日法律第 128 号

【《商标法》的施行日期】

第 1 条　《商标法》(1959 年法律第 127 号,以下称为"新法")自 1960 年 4 月 1 日起施行。

【《商标法》的废止】

第 2 条　《商标法》(1921 年法律第 99 号,以下称为"旧法")废止。

【商标权】

第 3 条　根据旧法的商标权、标志权或者集体标志权,在新法施行时实际存在者,在新法施行日,视为根据新法取得商标权。但是,其效力不及于根据旧法第 8 条第 2 款的规定决定效力不及的部分。

前款但书的规定,准用于根据第 7 条第 1 款规定应当作出按照原有规范进行商标注册、服务商标注册的审定或者复审决定的商标权。

根据旧法第 1 条第 3 款规定(包括根据第 7 条第 1 款规定按照原有规范的情形)限定应当在商标着色而获得注册的注册商标,不适用新法第 70 条第 1 款及第 3 款的规定。

【使用服务商标的权利】

第 4 条　根据旧法第 9 条第 1 款规定使用服务商标的权利,在新法施行时实际存在者,在新法施行日,视为根据新法第 32 条第 1 款规定取得使用商标的权利。

第 5 条　根据旧法第 25 条第 1 款规定使用商标的权利,在新法施行时实际存在者，在新法施行日；根据第7条第8款规定，决定按照其规范，根据旧法第25条第1款规定使用商标的权利，在权利生效日，视为根据新法第33条第1款规定取得使用商标的权利。

【有效期】

第6条 根据第3条第1款规定被视为根据新法取得商标权，就根据旧法的商标权、标志权和集体标志权（包括根据第7条第1款规定应当作出按照原有规范进行商标注册、服务标志注册的审定或者复审决定）有效期（包括根据第7条第3款规定按照原有规范进行有效期续展注册后的），仍然按照原有规范。但是，有效期的续展，不在此限。

【正在审查的程序】

第7条 新法施行时实际上正在审查的商标注册申请或者服务商标注册申请（包括正在审查的上诉审判），商标注册申请或者服务商标注册申请的审定或者复审决定生效前，仍然按照原有规范。

新法施行时实际上正在审查的集体服务商标注册申请（包括正在审查的上诉审判），视为商标注册申请适用前款的规定。

新法施行时实际上正在审查的商标权有效期续展注册的申请（包括正在审查的上诉审判），申请到审定或者复审决定生效前仍然按照原有规范。

新法施行时实际上正在审查的标志权或者集体标志权的有效期续展注册申请（包括正在审查的上诉审判），视为商标权有效期续展注册申请适用前款规定。

根据第1款规定，应当作出按照原有规范注册服务商标的审定或者复审决定生效时，其审定或者复审决定视为根据新法应当作出的商标注册审定或者复审决定。

新法施行时实际上正在审查的商标权，旧法第22条第1款第1项的复审或者复审决定的上诉审判仍然按照原有规范。但是，在新法施行时实际上正在审查的商标权，同项复审（包括新法施行时实际上案件正在审查的上诉审判，在新法施行后被驳回而正审查复审情形中的复审），将复审决定视为上诉审判的复审决定，将复审请求书的驳回决定视为上诉审判请求书的驳回决定。

新法施行时实际上正在审查的标志权或者集体标志权，对于旧法第22条第1款第1项的复审（根据旧法第31条第1款规定撤销集体服务商标注册的除外）或者复审决定的上诉审判，商标权视为对于同项复审或者复审决定的上诉审判，适用前款的规定。

新法施行时实际上正在审查的旧法第22条第1款第2项的复审或者复审决定的上诉审判,仍然按照原有规范。

新法实施时实际上正在审查的商标权,就对旧法第22条第1款第3项的复审或者复审决定的上诉审判,仍然按照原有规范。

第6款但书的规定,准用于前二款的情形。

新法施行时实际上正在审查的标志权或者集体标志权,就对旧法第22条第1款第3项的复审或者复审决定的上诉审判,视为商标权的同项复审或者复审决定的上诉审判,适用第9款的规定。

第6款起到前款的规定,准用于新法施行时实际上正在审查的旧法第24条、在同条准用《专利法》(1921年法律第96号)第128条第1款准用同法第121条第1款的再审。

是第1款到第4款、第6款到第9款和前二款规定程序以外的程序(根据旧法第31条第1款规定撤销集体服务商标注册的除外),并且,在新法施行时实际上正在特许厅审查的,仍然按照原有规范。

【继受根据商标注册申请产生的权利等】

第8条 继受根据在新法施行前申请商标注册产生的权利、根据申请服务商标注册产生的权利或者根据申请集体服务商标注册产生的权利(继承及其他一般继受的除外),在新法施行时实际上没有向特许厅长呈报的,在新法施行日失效。

【商标权的转移】

第9条 转移新法施行前授予的商标权、标志权或者集体标志权(继承及其他一般继受的除外),在新法施行时实际上没有注册的,在新法施行日失效。

【无效复审】

第10条 根据旧法进行商标注册[包括根据第7条第1款规定按照原有规范完成的,除根据旧《商标法》(1909年法律第25号。以下称为"1909年法")完成的外],有关新法第46条第1款的复审或者生效复审决定的再审,旧法第16条第1款的规定在新法施行后仍有效,限于同款规定的情形,可以宣告商标注册无效。

前款规定的商标注册,对于旧法第22条第1款第2项的复审,或者对于复审决定上诉审判的生效复审决定(包括根据第7条第8款规定按照原有规范完成的复审决定并生效者)的再审,在新法施行后请求的,和前款亦相同。

就第1款规定的商标注册,在新法施行后旧法第23条的规定仍有效。

根据1909年法进行商标注册，对于新法第46条第1款的复审或者生效复审决定，在再审中，旧法第42条前段的规定在新法施行后仍有效，并且，限于同条前段规定的情形，可以宣告商标注册无效。

前款规定的商标注册，对于旧法第22条第1款第2项的复审，或者对于复审决定上诉审判的生效复审决定（包括根据第7条第8款规定按照原有规范完成的复审决定并生效者）的再审，在新法施行后请求的，和前款亦相同。

就第4款规定的商标注册，在新法施行后旧法第42条后段和第43条的规定仍有效。

根据旧法完成的服务商标注册和集体服务商标注册（包括根据第7条第1款规定，按照原有规范已进行的），视为根据旧法完成商标注册，适用前6款的规定。

第11条 前条的规定，准用于根据旧法完成商标权、标志权或者集体标志权有效期续展注册（包括根据第7条第3款规定，按照原有规范完成的）。

【注册费】

第12条 新法施行前缴纳全部或者应当缴纳的注册费，仍然按照原有规范。

新法第42条的规定，也适用于新法施行前已缴纳的注册费（包括根据前款规定按照原有规范已缴纳的）。

【集体服务商标的使用人】

第13条 旧法第27条第1款的团体成员、旧法第33条的经营者，在新法施行时实际上可以使用集体服务商标的，视为对商标权具有根据新法第31条第1款规定的普通许可权。

【处分】

第14条 根据旧法进行的处分、程序及其他行为[包括根据第7条第1款、第3款、第6款、第8款、第9款（包括同条第12款准用这些规定的情形）或者第13款规定，按照原有规范进行的]，在新法中有与之相当的规定时，视为根据新法进行的。

【法律责任的适用】

第15条 新法施行前进行的行为、根据第7条第1款、第3款、第6款、第8款、第9款（包括同条第12款中准用这些规定的情形）或者第13款的规定决定遵照原有规范程序在新法施行后进行的行为，法律责任的适用仍然按照原有规范。

第九编　反不正当竞争法

1993 年 5 月 19 日法律第 47 号

最新修改:2012 年 3 月 31 日法律第 12 号

第一章　总　　则

【目的】

第 1 条　本法的目的是,为确保经营者的公平竞争和正确实施与之有关的国际规则,采取措施防止不正当竞争及赔偿不正当竞争损害,并且推动国民经济的健康发展。

【定义】

第 2 条　本法所称"不正当竞争",是指下列行为:

1. 使用和他人作为商品标志(是指与个人业务有关的姓名、商号、商标、标志、商品的容器或者包装及在商品或者营业上的其他标示。以下相同)在购买者间广泛知晓的相同或者近似的商品标志,或者转让、交付、为转让或者交付的展览、出口、进口、通过通信线路提供使用其商品标志的商品，致使与他人的商品或者营业产生混同的；

2. 作为自己的商品标志，使用与他人驰名商品标志等相同或者近似标志，或者转让、交付、为转让或者交付的展览、出口、进口、通过通信线路提供使用其商品标志的商品的行为；

3. 转让、出租、为转让或者出租的展览、出口、进口模仿他人商品形态（为确保商品功能不可缺少的形态除外）的商品的；

4. 通过盗窃、诈骗、胁迫及其他不正当手段取得商业秘密的行为（以下称为"不正当取得行为"），或者使用、公开通过不正当取得行为取得的商业秘密的（包括将正保密的商业秘密向特定人出示。以下相同）；

5. 知道或者因重大过失不知道商业秘密存在不正当取得行为取得商业秘密，或者使用、公开取得的商业秘密的；

6. 取得后知道或者因重大过失不知道商业秘密存在不正当取得行为，使用、公开取得的商业秘密的；

7. 由保有商业秘密的经营者（以下称为"保有人"）出示商业秘密的情形，以获得不正当利益的目的或者以对保有人造成损害的目的，使用、公开商业秘密的；

8. 知道或者因重大过失不知道是不正当公开商业秘密行为（是指在前项规定的情形，以同项规定目的公开商业秘密的行为，或者违反法定保密义务公开商业秘密的行为。以下相同）或者隐藏不正当公开商业秘密行为，取得商业秘密，或者使用、公开取得的商业秘密的行为；

9. 取得后知道或者因重大过失不知道商业秘密有不正当公开行为或者隐藏商业秘密不正当公开行为，使用、公开取得的商业秘密的；

10. 转让、交付、为转让或者交付的展览、出口、进口由营业上使用的技术限制手段（他人为使特定的人以外的人不视听影像、声音或者执行计算机程序，或者不记录影像、声音或者计算机程序而正使用的除外）记录被限制视听影像、声音或者执行计算机程序，或者通过妨碍技术限制手段的效果能具有记录影像、声音或者计算机程序（以下在本项称为"视听影像"）功能的装置（包括装入该装置的机器和该装置的一种零件而易于完成组装的）、具有该功能装置的计算机程序（包括将该计算机程序与其他计算机程序组合的）的记录媒体或者存储它们的机器，或者通过通信线路提供具有该功能的计算机程序的（在装置或者计算机程序合并该功能以外的功能而具有的情形，限于为供可能的用途通过妨碍技术限制手段效果实施视听影像的）；

11. 向特定的人以外的人转让、交付、为转让或者交付的展览、出口、进口他人为使特定的人以外的人不视听影像、声音或者执行计算机程序,通过妨碍技术限制手段的效果,将由被营业上使用的技术限制手段限制的视听影像、声音或者执行计算机程序或者记录(以下在本项称为"视听影像")影像、声音或者计算机程序的装置(包括装入该装置的机器和该装置的一种零件而容易完成组装的)、记录了具有该功能的计算机程序(包括该计算机程序和其他计算机程序组合的)的记录媒体,或者存储它们的机器,或者通过通信线路提供具有该功能的计算机程序的(在装置或者计算机程序合并该功能以外的功能而具有的情形,限于为供可能的用途通过妨碍技术限制手段效果实施视听影像的);

12. 以获得不正当利益的目的或者以给他人造成损害的目的,取得或者保有使用与他人的特定商品标志(指与个人业务有关的姓名、商号、商标、标志及其他标示商品或者服务的)相同或者近似域名的权利,或者使用其域名的;

13. 在商品、服务或者其广告、用于交易的文件或者通讯上,有关商品的原产地、品质、内容、制造方法、用途、数量或者服务质量、内容、用途、数量作出意在使人误解的标志,或者转让、交付、为转让或者交付目的的展览、出口、进口、通过通信线路提供使用其标示的商品或者使用其标示提供服务的;

14. 散布或者传播侵害处于竞争关系的他人营业上信用的虚假事实;

15. 在《巴黎公约》[是指《商标法》(1959 年法律第 127 号)第 4 条第 1 款第 2 项规定的《巴黎公约》]同盟国、世界贸易组织成员或者《商标法条约》缔约国,具有商标权利(限于相当于商标权的权利,本项以下简称为"权利")的人的代理人、代表人或者在其行为日前 1 年以内曾是代理人或者代表人的人,没有正当理由未经权利人许可,将与享有权利的商标相同或者近似的商标在与享有权利的商品或者服务相同或者类似的商品或者服务上使用,或者转让、交付、为转让或者交付的展览、出口、进口、通过通信线路提供使用该商标与其权利有关商品相同或者类似的商品,或者使用该商标提供与其权利有关服务相同或者类似服务的。

本法所称"商标",是指《商标法》第 2 条第 1 款规定的商标。

本法所称"标志",是指《商标法》第 2 条第 1 款规定的标志。

本法所称"商品形态",是指购买者按照普通用法使用时,通过知觉可以认识的商品外部及内部形状和与其形状结合的花纹、色彩、光泽度及质感。

本法所称"模仿",是指依据他人商品形态,制造出与之实质相同形态的商品。

本法所称“商业秘密”，是指作为秘密管理的生产方法、销售方法及在经营活动中有用的尚未公知的其他技术或者营业信息。

本法所称“技术限制手段”，是指通过电磁方法（是指通过电子方法、磁力方法及其他通过人的知觉不能认识的方法），限制视听影像、声音或者执行计算机程序，或者记录影像、声音或者计算机程序的手段，并将视听机器（是指视听影像、声音或者执行计算机程序，或者为记录影像、声音或者计算机程序使用的机器。以下相同）发出的特定反应信号和影像、声音或者计算机程序一同记录到记录媒体或者发送信号的方式，或者视听机器进行特定转换转化影像、声音或者计算机程序后记录在记录媒体或者发送信号的方式。

本法所称“计算机程序”是为能得到一个结果而已组合的对计算机的指令。

本法所称“域名”，是指在互联网中为识别各个电子计算机而分配的编号、符号，或者适合文字组合的文字、编号、符号及其他标志或者它们的结合。

本法所称“物”包括计算机程序。

第二章　停止请求、损害赔偿等

【停止请求权】

第 3 条　因不正当竞争营业利益受侵害或者有可能受侵害的人，可以请求侵害其营业利益的人或者有可能侵害的人停止侵害或者预防侵害。

因不正当竞争营业利益受侵害或者有可能受侵害的人根据前款规定提出请求时，可以请求销毁构成侵害行为的物品（包括通过侵害行为生产的物品。在第 5 条第 1 款相同）、拆除用于侵害行为的设备，以及其他预防侵害的必要行为。

【损害赔偿】

第 4 条　因故意或者过失进行不正当竞争侵害他人营业利益的人，承担赔偿因此产生损害的责任。但是，根据第 15 条的规定，在同条规定的权利消灭后，因使用商业秘密行为而产生的损害，不在此限。

【损害额的推定】

第 5 条　因第 2 条第 1 款第 1 项到第 9 项或者第 15 项列举的不正当竞争[在同款第 4 项到第 9 项列举的情况下，限于关于技术上的秘密（是指作为秘密正管理着的生产方法及其他对经营活动有用的尚未公知的技术信息)]营业利益受侵害的人(以下在本款称为“受害人”)请求因故意或者过失侵害自己营业利益的人赔偿因其侵害自己已受损害时,在此人转让构成侵害行为的产品时,可以将转让产品数量(以下在本款称为“转让数量”),乘以如果没有其侵害行为则受害人已售产品各单位数量利益额得到的金额,在不超过符合受害人销售产品及开展其他行为能力的数额限度,作为受侵害人已受损害额。但是,认为有相当于受害人不能销售的全部或者部分转让数量的情况时,扣除符合相当于该情况数量的金额。

因不正当竞争营业利益受侵害的人请求因故意或者过失侵害自己营业利益的人赔偿因其侵害自己已受损害的情形,在通过侵害行为获利时,其利益额推定为营业利益受侵害的人已受损害额。

因第2条第1款第1项到第9项、第12项或者第15项列举的不正当竞争营业利益受侵害的人,可以按照下列各项列举的不正当竞争分类,对于各项规定行为,向因故意或者过失侵害自己营业利益的人将相当于应当获得的金额作为自己已受损害额请求赔偿:

1. 第2条第1款第1项或者第2项列举的不正当竞争,使用侵害的商品标志;

2. 第2条第1款第3项列举的不正当竞争,使用侵害的商品形态;

3. 从第2条第1款第4项到第9项列举的不正当竞争,使用侵害的商业秘密;

4. 第2条第1款第12项列举的不正当竞争,使用侵害的域名;

5. 第2条第1款第15项列举的不正当竞争,使用侵害的商标。

前款的规定,不妨碍请求超过同款规定金额的损害赔偿。在这种情形,侵害营业利益的人没有故意或者重大过失时,法院可以酌情决定损害赔偿额。

【具体情况的明示义务】

第6条　在因不正当竞争侵害营业利益的诉讼中,在主张因不正当竞争营业利益受侵害或者有可能受侵害的人否认作为构成侵害行为而主张的产品或者方法的具体情况时,对方必须证明自己行为的具体情况。但是,对方有相当理由不能证明时,不在此限。

【文件的提交】

第7条　在不正当竞争侵害营业利益的诉讼中,法院为举证侵害行为或者计算侵害行为的损害,可以根据当事人的申请,命令当事人提交必要文件。但是,文件持有人有正当理由拒绝提交时,不在此限。

为判断是否有前款但书规定的正当理由,法院认为有必要时,可以使文件持有人出示文件。但是,在这种情形,任何人均不能要求公开已出示的文件。

在前款的情形,有关是否有第1款但书规定的正当理由,法院认为公开前款后段的文件需要听取其意见时,可以向当事人[是指当事人(在法人时,其代表人)、当事人的代理人(诉讼代理人和辅佐人除外)、雇员及其他员工。以下相同]、诉讼代理人、辅佐人公开文件。

前三款的规定,准用于因不正当竞争侵害营业利益的诉讼中,为举证侵害行为就必要查验目的的出示。

【为计算损害的鉴定】

第8条 在因不正当竞争侵害营业利益的诉讼中,法院根据当事人的申请,为计算侵害行为的损害命令鉴定必要事项时,当事人必须向鉴定人说明有关鉴定的必要事项。

【相当损害额的认定】

第9条 在因不正当竞争侵害营业利益的诉讼中,在被认为已产生损害的情形,为证明损害额举证必要事实,但该事实在性质上是极端难以证明时,法院可以基于开庭审理的全部主旨和调查证据的结果认定相当损害额。

【保密命令】

第10条 在因不正当竞争侵害营业利益的诉讼中,当事人保有的商业秘密符合下列事由,在释明后,法院可以根据当事人的申请,用决定命令当事人、诉讼代理人、辅佐人不得以后续诉讼目的以外目的使用商业秘密,或者向接受根据本款规定命令的人以外的人公开商业秘密。但是,在其申请前,当事人、诉讼代理人、辅佐人通过阅读第1项规定的准备文书、同项规定的证据调查或者公开以外的方法取得或者保有商业秘密的情形,不在此限:

1. 在已提交或者应当提交的准备文书中记载了当事人保有的商业秘密,或者已调查或者应当调查的证据(包括根据第7条第3款规定已公开的文件或者根据第13条第4款规定已公开的书面文件)内容中包括当事人保有的商业秘密的;

2. 为防止以后续诉讼目的以外的目的使用前项的商业秘密或者公开商业秘密,有可能给基于商业秘密的当事人的经营活动造成障碍,需要限制使用或者公开商业秘密。

申请根据前款规定的命令(以下称为“保密命令”),必须用记载下列事项的书面文件提出:

1. 应当接受保密命令的人;

2. 满足确定应成为保密命令对象的商业秘密的事实;

3. 符合前款各项列举事由的事实。

发布了保密命令时,必须向接受保密命令的人送达决定书。

保密命令自决定书送达时起对接受保密命令的人发生效力。

对于驳回保密命令申请的裁判,可以立即提起上诉。

【保密命令的撤销】

第11条 申请保密命令的人或者接受保密命令的人,可以以欠缺前条第1款规定的要件或者出现了欠缺它的事实作为理由,向保存诉讼记录的法院(在没有保存诉讼记录法院的情况下,向发出保密命令的法院)申请撤销保密命令。

撤销保密命令的申请已作出裁定的情形,必须向提出申请的人和对方送达决定书。

对于撤销保密命令申请的裁判,可以立即提起上诉。

撤销保密命令的裁判,如果没有生效则不发生效力。

法院作出撤销保密命令裁判的情形,在向申请撤销保密命令的人或者向对方以外的人发出了保密命令的诉讼中,有接受商业秘密保密命令的人时,必须立即将撤销保密命令裁判的主旨通知此人。

【请求阅览诉讼记录的通知】

第12条 发布了保密命令诉讼(撤销全部保密命令的诉讼除外)的诉讼记录,在作出了《民事诉讼法》(1996年法律第109号)第92条第1款决定的情形,当事人请求阅览同款规定的记载的秘密,并且,履行了请求程序的人不是在诉讼中接收保密命令的人时,在请求后,法院书记员必须立即将请求主旨通知提出同款申请的当事人(提出请求的人除外。在第3款相同)。

在前款的情形,法院书记员自同款请求日起到满2周内(此日前向履行了请求程序的人提出了保密命令申请的情况下,有关其申请到裁判生效的期间),不得使履行了请求程序的人阅览同款记载的秘密。

使提出第1款请求的人阅览同款的记载的秘密,在有提出《民事诉讼法》第92条第1款申请的全体当事人同意时,不适用前二款规定。

【停止公开询问当事人】

第13条 不正当竞争侵害营业利益诉讼中的当事人，对于判断是否构成侵害的基础事项并属于当事人保有的商业秘密的，在作为当事人本人、法定代理人、证人接受讯问的情形，全体法官一致认为，基于该商业秘密，由当事人等在公开法庭陈述该事项显然对当事人的经营活动产生显著障碍，所以，不能充分陈述该事项，并且，应当以该事项为判断的基础，因缺乏其陈述而仅根据其他证据不能正确裁判是否由不正当竞争侵害营业利益时，法院可以用决定不公开询问该事项。

法院在作出前款决定时，必须事前听取当事人的意见。

在前项的情形，法院认为有必要时，可以使当事人提示记载应当陈述事项要领的书面文件。在这种情形，任何人均不能要求公开已出示的书面文件。

法院认为公开前款后段的书面文件有必要听取其意见时，可以向当事人、诉讼代理人或者辅佐人公开书面文件。

法院根据第1款规定不公开询问事项时，在使公众退庭前，必须同时宣告其主旨和理由。在询问事项结束后，必须再次使公众入庭。

【信用恢复措施】

第14条 法院可以根据营业信用受侵害的人的请求，命令因故意或者过失进行不正当竞争侵害了他人营业信用的人，不赔偿损害或者在赔偿损害的同时，采取必要措施恢复营业信用。

【消灭时效】

第15条 第2条第1款第4项到第9项列举的不正当竞争中，对于使用商业秘密的行为，根据第3条第1款规定请求停止或者预防侵害的权利，在实施行为的人继续实施行为的情形，因其行为营业利益受侵害或者有可能受侵害的保有人，已知实施事实和行为的人时起，3年内不行使时则因时效消灭。自行为开始时起满10年时，亦相同。

第三章　基于国际规则的禁止行为

【禁止商业上使用外国国旗】

第16条 任何人均不得将经济产业省令规定的与外国国旗或者国徽及其奖章（以下称为“外国国旗”）相同或者近似者（以下称为“外国国旗近似奖

章”)作为商标使用,或者转让、交付、为转让或者交付的展览、出口、进口、通过通信线路提供将外国国旗近似奖章作为商标使用的商品,或者将外国国旗近似奖章作为商标使用提供服务。但是,获得具有许可外国国旗使用(包括近似许可的行政处分。以下相同)权限的外国官方许可时,不在此限。

前款规定者外,任何人均不得以意在使人误认商品原产地的方法,使用经济产业省令规定的外国国家徽章(以下称为“外国徽章”),或者转让、交付、为转让或者交付的展览、出口、进口、通过通信线路提供使用外国徽章的商品,或者使用外国徽章提供服务。但是,获得具有许可外国徽章使用权限的外国官方许可时,不在此限。

任何人均不得将经济产业省令规定的与外国政府或者地方政府监督用、证明用印章或者符号(以下称为“外国政府符号”)(以下称为“外国政府近似符号”)相同或者近似者,作为和外国政府符号使用的商品或者服务相同或者类似商品或者服务的商标使用,或者转让、交付、为转让或者交付的展览、出口、进口、通过通信线路提供将外国政府近似符号作为商标使用的商品,或者将外国政府近似符号作为商标使用提供服务。但是,获得具有许可外国政府符号使用权限的外国官方许可时,不在此限。

【禁止在商业上使用国际组织标志】

第17条 任何人均不得以意在使人误认和国际组织(是指政府间的国际组织及与之类似而由经济产业省令规定的国际组织。以下在本条相同)有关系的方法,将经济产业省令规定的与标示国际组织的标志相同或者近似的标志(以下称为“国际组织近似标志”)作为商标使用,或者转让、交付、为转让或者交付的展览、出口、进口、通过通信线路提供将与国际组织近似标志作为商标使用的商品,或者将与国际组织近似标志作为商标使用提供服务。但是,获得此国际组织许可时,不在此限。

【禁止向外国公务员提供不正当利益】

第18条 在国际商业交易中,任何人均不得为得到不正当营业利益,使外国公务员作出或者不作出职务行为,或者利用其地位向其他外国公务员进行斡旋为使之作出或者不作出职务行为,向外国公务员提供金钱及其他利益,或者进行预约或者约定。

前款所称“外国公务员”,是指下列人员:

1. 从事外国政府或者地方政府公务的人;

2. 为开展有关公共利益的特定事务，从事根据外国特别法令设定事务的人；

3. 由1个或者2个以上的外国政府或者地方政府，在发行结束的股份中，直接所有超过有表决权的股份总数或者出资金额总数50%的股份数量或者出资金额，或者是被任命或者被指名负责人（是指董事、监察主管、理事、监事及清算人及在他们之外的人中正从事事业经营的）过半数的经营者，在执行经营时，政令规定的从事由外国政府或者其地方政府特别赋予权益事务的人及其他与之类似的人；

4. 从事国际组织（是指由政府或者政府间国际组织组成的国际组织。在下项相同）公务的人；

5. 属于外国政府或者地方政府或者国际组织权限的事务，从事这些机构委托事务的人。

第四章　其他规定

【除外适用】

第19条　按照下列各项列举的不正当竞争分类，就各项规定的行为，不适用第3条到第15条、第21条（第2款第7项的部分除外）及第22条的规定。

1. 第2条第1款第1项、第2项、第13项及第15项列举的不正当竞争，用普通使用的方法使用或者标示商品或者营业的通用名称（将以葡萄作为原料或者材料的产品原产地名称变为通用名称的除外）、在相同或者类似的商品或者营业常用的商品标志（以下总称“通用名称”），或者转让、交付、为转让或者交付的展览、出口、进口、通过通信线路提供用普通使用的方法使用通用名称或者标示商品的（在同款第13项及第15项列举的不正当竞争的情形，包括用普通使用的方法标示或者使用通用名称提供服务的）。

2. 第2条第1款第1项、第2项及第15项列举的不正当竞争，非以不正当目的（是指为得到不正当利益的目的、给他人造成损害的目的及其他不正当目的。以下相同）使用自己的姓名，或者转让、交付、为转让或者交付的展览、出口、进口、通过通信线路提供非以不正当目的使用自己姓名的商品的（在同项列举的不正当竞争的情形，包括非以不正当目的使用自己姓名提供服务的）。

3. 第2条第1款第1项列举的不正当竞争,他人的商品标志在购买者间被广泛知晓前,使用与其商品标志相同或者近似商品标志的人,或者继受商品标志业务的人,非以不正当目的使用其商品标志,或者转让、交付、为转让或者交付的展览、出口、进口、通过通信线路提供非以不正当目的使用商品标志的商品的。

4. 第2条第1款第2项列举的不正当竞争,在他人商品标志驰名前,使用和其商品标志相同或者近似商品标志的人或者继受商品标志业务的人,非以不正当目的使用商品标志,或者转让、交付、为转让或者交付的展览、出口、进口、通过通信线路提供非不正当竞争目的使用商品标志的商品的。

5. 第2条第1款第3项列举的不正当竞争,下列之一列举的:

(1) 在日本国内从首次销售日起计算满3年的商品,转让、出租、为转让或者出租的展览、出口、进口模仿商品形态的商品的;

(2) 受让模仿他人商品形态商品的人(限于在受让当时不知道商品是模仿他人商品形态的商品,并且,对不知道没有重大过失的人),转让、出租、为转让或者出租的展览、出口、进口商品的。

6. 第2条第1款第4项到第9项列举的不正当竞争,通过交易取得商业秘密的人(限于在取得时,不知道商业秘密是不正当公开行为、不知道商业秘密存在不正当取得行为或者不正当公开行为的事实,并且,对不知道没有重大过失的),在由交易取得的权原范围内,使用、公开商业秘密的。

7. 第2条第1款第10项及第11项列举的不正当竞争,转让、交付、为转让或者交付的展览、出口、进口为试验或者研究技术限制手段使用的第2条第1款第10项及第11项规定的装置,或者记录这些项规定程序的记录媒体、存储机器,或者通过通信线路提供计算机程序的行为。

因前款第2项或者第3项列举的行为,营业利益受侵害或者有可能受侵害的人,为防止和自己的商品或者营业混同,可以按照下列各项列举行为的分类,请求各项规定的人应当附着适当标志:

1. 前款第2项列举的行为,使用自己姓名的人(包括自己转让、交付、为转让或者交付的展览、出口、进口、通过通信线路提供使用自己姓名的商品的人);

2. 前款第3项列举的行为,使用和他人商品标志相同或者近似商品标志的人和继受商品标志业务的人(包括自己转让、交付、为转让或者交付的展览、出口、进口、通过通信线路提供使用商品标志的商品的人)。

【过渡措施】

第 20 条 根据本法规定制定、改废政令或者经济产业省令的情形，在其政令或者经济产业省令中，在判断为合理且必要的范围内，在制定或者改废的同时，规定所需过渡措施（包括法律责任的过渡措施）。

第五章 法律责任

【法律责任】

第 21 条 符合以下各项之一者，处 10 年以下有期徒刑或者 1000 万日元以下罚金，或者并处之：

1. 以获得不正当利益的目的或者以给保有人造成损害的目的，通过欺诈等行为（是指欺骗人、对人施加暴力或者胁迫人的行为。以下在本条相同）或者侵害管理行为｛是指盗窃财物、侵入设施、网民非法访问行为［是指《禁止网民非法访问行为法》（1999 年法律第 128 号）第 3 条规定的网民非法访问行为］及其他侵害保有人管理的行为。本条以下相同｝取得商业秘密的。

2. 以获得不正当利益的目的或者以给保有人造成损害的目的，使用、公开通过欺诈等行为或者侵害管理行为取得商业秘密的。

3. 从保有人处获得商业秘密的人，以获得不正当利益的目的或者以给保有人造成损害的目的，违背商业秘密管理的任务，采用下列方法之一取得商业秘密的：

（1）侵占商业秘密记录媒体（是指记载或者记录商业秘密的文书、设计图或者记录媒体。以下在本项相同）或者商业秘密载体物品；

（2）复制记载、记录商业秘密记录媒体，或者商业秘密载体物品；

（3）记载或者记录商业秘密记录媒体，不消除应当消除的内容，并伪装成已消除该记载或者记录。

4. 从保有人处获得商业秘密的人，以获得不正当利益的目的或者以给保有人造成损害的目的，违背商业秘密的管理任务，使用、公开违背商业秘密管理的任务，通过前项（1）至（3）列举的方法违法取得的商业秘密。

5. 从保有人处获得商业秘密，其负责人（是指理事、董事、执行官、执行业务的公司成员、监事或者监察主管或者与它们类似的人。在下项相同）或者员工，以获得不正利益的目的或者以给保有人造成损害的目的，违背商业秘密的管理任务，使用、公开商业秘密的（前款列举的除外）。

6. 从保有人处获得商业秘密,其负责人或者员工,以获得不正利益的目的或者以给保有人造成损害的目的,在职时违背商业秘密的管理任务,预约公开商业秘密、接受请托使用或者公开商业秘密,从职务退职后使用、公开商业秘密的人(第 4 项列举的人除外)。

7. 以获得不正利益的目的或者以给保有人造成损害的目的,符合第 1 项或者第 3 项之罪,通过公开取得商业秘密,使用、公开商业秘密的。

符合下列各项之一者,处 5 年以下有期徒刑或者 500 万日元以下罚金,或者并处之:

1. 以不正当目的实施第 2 条第 1 款第 1 项或者第 13 项列举的不正当竞争行为的;

2. 以利用他人著名商品标志的信用或者名声得到不正当利益的目的或者以侵害该信用或者名声的目的,实施第 2 条第 1 款第 2 项列举的不正当竞争行为的;

3. 以得到不正当利益的目的实施第 2 条第 1 款第 3 项列举的不正当竞争行为的;

4. 以得到不正当利益的目的或者以给正在营业上采取技术限制手段的人造成损害的目的,实施第 2 条第 1 款第 10 项或者第 11 项列举的不正当竞争行为的;

5. 在用于商品、服务或者广告或者交易的文件或者通讯中,对商品原产地、品质、内容、制造方法、用途、数量,或者服务的质量、内容、用途、数量,作出意在使人误认的虚假标示行为的(第 1 项列举的人除外);

6. 违反保密命令的;

7. 违反第 16 条、第 17 条或者第 18 条第 1 款规定的。

第 1 款及前款第 6 项的罪,如果没有自诉则不能提起公诉。

在有欺诈等行为或者侵害管理行为时,或者由保有人出示时,在日本国外对在日本国内管理的商业秘密犯这些罪的人,适用第 1 款第 2 项或者第 4 项到第 7 项的罪。

在日本国外犯了同项罪的人,也适用第 2 款第 6 项的罪。

第 2 款第 7 项(限于第 18 条第 1 款的部分)的罪,遵照《刑法》(1907 年法律第 45 号)第 3 条的规定。

第 1 款及第 2 款的规定,不妨碍适用刑法及其他法律责任。

第 22 条 法人的代表人、法人或者个人的代理人、雇员及其他员工,在法人或者个人业务中,作出前条第 1 款第 1 项、第 2 项、第 7 项或者第 2 款列举规定的犯罪行为时，处罚行为人外，对法人处3亿日元以下罚金，对个人处正文的罚金。

在前款的情形，前条第1款第1项、第2项、第7项和第2款第6项的罪，对行为人提起的同条第3款的自诉对法人或者个人发生效力，对法人或者个人提出的自诉对行为人发生效力。

根据第1款的规定，因前条第1款第1项、第2项、第7项或者第2款的犯罪行为，在处法人或者个人罚金的情形，时效期间按照这些罪规定的时效期间。

第六章　刑事诉讼程序的特别例外

【商业秘密的隐藏决定等】

第23条　法院在办理第21条第1款的犯罪或者前条第1款(限于与第21条第1款第1项、第2项及第7项有关的部分)的犯罪案件的情形，案件受害人、受害人的法定代理人、接受他们委托的律师申请，不想在公开法庭证明确定构成案件全部或者部分商业秘密信息的事项时，听取被告人或者律师的意见后，认为适合时，可以规定其范围，作出不在公开法庭证明该事项的决定。

前款的申请必须事先向检察官提出。在这种情形，检察官应当附意见并通知法院。

法院在处理第1款规定案件的情形，检察官、被告人、辩护人申请，不想在公开法庭证明确定构成被告人或者其他人保有的全部或者部分商业秘密信息的事项时，听取对方意见后，认为为证明犯罪或者被告人的防御该事项是不可缺少的，并且，因事项在公开法庭证明有可能给基于商业秘密的被告人或者其他人的经营活动造成显著障碍，认为适当时，可以规定其范围，作出不在公开法庭证明该事项的决定。

法院在已作出第1款或者前款决定(以下称为“隐藏决定”)的情形，认为有必要时，可以在听取检察官和被告人或者辩护人的意见后，以决定规定构成商业秘密信息特定事项(是指根据隐藏决定，决定不在公开法庭证明确定构成全部或者部分商业秘密信息的事项。以下相同)的名称及其他代替表现的称呼及其表现。

已作出隐藏决定的案件出现了认为将构成商业秘密信息的特定事项不在公开法庭证明是不适合时，或者根据《刑事诉讼法》(1948年法律第131

号)第312条规定因撤回、变更刑法分则条文变为不符合第1款规定的案件时,必须以决定撤销全部或者部分隐藏决定和隐藏决定的全部或者部分前项决定(以下称"称呼等决定")。

【起诉状宣读方法的特别例外】

第24条 作出了隐藏决定时,宣读刑事诉讼法第291条第1款的起诉状,应当不证明构成商业秘密信息的特定事项。在这种情形,检察官必须向被告人出示起诉状。

【询问等的限制】

第25条 在作出了隐藏决定的情形,诉讼关系人进行的询问或者陈述事关构成商业秘密信息的特定事项时,通过限制它,除对证明犯罪有可能产生重大障碍的情形或者对被告人的防御有可能产生实质不利的情形外,审判长可以限制询问或者陈述。要求诉讼关系人的被告人供述的行为,亦相同。

《刑事诉讼法》第295条第4款及第5款的规定,准用于收到根据前款规定命令的检察官或者律师辩护人不遵守命令的情形。

【公审期间外询问证人等】

第26条 作出了隐藏决定的情形,询问证人、鉴定人、口译人、笔译人时,或者被告人进行自由供述时,在听取检察官和被告人或者辩护人的意见后,证人、鉴定人、口译人、笔译人的询问、供述或者要求被告人供述的行为或者被告人的供述,事关构成商业秘密信息的特定事项,并且,根据在公开法庭进行举证有可能给基于商业秘密的受害人、被告人及其他人的经营活动产生显著障碍,法院认为为防止它而不得已时,可以在公审期日外开展《刑事诉讼法》第311条第2款及第3款规定的要求被告人供述的程序。

《刑事诉讼法》第157条第1款及第2款、第158条第2款及第3款、第159条第1款、第273条第2款、第274条和第303条的规定,准用于根据前款规定的要求被告人供述的程序。在这种情形,同法第157条第1款、第158条第3款及第159条第1款中的"被告人或者辩护人"应当换读为"辩护人、共同被告人或者其辩护人",同法第158条第2款中的"被告人及辩护人"应当换读为"辩护人、共同被告人及其辩护人",同法第273条第2款中的"公审期日"应当换读为"根据《反不正当竞争法》第26条第1款规定要求被告人供述的程序期日",第274条中的"公审期日"应当换读为"根据《反不正当竞争法》第26条第1款规定要求被告人供述的程序日期和场所",同法第303条中的"记载了询问证人及其他人、验证、没收和搜查结果的文件以及没收的物品”应当换读为“记载了根据《反不正当竞争法》第26条第1款规定要求被告人供述程序结果的文件”,“证据文书或者证据物品”应当换读为“证据文书”。

【出示记载询问事项要领文件的命令】

第27条 法院在作出称呼等决定,或者根据前条第1款规定决定在公审期日外开展询问或者要求被告人供述的程序,认为有必要时,可以命令向检察官和被告人或者辩护人出示记载诉讼相关人应当进行询问、陈述或者要求被告人供述的行为事项要领的书面文件。

【证据文书宣读方法的特别例外】

第28条 作出了隐藏决定时,根据《刑事诉讼法》第305条第1款或者第2款规定宣读证据文书,应当不公布构成商业秘密信息的特定事项。

【在公审前整理程序中的决定】

第29条 在公审前整理程序和期间整理程序,可以开展下列事项:

1. 作出隐藏决定、称呼等决定或者作出撤销这些决定的决定;

2. 根据第26条第1款规定,规定在公审期日外开展询问或者要求被告人供述的程序。

【证据公开时要求隐藏商业秘密】

第30条 对第23条第1款规定的案件,在根据《刑事诉讼法》第299条第1款规定给予阅览书证或者物证的机会时,根据第23条第1款或者第3款规定证明构成特定的全部或者部分商业秘密信息的事项,检察官或者辩护人认为给基于商业秘密的受害人、被告人及其他人的经营活动有可能产生显著障碍时,告诉对方主旨。除证明犯罪、搜查犯罪或者被告人防御有必要的情形外,可以不告知相关人员(包括被告人)该事项。但是,要求要让被告人不知道的,限于该事项中没有在起诉书记载的事项。

检察官或者辩护人根据《刑事诉讼法》第2编第3章第2节第1款第2目(包括同法第316条之28第2款准用的情形)的规定公开证据的情形,准用前款的规定。

【对最高法院规则的授权】

第31条 本法规定者外,实施第23条到前条规定的必要事项由最高法院规则规定。

第十编　半导体集成电路布图设计法

1985年5月30日法律第43号
最新修改:2011年6月24日法律第74号

第一章　总　　则

【目的】

第1条　本法的目的是,为确保正确使用半导体集成电路布图设计,通过创设制度,促进开发半导体集成电路,并且推动国民经济的健康发展。

【定义】

第2条　本法所称“半导体集成电路”,是指在半导体材料、绝缘材料的表面或者半导体材料内部,设计产生晶体管及其他电路元件,作成不可分的具有电子线路功能的制品。

本法所称“布图设计”,是指在半导体集成电路中配置电路元件和连接它们的导线。

在本法中，布图设计所称“使用”，是指下列行为：

1. 使用布图设计制造半导体集成电路的行为；

2. 转让、出租、为转让或者出租的展览、进口使用布图设计制造半导体集成电路（包括组装半导体集成电路的物品）的行为。

第二章 布图设计专有权的设定登记

【布图设计专有权的设定登记】

第3条 完成布图设计创作的人或者其继受人（以下称为“创作人”），对布图设计可以获得布图设计专有权的设定登记（以下称为“设定登记”）。在这种情形，创作人有2人以上时，必须由它们共同获得设定登记。

拟获得设定登记的人，必须向经济产业大臣提交记载下列事项的申请书：

1. 申请人的姓名或者名称及住所或者居所，法人时代表人的姓名；

2. 申请的年月日；

3. 有关布图设计，在营业上实施了前条第3款第2项列举行为的情形，首次实施行为的年月日；

4. 布图设计创作完成人的姓名或者名称及住所或者居所；

5. 经济产业省令规定的其他事项。

前款的申请书中，必须根据经济产业省令规定，添加记载申请布图设计的附图或者表现布图设计的照片、申请人是创作人的说明书及由经济产业省令规定的其他资料。

【申请人的变更】

第4条 申请人可以变更。

除继承及其他一般继受的外，如果没有根据经济产业省令规定向经济产业大臣呈报，申请人的变更则不发生效力。

根据继承及其他一般继受变更了申请人时，必须根据经济产业省令规定，不迟延地向经济产业大臣呈报其主旨。

【职务布图设计的创作】

第5条 从事法人及其他雇主业务的人履行职务创作的布图设计，只要在创作时的合同、职务守则中没有特别规定，法人及其他雇主为完成布图设计创作的人。

【申请前的布图设计的使用】

第6条 在申请日开始2年前,创作者或者获得其许可的人在营业上对申请的布图设计实施了第2条第3款第2项列举行为的情形,不能获得设定登记。

【设定登记和公示】

第7条 申请了设定登记时,除根据第8条第1款规定驳回申请的情形外,经济产业大臣必须进行设定登记。

应当在布图设计登记簿上记载获得设定登记的人的姓名或者名称及住所或者居所、设定登记的年月日及由经济产业省令规定的其他事项后,进行设定登记。

经济产业大臣完成根据第1款规定的设定登记时,必须公示经济产业省令规定的事项。

【设定登记申请的驳回】

第8条 根据第3条第2款的申请书及所添加的附图及其他资料,证明设定登记申请符合下列各项之一时,经济产业大臣必须驳回设定登记申请:

1. 申请人不是创作人;
2. 创作人有2人以上的情形,它们没有共同提出设定登记申请;
3. 根据第6条的规定,申请的布图设计不能获得设定登记的;
4. 申请书形式不合格及由政令规定的其他事由。

根据前款规定驳回申请时,经济产业大臣必须不迟延地阐明理由,并将主旨通知申请人。

【设定登记的注销】

第9条 证明设定登记申请符合前条第1款第1项到第3项之一时,经济产业大臣必须注销设定登记。

根据前款规定注销设定登记的听证,必须提前相当时间,在通知设定登记布图设计专有权权利登记人的基础上举行听证。

根据《行政程序法》(1993年法律第88号)第17条第1款规定,前款规定的登记人要求参加听证程序时,前款听证的主持人必须许可。

经济产业大臣在根据第1款的规定注销设定登记时,必须将主旨通知设定登记布图设计专有权的权利登记人,同时进行公示。

第三章 布图设计专有权

第一节 布图设计专有权

【布图设计专有权的产生和保护期】

第10条 布图设计专有权根据设定登记产生。

布图设计专有权的保护期为自设定登记日起10年终止。

【布图设计专有权的效力】

第11条 布图设计专有权人专有在营业上使用获得设定登记的布图设计(以下称为"登记布图设计")的权利。但是,布图设计专有权设定独占许可权时,在独占许可权人专有使用登记布图设计权利的范围,不在此限。

【布图设计专有权效力不及的范围】

第12条 布图设计专有权的效力不及于使用他人创作的布图设计。

布图设计专有权的效力不及于为解析或者评价而采用登记布图设计制造半导体集成电路的行为。

布图设计专有权人、独占许可权人、普通许可权人转让采用登记布图设计制造的半导体集成电路(包括装入半导体集成电路的物品。以下在本款相同)时,布图设计专有权的效力不及于转让、出租、为转让或者出租的展览、进口已转让的半导体集成电路。

【和他人专利发明的关系】

第13条 布图设计专有权人、独占许可权人、普通许可权人,使用登记布图设计与他人实施的发明专利或者注册实用新型冲突时,不能在营业上使用登记布图设计。

【共有布图设计专有权】

第14条 共有布图设计专有权时,如果没得到其他共有人的同意,各共有人不能转让其持有额或者以其持有额为标的设定质权。

共有布图设计专有权时,除在合同中作出特别规定外,各共有人尽管没有得到其他共有人同意,但可以使用登记布图设计。

共有布图设计专有权时,如果没有得到其他共有人同意,各共有人不能对布图设计专有权设定独占许可权或者许可他人普通许可权。

【法人解散的情形布图设计专有权的消灭】

第15条 布图设计专有权在下列情形消灭：

1. 布图设计专有权人是法人而法人解散的情形，根据《一般社团法人和一般财团法人法》(2006年法律第48号)第238条第3款及其他与之类似法律规定，布图设计专有权归属国库的；

2. 布图设计专有权人是个人而个人死亡的情形，根据《民法》(1896年法律第89号)第959条的规定，布图设计专有权归属国库的。

【独占许可权】

第16条 布图设计专有权人可以对布图设计专有权设定独占许可权。

独占许可权人在设定行为规定的范围内，在营业上专有使用登记布图设计的权利。

限于与使用布图设计经营同时进行的情形、得到布图设计专有权人许可的情形、继承及其他一般继受的情形，可以转移独占许可权。

限于得到布图设计专有权人许可的情形，独占许可权人可以对独占许可权设定质权或者许可他人普通许可权。

第14条的规定，准用于独占许可权。

【普通许可权】

第17条 布图设计专有权人可以对布图设计专有权许可他人普通许可权。

普通许可权人在设定行为规定的范围内，有在营业上使用登记布图设计的权利。

限于与使用布图设计经营同时进行的情形、得到布图设计专有权人(对独占许可权有普通许可权的情况下，布图设计专有权人及独占许可权人。在下款相同)许可的情形、继承及其他一般继受的情形，可以转移普通许可权。

限于得到布图设计专有权人许可的情形，普通许可权人可以对普通许可权设定质权。

第14条第1款及第2款的规定，准用于普通许可权。

【质权】

第18条 除在合同中作出特别规定的情形外，以布图设计专有权、独占许可权、普通许可权为标的设定质权时，质权人不能使用登记布图设计。

第19条 以布图设计专有权、独占许可权、普通许可权为标的的质权，可以对布图设计专有权、独占许可权、普通许可权的对价，或者使用登记布图设计的布图设计专有权人、独占许可权人应当获得的金钱及其他物品行使。但是,在支付或者交付前必须进行冻结。

【布图设计专有权的放弃】

第20条 有独占许可权人、普通许可权人、质权人时,限于得到它们许可的情形,布图设计专有权人可以放弃布图设计专有权。

有普通许可权人、质权人时,限于得到它们许可的情形,独占许可权人可以放弃独占许可权。

有质权人时,限于得到其许可的情形,普通许可权人可以放弃普通许可权。

【登记的效果】

第21条 下列事项如果不登记则不能对抗第三人:

1. 布图设计专有权的转移(根据继承及其他一般继受的除外)或者处分的限制;

2. 独占许可权的设定、转移(根据继承及其他一般继受的除外)、变更、消灭(因混同或者布图设计专有权消灭的除外)或者处分的限制;

3. 普通许可权的转移(根据继承及其他一般继受的除外)、变更、消灭(因混同、布图设计专有权或者独占许可权消灭的除外)或者处分的限制;

4. 以布图设计专有权、独占许可权、普通许可权为标的,质权的设定、转移(根据继承及其他一般继受的除外)、变更、消灭(因混同或者担保的债权消灭的除外)或者处分的限制。

已登记的普通许可权,对于在其后就布图设计专有权、独占许可权或者布图设计专有权取得独占许可权的人产生效力。

经济产业大臣在布图设计登记簿记载后进行前二款的登记。

第二节 权利侵害

【停止请求权】

第22条 布图设计专有权人、独占许可权人可以请求侵害或者有可能侵害自己布图设计专有权或者独占许可权的人停止侵害或者预防侵害。

布图设计专有权人、独占许可权人根据前款规定提出请求时,可以请求销毁构成侵害行为的半导体集成电路或者用于侵害行为的物品,以及其他预防侵害的必要行为。

【视为侵害的行为】

第23条　在营业上生产、转让、出租、为转让或者出租的展览、进口专门用于仿冒登记布图设计物品的行为，视为侵害布图设计专有权或者独占许可权。

【对善意人的特别例外】

第24条　在接受半导体集成电路交付（包括组装入半导体集成电路的物品。以下在本条相同）时，不知道半导体集成电路是使用模仿他人布图设计专有权或者独占许可权登记布图设计的布图设计而制造的事实（以下称为“模仿事实”），并且，对不知道没有过失的人（以下称为“善意人”），在营业上转让、出租、为转让或者出租的展览、进口半导体集成电路的行为，不视为侵害布图设计专有权或者独占许可权的行为。

布图设计专有权人或者独占许可权人在善意人知道模仿事实后，在营业上转让、出租、为转让或者出租的展览、进口半导体集成电路的情形，对于使用登记布图设计，可以向此人请求支付相当于通常应当获得的金额。

善意人向布图设计专有权人或者独占许可权人完成前款规定的支付时，视为布图设计专有权人或者独占许可权人已转让半导体集成电路。

第26条和《民法》第719条第1款及第724条的规定，准用于根据第2款规定行使请求权的情形。

【损害额的推定】

第25条　布图设计专有权人、独占许可权人请求因故意或者过失侵害自己布图设计专有权或者独占许可权的人赔偿因其侵害自己已受损害的情形，在此人通过侵害行为获有利益时，其利益额推定为布图设计专有权人或者独占许可权人已受损害额。

布图设计专有权人、独占许可权人可以请求因故意或者过失侵害自己布图设计专有权或者独占许可权的人将相当于使用登记布图设计通常应当获得金额的金钱，作为自己已受损害额作出赔偿。

前款的规定，不妨碍请求超过同款规定金额的损害赔偿。在这种情形，侵害布图设计专有权或者独占许可权的人没有故意或者重大过失时，法院可以酌情决定损害赔偿额。

【文件的提交】

第26条　在侵害布图设计专有权或者独占许可权的诉讼中，为计算侵害行为的损害，法院可以根据当事人的申请，命令当事人提交必要文件。但是，在文件持有人有正当理由拒绝提交时，不在此限。

第三节 补 偿 金

【补偿金】

第27条 对于布图设计，布图设计创作者或者获得其许可的人，在设定登记前在营业上已进行第2条第3款第2项列举行为的情形，在此行为后，对布图设计设定登记前，已知与仿冒布图设计有关的布图设计（以下在本款和第4款成为“仿冒布图设计”）而在营业上利用了仿冒布图设计的人，在布图设计完成设定登记的情形，承担就该利用向布图设计创作者支付相当于通常应当支付金额的补偿金。

如果没有完成布图设计设定登记，则不能行使前款规定的补偿金请求权。

第1款的布图设计已进行设定登记后，根据第9条的规定撤销设定登记时，同款规定的补偿金请求权视为自始未发生。

第23条、前条、《民法》第719条第1款和第724条的规定，准用于行使第1款规定的补偿金请求权的情形。在这种情形，具有请求权的人在布图设计设定登记前已知使用仿冒布图设计的事实和仿冒布图设计人时，民法第724条中有“受害人或者法定代理人知道损害和加害人时”应当换读为“布图设计设定登记日”。

第四章 登 记 机 构

【登记机构的登记】

第28条 经济产业大臣可以根据经济产业省令规定，使获得登记的人（以下称为“登记机构”）基于设定登记、第21条第1款及第2款的登记和第48条第1款规定的请求，开展（以下称为“设定登记事务”）全部或者部分事务。

根据经济产业省令规定，按照拟开展设定登记事务的人的申请，进行根据前款规定的由经济产业大臣实施的登记机构登记（以下称为“机构登记”）。

经济产业大臣进行机构登记后，不能开展登记机构开展的设定登记等事务。

登记机构开展设定登记等事务的情形，就第3条第2款、第4条第2款及第3款、第7条第1款及第3款、第8条、第9条、第21条第3款和第48条第1款规定的适用，这些规定（第48条第1款除外）中有“经济产业大臣”规定为“登记机构”，同款有“向经济产业大臣”规定为“向登记机构”。

【不合格条款】

第29条 符合下列各项之一者，不能获得机构登记：

1. 违反本法或者基于本法的命令的规定，被处罚金以上刑罚，刑罚执行完毕或者决定不执行之日起未满2年的；

2. 根据第37条规定的命令被解任，自解任日起未满2年的；

3. 根据第41条规定，被撤销机构登记，自撤销日起未满2年的；

4. 法人从事业务的负责人中有符合前三项之一的。

【机构登记的标准】

第30条 申请机构登记的人（以下在本款称为“机构登记申请人”）符合下列要件时，经济产业大臣必须进行机构登记。在这种情形，机构登记的必要事项由经济产业省令规定。

1. 符合下列之一的人实施设定登记事务，在每个开展设定登记事务的办公机构，其人数是2人以上：

（1）从基于《学校教育法》（1947年法律第26号）的大学（短期大学除外）或者基于旧《大学令》（1918年敕令第388号）的大学毕业，并从事无形财产权登记业务总计有1年以上经验的人；

（2）从基于学校教育法的短期大学、高等专科学校或者基于旧《专科学校令》（1903年敕令第61号）的专科学校毕业，并从事无形财产权登记业务总计有2年以上经验的人；

（3）具有和（1）及（2）列举的人同等以上知识及经验的人；

（4）从事无形财产权登记业务总计有3年以上经验的人。

2. 机构登记申请人在营业上由创作布图设计、制造半导体集成电路、进口半导体集成电路（装入半导体集成电路物品的除外）的人（以下在本项称为“布图设计创作经营者”）所控制，并不符合下列各项之一：

（1）机构登记申请人是股份公司的情形，布图设计创作经营者是母法人［是指《公司法》（2005年法律第86号）第879条第1款规定的母法人］；

（2）布图设计创作经营者的负责人或者职员（包括过去2年间是布图设计创作经营者的负责人或者职员的人）的比例占据机构登记申请人的负责人

[在按份公司(是指《公司法》第575条第1款规定的按份公司)的情况下,执行业务的成员]超过二分之一;

(3) 机构登记申请人(法人时,具有代表权的负责人)是布图设计创作经营者的负责人或者职员(包括过去2年间曾是布图设计创作经营者的负责人或者职员的)。

机构登记应当在机构登记簿上记载下列事项:

1. 机构登记的年月日及机构登记编号;

2. 获得机构登记的人的姓名或者名称及住所,是法人时代表人的姓名;

3. 获得机构登记的人开展设定登记事务的办公机构所在地。

【机构登记的续展】

第30条之2 在不少于3年而由政令规定的各期间,如果未获得续展,则机构登记由于期限届满而失效。

第28条第2款和前二条的规定,准用于前款机构登记的续展。

【设定登记的实施义务】

第31条 除有正当理由外,被要求应当开展设定登记和第21条第1款及第2款的登记时,登记机构必须不迟延地开展设定登记和同条的登记。

登记机构开展设定登记事务时,必须由第30条第1款第1项规定的人(以下称为"设定登记事务实施人")实施。

【办公机构的变更】

第32条 登记机构拟变更开展设定登记事务的办公机构所在地时,必须在决定拟变更日2周前向经济产业大臣呈报。

【设定登记事务守则】

第33条 登记机构在规定设定登记事务的守则(以下称为"设定登记事务守则"),开始设定登记事务前,必须获得经济产业大臣的认可。拟变更它时,亦相同。

设定登记事务守则应当规定的事项由经济产业省令规定。

经济产业大臣认为,已认可的第1款设定登记事务守则,在公正执行设定登记事务上已变为不适当时,可以命令登记机构应当变更设定登记事务守则。

【设定登记事务的停废】

第34条 如果没有获得经济产业大臣许可,登记机构不得停止或者终止全部或者部分设定登记事务。

【各种财务报表的存放和阅览】

第34条之2 在每个经营年度结束后3个月以内,登记机构必须编制经营年度的财产目录、资产负债表和损益报告书或者收支报告和经营报告书[包括用电磁记录(是指电子方式、磁力方式及其他通过人的知觉不能认识的方式制作的记录,用于电子计算机信息处理的。以下在本条相同)编制它们,或者不编制它们而编制电磁记录的情形,电磁记录。在下款、第35条第2款及第57条称为“各种财务报表”],在办公机构备置存放5年。

在登记机构业务时间内,设定登记申请人及其他利害关系人在任何时候均可以提出下列请求。

但是,在提出第2项或者第4项的请求时,必须支付登记机构规定的费用:

1. 采用书面文件编制各种财务报表时,请求阅览或者誊写书面文件;

2. 请求前项书面文件的誊本或者摘抄本;

3. 采用电磁记录编制各种财务报表时,请求阅览或者誊写根据经济产业省令规定的方法显示记录在电磁记录上的事项;

4. 请求根据经济产业省令规定的电磁方法提供记录在前项电磁记录的事项,或者请求交付记载该事项的书面文件。

【经营计划】

第35条 在每个经营年度开始前(在获得机构登记日所属经营年度,获得机构登记后不迟延地),登记机构必须制定经营年度的经营计划和收支预算,并向经济产业大臣提交。拟变更它时,亦相同。

登记机构在编制完各种财务报表时,必须不迟延地向经济产业大臣提交。

【负责人的选任及解任】

第36条 登记机构选任或者解任了负责人或者设定登记事务实施人时,必须不迟延地向经济产业大臣呈报其主旨。

【解任命令】

第37条 登记机构设定登记事务实施人违反本法、基于本法的命令、设定登记事务守则时,或者关于设定登记事务作出明显不适当行为时,经济产业大臣可以命令登记机构应当解任设定登记事务实施人。

【保密义务】

第38条 登记机构负责人(在非法人登记机构的情况下,获得机构登记的人。在下款、第54条及第55条相同)、职员、曾从事过这些职业的人,不得泄露因设定登记事务知悉的秘密。

关于《刑法》(1907年法律第45号)及其他法律责任的适用,从事设定登记事务的登记机构负责人或者职员视为根据法令从事公务的职员。

【报告和实地检查】

第39条 为施行本法,在必要的限度,经济产业大臣可以使登记机构报告业务或者经营管理的状况,或者指派职员进入登记机构的办公机构检查业务情况、账簿、文件及其他物品,或者询问相关人员。

根据前款规定,职员在进入时必须携带证明其身份的证件,并向相关人员出示。

第1款规定的实地检查权限不得解释为搜查犯罪。

【符合命令】

第40条 经济产业大臣认为登记机构不符合第30条第1款各项之一的,为符合这些规定,可以命令登记机关应当采取必要措施。

【改善命令】

第40条之2 经济产业大臣认为登记机构违反第31条规定时,为确保正确实施其他设定登记事务,认为有必要时,可以命令登记机构应当采取必要措施,开展设定登记事务或者改善设定登记事务实施方法及其他业务方法。

【登记机构的撤销】

第41条 登记机构符合下列各项之一时,经济产业大臣可以撤销登记机构,或者规定期间命令停止全部或者部分设定登记事务:

1. 违反本章规定时;
2. 符合第29条第1项或者第4项时;
3. 不按照获得第33条第1款认可的设定登记事务守则开展设定登记事务时;
4. 无正当理由拒绝根据第34条之2第2项规定的请求时;
5. 违反根据第33条第3款、第37条或者前二条规定的命令时;
6. 通过不正当手段获得机构登记时。

【账簿的记载】

第42条 登记机构必须备置账簿,记载经济产业省令规定的设定登记事务的事项。

前款的账簿必须按照经济产业省令规定保存。

【处分登记机构听证方法的特别例外】

第43条 根据第37条或者第41条规定的处分,必须在听证期内公开进行审理。

根据行政程序法第17条第1款的规定,处分的利害关系人要求参加听证程序时,前款听证的主持人必须许可。

【登记机构所作处分的异议申请】

第44条 对登记机构开展的设定登记事务的处分或者不作为有异议的人,可以根据《行政异议审查法》(1962年法律第160号)向经济产业大臣提出审查请求。

【由经济产业大臣实施设定登记事务】

第45条 登记机构获得第34条许可停止全部或者部分设定登记事务时、根据第41条的规定命令登记机构停止全部或者部分设定登记事务时、登记机构因天灾及其他事由难于实施全部或者部分设定登记事务时,经济产业大臣认为必要的,应当自己开展全部或者部分设定登记事务。

经济产业大臣根据前款规定自己开展全部或者部分设定登记事务时、登记机构获得第34条许可终止全部或者部分设定登记事务时、根据第41条规定经济产业大臣撤销机构登记时,设定登记事务的交接及其他必要事项由经济产业省令规定。

【公示】

第46条 在下列情形,经济产业大臣必须在官报上公示其主旨:

1. 作出机构登记时;

2. 作出根据第32条规定的呈报时;

3. 作出第34条许可时;

4. 根据第41条规定撤销机构登记、命令停止全部或者部分设定登记事务时;

5. 根据前条第1款规定,经济产业大臣决定自己开展全部或者部分设定登记事务时,或者决定自己不再开展曾开展的全部或者部分设定登记事务时。

第五章 其他规定

【侨居国外人士的法院管辖地】

第47条 在日本国内没有住所或者居所(在法人的情况下,办公机构)的人,关于布图设计专有权和布图设计专有权的其他权利,视为以经济产业省所在地为《民事诉讼法》(1996年法律第109号)第5条第4项的财产所在地。

【请求交付和阅览誊本】

第48条 任何人均可以请求经济产业大臣交付布图设计登记簿的誊本或者摘抄本,或者阅览、誊写布图设计登记簿、第3条第2款的申请书及附图以及其他资料(经济产业大臣认为有必要保密的除外)。

《行政机关信息公开法》(1999年法律第42号)的规定,不适用布图设计登记簿、第3条第2款的申请书或者添加的附图及其他资料。

同法第4章的规定,不适用记录在布图设计登记簿、第3条第2款的申请书及附图以及其他资料中的个人保有信息[是指行政机关保有的《个人信息保护法》(2003年法律第58号)第2条第3款规定的个人保有信息]。

【手续费】

第49条 除下款规定的情形外,下列人员必须向国家缴纳考虑成本由政令规定数额的手续费:

1. 拟根据前条第1款规定请求交付布图设计登记簿誊本或者摘抄本的;

2. 拟根据前条第1款规定请求阅览、誊写布图设计登记簿、申请书及附图以及其他资料的。

登记机构在开展设定登记事务的情形,下列人员必须向登记机构缴纳根据政令规定、登记机构获得经济产业大臣认可后规定数额的手续费:

1. 拟获得设定登记的;

2. 拟获得第21条第1款或者第2款登记的;

3. 拟根据前条第1款规定请求交付布图设计簿誊本或者摘抄本的;

4. 根据前条第1款规定,拟请求阅览、誊写布图设计登记簿、申请书及附图及其他资料的。

应当缴纳手续费的人是国家或者《独立行政法人通则法》(1999年法律

第103号)第2条第1款规定的独立行政法人,考虑业务内容及其他情况,由政令规定的,不适用前二款的规定。

根据前二款的规定,登记机构收取的手续费作为登记机构的收入。

第50条 本法规定者外,设定登记和第21条第1款及第2款登记的必要事项由政令规定。

第六章 法律责任

第51条 侵害布图设计专有权或者独占许可权的,处3年以下有期徒刑或者100万日元以下罚金。

前款的罪如果没有自诉则不能提起公诉。

第52条 通过欺诈行为获得设定登记的,处1年以下有期徒刑或者30万日元以下罚金。

第53条 违反第38条第1款规定的,处1年以下有期徒刑或者30万日元以下罚金。

第54条 违反根据第41条规定的停止设定登记事务命令时,作出犯罪行为的登记机构负责人或者职员,处1年以下有期徒刑或者30万日元以下罚金。

第55条 符合下列各项之一时,作出犯罪行为的登记机构负责人或者职员,处30万日元以下罚金:

1. 没有得到第34条的许可终止全部设定登记事务时;

2. 不根据第39条第1款规定进行报告,或者作出虚假报告,或者拒绝、妨碍、逃避根据同款规定的检查,或者对根据同款规定的询问不陈述、作出虚假陈述时;

3. 违反第42条第1款的规定,不备置账簿、在账簿上不记载或者在账簿上进行虚假记载,或者违反同条第2款规定不保存账簿时。

第56条 法人的代表人、法人或者个人的代理人、雇员及其他员工,在法人或者个人的业务中作出违反第51条第1款或者第52条的犯罪行为时,处罚行为人外,对法人或者个人处各条正文的罚金。

第57条 违反第34条之2第1款的规定,未备置存放各种财务报表、在各种财务报表上未记载应当记载的事项、作出虚假记载或者无正当理由拒绝根据同条第2款各项规定请求的人,处20万日元以下罚款。

第十一编　工业产权程序特别例外法

1990 年 6 月 13 日法律第 30 号

最新修改:2011 年 6 月 8 日法律第 63 号

第一章　总　　则

【主旨】

第 1 条　为通过使用电子信息处理装置,促进顺利处理工业产权程序和利用工业产权信息,本法规定《专利法》(1959 年法律第 121 号)、《实用新型法》(1959 年法律第 123 号)、《外观设计法》(1959 年法律第 125 号)、《商标法》(1959 年法律第 127 号)和《根据专利合作条约的国际申请法》(1978 年法律第 30 号。以下称为“国际申请法”)的特别例外。

【定义】

第 2 条　本法所称“电子信息处理装置”,是指用通信线路,将特许厅使用的电子计算机(包括输入输出装置。以下相同)与提出专利申请及其他工业产权程序（以下简称“程序”）的人或者其代理人使用的电子计算机相互连接的电子信息处理装置。但是，在第13条第2款及第3款中，是指用通信线路，将特许厅使用的电子计算机和拟获得提供同条第2款规定信息的人使用的电子计算机，相互连接的电子信息处理装置。

本法所称“专利相关法令”，是指专利法、实用新型法、外观设计法、商标法、国际申请法或者基于本法或者这些法律的命令。

本法所称“审判长”“复审员”“审查员”“书记员”，分别是指专利法（包括实用新型法、外观设计法、商标法、国际申请法中准用的情形）、实用新型法、外观设计法（包括商标法准用的情形）、商标法、国际申请法中规定的审判长、复审员、审查员、书记员。

第二章　由电子信息处理装置完成的程序

【由电子信息处理装置的特殊程序】

第3条　办理程序的人可以根据经济产业省令规定，使用电子信息处理装置，向经济产业大臣、特许厅长、审判长、审查员履行根据专利相关法令规定由经济产业省令规定的程序（以下称为“特殊程序”）。

根据前款规定履行的特殊程序，记录到备置在前条第1款特许厅使用的电子计算机文件夹（第5条第3款和第13条第2款及第3款除外，以下简称“文件夹”）时视为到达特许厅。根据第1款规定已履行的特殊程序作为通过提交书面文件履行的特殊程序，视为通过提交在专利相关法令规定中规定的书面文件而已履行的程序，适用专利相关法令的规定。

【由电子信息处理装置完成的特殊处分】

第4条　经济产业大臣、特许厅长、审判长、审查员、书记员，可以根据经济产业省令规定，使用电子信息处理装置记录根据专利相关法令规定的处分、判定或者审判，以及根据专利相关法令规定决定采用书面文件进行并由经济产业省令规定的其他行为（以下称为“特殊处分”）。

根据前款规定进行的特殊处分，采用文书作出特殊处分，视为采用在专利相关法令规定中规定的文书所履行的程序，适用专利相关法令的规定。

【由电子信息处理装置完成的特定通知】

第5条　经济产业大臣、特许厅长、审判长、审查员，可以根据经济产业省令的规定，使用电子信息处理装置发出根据专利相关法令规定由经济产业省令规定的通知或者命令（以下称为“特定通知”）。但是，根据专利相关法令的规定，决定通过送达文件发出特定通知的情形，特定通知的对方没有表明按照经济产业省令规定的方式接受送达时，不在此限。

在前款但书规定的情形，使用电子信息处理装置办理特定通知的事务时，该事务应为特许厅长指定的职员或者复审书记员办理的事务。

记录到备置在第 2 条第 1 款办理程序的人或者其代理人使用的电子计算机（特许厅使用的除外）文件夹时，视为根据第 1 款的规定发出的特定通知到达特定通知的对方。

根据第 1 款规定发出的特定通知，作为通过送达程序书面文件的副本、处分文书的誊本及其他文件（是指送达或者交送。以下相同）发送的特定通知，视为通过送达在专利相关法令规定中规定的文件而已履行的程序，适用专利相关法令的规定。

第 2 款规定的特许厅长指定的职员或者书记员使用电子信息处理装置办理特定通知事务时，必须根据《专利法》第 190 条（包括《实用新型法》第 55 条第 2 款、《外观设计法》第 68 条第 5 款、《商标法》第 77 条第 5 款准用的情形）准用《民事诉讼法》（1996 年法律第 109 号）第 109 条规定，不制作和提交记载送达事项的书面文件，而使用电子信息处理装置将事项记录到文件夹。

【由电子信息处理装置特殊程序完成的特别例外】

第 6 条 使用电子信息处理装置办理特殊程序的人，因通信线路故障及其他事由不能办理特殊程序的，特许厅长认为有必要时，可以根据经济产业省令规定，不使用电子信息处理装置，而通过提交磁盘（包括通过与之类似方法能够准确记录一定事项并存放的物品。以下相同）办理特殊程序。

第 3 条第 3 款的规定，准用于根据前款规定办理的特殊程序。

根据第 1 款的规定，通过提交磁盘办理特殊程序时，特许厅长必须根据经济产业省令的规定，将在磁盘上记录的事项记录到文件夹。

【通过提交书面文件的程序】

第 7 条 在特殊程序中，通过提交书面文件办理专利申请及经济产业省令规定的其他程序（以下称为“指定特殊程序”）的人，必须自办理程序日起，在经济产业省令规定的期间内，根据经济产业省令规定，要求特许厅长应将在程序书面文件记载的事项记录到磁盘。

在指定特殊程序违反前款规定的方式时，或者有关其程序未缴纳第 40 条第 1 款第 1 项规定的应当缴纳的手续费时，特许厅长可以指定相当期间，命令应当补正该程序。

根据前款规定的命令应当补正程序的人，在根据同款规定指定的期间内没有补正时，特许厅长可以驳回该程序。

【向文件夹记录在书面文件上记载的事项】

第8条 通过提交书面文件办理指定特殊程序及由经济产业省令规定的向经济产业大臣、特许厅长、审判长、审查员的其他程序（以下称为“指定特殊程序”）时，特许厅长必须根据经济产业省令规定，在指定特殊程序的情况下，在文件夹上记录在前条第1款磁盘记载的事项，在其他指定特殊程序的情况下，在文件夹上记录在书面文件中记载的事项。

通过提交书面文件办理的指定特殊程序，根据前款规定记录在文件夹上的事项推定为与在书面文件中记载的事项相同。

特许厅长已知记录在前款文件夹的事项与在同款书面文件中记载的事项不同时，必须立即修改在文件夹记录的事项。

任何人已知在第2款文件夹记录的事项与在同款书面文件中记载的事项不同时，均可向特许厅长申明主旨。

特许厅长在用文书进行特殊处分时，必须根据经济产业省令规定在文件夹中记录在文书中记载的事项。

【注册信息处理机构】

第9条 特许厅长可以指派获得注册的人（以下称为“注册信息处理机构”），根据第6条第3款或者前条第1款规定办理向文件夹的记录、第7条第1款规定办理向磁盘的记录，或者在这些记录中录入（包括为录入的准备工作）、编辑全部或者部分必要信息或者类似它们的处理事务（以下称为“信息处理业务”）。

根据前款规定，决定指派注册信息处理机构办理信息处理业务时，特许厅长不能办理该信息处理业务。

根据第1款规定，在注册信息处理机构根据第7条第1款规定办理向磁盘记录信息的业务的情形，就同款规定的适用，同款中有“向特许厅长”规定为“向注册信息处理机构”。

【记载记录在文件夹事项的文件的送达】

第10条 作为特许厅长、审判长、审查员办理送达程序的书面文件副本或者处分的文书誊本，就专利相关法令规定的适用，有关其程序或者处分，记载到文件夹记录事项的文件，视为该书面文件的副本或者该文书的誊本。

【文件夹记录事项的自由阅览】

第 11 条 特许厅长可以根据经济产业省令的规定，不将按照《商标法》第 18 条第 4 款（包括同法第 68 条第 3 款准用的情形）的规定决定必须供公众自由阅览的文件供公众自由阅览，对于该文件，而将记载了记录在文件夹的事项或者该事项的文件供公众自由阅览。

【阅览在文件夹记录事项的请求】

第 12 条 任何人均可以向特许厅长请求阅览根据经济产业省令规定使用电子信息处理装置办理的下列事项。但是，有关国际申请（是指国际申请法第 2 条规定的国际申请。以下相同）的事项，不在此限：

1. 在文件夹中记录的事项（限于由经济产业省令规定程序的事项）；

2. 《专利法》第 27 条第 1 款的专利登记簿、《实用新型法》第 49 条第 1 款的实用新型登记簿、《外观设计法》第 61 条第 1 款的外观设计登记簿、《商标法》第 71 条第 1 款（包括同法第 68 条之 27 换读适用的情形）的商标注册簿中，由经济产业省令规定的记录在采用磁带（包括通过与之类似方法能够准确记录一定事项并存放的物品。以下相同）制作部分的事项。

任何人均可以请求特许厅长交付记载在文件夹记录事项的文件。但是，国际申请事项，不在此限。

《专利法》第 186 条第 1 款但书及第 2 款（包括《实用新型法》第 55 条第 1 款准用的情形）、《外观设计法》第 63 条第 1 款但书及第 2 款、《商标法》第 72 条第 1 款但书及第 2 款的规定，准用于根据前二款规定的阅览或者交付文件。

《行政机关信息公开法》（1999 年法律第 42 号）的规定，不适用于文件夹。

在文件夹记录的个人保有信息［是指行政机关保有的《个人信息保护法》（2003 年法律第 58 号）第 2 条第 3 款规定的个人保有信息］，不适用同法第 4 章的规定。

【通过磁盘发行公报】

第 13 条 《专利法》第 193 条的专利公报、《实用新型法》第 53 条的实用新型公报、《外观设计法》第 66 条的外观设计公报、《商标法》第 75 条的商标公报（以下在本条称为“专利公报”），可以根据经济产业省令规定采用磁盘发行。

发行专利公报可以通过如下方式进行，即根据经济产业省令规定，使用电子信息处理装置发送将应在专利公报刊登的事项记录到备置在特许厅使用的电子计算机文件夹的信息,并记录在备置在拟获得提供该信息的人使用的电子计算机文件夹。

将应当在专利公报刊登的事项录入到备置在特许厅使用的电子计算机文件夹,能够开始按照拟获得提供在文件夹记录的信息的人的要求,从特许厅使用的电子计算机向在其使用的电子计算机发送信号的状态时,为已按照前款规定方法发行专利公报。

第三章 预缴和转账缴纳

【估算额的预缴】

第 14 条 拟缴纳《专利法》第 107 条第 1 款的专利费或者同法第 112 条第 2 款的增额专利费及其他关于工业产权的注册费或者增额注册费(以下称为“专利费”)或者第 40 条第 1 款、《专利法》第 195 条第 1 款到第 3 款、《实用新型法》第 54 条第 1 款或者第 2 款、《外观设计法》第 67 条第 1 款或者第 2 款、《商标法》第 76 条第 1 款或者第 2 款、《国际申请法》第 8 条第 4 款、第 12 条第 3 款、第 18 条第 1 款或者第 2 款的手续费(限于由经济产业省令规定的程序应当缴纳的。以下在本章相同)的人,根据经济产业省令规定,限于已事先向特许厅长呈报的,可以预缴应当缴纳的专利费或者手续费的估算额(以下简称为“估算额”)。

必须根据经济产业省令的规定,采用特许印花预缴根据前款规定的款项。但是,在经济产业省令规定的情形,可以根据经济产业省令规定采用现金缴纳。

根据第 1 款规定进行呈报(以下称为“预缴呈报”)的人,根据同款规定的预缴或者不提出根据下一条第 1 款、第 2 款规定的申请,期间连续已达 4 年时,预缴呈报失效。

已呈报预缴的人在出现了继承或者合并的情形,有关继受此人根据本章规定的地位,不受第 41 条第 2 款准用《专利法》第 20 条规定的限制,而按照政令的规定。

【按照估算额的缴纳】

第 15 条 根据前条第 1 款规定已预缴的人(以下称为“预缴人”)缴纳专利费或者手续费,根据经济产业省令规定提出申请时,特许厅长从预缴人预缴的估算额(根据本款规定扣除充作缴纳专利费或者手续费数额,或者加算了相当于根据下款规定应当返还额金额时,扣除或者加入后的金额。以下在本条相同)扣除相当于专利费或者手续费数量的金额,将该金额冲抵缴纳专利费或者手续费。但是,预缴人提出预缴呈报失效后,不在此限。

根据前款规定缴纳了专利费或者手续费的人(以下称为“缴纳人”),根据专利相关法令的规定请求返还该专利费或者手续费之际,根据经济产业省令规定提出申请时,特许厅长应当在该缴纳人预缴的估算额中加相当于应当返还额的金额作为返还额。

预缴人预缴的估算额中有剩余时,余额根据预缴人的请求返还。

从收到特许厅长发出的该预缴人提出的预缴呈报失效通知之日起满6个月后,不能根据前款规定请求返还余额。

【转账缴纳】

第15条之2 可以采用现金缴纳专利费或者手续费的情形,拟缴纳专利费或者手续费的人申请(限于使用电子信息处理装置提出的)希望将银行存款、邮政存款付款和已支付金钱将缴纳委托给其有银行账户或者邮政账户的金融机关(在下项及下一条称为“通过转账缴纳”)办理的情形,限于特许厅长认为接受申请有利于收缴专利费或者手续费,可以接受申请。

前项规定外,转账缴纳程序及其他必要事项由经济产业省令规定。

【对代理人的准用】

第16条 前三条的规定,准用于为处理委托事务,缴纳专利费、手续费的人拟通过委托代理的人以自己的名义预缴或者通过转账缴纳。在这种情形,第15条第1款中“已预缴的人”应当换读为“已预缴的代理人,并为本人缴纳专利费或者手续费的人”;同条第2款中“已缴纳的人(以下称为‘缴纳人’)”应当换读为“已缴纳的人(以下称为‘缴纳人’)为本人已缴纳专利费、手续费的代理人的情形,本人”;前条第1项中“从拟缴纳专利费、手续费的人”应当换读为“代理人,并为本人从拟缴纳专利费、手续费的人”。

第四章 注册信息处理机构

第一节 注册信息处理机构

【注册】

第17条 根据经济产业省令规定,根据拟办理信息处理业务的人的申请进行第9条第1款的注册。

【不合格条款】

第 18 条　符合下列各项之一者,不能获得第 9 条第 1 款的注册:

1. 违反专利相关法令的规定,被处罚金以上的刑罚,刑罚执行完毕或者决定不执行之日起未满 2 年的;

2. 根据第 30 条规定被撤销注册,自撤销日起未满 2 年的;

3. 法人的从业负责人中,有符合前二项之一的人的。

【注册标准】

第 19 条　根据第 17 条规定提出注册申请的人(以下在本条称为"信息处理机构注册申请人")符合下列要件时,特许厅长必须进行注册。在这种情形,注册的必要程序由经济产业省令规定:

1. 具有电子计算机和信息处理业务上必要的电子计算机程序(是指为能得到一个结果而已组合的对计算机的指令。在第 37 条第 1 款第 2 项相同);

2. 作为被特定人控制者,信息处理机构注册申请人不符合下列之一的:

(1) 信息处理机构注册申请人是其他股份公司的子公司{是指其他股份公司具有全体股东[在股东大会对可以作出决议的全部事项不能行使表决权的股东除外,包括根据《公司法》(2005 年法律第 86 号)第 879 条第 3 款的规定,被视为具有表决权的股东]半数表决权的股份公司。与第 37 条第 1 款第 3 项第 1 目中相同};

(2) 同一人的负责人或者职员(包括过去 2 年间曾是同一人的负责人或者职员的人)的比例占担任信息处理机构注册申请人负责人比例{在按份公司[是指《公司法》第 575 条第 1 款规定按份公司。在第 37 条第 1 款第 3 项(2)中相同]的情况下,执行业务的成员}超过 1/2。

第 9 条第 1 款的注册,应当在信息处理机构的注册簿上记载下列事项:

1. 注册年月日及注册编号;

2. 获得注册的人的姓名或者名称及住所,是法人时代表人的姓名;

3. 获得注册的人办理信息处理业务办公机构的名称及所在地。

【注册的续展】

第 19 条之 2　第 9 条第 1 款的注册不少于 3 年,在政令规定的每个期间,如果没有获得续展,则因期限届满而失去效力。

前三条规定准用前项的续展注册。

【信息处理业务的实施义务】

第20条 除有正当理由外，特许厅长要求办理信息处理业务时，注册信息处理机构必须不迟延地办理信息处理业务。

【变更的呈报】

第21条 注册信息处理机构拟变更名称或者办理信息处理业务的办公机构时，必须在拟变更日的二周前向特许厅长呈报。

【业务守则】

第22条 注册信息处理机构制定的信息处理业务守则（以下称为“业务守则”），必须获得特许厅长的认可。拟变更它时，亦同。

业务守则应当规定的事项由经济产业省令规定。

特许厅长认为已认可的第1款业务守则在完成公正处理信息业务上已变为不适当时，可以命令注册信息处理机构应当变更业务守则。

【业务的停废】

第23条 如果没有获得特许厅长许可，注册信息处理机构不得停止、终止全部或者部分信息处理业务。

【各种财务报表的存放和阅览】

第24条 在每个经营年度结束后3个月以内，注册信息处理机构必须编制经营年度财产目录、资产负债表、损益计算报告书或者收支计算书和经营报告书[包括用电磁记录制作它们（是指电子方式、磁力方式及其他通过人的知觉不能认识的方式制作的记录，用于通过电子计算机信息处理的。本条以下相同），或者不进行其制作而制作电磁记录的情形，该电磁记录。在下款及第46条称为“各种财务表”]，在营业场所备置存放5年。

在注册信息处理机构的业务时间内，办理了指定特殊程序的人及其他利害关系人在任何时间均可以提出下列请求。但是，提出第2项或者第4项的请求时，必须支付注册信息处理机构规定的费用：

1. 采用书面文件制作各种财务报表时，请求阅览或者誊写书面文件；

2. 请求前项书面文件誊本或者摘抄本；

3. 采用电磁记录制作各种财务报表时，请求阅览或者誊写按照经济产业省令规定方法标示记载在电磁记录的事项；

4. 请求用电磁方法按照经济产业省令的规定提供在前项电磁记录中记录的事项，或者请求交付记载该事项的书面文件。

【负责人的选任和解任】

第25条 注册信息处理机构选任或者解任负责人时,必须不迟延地向特许厅长呈报其主旨。

【保密义务】

第26条 注册信息处理机构的负责人或者职员或者曾担任过这些职位的人,不得泄露或者盗用因信息处理业务知悉的秘密。

关于《刑法》(1907年法律第45号)及其他法律责任的适用,从事信息处理业务的注册信息处理机构负责人或者职员,视为根据法令从事公务的职员。

【报告和实地检查】

第27条 为施行本法,在必要限度,特许厅长可以要求注册信息处理机构报告业务或者经营管理的状况,或者指派职员进入注册信息处理机构的办公机构检查业务状况、账簿、文件及其他物品,或者询问相关人员。

职员根据前款规定进行实地检查时,必须携带证明其身份的证件,并向相关人员出示。

第1款规定的实地检查权限不得解释为搜查犯罪。

【符合命令】

第28条 特许厅长认为注册信息处理机构已变为不适合第19条第1款各项时,为使之符合这些规定,可以命令注册信息处理机构应当采取必要措施。

【改善命令】

第29条 特许厅长认为注册信息处理机构违反第20条的规定时,为确保正确实施其他信息处理业务,有必要的,可以命令注册信息处理机构应当采取必要措施,办理信息处理业务或者改善信息处理业务的实施方法及其他业务方法。

【注册的撤销】

第30条 注册信息处理机构符合下列各项之一时,特许厅长可以撤销注册、规定期间命令停止全部或者部分信息处理业务:

1. 违反本节的规定时;
2. 符合第18条第1项或者第3项时;
3. 没有按照获得第22条第1款认可的业务守则办理信息处理业务时;

4. 违反根据第22条第3款或者前二条规定的命令时；

5. 通过不正当手段获得注册时。

【账簿的记载】

第31条 注册信息处理机构必须备置账簿，记载经济产业省令规定的信息处理业务的事项。

前款的账簿必须根据经济产业省令规定保存。

【听证方法的特别例外】

第32条 根据第30条规定的处分，必须在听证期内公开进行审理。

根据《行政程序法》(1993年法律第88号)第17条第1款的规定，处分的利害关系人要求参加听证程序时，前款听证的主持人必须许可。

【特许厅长的信息处理业务】

第33条 注册信息处理机构获得第23条的许可停止全部或者部分信息处理业务时、根据第30条的规定被命令注册信息处理机构停止全部或者部分信息处理业务时，或者注册信息处理机构因天灾及其他事由难于办理全部或者部分信息处理业务的情形，特许厅长认为有必要时，应当自己办理全部或者部分信息处理业务。

特许厅长根据前款规定自己办理全部或者部分信息处理业务的情形、注册信息处理机构获得第23条许可终止全部或者部分信息处理业务的情形、根据第30条的规定特许厅长撤销注册信息处理机构注册的情形，信息处理业务的交接及其他必要事项由经济产业省令规定。

【公示】

第34条 下列情形，特许厅长必须在官报上公示其主旨：

1. 进行第9条第1款注册时；

2. 有根据第21条规定的呈报时；

3. 作出第23条的许可时；

4. 根据第30条的规定撤销注册或者命令停止全部、部分信息处理业务时；

5. 根据前条第1款的规定，特许厅长决定自己办理全部或者部分信息业务处理时，或者决定自己不再办理曾办理的全部或者部分信息处理业务时。

第35条 本节规定者外，注册信息处理机构办理信息处理业务的必要事项由政令规定。

第二节 注册调查机构

【注册调查机构的注册】

第36条 特许厅长可以指派获得注册的人(以下称为“注册调查机构”),在必要调查范围内,调查专利申请审查中,政令规定与专利申请的发明属于相同技术领域的发明或者设计,以及申请公开时添加在申请书的摘要的记载是否符合《专利法》第36条第7款的规定(以下称为“调查业务”)。

根据经济产业省令规定,在经济产业省令规定的各分类中,依据拟办理调查业务的人的申请进行前款的注册。

【注册的标准】

第37条 根据前条第2款的规定提出注册申请的人(以下在本条称为“调查机构注册申请人”)符合下列要件的情形,特许厅长必须进行注册。在这种情形,注册的必要程序由经济产业省令规定:

1. 符合下列之一的人实施调查业务,其人数在前条第2款的各类中有10人以上:

(1) 从基于《学校教育法》(1947年法律第26号)的大学(短期大学除外)、基于旧大学令(1889年敕令第338号)的大学毕业,具有4年以上从事科学技术事务[包括研究。在(2)相同]的经验,并学完独立行政法人工业产权信息和进修馆举行的培训的人;

(2) 从基于学校教育法的短期大学或者高等专门学校、基于旧专科学校令(1903年敕令第61号)专科学校毕业,具有6年以上从事科学技术事务的经验,并学完(1)的培训的人;

(3) 与(1)及(2)列举者具有同等以上的知识和经验的人。

2. 在电子计算机和调查业务方面具有必要的计算机程序;

3. 作为被特定人控制的,调查机构注册申请人不符合下列之一的:

(1) 调查机构注册申请人是其他股份公司的子公司;

(2) 同一人的负责人或者职员(包括过去2年间同一人的负责人或者职员者)的比例占调查机构注册申请人负责人比例(在按份公司的情况下,执行业务的成员)超过1/2。

在调查机构注册簿上记载下列事项后,进行前条第2款的注册:

1. 注册年月日和注册编号;

2. 获得注册的人的姓名或者名称及住所,是法人时代表人的姓名;

3．获得注册的人办理调查业务的种类；

4．获得注册的人办理调查业务的办公机构名称及所在地。

【调查业务的实施义务】

第38条　除有正当理由外，特许厅长要求应当开展调查业务时，注册调查机构必须不迟延地开展调查业务。

在办理调查业务时，注册调查机构必须指派前条第1款第1项规定的人（以下称为“调查业务实施人”）办理。

【准用】

第39条　注册调查机构准用第18条、第19条之2、第21条到第32条、第34条（第5项除外）、第35条的规定。在这种情形，第18条中的“专利相关法令”应当换读为“专利法、实用新型法、本法或者基于这些法律的命令”；第19条之2第2款中的“前三条”应当换读为“第36条第2款、第37条和第39条准用第18条”；第21条、第22条第1款及第3款、第23条、第26条、第29条、第30条、第31条第1款、第34条、第35条中的“信息处理业务”应当换读为“调查业务”；第24条第2款中的“办理指定特殊程序的人”应当换读为“专利申请人”；第25条中的“负责人”应当换读为“负责人或者调查业务实施人”；第28条中的“第19条第1款各项”应当换读为“第37条第1款各项”。

第三节　指定注册调查机构

【现有技术调查业务】

第39条之2　注册调查机构可以从特许厅长处获得特别注册，按照专利申请人及其他人的要求，调查政令规定的与专利申请发明属于相同技术领域的发明或者设计，并根据经济产业省令规定，向其交付记载结果的调查报告（以下称为“现有技术调查业务”）。

【手续费的特别例外】

第39条之3　对专利申请提出请求审查申请的人，出示获得前条注册的人（以下称为“指定注册调查机构”）交付的同条调查报告而提出请求时，特许厅长可以根据政令规定，按照《专利法》第195条第2款的规定减少应当缴纳的请求审查申请的手续费。

【注册】

第39条之4 根据经济产业省令规定,在经济产业省令规定的各分类中,按照拟办理现有技术调查业务的人的申请进行第39条之2的注册。

【注册的标准】

第39条之5 根据前条规定提出注册申请的人,就与申请有关的分类已获得注册调查机构注册时,特许厅长必须进行第39条之2的注册。在这种情形,同条注册的必要程序由经济产业省令规定。

在指定注册调查机构注册簿上记载下列事项后进行第39条之2的注册:

1. 注册年月日及注册编号;
2. 获得注册的人的姓名或者名称及住所,是法人时代表人的姓名;
3. 获得注册的人办理现有技术调查业务的种类;
4. 获得注册的人办理现有技术调查业务的办公机构名称及所在地。

【现有技术调查业务的实施义务】

第39条之6 除有正当理由的情形外,被要求应当办理现有技术调查业务时,指定注册调查机构必须不迟延地办理现有技术调查业务。

指定注册调查机构办理现有技术调查业务时,必须指派调查业务实施人实施。

【现有技术调查业务守则】

第39条之7 指定注册调查机构制定的现有技术调查业务守则(以下称为"现有技术调查业务守则")后,开始现有技术调查业务前,必须向特许厅长呈报。拟变更它时,亦相同。

现有技术调查业务守则规定的事项由经济产业省令规定。

【终止业务的呈报】

第39条之8 指定注册调查机构拟停止、终止全部或者部分现有技术调查业务时,必须根据经济产业省令规定事先向特许厅长呈报其主旨。

【注册的撤销】

第39条之9 指定注册调查机构获得第39条之2注册的分类,根据第39条准用第30条的规定撤销注册调查机构的注册时,特许厅长必须撤销第39条之2的注册。

指定注册调查机构符合下列各项之一时,特许厅长可以撤销第39条之2

的注册,或者规定期间命令停止全部或者部分现有技术调查业务:

1. 违反本节的规定时;

2. 符合在第 39 条之 11 准用第 18 条第 3 项时;

3. 违反根据在第 39 条之 11 准用第 29 条规定的命令时;

4. 通过不正当手段获得第 39 条之 2 注册时。

【公示】

第 39 条之 10 在下列情形,特许厅长必须在官报上公示其主旨:

1. 已进行第 39 条之 2 的注册时;

2. 有根据第 39 条之 8 的规定或者第 39 条之 11 准用第 21 条规定的呈报时;

3. 根据前条第 1 款或者第 2 款的规定撤销第 39 条之 2 的注册、根据同款规定命令停止全部或者部分现有技术调查业务时。

【准用】

第 39 条之 11 指定注册调查机构,准用第 18 条(第 1 项除外)、第 19 条之 2、第 21 条、第 27 条、第 29 条、第 31 条、第 32 条和第 35 条的规定。在这种情形,第 18 条第 3 款中的“前二项之一”应当换读为“前项”;第 19 条之 2 第 2 款中的“前三条”应当换读为“第 39 条之 4、第 39 条之 5、在第 39 条之 11 准用第 18 条(第 1 项除外)”;第 21 条、第 29 条、第 31 条第 1 款、第 35 条中的“信息处理业务”应当换读为“现有技术调查业务”。

第五章 其他规定

【手续费】

第 40 条 除由政令规定的情形外,下列人员必须缴纳考虑成本由政令规定数额的手续费:

1. 根据第 7 条第 1 款的规定要求在磁盘上记录的人;

2. 根据第 12 条第 1 款的规定请求阅览同款第 1 项列举事项的人;

3. 根据第 12 条第 1 款的规定请求阅览同款第 2 项列举事项的人;

4. 根据第 12 条第 2 款的规定请求交付文件的人。

要求注册信息处理机构记录到磁盘的人缴纳的前款手续费,为注册信息处理机构的收入。

应当缴纳手续费的人是国家时,不适用第 1 款的规定。但是,要求注册信息处理机构向磁盘记录的情形,不在此限。

专利权、实用新型权、外观设计权、商标权或者获得专利注册、实用新型注册、外观设计注册的权利、根据商标注册申请产生的权利或者基于防御商标注册的权利(以下在本款称为“权利”),是国家和国家以外的人共有时,并规定有持有额的情形,国家和国家以外的人有关自己的权利根据第1款第1项的规定应当缴纳的手续费(限于政令规定者),不受第1款规定限制,国家以外的人必须缴纳以同款规定手续费金额乘以其持有额比例所得数额的金额。但是,要求注册信息处理机构向磁盘记录的情形,不在此限。

根据前款规定算出的手续费金额中,有不满10日元的尾数时,舍去尾数。

除缴纳给注册信息处理机构外,根据第1款规定的手续费,必须根据经济产业省令规定用特许印花缴纳。但是,在经济产业省令规定的情形,可以根据经济产业省令的规定,采用现金缴纳。

根据第1款规定缴纳给国家的手续费,准用《专利法》第195条第11款及第12款的规定。

【《专利法》的准用】

第41条 《专利法》第3条的规定,准用于有关本法或者基于本法的命令规定的程序期间。

《专利法》第7条、第8条、第11条到第14条、第16条、第17条第3款(第3项除外)及第4款、第18条第1款、第18条之2到第21条、第26条的规定,准用于本法或者基于本法的命令的规定程序。

《专利法》第184条之2的规定,准用于第7条第3款或者根据前款准用《专利法》第18条第1款规定的处分撤销之诉。

《专利法》第195条之3的规定,准用于根据本法规定的处分(根据第4章规定的处分除外)。

是本法或者基于本法的命令规定的程序,有关专利、实用新型注册、外观设计、商标注册或者防御商标注册的期间,根据《专利法》第24条(包括《实用新型法》第2条之5第2款、《外观设计法》第68条第2款、《商标法》第77条第2款或者同法附则第27条第2款准用的情形)的规定,在程序中断或者中止时停止,在程序期间开始时开始。

【行政程序中使用信息通信技术法律的除外适用】

第42条 根据专利相关法令规定的程序[是指行政程序中使用《信息通

信技术法》(2002 年法律第 151 号)第 2 条第 10 项规定的程序],不适用同法第 3 条到第 6 条的规定。

第六章 法律责任

第 43 条 违反第 26 条第 1 款(包括第 39 条准用的情形)规定者,处 1 年以下有期徒刑或者 50 万日元以下罚金。

第 44 条 违反根据第 30 条(包括第 39 条准用的情形)规定的停止信息处理业务或者调查业务命令、第 39 条之 9 第 2 款规定的停止现有技术调查业务命令时,实施犯罪行为的注册信息处理机构、注册调查机构或者指定注册调查机构的负责人或者职员,处 1 年以下有期徒刑或者 50 万日元以下罚金。

第 45 条 符合下列各项之一时,实施犯罪行为的注册信息处理机构、注册调查机构或者指定注册调查机构的负责人或者职员,处 20 万日元以下罚金:

1. 没有获得第 23 条(包括第 39 条准用的情形)的许可,终止全部信息处理业务或者调查业务时;
2. 不根据第 27 条第 1 款(包括第 39 条或者第 39 条之 11 准用的情形)规定进行报告、进行虚假报告,或者拒绝、妨碍、逃避根据同款规定的检查,或者对根据同款规定的询问不陈述或者作出虚假陈述时;
3. 违反第 31 条第 1 款(包括第 39 条或者第 39 条之 11 准用的情形)规定,没有备置账簿、在账簿上不记载或者在账簿上进行虚假记载、违反第 31 条第 2 款(包括第 39 条、第 39 条之 11 准用的情形)的规定未保存账簿时;
4. 不根据第 39 条之 8 规定进行呈报或者进行虚假呈报时。

第 46 条 违反第 24 条第 1 款(包括第 39 条准用的情形)的规定,不备置存放各种财务报表、在各种财务报表上不记载应当记载的事项或者作出虚假记载、无正当理由拒绝根据第 24 条第 2 款各项(包括第 39 条准用的情形)规定请求的,处 20 万日元以下罚款。

第十二编　种　苗　法

1998年5月29日法律第83号

最新修改:2011年6月24日法律第74号

第一章　总　　则

【目的】

第1条　本法的目的是,为保护新品种,通过规定品种注册制度、规制指定种苗标示等,振兴品种培育,合理流通种苗,并且推动农林水产业的发展。

【定义】

第2条　本法所称“农林水产植物”,是指为生产农产品、林产品、水产品栽培的种子植物、羊齿类、苔藓类、多细胞藻类及由政令规定的其他植物;所称“植物体”指农林水产植物的个体。

本法所称“品种”,是指通过重要形态性状的全部或者部分生物学特性(以下简称“特性”),能与其他植物体群体区分,并且,能保持其特性进行繁殖的一个植物体群体。

本法所称“种苗”,是指将全部或者部分植物体用于繁殖用的植物体。

本法所称“加工品”，是指政令规定的从使用种苗得到的收获物直接生产的加工品。

在本法中，所称品种“使用”，是指下列行为：

1. 生产、选育、许诺转让、转让、出口、进口，或者以实施这些行为的目的保管品种种苗的；

2. 生产、许诺转让或者出租、转让、出租、出口、进口，或者以实施这些行为的目的保管通过使用品种种苗可得到的收获物的（限于品种权人或者独占许可权人对前项列举行为没有行使权利的适当机会的情形）；

3. 生产、许诺转让或者出租、转让、出租、出口、进口，或者以实施这些行为的目的保管品种加工品的（限于品种权人或者独占许可权人对前二项列举行为没有行使权利的适当机会的情形）。

本法所称“指定种苗”，是指种苗（用于林业的树木种苗除外）中，种子、孢子、茎、根、苗、树苗、穗木、砧木、种菌，以及其他在政令规定范围内为容易进行品质识别在销售时有必要标示一定事项而由农林水产大臣指定者；所称“种苗业者”，是指以销售指定种苗为业的人。农林水产大臣在听取农业生产资料审议会的意见后，就农林水产植物，在农林水产省令规定的各分类中，规定第2款的重要性状并予公示。

第二章 品种注册制度

第一节 品种注册和品种注册申请

【品种注册的要件】

第3条 完成培育具备下列要件品种（是指固定或者审定人为变异或者自然变异的特性。以下相同）的人或者其继受人（以下称为“培育人”），对其品种可以获得注册（以下称为“品种注册”）：

1. 品种注册申请前，通过日本国内或者外国公知的全部或者部分其他品种和特性能明确区分的；

2. 属于相同繁殖阶段，全部植物体在全部特性方面十分类似的；

3. 反复繁殖后全部特性不发生变化。

品种注册申请或者相当于向外国的品种注册申请，在对申请的品种同意保护培育品种的情形，其品种视为在申请时符合已公知的品种。

第4条 品种注册申请的品种(以下称为“申请品种”)名称符合下列各项之一的情形,不能获得品种注册:

1. 一件申请品种不是一个时;

2. 与申请品种种苗的注册商标或者该种苗类似商品的注册商标相同或者近似时;

3. 与申请品种的种苗或者该种苗类似商品的服务的注册商标相同或者类似时;

4. 有可能误认申请品种,或者有可能混同识别(前2项列举的情形除外)时。

申请品种的种苗或者收获物,在日本国内自品种注册申请日起回溯到1年前,在外国自品种注册申请日起回溯到4年(作为多年生植物,在属于农林水产省令规定的农林水产植物种类品种的情况下,6年)前,在营业上分别转让的情形,不能获得品种注册。但是,转让是为进行实验或者研究的情形,或者违反培育人意愿的情形,不在此限。

【品种注册申请】

第5条 拟获得品种注册的人,必须根据农林产业省令规定,向农林产业大臣提交记载下列事项的申请书:

1. 申请人的姓名或者名称及住所或者居所;

2. 申请品种属于农林水产植物的种类;

3. 申请品种的名称;

4. 完成申请品种培育的人的姓名及住所或者居所;

5. 农林水产省令规定的其他事项。

前款的申请书,必须根据农林水产省令的规定,添加记载农林水产省令规定事项的说明书和申请品种的植物体照片。

培育人有二人以上时,必须他们共同提出品种注册申请。

【申请费】

第6条 在每件不超过4.72万日元的范围内,申请人必须缴纳由农林水产省令规定额的申请费。

申请人是国家[包括《独立行政法人通则法》(1999年法律第103号)第2条第1款规定的独立行政法人中开展品种培育业务而由政令规定者。在下款、第45条第2款及第3款和第54条第2款相同]时,不适用前款的规定。

国家或者国家以外的人共同提出品种注册申请的情形,并且对通过品种注册产生的品种权规定有持有额时，第1款的申请费不受同款规定的限制，国家以外的人必须缴纳同款农林水产省令规定的申请费数额乘其持有额比例得到的金额。

根据前款规定算出的申请费金额中，有不满10日元的尾数时，舍去尾数。

【申请人的变更】

第7条 申请人可以变更。

除继承及其他一般继受的外，如果不根据农林水产省令规定呈报给农林水产大臣，则变更申请人不发生效力。

根据继承及其他一般继受变更了申请人后，一般继受人必须不迟延地根据农林水产省令规定向农林水产大臣呈报其主旨。

【职务培育品种】

第8条 员工、执行法人业务的负责人、国家或者地方政府的公务员（以下称为“员工”）完成培育的品种，其培育在性质上属于雇主、法人、国家或者地方政府（以下称为“雇主”）的业务范围，并且，培育行为属于员工职务的品种（以下称为“职务培育品种”）的除外，事先规定雇主提出品种注册申请、将员工提出的申请品种注册的申请人变更为雇主、员工获得品种注册时使雇主继受品种权或者为雇主设定独占许可权的，其合同、职务守则及其他规定的条款无效。

根据合同、职务守则及其他规定，有关职务培育品种，在雇主提出品种注册申请时、将员工提出的申请品种注册的申请人变更为雇主时、员工获得品种注册的情形使雇主继受品种权或者为雇主设定独占许可权时，员工可以请求雇主支付考虑由职务培育品种雇主应当获得的利益额以及对进行职务培育品种雇主的贡献程度而确定的对价。

员工或者其他继受人就职务培育品种获得品种注册时，雇主或者一般继受人对品种权具有普通许可权。

【申请在先】

第9条 相同品种或者通过特性不能明确区分的品种有2个以上的品种注册申请时，限于最先的申请人可以获得品种注册。

品种注册申请被撤回或者被驳回时，就前款规定的适用，其品种注册申请视为自始未发生。

就第1款规定的适用，非培育人提出的品种注册申请不视为品种注册申请。

【外国人享有的权利】

第10条 在日本国内没有住所和居所(在法人的情况下,办公机构)的外国人,除符合下列各项之一的情形外,不能享有品种权及其他有关品种权的权利:

1. 其所属国家或者其有住所或者居所(在法人的情况下,办公机构)的国家,是签订1961年12月2日制定,1972年11月10日、1978年10月23日、1991年3月19日在日内瓦修改的《保护植物新品种国际公约》的国家(以下称为"缔约国")或者缔结该条约的政府间机构(以下称为"政府间机构")的成员国(以下称为"缔约国")的情形;

2. 其所属国家或者其有住所或者居所(在法人的情况下,办公机构)的国家是签订1961年12月2日制定,1972年11月10日、1978年10月23日在日内瓦修改的《保护植物新品种国际公约》的国家[包括根据该条约第34条(2)的规定,在日本国和此国的关系方面,决定适用该条约的国家。以下称为"同盟国"],并且,对此人的申请品种同意保护品种培育(前项列举的情形除外)的情形;

3. 其所属国家是根据和该国国民相同的条件同意保护日本国民品种培育的国家(包括以日本国同意此国国民享有品种权和其他有关品种权权利作为条件,同意保护日本国民的国家),并且,对此人的申请品种同意保护品种培育的情形(前二项列举的情形除外)。

【优先权】

第11条 下列各项列举人员符合各项规定的情形,在申请时可以根据农林水产省令规定主张优先权:

1. 向缔约国、政府间机构、同盟国提出相当于品种注册申请的申请(以下统称为"缔约国申请")的人或者其继受人[限于属于日本国民、缔约国或者同盟国的人,或者在日本、缔约国或者同盟国有住所或者居所(在法人的情况下,办公机构)的人],在缔约国申请中,自最先提出申请日(以下称为"缔约国申请日")的次日起1年以内,就在缔约国申请的品种提出品种注册申请的情形;

2. 前条第3项规定的国家,同意日本国民根据和日本相同条件主张优先权的(缔约国和同盟国除外。以下称为"特定国"),提出相当于品种注册申请(以下称为"特定国申请")的人或者其继受人(限于属于日本国民或者特定国的人)，在特定国申请中，自最先提出申请(在属于特定国的人的情况下，该特定国申请)日(以下称为“特定国申请日”)的次日起在1年以内，就特定国申请的品种提出品种注册申请的情形。

申请人根据前款规定主张优先权的情形，对于相同品种、通过特性不能和缔约国申请日或者特定国家申请日起至提出品种注册申请日间完成的该申请品种区分的品种，品种注册申请、公开、转让及其他行为，不成为妨碍对该品种注册申请进行品种注册的事由。

【品种注册申请的补正】

第12条 下列情形，农林水产大臣可以指定相当期间，命令应当补正品种注册申请：

1. 品种注册申请违反本法或者基于本法的命令规定的形式时；
2. 申请人没有根据第6条第1款的规定缴纳应当缴纳的申请费时。

根据前款规定，被命令应当补正品种注册申请的人在根据同款规定的指定期间内未进行补正时，农林水产大臣可以驳回品种注册申请。

第二节 申请公告

【申请公告】

第13条 农林水产大臣在受理了品种注册申请时(根据前条第1款规定命令应当补正品种注册申请的情形，已补正时)，必须不迟延地公示下列事项，公告品种注册申请：

1. 品种注册申请编号及年月日；
2. 申请人姓名或者名称及住所或者居所；
3. 申请品种属于农林水产植物种类；
4. 申请品种名称；
5. 申请公告的年月日；
6. 其他必要事项。

申请公告后，在放弃、撤回、驳回品种注册申请时，或者拒绝品种注册申请时，农林水产大臣必须公示其主旨。

【申请公告的效果】

第14条 申请公告后，申请人出示记载申请品种内容的书面文件进行了警告时，在其警告后品种注册前，根据特性不能明确与该申请品种区别的品种,或者在该申请品种已进行品种注册的情形,对于在营业上使用符合第20条第2款各项品种的人,在其申请品种获得品种注册的情形,对于其使用可以请求支付相当于应当获得数额的补偿金。即使在没有进行警告的情形,对于知道是申请公开的申请品种(包括通过特性不能和该申请品种明确区分的品种,及在该申请品种已进行品种注册的情形符合同款各项的品种。以下在本条相同)而在品种注册前在营业上使用申请品种的人,相同。

如果品种没有注册,则不能根据前款规定行使请求权。

行使根据第1款规定的请求权,不妨碍行使品种权。

申请公开后,放弃、撤回、驳回品种注册申请时,拒绝品种注册申请时,根据第49条第1款第1项或者第4项的规定撤销品种注册时,以有基于《行政异议审查法》(1962年法律第160号)的异议申请作为理由撤销品种注册的决定生效时,撤销品种注册时,确认无效的判决生效时,根据第1款规定的请求权视为自始未发生。

第36条到第38条、第40条到第43条、《民法》(1896年法律第89号)第719条和第724条的规定,准用于根据第1款规定行使请求权的情形。在这种情形,具有请求权的人在品种注册前已知使用申请注册品种的事实及使用人时,同条中"受害人或者法定代理人已知损害和加害人时"应当换读为"品种注册日"。

第三节 审　　查

【申请品种的审查】

第15条　为审查申请品种,农林水产大臣可以命令申请人提交全部或者部分必要申请品种植物体及其他资料。

在审查申请品种时,农林水产大臣应当指派其职员进行实地调查或者使独立行政法人种苗管理中心(以下称为"种苗管理中心")进行栽培试验。但是,在申请品种的审查上认为不必要的情形,不在此限。

农林水产大臣可以把根据前款规定的现场调查委托给认为适当的相关行政机关、学校及其他人。

实施栽培试验的项目、试验方法和第2款栽培试验的其他必要事项由农林水产省令规定。种苗管理中心得到农林水产大臣的同意,可以将根据第2款规定的栽培试验委托给认为适当的相关行政机关、学校及其他人。

为确保正确实施第2款的栽培试验业务,农林水产大臣认为有必要时,可以向种苗管理中心发布必要命令。

【变更名称的命令】

第16条 申请品种的名称符合第4条第1项各项之一时,农林水产大臣可以指定相当期间,命令申请人应当将申请品种的名称变更为不符合同款各项的名称。

在申请公告后,农林水产大臣根据前款规定变更了名称时,必须公示其主旨。

【拒绝品种注册申请】

第17条 品种注册申请符合下列各项之一时,农林水产大臣必须通过文书拒绝品种注册申请:

1. 根据第3条第1款、第4条第2款、第5条第3款、第9条第1款、第10条的规定,申请品种不能进行品种注册时;

2. 申请人无正当理由不遵照根据第15条第1款规定的命令、拒绝根据同条第2款规定的实地检查或者不遵照根据前条第1款规定的命令时。

农林水产大臣在根据前款规定拟拒绝品种注册申请时,必须将拒绝理由通知申请人,指定相当期间,给予提交意见书的机会。

【品种注册】

第18条 除根据前条第1款规定拒绝外,农林水产大臣对品种注册申请必须进行品种注册。

品种注册应当在品种注册簿上记载下列事项:

1. 品种注册编号及年月日;

2. 品种所属农林水产植物的种类;

3. 品种名称;

4. 品种特性;

5. 品种权保护期;

6. 获得品种注册的人的姓名或者名称及住所或者居所;

7. 农林水产省令规定的其他事项。

农林水产大臣在根据第1款规定完成品种注册时,必须将主旨通知获得品种注册的人,同时,公示农林水产省令规定的事项。

第四节 品 种 权

【品种权的产生及保护期】

第19条 品种权根据品种注册产生。

品种权的保护期从品种注册日起25年(第4条第2款规定品种的情况下,30年)终止。

【品种权的效力】

第20条 品种权人专有在营业上使用获得品种注册的品种(以下称为"注册品种")和根据特性不能与注册品种明显区分品种的权利。但是,对品种权设定独占许可权时,在独占许可权人专有使用这些品种权利的范围,不在此限。

在与该注册品种有关的下列品种已进行品种注册的情形,注册品种的品种权人和这些品种培育人对该品种享有同等权利。在这种情形,准用前款但书的规定。

1. 通过选择变异体、混合杂交、转基因及农林水产省令规定的其他方法,保持注册品种主要特性改变部分特性培育成功,并且,能够通过特性和注册品种明确区分的品种;

2. 为繁殖其品种,需要经常将注册品种植物体杂交的品种。

注册品种是根据前款第1项农林水产省令规定的方法,保持非注册品种的主要特性改变部分特性而培育的品种,就同款和下一条第2款规定的适用,前款中的"在下列"规定为"在第2项",同条第2款中的"前条第2款各项"规定为"前条第2款第2项"。

【品种权效力不及的范围】

第21条 品种权效力不及于下列行为:

1. 为培育新品种及其他实验或者研究使用品种;

2. 对培育注册品种(包括根据特性和注册品种不能明显区分的品种。以下在本款相同)的方法具有专利权的人或者对专利具有独占许可权、普通许可权的人,通过专利方法生产注册品种的种苗,或者改良、许诺转让、转让、出口、进口种苗,或者以实施这些行为的目的保管种苗的;

3. 前项的专利权消灭后,根据同项专利方法生产注册品种的种苗,或者改良、许诺转让、转让、出口、进口,或者以实施这些行为的目的保管种苗的;

4. 生产、许诺转让或者出租、转让、出租、出口、进口通过使用前二项种苗能得到的收获物,或者以实施这些行为的目的保管的;

5. 生产、许诺转让或者出租、转让、出租、出口、进口前项收获物的加工品,或者以实施这些行为的目的保管的。

政令规定的农业经营者使用品种权人、独占许可权人、普通许可权人首次转让的注册品种、根据特性不能和注册品种明显区分的品种、与注册品种有关的前条第2款各项列举品种(以下统称为"注册品种")的种苗得到的收获物,自己在农业经营中将收获物再作为种苗使用的情形,品种权的效力不及于再使用的种苗、使用它得到的收获物和收获物的加工品。但是,在合同中作出特别规定时,不在此限。

使用属于农林水产省令规定的进行营养繁殖植物品种种苗的情形,不适用前款的规定。

通过品种权人、独占许可权人、普通许可权人的行为或者第1款各项列举的行为,转让注册品种的种苗、收获物、加工物时,注册品种品种权效力不及于使用已转让的种苗、收获物、加工品。但是,就生产注册品种种苗的行为、对注册品种向不同意保护品种培育国家出口种苗的行为和不是以最终消费为目的向该国出口收获物的行为,不在此限。

【使用名称的义务】

第22条 以注册品种(包括曾是注册品种的品种。以下在本条相同)的种苗为业许诺转让或者转让的情形,必须使用注册品种的名称(根据第48条第2款的规定变更名称的情形,变更后的名称)。

注册品种作为属于农林水产植物的种类或者与之农林水产植物类似的种类,符合农林水产省令规定的,却以非注册品种的种苗为业许诺转让或者转让的情形,不得使用注册品种的名称。

【共有品种权】

第23条 共有品种权时,如果没有得到其他共有人同意,则各共有人不能转让持有额或者以持有额为标的设定质权。

共有品种权时,除在合同中作出特别规定外,没有得到其他共有人同意,各共有人可以使用注册品种。

共有品种权时,如果没有得到其他共有人同意,各共有人不能对品种权设定独占许可权或者许可他人普通许可权。

【法人解散的情形品种权的消灭】

第24条 在下列情形品种权消灭：

1. 品种权人是法人而法人解散的情形，根据《一般社团法人和一般财团法人法》(2006年法律第48号)第239条第3款及其他与之类似法律规定，品种权应当归属于国库的；

2. 品种权人是个人而个人死亡的情形，根据《民法》第959条的规定，品种权应当归属国库的。

【独占许可权】

第25条 品种权人可以对品种权设定独占许可权。

独占许可权人在设定行为规定的范围内，专有在营业上使用注册品种的权利。

独占许可权限于与使用品种经营同时进行的情形、在得到品种权人许可的情形、继承及其他一般继受的情形，可以转移。

限于得到品种权人许可的情形，独占许可权人可以对独占许可权设定质权或者许可他人普通许可权。

第23条的规定，准用于独占许可权。

【普通许可权】

第26条 品种权人可以对品种权许可他人普通许可权。

普通许可权人根据本法的规定或者在设定行为规定的范围内，有在营业上使用注册品种的权利。

【因先培育的普通许可权】

第27条 先培育了根据相同品种或者特性不能和该注册品种明显区别品种的人，对注册品种的品种权具有普通许可权。

【裁定】

第28条 注册品种连续2年以上在日本国内没有适当进行使用时，或者为公共利益有特殊需要使用注册品种时，拟在营业上使用的人可以要求注册品种的品种权人或者独占许可权人，协商许可注册品种普通许可权。

前款协商不成立或者不能协商时，同款规定的人可以申请农林水产大臣的裁定。

根据前款规定申请后，农林水产大臣必须将主旨书面通知与申请有关的品种权人或者独占许可权人及其他对注册品种具有注册权利的人，指定相当期间，给予发表意见的机会。

除因公共利益有特殊需要的情形外，有正当理由没有适当使用注册品种的情形，对于使用注册品种，农林水产大臣不得作出应当设定普通许可权的裁定。

农林水产大臣拟作出第2款的裁定时，必须听取农业生产资料审查会的意见。

在应当设定普通许可权的裁定中，必须规定应当设定的普通许可权范围和对价及支付方法。

农林水产大臣在作出了第2款的裁定时，必须将主旨通知当事人、对注册品种具有注册权利的非当事人。

根据前款规定，通知了当事人第6款规定的裁定后，根据裁定视为当事人间协商成立。

【普通许可权的转移】

第29条 除根据前条第2款裁定的普通许可权外，限于与使用品种经营同时进行的情形、得到品种权人（独占许可权在普通许可权的情况下，品种权人和独占许可权人。在下款相同）许可的情形、继承及其他一般继受的情形，可以转移普通许可权。

除根据前条第2款裁定的普通许可权外，限于得到品种权人许可的情形，普通许可权人可以对普通许可权设定质权。

限于与使用品种经营同时进行的情形，可以转移根据前条第2款裁定的普通许可权。

第23条第1款和第2款的规定，准用于普通许可权。

【质权】

第30条 以品种权、独占许可权、普通许可权为标的设定质权时，除在合同中作出特别规定的情形外，质权人不能使用注册品种。

以品种权、独占许可权、普通许可权为标的的质权，可以对品种权、独占许可权、普通许可权的对价或者注册品种的使用行使，也可以对品种权人、独占许可权人应当获得的金钱或者其他物品行使。但是，在支付或者交付前必须予以冻结。

【品种权的放弃】

第31条 有独占许可权人、质权人或者根据第8条第3款、第25条第4款、第26条第1款规定的普通许可权人时，限于得到他们许可的情形，品种权人可以放弃品种权。

有质权人或者根据第25条第4款规定的普通许可权人时，限于得到他们许可的情形，独占许可权人可以放弃独占许可权。

有质权人时，限于得到其许可的情形，普通许可权人可以放弃普通许可权。

【注册的效果】

第32条 下列事项如果不注册则不发生效力：

1. 品种权的转移（根据继承及其他一般继受的除外）、因放弃的消灭或者处分的限制；

2. 独占许可权的设定、转移（根据继承及其他一般继受的除外）、变更、消灭（因混同或者品种权消灭的除外）或者处分的限制；

3. 以品种权或者独占许可权为标的，质权的设定、转移（根据继承及其他一般继受的除外）、变更、消灭（因混同或者担保债权消灭的除外）或者处分的限制。

前款各项的继承及其他一般继受的情形，必须根据农林水产省令规定，不迟延地向农林水产大臣呈报其主旨。

普通许可权完成注册时，对在其后取得的品种权、独占许可权或者品种权的独占许可权人发生效力。

根据第8条第3款或者第27条规定的普通许可权，不注册仍具有前款的效力。

普通许可权的转移、变更、消灭或者处分的限制，或者以普通许可权为标的质权的设定、转移、变更、消灭或者处分的限制，如果不注册则不能对抗第三人。

第五节 权利侵害

【停止请求权】

第33条 品种权人、独占许可权人可以请求侵害或者有可能侵害自己品种权或者独占许可权的人停止侵害或者预防侵害。

品种权人、独占许可权人根据前款规定提出请求时，可以请求销毁构成侵害行为的种苗、收获物、加工品或者用于侵害行为的物品，以及其他预防侵害的必要行为。

【损害额的推定】

第34条 品种权人、独占许可权人请求因故意或者过失侵害自己品种权或者独占许可权的人赔偿因其侵害自己已受损害的情形,在此人转让构成侵害行为的种苗、收获物、加工品时,可以将此人转让的种苗、收获物、加工品数量(以下在本款称为"转让数量"),乘以如果没有其侵害行为则品种权人或者独占许可权人已售种苗、收获物、加工品每单位数量利益额得到的金额,在不超过符合品种权人或者独占许可权人使用能力的数额限度,作为品种权人或者独占许可权人已受损害额。但是,有相当于品种权人或者独占许可权人不能销售的全部或者部分转让数量的情况时,扣除符合相当于该情况数量的金额。

品种权人、独占许可权人请求因故意或者过失侵害自己品种权或者独占许可权的人赔偿因其侵害自己已受损害的情形,在此人通过侵害行为获得利益时,其利益额推定为品种权人或者独占许可权人已受损害额。

品种权人、独占许可权人可以请求因故意或者过失侵害自己品种权或者独占许可权的人,将相当于使用注册品种应当所得金额作为自己已受损害额予以赔偿。

前款的规定,不妨碍请求超过同款规定金额的损害赔偿。在这种情形,侵害品种权或者独占许可权的人没有故意或者重大过失时,法院可以酌情决定损害赔偿额。

【过失推定】

第35条 侵害他人品种权或者独占许可权的人,推定对其侵害行为有过失。

【具体情况的明示义务】

第36条 侵害品种权或者独占许可权的诉讼中,品种权人或者独占许可权人否认作为构成侵害行为而主张的种苗、收获物、加工品的具体情况时,对方必须证明自己行为的具体情况。但是,对方有正当理由不能证明时,不在此限。

【文件的提交】

第37条 在侵害品种权或者独占许可权的诉讼中,为证明侵害行为或者计算侵害行为的损害,法院可以根据当事人的申请,命令当事人提交必要文件。但是,文件持有人有正当理由拒绝提交时,不在此限。

为判断是否有前款但书规定的正当理由,法院认为有必要时,可以要求文件持有人出示文件。在这种情形,任何人均不能要求公开已出示的文件。

在前款的情形,有关是否有第1款但书规定的正当理由,法院认为需要公开前款后段文件听取意见时,可以向当事人[是指当事人(在法人时,其代表人)、当事人的代理人(诉讼代理人、辅佐人除外)、雇员及其他员工。以下相同]、诉讼代理人、辅佐人公开文件。

前三款的规定,准用于侵害品种权或者独占许可权的诉讼中,为证明侵害行为就必要查验目的的出示。

【为计算损害的鉴定】

第38条 侵害品种权或者独占许可权的诉讼中,法院根据当事人的申请,为计算侵害行为的损害,命令鉴定必要事项时,当事人必须向鉴定人说明有关鉴定的必要事项。

【相当损害额的认定】

第39条 侵害品种权或者独占许可权的诉讼中,在被认为产生了损害的情形,为证明损害额举证必要事实,但该事实在性质上是极端难以证明时,法院可以基于开庭审理的全部主旨和调查证据的结果认定相当损害额。

【保密命令】

第40条 侵害品种权或者独占许可权的诉讼中,当事人保有的商业秘密[是指《反不正当竞争法》(1993年法律第47号)第2条第6款规定的商业秘密。以下相同]符合下列各项事由,在释明后,法院可以根据当事人的申请,用决定命令当事人、诉讼代理人、辅佐人不得以非后续诉讼目的使用商业秘密,或者向收到根据本款规定命令的人以外的人公开商业秘密。但是,在其申请前,当事人、诉讼代理人、辅佐人通过阅读第1项规定的准备文书、同项规定的证据调查或者公开以外的方法取得、保有商业秘密的情形,不在此限:

1. 已提交或者应当提交的准备文书中记载了当事人保有的商业秘密,或者已取证或者应当取证的证据(包括根据第37条第3款规定公开的文件或者根据第43条第4款规定公开的书面文件)内容中包括当事人保有的商业秘密;

2. 为防止以后续诉讼目的以外的目的使用前项的商业秘密或者公开商业秘密有可能给基于商业秘密的当事人的经营活动造成障碍,需要限制使用或者公开商业秘密。

申请根据前款规定的命令(以下称为“保密命令”),必须用记载下列事项的书面文件提出：

1. 应当接受保密命令的人；
2. 满足确定应成为保密命令对象的商业秘密的事实；
3. 符合前款各项列举事由的事实。

在发布了保密命令时，必须向接受保密命令的人送达决定书。

保密命令自决定书送达时起对接受保密命令的人发生效力。

对于驳回保密命令申请的裁判，可以立即提起上诉。

【保密命令的撤销】

第 41 条 申请保密命令的人或者接受保密命令的人，可以以缺少前条第 1 款规定的要件或者已变为缺少它为理由，向保存诉讼记录的法院（在没有保存诉讼记录的法院的情况下，发出保密命令的法院）申请撤销保密命令。

撤销保密命令的申请已作出裁定的情形，必须向提出申请的人和对方送达决定书。

对于撤销保密命令申请的裁判，可以立即提起上诉。

撤销保密命令的裁判，如果没有生效则不发生效力。

法院作出撤销保密命令裁判的情形，有申请撤销保密命令的人时或者向对方以外的人发出了保密命令的诉讼中，有接受商业秘密保密命令的人时，必须立即将撤销保密命令裁判的主旨通知此人。

【请求阅览诉讼记录的通知】

第 42 条 发布了保密命令诉讼（撤销全部保密命令的诉讼除外）的诉讼记录，在有了《民事诉讼法》（1996 年法律第 109 号）第 92 条第 1 款决定的情形，当事人请求阅览同款规定的秘密记载，并且，履行了请求程序的人不是在诉讼中接受保密命令的人时，在请求后，法院书记员必须立即将请求主旨通知提出同款申请的当事人（提出请求的人除外。在第 3 款相同）。

在前款的情形，法院书记员自同款请求日起到满 2 周前（此日前向履行了请求程序的人提出了保密命令申请的情况下，有关其申请到裁判生效的期间），不得使履行了请求程序的人阅览同款记载的秘密。

使提出第 1 款请求的人阅览同款记载的秘密，在有提出《民事诉讼法》第 92 条第 1 款申请的全体当事人同意时，不适用前二款的规定。

【停止公开询问当事人】

第 43 条 侵害品种权人、独占许可人诉讼中的当事人，对于是判断是否构成侵害的基础事项并属于当事人保有的商业秘密的，在作为当事人本人、法定代理人、证人接受讯问的情形，法院全体法官一致认为，基于该商业秘密，由当事人等在公开法庭陈述该事项显然对当事人的经营活动产生显著障碍，所以，不能充分陈述该事项，并且，应当以该事项为判断的基础，因缺乏其陈述而仅根据其他证据不能正确裁判是否侵害品种权、独占许可权时，可以决定不公开询问该事项。

法院在作出前款决定时，必须事前听取当事人的意见。

在前款的情形，法院认为有必要时，可以使当事人出示记载应当陈述事项要领的书面文件。在这种情形，任何人均不能要求公开已出示的书面文件。

法院认为有必要公开前款后段的书面文件听取其意见时，可以向当事人、诉讼代理人或者辅佐人公开书面文件。

法院根据第1款规定不公开询问事项时，在使公众退庭前，必须同时宣告其主旨和理由。在询问事项结束后，必须再次使公众入庭。

【信用恢复措施】

第44条 法院可以根据品种权人或者独占许可权人的请求，命令因故意或者过失侵害品种权或者独占许可权而导致侵害品种权人或者独占许可权人业务信用的人，不赔偿损害或者与赔偿损害同时，采取必要措施恢复品种权人或者独占许可权人营业信用。

第六节 品种注册的维持和撤销

【注册费】

第45条 第19条第2款规定的保护期届满前，品种权人每年必须缴纳每件3万6千日元内并由农林水产省令具体规定数额的注册费。

品种权人是国家时，不适用前款规定。

国家和国家以外的人共有品种权并规定有持有额时，第1款的注册费不受同款规定限制，国家以外的人必须缴纳其持有额比例乘以同款农林水产省令规定的注册费数额所得到的金额。

根据前款规定算出的注册费金额中，有不满10日元的尾数时，舍去尾数。

根据第1款规定的第1年注册费，必须自根据第18条第3款规定的公示日起在30日以内缴纳。

根据第1款规定的第2年以后每年的注册费，必须提前1年缴纳。

在前款规定的期间内未能缴纳注册费时,即使期限届满后,在期限届满后6个月以内,也可以补缴注册费。

根据前款规定补缴注册费的品种权人,缴纳根据第1款规定应当缴纳的注册费外,还必须缴纳和注册费等额的增额注册费。

【利害关系人缴纳注册费】

第46条 即使违反品种权人的意愿,利害关系人也可以缴纳注册费。

根据前款规定缴纳了注册费的利害关系人,可以在品种权人实际获得利益的限度请求偿还其费用。

【注册品种的调查】

第47条 农林水产大臣认为有必要调查是否保持注册品种特性时,可以命令品种权人、独占许可权人提交注册品种植物全部或者部分资料及其他资料。

在前款规定的情形,农林水产大臣应当指派其职员进行实地调查或者指定种苗管理中心进行栽培试验。

第15条第3款到第6款的规定,准用于前款的实地调查或者栽培试验。

【注册品种名称的变更】

第48条 农林水产大臣在判明注册品种名称符合第4条第1款第2项到第4项之一时,可以根据利害关系人的申请或者用职权指定相当期间,命令品种权人应当提交注册品种不符合同款各项的名称。

农林水产大臣在根据前款规定提出不符合第4条第1款各项的名称时,必须在品种注册簿记载,并将注册品种名称变更为提交的名称。

农林水产大臣在根据前款规定变更注册品种的名称时,必须将主旨通知注册品种品种权人,同时进行公示。

【注册品种的撤销】

第49条 下列情形,农林水产大臣必须撤销品种注册:

1. 判明违反第3条第1款、第4条第2款、第5条第3款、第9条第1款、第10条的规定而进行注册品种注册时;

2. 进行品种注册后,判明注册品种变为不具备第3条第1款第2项或者第3项列举的要件时;

3. 进行品种注册后,品种权人变为根据第10条规定不能享有品种权的人时;

4. 在第45条第5款规定的期间内没有缴纳第1年的注册费时;

5. 在第 45 条第 7 款规定的期间内没有缴纳注册费和增额注册费时；

6. 根据第47 条第1 款的规定被命令提交资料的人无正当理由不遵守命令时；

7. 根据前条第1 款的规定被命令提交注册品种名称的人无正当理由不遵守命令时。

必须在提前合理期间通知品种注册品种权的独占许可权人及其他具有注册权利的人后，举行根据前款第1 项到第3 项、第6 项或者第7 项规定的撤销品种注册的听证。

根据《行政程序法》（1993 年法律第88 号）第17 条第1 款的规定，前款规定的人要求参加听证程序时，前款听证的主持人必须许可。

根据第1 款规定撤销品种注册时品种权消灭。但是，下列各项列举的情形，品种权视为溯及到各项规定时消灭：

1. 符合第1 款第1 项或者第4 项的情形，品种注册时；

2. 符合第1 款第3 项的情形，符合同项时；

3. 符合第1 款第5 项的情形，满第45 条第6 款规定期间时。

农林水产大臣根据第1 款规定撤销品种注册时，必须将主旨通知注册品种品种权人，同时进行公示。

根据第1 款第4 项或者第5 项规定撤销品种注册，不适用《行政程序法》第3 章（第12 条和第14 条除外）的规定。

第七节 其他规定

【侨居国外人士的审判管辖地】

第50 条 在日本国内没有住所及居所（在法人的情况下，办公机构）的人，就品种权和其他有关品种权的权利，视为以农林水产省所在地为《民事诉讼法》第5 条第4 项的财产所在地。

【品种注册异议申请的特殊规定】

第51 条 品种注册异议申请，不适用《行政异议审查法》第45 条的规定，并且，不受同法第48 条规定的限制，不准用同法第14 条第3 款的规定。

必须在提前合理期间通知品种注册的品种权人、独占许可权人及其他具有注册权利的人后，就品种注册，基于《行政异议审查法》开展异议申请的审理。

根据前款规定收到通知的人要求参加异议申请时，农林水产大臣必须许可。

【向品种注册簿的注册】

第52条 下列事项登记到备置在农林水产省的品种注册簿：

1. 品种权的设定、转移、消灭或者处分的限制；

2. 独占许可权或者普通许可权的设定、保持、转移、变更、消灭或者处分的限制；

3. 以品种权、独占许可权、普通许可权为标的，质权的设定、转移、变更、消灭或者处分的限制。

本法规定者外，品种注册和品种注册簿的必要事项由农林水产省令规定。

【证明的请求】

第53条 任何人均可根据农林水产省令规定，向农林水产大臣提出下列请求：

1. 请求证明品种注册申请和注册品种；

2. 请求交付品种注册簿的誊本或者摘抄本；

3. 请求阅览、誊写品种注册簿、第5条第1款申请书或者添加的照片及其他资料（农林水产大臣认为有必要保密的除外）。

品种注册簿、第5条第1款的申请书或者添加的照片及其他资料（在下款称为“品种注册簿”），不适用《行政机关信息公开法》（1999年法律第42号）的规定。

在品种注册簿上记录的个人保有信息［是指行政机关保有的《个人信息保护法》（2003年法律第58号）第2条第3款规定的个人保有信息］，不适用同法第4章的规定。

【手续费】

第54条 根据前条第1款规定提出请求的人，必须缴纳考虑成本由农林水产省令规定数额的手续费。

根据同款规定应当缴纳手续费的人是国家时，不适用前款规定。

【品种注册标志】

第55条 以转让注册品种种苗为业的人，必须根据农林水产省令规定，努力在其转让的注册品种种苗或者品种包装上附着种苗是注册品种的标志（以下称为“品种注册标志”）。

【虚假标示的禁止】

第56条 任何人均不得作出下列行为：

1. 在非授权品种的品种种苗或者种苗包装上附着品种注册标志或者与之混淆标志的行为；

2. 不是授权品种的品种种苗，却在种苗或者种苗的包装上附着品种注册标志或者与之混同的标志，转让或者为转让而展览的行为；

3. 为转让不是授权品种的品种种苗，在广告上标示其种苗与品种注册有关或者作出与之混淆标示的行为。

【条约的效力】

第57条 条约中对新品种保护有特别规定时，按照其规定。

第三章 指定种苗

【种苗业者的呈报】

第58条 种苗业者必须根据农林水产省令规定向农林水产大臣呈报下列事项。但是，由农林水产省令规定的种苗业者，不在此限：

1. 姓名或者名称及住所；

2. 处理的指定种苗的种类；

3. 由农林水产省令规定的其他事项。

前款事项中产生了变更时，也和同款相同。

新开始营业的情形，必须在开始后2周以内根据前二款的规定进行呈报；第1款事项作出了变更的情形，必须在变更后2周以内根据前二款的规定进行呈报。

【指定种苗的标示】

第59条 如果不在包装上标示下列事项或者添加标示该事项的票证，则不得销售指定种苗。但是，用公告及其他易于看见的方法在指定种苗上标示第1项到第4项及第6项列举事项的情形，或者非种苗业者销售的情形，不在此限：

1. 标示的种苗业者姓名或者名称及住所；

2. 种类和品种（嫁接树苗的情况下，幼苗和砧木的种类和品种）；

3. 生产地；

4. 种子采种的年月或者有效期及发芽率；

5. 数量；

6. 农林水产省令规定的其他事项。

前款第3项列举的生产地标志，在国内产的情况下必须标示出生产地所属都道府县名，在外国产的情况下必须标示出生产地所属国名。

农林水产大臣认为购买者在选择适合自然条件、经济条件的品种种苗时，为识别适合品种栽培地、用途及其他栽培上或者使用上的特征需要标示，就指定种苗为此识别应当标示事项及其他标示事项，应当制定发布种苗业者应当遵守的标准。

种苗业者不遵守根据前款规定的标准时，农林水产大臣可以劝告此人应当遵守标准。

【指定种苗的命令】

第60条 农林水产大臣可以命令违反前条第1款及第2款规定的种苗业者，标示同条第1款各项列举的事项或者应当变更事项的标志，或者禁止销售违反规定的指定种苗。

收到根据前条第4款规定劝告的种苗业者不遵守劝告时，农林水产大臣可以限定期间，命令种苗业者应当遵守同条第3款的标准。

【指定种苗的生产标准】

第61条 农林水产大臣认为，为确保优良品质指定种苗的流通而有特殊需要时，应规定并公布以指定种苗生产为业的人和种苗业者应当遵守的指定种苗生产、选育、保管、包装标准。

以生产指定种苗为业的人或者种苗业者不遵守根据前款规定的标准时，农林水产大臣可以劝告他们应当遵守标准。

以生产指定种苗为业的人或者种苗业者不遵守前款劝告时，农林水产大臣可以公开其主旨。

【指定种苗的采集】

第62条 为了检查，农林水产大臣可以指派其职员从种苗业者处采集必要数量的指定种苗。但是，必须按照当时价格支付对价。

在前款的情形，种苗业者要求时，职员必须出示证明其身份的证件。

【种苗管理中心或者家畜改良中心采集指定种苗】

第63条 农林水产大臣认为有必要时，可以根据农林水产省令规定的种类，指派种苗管理中心或者独立行政法人家畜改良中心（以下称为“家畜改良中心”）从种苗业者处采集为检查所需数量的指定种苗。但是，必须按照当时价格支付对价。

根据前款规定指派种苗管理中心或者家畜改良中心采集时，农林水产大臣应当向种苗管理中心或者家畜改良中心指示标示采集的日期、场所及其他必要事项，并应当实施标示。

种苗管理中心或者家畜改良中心按照前款的指示进行第 1 款的采集时，必须根据农林水产省令规定，向农林水产大臣报告根据同款规定得到的检查结果。

在第 1 款的情形，种苗业者提出要求时，根据同款规定进行采集的种苗管理中心或者家畜改良中心的职员必须出示证明其身份的证件。

【对种苗管理中心或者家畜改良中心的命令】

第 64 条 为确保正确实施前条第 1 款采集业务，农林水产大臣认为有必要时，可以向种苗管理中心或者家畜改良中心发布必要命令。

【报告的征收】

第 65 条 为实施本法，在必要限度，农林水产大臣可以命令种苗业者对其业务作出必要报告，或者命令提交账簿及其他文件。

【都道府县办理的事务】

第 66 条 第 59 条第 4 款、第 60 条、第 61 条第 2 款及第 3 款、第 62 条、前条规定的属于农林水产大臣权限的事务，可以根据政令规定由都道府县知事办理。

本章规定的农林水产大臣的权限，可以根据农林水产省令的规定，部分委任给地方农业局长。

第四章 法律责任

【侵害罪】

第 67 条 侵害品种权或者独占许可权的人，处 10 年以下有期徒刑或者 1000 万日元以下罚金，或者并处之。

【欺诈行为罪】

第 68 条 通过欺诈行为获得品种注册的人，处 3 年以下有期徒刑或者 300 万日元以下罚金。

【虚假标示罪】

第69条 违反第56条规定的人,处3年以下有期徒刑或者300万日元以下罚金。

【违反保密命令罪】

第70条 违反保密命令的人,处5年以下有期徒刑或者500万日元以下罚金,或者并处之。

前款的罪如果没有自诉,则不能提起公诉;

第1款的罪对在日本国外犯同款罪的人也适用。

【销售虚假标示指定种苗罪】

第71条 符合下列各项之一的人,处50万日元以下罚金:

1. 销售虚假标示根据第59条第1款及第2款规定应当标示事项的指定种苗的人;

2. 违反根据第60条第1款或者第2款规定的处分,销售指定种苗的人。

【虚假呈报罪】

第72条 符合下列各项之一的人,处30万日元以下罚金:

1. 不根据第58条的规定进行呈报或者进行虚假呈报的;

2. 无正当理由拒绝、妨碍、逃避第62条第1款或者第63条第1款采集的;

3. 不根据第65条的规定提交报告或者文件、提交虚假报告或者虚假文件的。

【两罚规定】

第73条 法人的代表人、法人或者个人的代理人、雇员及其他员工,在法人或者个人的业务中作出下列各项列举规定的犯罪行为,处罚行为人外,对法人处各项规定的罚金,对个人处各条正文的罚金。

1. 第67条或者第70条第1款,3亿日元以下罚金;

2. 第68条或者第69条,1亿日元以下罚金;

3. 第71条或者前条第1项或者第3项,各条正文的罚金。

在前款的情形,对行为人提起的第70条第2款的自诉对法人或者个人发生效力;对法人或者个人提起的自诉对行为人发生效力。

根据第1款的规定,对第67条、第70条第1款的犯罪行为处法人或者个人罚金的情形,时效期间按照这些罪规定的时效期间。

【违反命令的罚款】

第74条 违反根据第15条第6款(包括第47条第3款准用的情形)或者第64条规定命令的情形,对作出违法行为的种苗管理中心或者家畜改良中心的负责人,处20万日元以下罚款。

【违反名称使用义务的罚款】

第75条 违反第22条规定的人,处10万日元以下罚款。

第十三编　知识产权代理人法

1999 年 4 月 20 日法律第 49 号

最新修改:2014 年 5 月 14 日法律第 36 号

第一章　总　　则

【知识产权代理人的使命】

第 1 条　知识产权代理人的使命是作为知识财产[是指《知识财产基本法》(2002 年法律第 122 号)第 2 条第 1 款规定的知识财产。以下在本条相同]专家,在促进适当保护和利用知识产权(是指同条第 2 款规定的知识产权)及适当运用知识财产其他制度方面作出贡献,以有利于经济和产业发展。

【定义】

第2条 本法中所称“外观设计的国际注册申请”，是指《外观设计法》（1959年法律第125号）第60条之3第2款规定的国际注册申请。

本法所称“商标国际申请”，是指《根据专利合作条约的国际申请法》（1978年法律第30号）第2条规定的国际申请。

本法所称“国际注册申请”，是指《商标法》（1959年法律第127号）第68条之2第1款规定的国际注册申请。

本法所称“布图设计”，是指《半导体集成电路布图设计法》（1985年法律第43号）第2条第2款规定的布图设计。

本法所称“特定不正当竞争”，是指《反不正当竞争法》（1993年法律第47号）第2条第1款规定的不正当竞争、并限于同款第1项到第9项和第12项到第15项列举者[在同款第4项到第9项列举的情况下，限于技术上的秘密（是指作为秘密管理的生产方法及其他经营活动中有用的尚未公知的技术信息。以下相同）；在同款第13项列举的情况下，限于与商标有关的；在同款第14项列举的情况下，限于与专利、实用新型、外观设计、商标、集成电路有关的权利，或者就技术上的秘密与虚假事实有关的]。

本法所称“特定侵害诉讼”，是指侵害专利、实用新型、外观设计、商标、布图设计权利的诉讼，或者通过特定不正当竞争侵害营业利益的诉讼。

本法所称“专利业务法人”，是指以有组织地开展第4条第1款的业务为目的，根据本法的规定由知识产权代理人共同设立的法人。

【职责】

第3条 知识产权代理人必须经常保持品位，精通与业务有关的法令和实务，公正诚实地开展业务。

【业务】

第4条 知识产权代理人的业务，是按照他人要求，代理关于专利、实用新型、外观设计、商标或者国际申请、外观设计有关的国际注册申请或商标有关的国际注册申请在特许厅的程序，关于专利、实用新型、外观设计、商标的异议申请，或者关于裁定与经济产业大臣的程序，鉴定上述程序的事项以及开展其他事务。

除前款规定业务外，知识产权代理人可以按照他人要求办理下列业务：

1. 关于《关税法》（1954年法律第61号）第69条之3第1款和第69条之12第1款规定的认定手续，代理与海关关长的手续；关于根据同法第69

条之4第1款和第69条之13第1款规定的申请和提出了申请的人以及拟出口、进口与该申请有关货物的人提出的申请,代理与海关关长或者财务大臣的手续。

2. 关于专利、实用新型、外观设计、商标、集成电路、特定不正当竞争案件或者作品[是指《著作权法》(1970年法律第48号)第2条第1款第1项规定的作品。以下在本项相同]权利案件的诉外纠纷解决程序[《促进利用诉外纠纷解决程序法》(2004年法律第151号)第1条规定的诉外纠纷解决程序。本项以下相同],作为被认为能公正合理办理前述案件的诉外纠纷解决程序业务的团体,代理开展经济产业大臣指定的案件。

3. 对前2项列举事务提供咨询。

前2款规定的业务外,知识产权代理人可以用知识产权代理人的名义,按照他人的要求,在营业上开展下列业务。但是,在其他法律中限制其开展的事务,不在此限:

(1) 代理缔结或者中介关于专利、实用新型、外观设计、商标、集成电路布图设计、作品的权利或者技术秘密方面的买卖合同、普通许可权许可的合同及其他合同,或者回答有关它们的咨询;

(2) 给外国行政机关或者与之类似机构,制作专利、实用新型、外观设计或者商标权利有关程序[限于在日本国内有住所或者居所(法人时,营业所)的人开展]的资料,开展其他事务;

(3) 回答关于保护专利、技术设计、外观设计、商标(是有关它们权利的程序,正在特许厅审查者除外)、集成电路布图设计(已向经济产业大臣提交的有关集成电路布图设计使用权设定注册申请除外)或者经营活动中有用的技术方面信息(已作为秘密管理者除外)的咨询。

第5条 知识产权代理人作为协助人可以和当事人或者诉讼代理人同时到庭,在法院陈述或者询问专利、实用新型、外观设计、商标、国际申请、外观设计有关的国际注册申请或者商标有关的国际注册申请、布图设计、特定不正当竞争等事项。

前款的陈述及询问视为当事人或者诉讼代理人自己完成。但是,当事人或者诉讼代理人立即撤销或者更正同款的陈述时,不在此限。

第6条 《专利法》(1959年法律第121号)第178条第1款、《实用新型法》(1959年法律第123号)第47条第1款、《外观设计法》第59条第1款、《商标法》第63条第1款规定的诉讼,知识产权代理人可以担任诉讼代理人。

第6条之2 知识产权代理人在第15条之2第1款规定的特定侵害诉讼代理业务考试中合格，并且，根据第27条之3第1款的规定获得签注时，限于律师从相同委托人处接受委托的案件，可以担任特定侵害诉讼的诉讼代理人。

根据前款规定担任诉讼代理人的知识产权代理人在期日出庭时，必须和律师同时出庭。

不受前款规定限制，法院认为适当时，知识产权代理人可以单独出庭。

【资格】

第7条 符合下列各项之一者，学完第16条之2第1款实务学习课程，有知识产权代理人的资格：

1. 在知识产权代理人考试中合格者；

2. 有律师资格者；

3. 在特许厅作为复审员或者审查员，从事复审或者审查事务的期间总计7年以上者。

【不合格事由】

第8条 符合下列各项之一者，不受前条规定限制，不具有担任知识产权代理人的资格：

1. 被处有期徒刑以上刑罚者；

2. 除符合前项者外，犯第78条到第81条或者第81条之3之罪、《专利法》第196条到第198条或者第200条之罪、《实用新型法》第56条到第58条或者第60条之罪、《外观设计法》第69条到第71条或者第73条之罪，或者《商标法》第78条到第80条或者同法附则第28条之罪，被处罚金，刑罚执行完毕或者决定不执行之日起未满5年者；

3. 除符合前二项者外，犯《关税法》第108条之4第2款（限于同法第69条之2第1款第3项及第4项部分。以下在本项相同）、第3款（限于同法第108条之4第2款部分）、第5款（限于同法第69条之2第1款第3项及第4项部分）或者第109条第2款（限于同法第69条之11第1款第9项及第10项部分。以下在本项相同）、第3款（限于同法第109条第2款部分）、第5款（限于同法第69条之11第1款第9项及第10项部分）或者第112条第1款（限于同法第108条之4第2款及第109条第2款部分）之罪、《著作权法》第119条到第122条之罪、《半导体集成电路布图设计法》第51条第1款或者第52条之罪、《反不正当竞争法》第21条第1款或者第2款第1项到第5项或

者第7项(同法第18条第1款的部分除外)之罪,被处罚金,刑罚执行完毕或者决定不执行之日起未满3年者;

4. 因公务员受到惩戒免职处分,自处分日未满3年者;

5. 根据第23条第1款规定受到撤销注册处分,自处分之日起未满3年者;

6. 根据第32条规定受到禁止业务处分,自处分之日起未满3年者;

7. 根据《律师法》(1949年法律第205号)或者《外国律师处理法律事务特别措施法》(1986年法律第66号)、《注册会计师法》(1948年法律第103号)、《税务代理人法》(1951年法律第237号)规定的惩戒处分,在受到从律师协会除名、注销注册会计师注册、税务代理人禁止业务的处分的人中,自这些处分之日起未满3年者;

8. 根据第32条规定受到停业处分,在停业期间内被注销注册未满期者;

9. 未成年人、禁治产人或者准禁治产人;

10. 破产人尚未恢复权利的。

第二章 知识产权代理人考试

【考试的目的和方法】

第9条 知识产权代理人考试的目的是判定拟担任知识产权代理人的人是否具有必要学识及其应用能力。考试根据下一条的规定进行笔试和口试。笔试分为简答题(包括单项选择,以下相同)和论述题。

【考试的内容】

第10条 简答考试考核下列科目:

1. 专利、实用新型、外观设计、商标(以下在本条及第11条第4项及第5项中称"工业产权")的法令;

2. 工业产权条约;

3. 经济产业省令规定的开展知识产权代理人业务的必要法令。

简答题考试合格的人,论文考试考核下列科目:

1. 工业产权法令;

2. 经济产业省令规定的技术或者法律科目中由应试人事先选择的一个科目。

笔试考试合格的人,进行工业产权法令口试。

【考试的免除】

第 11 条 符合下列各项之一者，根据其申请分别免除各项列举的考试：

1. 简答考试合格的人，自公布简答考试考试合格日起计算到满 2 年前举行的简答考试；

2. 在论文考试中，对前条第 2 款第 1 项列举的科目取得审议会等（是指《国家行政组织法》（1948 年法律第 120 号）第 8 条规定的机构。以下称为“审议会”）认为符合政令规定成绩的人，自公布论文考试合格日起计算到满 2 年前，对该科目举行的论文考试；

3. 在论文考试中，对前条第 2 款第 2 项列举的科目取得审议会认为符合成绩的人，其后对该科目举行的论文考试；

4. 修完基于《学校教育法》（1947 年法律第 26 号）研究生院课程的人，在大学取得经济产业省令规定的工业产权科目学分的，自修完课程日起计算到满两年前举行的前条第 1 款第 1 项及第 2 项列举科目的简答考试；

5. 在特许厅从事复审或者审查事务期间总计 5 年以上的人，对工业产权法令和条约举行的考试；

6. 前条第 2 款第 2 项的应试人选择的科目，作为与在笔试中合格的人具有同等以上学识而由经济产业省令规定的人，对该科目举行的论文考试。

【考试的执行】

第 12 条 知识产权代理人考试由审议会举行。

知识产权代理人考试每年举行一次以上。

【合格证书】

第 13 条 授予知识产权代理人考试合格的人考试合格证书。

【合格的撤销】

第 14 条 对于通过不正当手段参加或者拟参加知识产权代理人考试的人，审议会可以撤销合格决定或者禁止参加考试。

审议会可以根据实际情况，规定根据前款受到处分的人，3 年以内不能参加知识产权代理人考试。

【考试手续费】

第 15 条 拟参加知识产权代理人考试的人，必须缴纳考虑成本由政令规定数额的考试手续费。

未参加考试的情形，不返还根据前款规定缴纳的考试手续费。

【特定侵害诉讼代理业务考试】

第15条之2 知识产权代理人为担任特定侵害诉讼的诉讼代理人，学完经济产业省令规定的必要知识及实务能力时，为判断其是否具有该知识及实务能力，通过论文形式笔试方法举行特定侵害诉讼代理业务考试。

第12条到第15条的规定，准用于特定侵害诉讼代理业务考试。

【考试的细目】

第16条 除本法规定者外，知识产权代理人考试和特定侵害诉讼代理业务考试的必要事项由经济产业省令规定。

第二章之二 实务学习

【实务学习】

第16条之2 为使拟担任知识产权代理人的人掌握必要技能和高级专业应用能力，经济产业大臣对第7条各项列举者举办实务学习。

实务学习应当按照下列要求进行：

1. 每年举行一次以上；

2. 学习知识产权代理人业务法令及实务；

3. 实务学习的主讲人和领导人是知识产权代理人，并有7年以上从事实务的经验。

【指定学习机构的指定】

第16条之3 经济产业大臣可以使指定的人（以下称为“指定学习机构”）开展讲解、练习及其他实务学习的事务（经济产业省令规定的除外。以下称为“实务学习事务”）。

根据经济产业省令规定，按照拟开展实务学习事务的人的申请指定指定学习机构。

在指定了指定学习机构时，经济产业大臣不开展实务学习事务。

如果认为第2款申请不符合下列各项时，经济产业大臣不得作出指定学习机构的指定：

1. 有关职员、设备、开展实务学习事务的方法及其他事项，为正确切实开展实务学习事务，开展实务学习事务的计划是适当的；

2. 在正确切实开展前项实务学习事务的计划方面，是有必要管理基础和技术基础的法人；

3. 开展实务学习事务以外业务的情形，没有因开展其业务而可能影响实务学习事务的公正性；

4. 没有因作出指定而出现妨碍正确切实开展实务学习事务的情形。

提出第2款申请的人符合下列各项之一时，经济产业大臣不得指定为指定学习机构：

1. 根据第16条之12第1款或者第2款规定被撤销指定，自撤销日起未满2年的；

2. 在其负责人中，有犯本法规定的罪被处刑罚，刑罚执行完毕或者决定不执行之日起未满2年的。

【指定的公示】

第16条之4 作出指定学习机构的指定时，经济产业大臣必须公示指定学习机构的名称及住所、开展实务学习事务的办公机构所在地和开始实务学习事务的日期。

指定学习机构拟变更名称、住所或者开展实务学习事务办公机构的所在地时，必须在拟变更日2周前，向经济产业大臣呈报其主旨。

根据前款规定作出呈报后，经济产业大臣必须公示其主旨。

【保密义务】

第16条之5 指定学习机构的负责人或者职员（包括实务学习的主讲人及领导人。在下款相同）或者曾从事这些职业的人，不得泄露因实务学习事务而知悉的秘密。

关于《刑法》（1907年法律第45号）及其他法律责任的适用，从事实务学习事务指定学习机构的负责人及职员视为根据法令从事公务的职员。

【学习事务守则】

第16条之6 指定学习事务开始前，指定学习机构必须规定开展实务学习事务的守则（以下称为"学习事务守则"），并获得经济产业大臣的认可。拟变更它时，亦相同。

学习事务守则规定的事项由经济产业省令规定。

经济产业大臣认为已认可的第1款的学习事务守则，在正确切实开展实务学习事务上变为不适当时，可以命令指定学习机构应予变更。

第1款的认可标准由经济产业省令规定。

【经营计划】

第16条之7 在每个经营年度，指定学习机构必须制定经营计划书和收支预算书，在经营年度开始前（在获得指定日所属经营年度的情况下，获得指定后不迟延地）向经济产业大臣提交。拟变更它时，亦相同。

在每个经营年度，指定学习机构必须制定经营报告书和收支决算书，在经营年度结束后3个月内向经济产业大臣提交。

【账簿的存放】

第16条之8 指定学习机构必须根据经济产业省令的规定，备置保存记载经济产业省令规定的实务学习事务事项的账簿。

【监督命令】

第16条之9 为确保正确切实开展实务学习事务，经济产业大臣认为有必要时，可以就实务学习事务向指定学习机构发布必要监督命令。

【报告和实地检查】

第16条之10 为确保正确切实开展实务学习事务，经济产业大臣认为有必要时，可以要求指定学习机构提交实务学习事务状况的报告或者资料，或者指派职员进入指定学习机构的办公机构，检查实务学习事务的状况、账簿及其他物品。

根据前款规定将进行实地检查的职员必须携带证明其身份的证件，相关人员请求时必须出示。

根据第1款规定的实地检查权限不得解释为搜查犯罪。

【实务学习事务的停终止】

第16条之11 如果没有获得经济产业大臣的许可，指定学习机构不得停止、终止全部或者部分实务学习事务。

作出了前款许可时，经济产业大臣必须公示其主旨。

【指定的撤销】

第16条之12 指定学习机构符合第16条之3第5款第2项时，经济产业大臣必须撤销指定。

指定学习机构符合下列各项之一时，经济产业大臣可以撤销指定，或者规定期间命令停止全部或者部分实务学习事务：

1. 被认为不符合第16条之3第4款第1项到第3项之一时；

2. 违反第16条之4第2款、第16条之6第1款、第16条之7、第16条之8、前条第1款的规定时；

3. 不按照根据第16条之6第1款规定获得认可的学习事务守则开展实务学习事务时；

4. 违反根据第 16 条之 6 第 3 款、第 16 条之 9 规定的命令时；

5. 通过虚假及其他不正当手段获得指定时。

根据第 1 款或者前款规定撤销指定、根据同款规定命令停止全部或者部分实务学习事务时，经济产业大臣必须公示其主旨。

【经济产业大臣开展实务学习】

第 16 条之 13　指定学习机构根据第 16 条之 11 第 1 款规定停止全部或者部分实务学习事务时、根据前条第 2 款规定命令指定学习机构停止全部或者部分实务学习事务时、指定学习机构因天灾及其他事由难于开展实务全部或者部分学习事务的情形，经济产业大臣认为有必要时，不受第 16 条之 3 第 3 款规定的限制，应当自己开展全部或者部分实务学习事务。

经济产业大臣决定根据前款规定开展实务学习事务时，或者决定不开展根据同款规定曾开展的实务学习事务时，必须事先公示其主旨。

根据第 1 款规定决定开展实务学习事务、根据第 16 条之 11 第 1 款规定许可终止实务学习事务或者根据前条第 1 款、第 2 款的规定撤销指定等情形，经济产业大臣交接实务学习事务及其他事项由经济产业省令规定。

【手续费】

第 16 条之 14　除下款规定的情形外，拟参加实务学习的人必须向国家缴纳考虑成本由政令规定金额的手续费。

在指定学习机构开展实务学习事务的情形，拟参加实务学习的人必须根据政令规定，向该指定学习机构缴纳指定学习机构获得经济产业大臣认可所规定金额的手续费。

根据前款规定缴纳给指定学习机构的手续费为指定学习机构的收入。

【实务学习的细目】

第 16 条之 15　本法规定者外，实务学习的必要事项由经济产业省令规定。

第三章　注　　册

【注册】

第 17 条　有资格担任知识产权代理人的人担任知识产权代理人时，必须在日本知识产权代理人协会备置的知识产权代理人注册簿上注册姓名、出生年月日、办公机构所在地及经济产业省令规定的其他事项。

知识产权代理人注册簿的注册由日本知识产权代理人协会实施。

【注册的申请】

第18条 拟获得前条第1款注册的人,必须向日本知识产权代理人协会提交注册申请书。

前款的注册申请书中,必须记载姓名、出生年月日、办公机构所在地及经济产业省令规定的其他事项,必须添加证明有资格担任知识产权代理人的文件。

【注册的拒绝】

第19条 日本知识产权代理人协会认为,根据前条第1款规定提出注册申请的人不具有担任知识产权代理人资格或者符合下列各项之一时,必须拒绝注册。在这种情形,拟以申请人符合下列各项之一为理由拒绝注册时,必须基于第70条规定的注册审查会决议作出:

1. 因身心障碍致使开展知识财产代理人的业务有可能不恰当时;
2. 有可能损害知识产权代理人信用时。

日本知识产权代理人协会拟以申请人符合前款各项为理由拒绝注册时,必须提前将主旨通知申请人,给予在相当期间内自己或者通过代理人申辩的机会。

【注册的通知】

第20条 日本知识产权代理人协会根据第18条第1款规定受理注册申请的情形,已注册或者已拒绝注册时,必须将主旨通过书面文件通知申请人。

【被拒绝注册情形的审查请求】

第21条 根据第19条第1款规定被拒绝注册的人,对该处分有异议时,可以根据《行政异议审查法》(1962年法律第160号)请求经济产业大臣审查。

根据第18条第1款规定提出注册申请的人,在申请日起满3个月没有对申请作出任何处理时,作为被拒绝注册,可以请求经济产业大臣进行前款的审查。

根据前二款的规定,请求审查有理由时,经济产业大臣必须命令日本知识产权代理人协会应当作出适当处分。

【变更注册事项的呈报】

第22条 知识产权代理人在知识产权代理人注册簿获得注册的事项发生了变更时,必须不迟延地向日本知识产权代理人协会呈报其主旨。

【注册的撤销】

第23条 日本知识产权代理人协会判明,获得知识产权代理人注册的人是通过虚假及其他不正当手段获得注册时,必须撤销注册。

日本知识产权代理人协会根据前款规定撤销注册时,必须将主旨以书面文件通知接受处分的人。

第19条第1款后段和第21条第1款及第3款的规定,准用于撤销第1款的注册。

【注册的注销】

第24条 在符合下列各项之一的情形,日本知识产权代理人协会必须注销知识产权代理人的注册:

1. 终止业务时;
2. 死亡时;
3. 符合第8条各项(第5项除外)之一时;
4. 根据前条第1款规定受到撤销注册处分时;
5. 根据第61条规定受到退会处分时。

知识产权代理人符合前款第1项到第3项规定之一时,此人或者法定代理人或者继承人,必须不迟延地向日本知识产权代理人协会呈报其主旨。

日本知识产权代理人协会根据第1款第1项、第3项、第5项的规定注销注册时,必须将主旨以书面文件通知知识产权代理人。

第25条 知识产权代理人有可能因身心障碍致使不适宜开展知识产权代理人业务时,日本知识产权代理人协会可以注销注册。

第19条第1款后段和前条第3款的规定,准用于注销根据前款规定的注册。

【拒绝注册规定的准用】

第26条 第21条第1款及第3款的规定,准用于根据第24条第1款第1项、第3项、第5项或者前条第1款规定的注销注册。

【注册和注销注册的公告】

第27条 日本知识产权代理人协会完成知识产权代理人注册时和完成注销注册时,必须不迟延地采用官报公告其主旨。

【特定侵害诉讼代理业务签注的申请】

第27条之2 知识产权代理人拟在注册上获得第15条之2第1款规定的特定侵害诉讼代理业务考试合格签注（以下称为“特定侵害诉讼代理业务签注”）时，必须向日本知识产权代理人协会提交签注申请书。

前款的签注申请书必须添加记载其姓名和经济产业省令规定的其他事项、证明特定侵害诉讼代理业务考试合格的证书。

【特定侵害诉讼代理业务的签注】

第27条之3 日本知识产权代理人协会根据前条规定受理了申请时，必须迅速在知识产权代理人的注册中签注特定侵害诉讼代理业务。

第20条的规定，准用于根据前款规定完成签注的情形。

【特定侵害诉讼代理业务签注的注销】

第27条之4 日本知识产权代理人协会认定，获得特定侵害诉讼代理业务签注的人是通过虚假及其他不正当手段获得签注时，必须注销签注。

第23条第2款的规定，准用注销根据前款规定的签注。

【特定侵害诉讼代理业务签注的公告】

第27条之5 第27条的规定，准用于特定侵害诉讼代理业务的签注和注销签注。

【注册的细目】

第28条 本法规定者外，知识产权代理人注册的必要事项由经济产业省令规定。

第四章 知识产权代理人的义务

【丧失信誉行为的禁止】

第29条 知识产权代理人不得进行诸如有害知识产权代理人信用或者品位的行为。

【保密义务】

第30条 知识产权代理人或者曾是知识产权代理人的人，没有正当理由不得泄露或者盗用因处理业务而知悉的秘密。

【不能开展业务的案件】

第31条 符合下列各项之一的案件，知识产权代理人不得开展其业务。

但是,符合第3项的案件,获得委托案件的委托人同意的情形,不在此限:

1. 接受对方协商提供赞助或者同意委托的案件;

2. 接受对方协商的案件中,被认为其协商的程度和方法是基于信任关系的;

3. 由已接受委托案件对方委托的其他案件;

4. 作为公务员在职务上处理过的案件;

5. 根据仲裁程序作为仲裁人处理过的案件;

6. 具有知识产权代理人资格的成员或者雇员,在从事专利业务法人的业务期间内,专利业务法人接受对方的协商提供赞助或者同意委托的案件,并且自己参与的;

7. 具有知识产权代理人资格的成员或者雇员,在从事专利业务法人的业务期间内,在专利业务法人接受对方协商的案件中,被认为协商的程度及方法是基于信任关系的,并且自己参与的。

【培训】

第31条之2 为提高素质,知识产权代理人必须根据经济产业省令规定,接受日本知识产权代理人协会举办的培训。

【禁止出借知识产权代理人资格】

第31条之3 知识产权代理人不得使违反第75条或者第76条规定的人使用自己的资格。

第五章 知识产权代理人的责任

【惩戒的种类】

第32条 知识产权代理人违反本法或者基于本法的命令时,或者发生不符合知识产权代理人资格的重大不当行为时,经济产业大臣可以作出下列处分:

1. 警告;

2. 2年以内停止全部或者部分业务;

3. 禁止从业。

【惩戒程序】

第33条 任何人认为知识产权代理人有符合前条规定的事实时,均可向经济产业大臣报告事实,并要求应当采取适当措施。

提交了前款规定的报告时，经济产业大臣必须对案件进行必要调查。

经济产业大臣认为知识产权代理人有符合前条的事实时，可以用职权进行必要调查。

经济产业大臣拟根据前款的规定作出告诫或者2年以内停业处分时，为陈述根据《行政程序法》（1993年法律第88号）第13条第1款规定的意见，不受程序分类限制，必须进行听证。

举行听证后，根据相当的证据认为有符合同条事实的情形，听取审议会的意见后根据前条规定作出惩戒处分。

【调查的权限】

第34条 根据前条第2款（包括第69条第2款准用的情形）或者第3款的规定，为对案件开展必要调查，经济产业大臣可以命令知识产权代理人对业务作出必要报告或者提交账簿文件及其他物品。

【注销注册的限制】

第35条 在知识产权代理人被交付惩戒程序的情形，到程序终结，日本知识产权代理人协会不能根据第24条第1款第1项、第5项或者第25条第1款的规定，注销知识产权代理人的注册。

【惩戒处分的公告】

第36条 经济产业大臣根据第32条的规定作出惩戒处分时，必须采用官报公告其主旨。

第六章 专利业务法人

【设立等】

第37条 知识产权代理人可以根据本章规定设立专利业务法人。

第1条及第3条的规定，准用于专利业务法人。

【名称】

第38条 专利业务法人在其名称中必须使用“专利业务法人”文字。

【成员的资格】

第39条 专利业务法人成员必须是知识产权代理人。

下列人员不能担任成员：

1. 根据第32条规定受到停业处分，停业期间未满者；

2. 根据第54条的规定专利业务法人被命令解散或者停业的情形，在处分日前30日内是成员，自处分之日起未满3年（被命令停业的情形，停业期间）者。

【业务范围】

第40条 专利业务法人开展第4条第1款的业务外，可以根据章程规定，开展同条第2款和第3款的全部或者部分业务。

第41条 前条规定者外，专利业务法人可以接受事务委托，将根据第5条到第6条之2规定的知识产权代理人可以开展的业务使具有知识产权代理人资格的专利业务法人成员或者雇员（第6条之2的事务，限于获得特定诉讼侵害代理业务签注的知识产权代理人。以下称为"成员"）办理。在这种情形，专利业务法人必须使委托人从专利业务法人成员内选任辅助人或者诉讼代理人。

【注册】

第42条 专利业务法人必须根据政令规定进行注册。

根据前款规定必须注册的事项，如果不注册则不能以此对抗第三人。

【设立程序】

第43条 设立专利业务法人时，拟担任成员的知识产权代理人必须共同制定章程。

在章程中，至少必须记载下列事项：

1. 目的；
2. 名称；
3. 办公机构所在地；
4. 成员姓名及住所；
5. 成员出资事项；
6. 执行业务事项。

专利业务法人的章程，准用《公司法》（2005年法律第86号）第30条第1款的规定。

【成立的日期】

第44条 专利业务法人通过在主要办公机构所在地进行设立注册而成立。

【成立的呈报】

第45条 专利业务法人成立时，自成立日起2周以内，必须添加登记事项证书和章程，向经济产业大臣呈报其主旨。

【执行业务的权限】

第46条 专利业务法人的成员具有执行全部业务的权利并承担义务。

【章程的变更】

第47条 除在章程中有特别规定外，专利业务法人可以根据全体成员同意变更章程。

专利业务法人变更章程时，从变更日起2周以内，必须向经济产业大臣呈报变更事项。

【法人代表】

第47条之2 专利业务法人的成员代表专利业务法人。

前款规定不妨碍根据章程或者全体成员同意，在成员中特别规定应当代表专利业务法人的成员。

关于专利业务法人业务，代表专利业务法人的成员具有作出一切裁判上或者裁判外行为的权限。

对前款权限所加的限制，不能对抗善意第三人。

限于根据章程未被禁止时，代表专利业务法人的成员可以将特定行为的代理委托他人。

【指定成员】

第47条之3 对特定案件，专利业务法人可以指定1人或者数人为负责业务的成员。

根据前款规定作出指定的案件（以下称为“指定案件”），仅获得指定的成员（以下称为“指定成员”）具有执行业务的权利并承担义务。

指定案件不受前条规定限制，仅指定成员代表专利业务法人。

根据第1款规定作出指定时，专利业务法人必须将主旨以文书通知指定案件的委托人。

对于委托的案件，委托人可以给专利业务法人规定相当期间，要求在其期间内明确是否根据第一款规定进行指定。在这种情形，专利业务法人在期间内没有根据前款规定发出通知时，专利业务法人在其后不能作出指定。但是，不妨碍得到委托人同意后作出指定。

指定案件在案件业务结束前指定成员缺员时，专利业务法人必须作出新的指定。未作出指定时视为指定全体成员。

【成员的责任】

第47条之4 专利业务法人的财产不能清偿债务时,各成员承担连带清偿责任。

强制执行专利业务法人财产未见成效时,和前款相同。

成员证明专利业务法人有财力并易于执行时,不适用前款规定。

根据前条第1款规定进行指定、根据同条第4款规定进行通知时(包括被视为根据同条规定指定时。在下款及第6款相同),有关指定案件,用专利业务法人的财产不能向委托人清偿已成为专利业务法人的债务时,不受第1款规定限制,指定成员(包括曾是指定成员的人。以下在本条相同)承担连带清偿责任。但是,退出的指定成员证明是因退出后的事由产生的债务的,不在此限。

根据前条第1款规定作出指定、根据同条第4款规定进行通知的情形,有关指定案件,基于委托人产生的债权,强制执行专利业务法人财产未见成效时,除指定成员证明专利业务法人有财力并且易于执行的情形外,和前款相同。

根据前条第1款规定作出指定、根据同条第4款规定进行通知的情形,未接受指定的成员无论指定前后参与指定案件业务时,除该成员证明参与的情形未怠于注意外,承担和指定成员根据前二款规定承担责任相同的责任。退出专利业务法人后亦相同。

《公司法》第612条的规定,准用于专利业务法人成员的退出。但是,在第4款的情形,有关指定案件,已成为向委托人负担的专利业务法人债务,不在此限。

【成员和作出误认行为的人的责任】

第47条之5 非成员作出使人将自己误认是成员的行为时,非成员向基于误认与专利业务法人进行交易的人承担与成员相同的责任。

【特定案件的业务限制】

第48条 符合下列各项之一的案件,专利业务法人不得开展其业务。但是,在受托案件的委托人同意时,第3项规定的案件不在此限:

1. 接受对方协商提供赞助或者同意委托的案件;

2. 接受对方协商的案件中,被认为其协商的程度和方法基于信任关系的;

3. 由接受委托案件对方委托的其他案件；

4. 在第3款各项列举案件方面，专利业务法人成员半数以上的人不得参与的案件。

就前款各项列举的案件，专利业务法人成员不得为自己或者第三人开展业务。

专利业务法人开展的业务，符合下列各项之一的案件，专利业务法人的成员不得参与：

1. 成员担任专利业务法人成员前，接受对方的协商提供赞助或者同意委托的案件；

2. 成员担任专利业务法人成员前，在接受对方协商的案件中，被认为其协商的程度和方法基于信任关系的；

3. 成员担任公务员在职务上处理过的案件；

4. 成员根据仲裁程序担任仲裁员处理过的案件；

5. 成员担任专利业务法人的成员前，作为其他专利业务法人的成员，在从事业务期间专利业务法人接受对方的协商提供赞助或者同意委托的案件，并且自己参与的；

6. 成员担任专利业务法人成员前，作为其他专利业务法人成员，从事业务期间在专利业务法人接受对方协商的案件中，被认为其协商的程度和方法基于信任关系的，并且自己参与的。

【业务的执行方法】

第49条 专利业务法人不得使非知识产权代理人办理其业务。

【知识产权代理人义务规定的准用】

第50条 专利业务法人，准用第29条和第31条之3的规定。

【法定退出】

第51条 专利业务法人的成员因下列理由退出：

1. 注销知识产权代理人注册；

2. 发生章程中规定的理由；

3. 全体成员同意；

4. 除名。

【解散】

第52条 专利业务法人根据下列理由解散：

1. 发生章程中规定的理由；

2. 全体成员同意；

3. 与其他专利业务法人合并；

4. 决定开始破产程序；

5. 命令解散的裁判；

6. 根据第54条规定的解散命令。

根据前款规定的情形外，专利业务法人成员变为1人时，从此日起连续6个月内，成员没有增加到2人以上的情形，在满6个月时解散。

根据第1款第3项和第6项事由以外的事由解散专利业务法人时，必须在解散日起二周内，向经济产业大臣呈报其主旨。

【法院监督】

第52条之2 专利业务法人的解散和清算由法院监督。

法院可以在任何时候以职权对前款的监督进行必要检查。

监督专利业务法人解散和清算的法院，可以向经济产业大臣征求意见或者委托调查。

经济产业大臣可以向前款规定的法院发表意见。

【清算终结的呈报】

第52条之3 清算终结时，清算人必须向经济产业大臣呈报其主旨。

【监督解散和清算案件的管辖】

第52条之4 监督专利业务法人解散和清算的案件，由管辖其主要办公机构所在地的地方法院管辖。

【检查官的选任】

第52条之5 法院在监督专利业务法人的解散和清算上，为使他人进行必要调查，可以选任检查干部。

对于选任前款检查干部的裁判不能申请异议。

法院在选任第1款的检查干部的情形，可以规定专利业务法人向检查干部支付报酬的数额。在这种情形，法院必须听取专利业务法人和检查干部的陈述。

【合并】

第53条 全体成员同意时，专利业务法人可以与其他专利业务法人合并。

合并后存续的专利业务法人或者根据合并设立的专利业务法人，在主要办公机构所在地注册合并后发生效力。

专利业务法人合并时,必须在合并日起二周以内,添加登记事项证书(根据合并设立专利业务法人的情况下,注册事项证书和章程)向经济产业大臣呈报其主旨。

合并后存续的专利业务法人或者根据合并设立的专利业务法人,继受因合并消灭的专利业务法人的权利义务。

【债权人的异议】

第53条之2 进行合并的专利业务法人的债权人可以对专利业务法人合并提出异议。

进行合并的专利业务法人必须在官报上公告下列事项,并且,分别催告已知债权人。但是,第3项的期间不能少于1个月:

1. 进行合并的主旨;
2. 因合并消灭的专利业务法人及合并后存续的专利业务法人或者因合并设立的专利业务法人的名称及主要办公机构所在地;
3. 债权人在一定期间内可以提出异议的主旨。

不受前款规定限制,除官报外,进行合并的专利业务法人根据第6款准用《公司法》第939条第1款的规定,遵照章程的规定,根据同款第2项或者第3项列举的方法,根据同款的规定进行公告时,不需要根据前款规定分别进行催告。

债权人在第2款第3项期间内未提出异议时,视为债权人同意合并。

债权人在第2款第3项期间内提出异议时,进行合并的专利业务法人必须向债权人清偿或者提供相当的担保,或者以使债权人获得清偿为目的向信托公司【是指信托公司和经营信托业务的金融机构[是指获得《金融机构兼营信托业务法》(1943年法律第43号)第1条第1款认可的金融机构。]】信托相当财产。但是,进行合并不可能侵害债权人时,不在此限。

《公司法》第939条第1款(限于与第2项及第3项有关的部分)及第3款、第940条第1款(限于与第3项有关的部分)及第3款、第941条、第946条、第947条、第951条第2款、第953条和第955条的规定,准用专利业务法人根据第2款规定进行公告的情形。在这种情形,同法第939条第1款及第3款中的"公告方法"应当换读为"合并的公告方法";同法第946条第3项中的"商号"应当换读为"名称"。

【合并无效之诉】

第53条之3 专利业务法人合并无效的诉讼，准用《公司法》第828条第1款(限于第7项及第8项部分)及第2款(限于第7项及第8项部分)、第834条(限于第7项及第8项部分)、第835条第1款、第836条第2款及第3款、第837条到第839条、第843条(第1款第3项及第4项和第2款但书除外)和第846条的规定；本条准用的同法第843条第4款的申请，准用同法第868条第5款、第870条第2款(限于第5项部分)、第870条之2、第871条正文、第872条(限于第5项部分)、第872条之2、第873条正文、第875条和第876条的规定。

【违法行为的处分】

第54条 专利业务法人违反本法或者基于本法的命令，或者被认为营运显然不当时，经济产业大臣可以对专利业务法人进行告诫，或者命令2年以内停止全部或者部分业务，或者宣告解散。

第33条、第34条和第36条的规定，准用于前款的处分。

根据第1款规定处分专利业务法人的情形，专利业务法人成员符合第32条的事实时，同款的规定不得解释为是对作为成员的知识产权代理人妨碍合并实施惩戒的处分。

【《一般社团法人和一般财团法人法》及《公司法》的准用】

第55条 《一般社团法人和一般财团法人法》(2006年法律第48号)第4条和《公司法》第600条、第614条到第619条、第621条、第622条的规定，准用于专利业务法人；同法第581条、第582条、第585条第1款及第4款、第586条、第593条到第596条、第601条、第605条、第606条、第609条第1款及第2款、第611条(第1款但书除外)、第613条的规定，准用于专利业务法人成员；同法第859条到第862条的规定，准用于专利业务法人成员的除名和执行业务的权利及代表权的消灭之诉。在这种情形，同法第613条中的“商号”应当换读为“名称”；同法第615条第1款、第617条第1款及第2款和第618条第1款第2项中的“法务省令”应当换读为“经济产业省令”；同法第617条第3款的“电磁记录”应当换读为“电磁记录(是指知识产权代理人法第75条规定的电磁记录。下一条第1款第2项相同)”。

《公司法》第644条(第3项除外)、第645条到第649条、第650条第1款及第2款、第651条第1款及第2款(同法第594条准用的部分除外)、第652条、第653条、第655条到第659条、第662条到第664条、第666条到第

673 条、第 675 条、第 683 条、第 684 条、第 868 条第 1 款、第 869 条、第 870 条第 1 款(限于第 1 项和第 2 项的部分)、第 871 条、第 872 条(限于第 4 项的部分)、第 874 条(限于第 1 项及第 4 项的部分)、第 875 条和第 876 条的规定,准用于专利业务法人的解散和清算。在这种情形,同法第 644 条第 1 项中的"第 641 条第 5 项"应当换读为"知识产权代理人法第 52 条第 1 款第 3 项";同法第 647 条第 3 款中的"第 641 条第 4 项或者第 7 项"应当换读为"《知识产权代理人法》第 52 条第 1 款第 5 项、第 6 项或者第 2 款";同法第 658 条第 1 款及第 669 条中的"法务省令"应当换读为"经济产业省令";同法第 668 条第 1 款及第 669 条中的"第 641 条第 1 项到第 3 项"应当换读为"《知识产权代理人法》第 52 条第 1 款第 1 项或者第 2 项";同法第 670 条第 3 款中的"第 939 条第 1 款"应当换读为"《知识产权代理人法》第 53 条之 2 第 6 款准用第 939 条第 1 款";同法第 673 条第 1 款中有"第 580 条"应当换读为"《知识产权代理人法》第 47 条之 4"。

《公司法》第 824 条、第 826 条、第 868 条第 1 款、第 870 条第 1 款(限于第 10 项的部分)、第 871 条正文、第 872 条(限于第 4 项的部分)、第 873 条正文、第 875 条、第 876 条、第 904 条和第 937 条第 1 款[限于第 3 项(2)的部分]的规定,准用于专利业务法人解散命令;同法第 825 条、第 868 条第 1 款、第 870 条第 1 款(限于第 1 项的部分)、第 871 条、第 872 条(限于第 1 项及第 4 项的部分)、第 873 条、第 874 条(限于第 2 项及第 3 项的部分)、第 875 条、第 876 条、第 905 条、第 906 条的规定,准用于在发生了在本款中准用同法第 824 条第 1 款申请的情形的专利业务法人财产保全。

《公司法》第 828 条第 1 款(限于第 1 项的部分)及第 2 项(限于第 1 项的部分)、第 834 条(限于第 1 项的部分)、第 835 条第 1 款、第 837 条到第 839 条和第 846 条的规定,准用于专利业务法人设立无效之诉。

专利业务法人解散之诉,准用《公司法》第 833 条第 2 款、第 834 条(限于第 21 项的部分)、第 835 条第 1 款、第 837 条、第 838 条、第 846 条及第 937 条第 1 款(限于第 1 项第 9 目的部分)的规定。

就《破产法》(2004 年法律第 75 号)第 16 条规定的适用,专利业务法人视为无限责任公司。

第七章 日本知识产权代理人协会

【设立、目的和法律人格】

第56条 知识产权代理人必须根据本法规定在全国设立一个日本知识产权代理人协会(以下在本章中称为“知识产权代理人协会”)。

鉴于知识产权代理人及专利业务法人的使命和职责,知识产权代理人协会的目的是为保持其品位,改善和提高知识产权代理人及专利业务法人业务,开展指导、联络、监督会员事务,开展知识产权代理人注册事务。

知识产权代理人协会是法人。

【协会章程】

第57条 知识产权代理人协会必须制定协会章程,在其中记载下列事项:

1. 名称及办公机构所在地;
2. 入会及退会的规定;
3. 会员种类和权利义务的规定;
4. 负责人的规定;
5. 会议的规定;
6. 分部的规定;
7. 知识产权代理人注册的规定;
8. 注册审查会的规定;
9. 保持会员品位的规定;
10. 会员进修的规定;
11. 实务学习的规定;
12. 调解会员业务纷争的规定;
13. 提供知识产权代理人协会及会员信息的规定;
14. 会费的规定;
15. 会计及资产的规定;
16. 协会办公室的规定;
17. 为实现知识产权代理人协会目的的其他必要规定。

如果没有获得经济产业大臣的认可,协会章程的制定或者变更(限于由政令规定重要事项的变更)不发生效力。

【分部】

第58条 为实现知识产权代理人协会的目的，在必要时可以设立分部。

【注册】

第59条 知识产权代理人协会必须根据政令规定开展注册。

根据前款规定必须注册的事项，如果不注册则不能以此对抗第三人。

【入会和退会】

第60条 知识产权代理人和专利业务法人为知识产权代理人协会的当然会员，在知识产权代理人注销注册时和专利业务法人解散时，当然退出知识产权代理人协会。

【知识产权代理人协会的退会处分】

第61条 知识产权代理人协会获得经济产业大臣的认可，可以使有可能危害知识产权代理人协会秩序或者信用的会员退出协会。

【遵守协会章程的义务】

第62条 会员必须遵守知识产权代理人协会的章程。

【负责人】

第63条 知识产权代理人协会设置会长、副会长和由协会章程规定的其他负责人。

会长代表知识产权代理人协会总管会务。

副会长根据会长的规定协助会长，会长因故时代理其职务，会长缺员时履行其职务。

限于根据协会章程或者全会的决议未被禁止时，负责人可以将特定代理行为委托给他人。

【全会】

第64条 知识产权代理人协会必须每年召开定期全会。

知识产权代理人协会在认为有必要时，可以召开临时全会。

【需要全会决议的事项】

第65条 知识产权代理人协会章程的变更、预算和决算，必须由全会决议。

【大会决议的报告】

第66条 知识产权代理人协会必须向特许厅长报告全会决议和负责人

的就任及离任。

【纠纷的调解】

第67条 知识产权代理人协会可以根据会员或者当事人及其他关系人的请求，调解会员业务纠纷。

【建议和回答上级的咨询】

第68条 知识产权代理人协会可以向经济产业大臣或者特许厅长提出知识产权代理人业务或者制度的建议，或者回答其咨询。

【符合惩戒事由事实的报告】

第69条 知识产权代理人协会认为会员中发生符合第32条或者第54条规定的事实时，应当向经济产业大臣报告其事实。

第33条第2款的规定，准用于发生前款报告的情形。

【注册审查会】

第70条 在知识产权代理人协会设置注册审查会。

注册审查会根据知识产权代理人协会的请求，对根据第19条第1款规定的拒绝注册、根据第23条第1款规定的撤销注册、根据第25条第1款规定的注销注册，开展必要审查。

注册审查会由会长及委员4人组成。

会长由知识产权代理人协会的会长担任。

委员由会长从获得经济产业大臣的认可，并从知识产权代理人、从事知识产权代理人行政事务的经济产业省职员及著名专家中委任。

委员的任期为2年。但是，发生缺员时，补任委员的任期为前任人的未满任期。

前各款规定者外，注册审查会组织和运营的必要事项由政令规定。

【报告和检查】

第71条 为确保知识产权代理人协会的正确营运，经济产业大臣认为有必要时，可以要求知识产权代理人协会提交报告或者资料，或者指派职员进入知识产权代理人协会的办公机构，检查账簿文件及其他物品。

根据前款规定拟进行实地检查的职员，必须携带证明其身份的证件，有相关人员请求时必须出示。

根据第1款规定实地检查的权限不得解释为搜查犯罪。

【大会决议的撤销】

第72条 知识产权代理人协会全会的决议违反法令、知识产权代理人协会章程以及侵害其他公益时，经济产业大臣可以命令撤销全会决议。

【《一般社团法人和一般财团法人法》的准用】

第73条 《一般社团法人和一般财团法人法》第4条和第78条的规定，准用于知识产权代理人协会。

【对经济产业省令的委任】

第74条 本法规定者外，知识产权代理人协会的必要事项由经济产业省令规定。

第八章 其他规定

【非知识产权代理人或者非专利业务法人的业务限制】

第75条 非知识产权代理人或者非专利业务法人不能按照他人的需求作为营业得到报酬，代理关于专利、实用新型、外观设计、商标或者国际申请、外观设计有关的国际注册申请或者商标有关的国际注册申请在特许厅的程序，或者关于专利、实用新型、外观设计、商标的异议申请，或者关于裁定与经济产业大臣的程序（代理缴纳专利费程序、代理申请向专利注册簿注册程序及其他政令规定的程序除外），或者鉴定上述程序的事项，或者制作由政令规定的文件或者电磁记录（是指通过电子方式、磁力方式及其他通过人的知觉不能认识的方式制作的记录，并用于电子计算机处理信息的）。

【名称的使用限制】

第76条 非知识产权代理人或者非专利业务法人不得使用知识产权代理人或者专利事务所名称或者与它们类似的名称。

非专利业务法人不得使用专利业务法人名称或者与之类似的名称。

非日本知识产权代理人协会团体不得使用日本知识产权代埋人协会名称或者与之类似的名称。

【知识产权代理人的雇员等的保密义务】

第77条 知识产权代理人或者专利业务法人的雇员及其他员工或者曾是这些人的人，没有正当理由不得泄露或者盗用因协助第4条到第6条之2业务而知悉的秘密。

【知识产权代理人信息的公开】

第77条之2 为拟将事务委托给知识产权代理人的人作出正确选择，作为特殊需要，在考虑保护知识产权代理人个人信息必要性的基础上，经济产业大臣和日本知识产权代理人协会公布其分别保有的经济产业省令规定的知识产权代理人信息。

前款的公布方法和程序由经济产业省令规定。

知识产权代理人必须努力向拟将事务委托给知识产权代理人的人提供有利于其正确选择的信息。

第九章 法律责任

第78条 不具有担任知识产权代理人资格的人，向日本知识产权代理人协会提出虚假资格申请，并注册在知识产权代理人注册簿时，处1年以下有期徒刑或者1百万日元以下罚金。

第79条 符合下列各项之一者，处1年以下有期徒刑或者100万日元以下罚金：

1. 违反第31条之3(包括第50条准用的情形)规定者；
2. 违反根据第32条或者第54条第1款规定的停业处分者；
3. 违反第75条规定者。

第80条 违反第16条之5第1款、第30条或者第77条规定的人，处6个月以下有期徒刑或者50万日元以下罚金。

前款的罪如果没有自诉，则不能提起公诉。

第80条之2 违反根据第16条之12规定的停止实务学习事务命令时，实施了犯罪行为的指定学习机构的负责人或者职员，处6个月以下有期徒刑或者50万日元以下罚金。

第81条 符合下列之一者，处100万日元以下罚金：

1. 不按照第71条第1款规定提交报告或者资料，或者提交虚假报告或者资料，或者拒绝、妨碍、逃避根据同款规定的现场检查者。
2. 违反第76条规定者。

第81条之2 违反第53条之2第6款准用公司法第955条第1款的规定，在同款规定的调查记录簿中关于同款规定的电子公告调查，不记载、不记录或者进行虚假记载、记录法务省令规定事项，或者未保存调查记录簿的人，处30万日元以下罚金。

第81条之3 符合下列各项之一时，实施了犯罪行为的指定学习机构的负责人或者职员，处30万日元以下罚金：

1. 违反第16条之8的规定，不备置账簿、不在账簿上记载或者在账簿上虚假记载，或者未保存账簿时；

2. 不提交根据第16条之10第1款规定的报告或者资料、提交虚假报告或者资料，或者拒绝、妨碍、逃避根据同款规定的实地检查时；

3. 没有获得第16条之11第1款许可终止全部实务学习事务时。

第82条 法人的代表人、法人或者个人的代理人、雇员及其他员工，在法人或者个人的业务中作出违反第79条第1项(限于第50条准用第31条之3的部分)、第2项(限于第54条第1款的部分)、第3项或者第81条、第81条之2的犯罪行为时，处罚行为人外，对法人或者个人科各条正文的罚金。

第83条 不根据第34条规定(包括第54条第2款准用的情形)进行报告或者作出虚假报告，或者不提交账簿文件及其他物品的人，处30万日元以下罚款。

第84条 符合下列各项之一者，处100万日元以下罚款：

1. 违反第53条之2第6款准用《公司法》第946条第3款的规定，不报告或者作出虚假报告者；

2. 无正当理由拒绝第53条之2第6款准用《公司法》第951条第2款各项或者第955条第2款各项列举请求者。

第85条 符合下列各项之一的情形，专利业务法人的成员、清算人、日本知识产权代理人协会负责人，处30万日元以下罚款：

1. 违反基于本法的政令的规定怠于进行注册时；

2. 违反第53条之2第2款或者第5款规定进行合并时；

3. 违反第53条之2第6款准用《公司法》第941条规定不要求同条的调查时；

4. 章程或者第55条第1款准用《公司法》第615条第1款的会计账簿、第55条第1款准用同法第617条第1款或者第2款的资产负债表，不记载、不记录应当记载或者记录的事项，或者作出虚假记载、记录时；

5. 违反第55条第2款准用《公司法》第656条第1款的规定怠于申请开始破产程序时；

6. 违反第55条第2款准用《公司法》第664条的规定分配财产时；

7. 违反第55条第2款准用《公司法》第670条第2款或者第5款的规定处分财产时。

第十四编　根据《专利合作条约》的国际申请法

1978 年 4 月 26 日法律第 30 号

最新修改:2014 年 5 月 14 日法律第 36 号

第一章　总　　则

【主旨】

第 1 条　本法基于 1970 年 6 月 19 日在华盛顿签订的《专利合作条约》(以下称为“条约”),规定特许厅和申请人间有关国际申请、国际审查和国际预备审查的程序。

第二章　国 际 申 请

【国际申请】

第 2 条　日本国民、在日本国内有住所或者居所(在法人的情况下,办公机构)的外国人(以下称为“日本国民”),可以向特许厅长提出条约第2条(vii)的国际申请(以下称为“国际申请”)。日本国民和日本国民以外的人共同提出国际申请时,亦同。

【申请书】

第3条 拟提出国际申请的人,必须向特许厅长提交用日文或者经济产业省令规定的外语制作的申请书、说明书、权利要求书、必要附图和摘要。

申请书必须记载下列事项:

1. 应当按照条约处理该申请的申请;

2. 申请人的姓名或者名称、国籍及住所或者居所(申请人有2人以上时,日本国民的申请人中至少1人的国籍及住所或者居所);

3. 发明名称;

4. 经济产业省令规定的其他事项。

说明书、权利要求书、附图和摘要应当记载的事项,以及在这些文件中的其他必要事项,由经济产业省令规定。

【国际申请日的认定】

第4条 国际申请除符合下列各项之一的情形外,特许厅长必须将国际申请到达特许厅之日认定为国际申请日:

1. 申请人不符合第2条规定的要件时;

2. 没有记载前条第2款第1项列举的事项时;

3. 没有记载申请人的姓名或者名称,或者认为记载未达到可特定申请人的明确程度时;

4. 不包括说明书或者权利要求书时;

5. 说明书和权利要求书没有用日语或者根据前条第1款经济产业省令规定的外语制作时。

国际申请符合前款各项之一时,特许厅长必须指定相当期间,命令应当通过书面文件完善程序。

根据前款规定被命令应当完善程序的人,在根据同款规定指定的期间内完善了程序时,特许厅长必须将完善程序的书面文件到达日认定为国际申请日。

第5条 在国际申请中记载了国际申请没有的附图时,特许厅长必须将主旨通知申请人。

收到根据前款规定通知的人在经济产业省令规定的期间内提交同款记

载的附图时,特许厅长必须将附图到达日认定为国际申请日。

【补正命令】

第6条 国际申请符合下列各项之一时,特许厅长必须指定相当期间,命令应当通过书面文件补正程序:

1. 申请书没有用日语或者第3条第1款经济产业省令规定的外语制作时;

2. 没有记载发明的名称时;

3. 没有用和附图(限于附图中说明)、摘要、说明书、权利要求书相同语言制作时;

4. 不包括摘要时;

5. 违反第16条第3款的规定或者第19条第1款前段准用《专利法》(1959年法律第121号)第7条第1款到第3款的规定(第19条第1款后段的政令中规定了这些规定的特别例外时,特别例外的政令规定)时;

6. 违反经济产业省令规定的形式时。

【视为已撤回其主旨的决定】

第7条 国际申请符合下列各项之一时,特许厅长必须作出视为已撤回国际申请的决定:

1. 根据前条规定被命令应当补正程序的人,在根据同条规定指定的期间内未补正程序时;

2. 根据第18条第2款(同款表3列举的部分除外)规定,在经济产业省令规定的期间内,未缴纳应当缴纳的手续费时;

3. 根据第4条第1款、第3款或者第5条第2款规定认定的国际申请,在经济产业省令规定的期间内,发现国际申请符合第4条第1款各项之一时。

第三章 国际调查

【国际调查报告】

第8条 根据第4条第1款、第3款或者第5条第2款规定认定的国际申请[条约中规定的其他国际调查机构进行条约第15条规定的国际调查(以下称为“国际调查”)者除外。在本章和下章相同],特许厅长必须指派审查员制作条约第18条(1)中规定的国际调查报告(以下称为“国际调查报告”)。

国际申请全部请求范围符合下列各项之一时，不受前款规定限制，审查员必须作出不制作国际调查报告的决定：

1. 不需进行国际调查的，应当以经济产业省令规定的事项为内容时；

2. 在说明书、权利要求书、附图中，因未记载必要事项或者记载显然不明确，基于这些文书不能有效进行国际调查时。

国际申请一部分请求范围符合前款各项之一时，审查员应当在国际调查报告中记载其主旨及仅就其他请求范围已进行的国际调查结果。

国际申请不符合条约第17条(3)(a)的发明单一性要件时，特许厅长必须指定相当期间，从记载在请求范围的发明数减1所得数乘以7.8万日元所得金额范围内，命令申请人补缴政令规定金额的手续费。

根据前款规定被命令应当补缴手续费的申请人，在根据同款规定的指定期间内没有补缴被命令金额的手续费时，审查员根据经济产业省令规定，将国际申请分为已缴纳手续费的发明部分及发明的其他部分。对已缴纳手续费的发明部分，将该发明部分已进行的国际调查结果记载在国际调查报告中，对发明的其他部分，在国际调查报告中记载其主旨。

【文献复制本的请求】

第9条 在国际申请的国际调查报告中，记载了与其国际申请相关的技术文献时，在经济产业省令规定的期间内，申请人可以请求特许厅长寄送文献的复制本。

第四章 国际预备审查

【国际预备审查的请求】

第10条 获得根据第4条第1款、第3款或者第5条第2款规定认定的国际申请申请人，可以在经济产业省令规定的期间内，请求特许厅长对国际申请进行条约第33条规定的国际预备审查(以下称为“国际预备审查”)。但是，申请人是条约第31条(2)规定决定不能请求国际预备审查的人的情形以及经济产业省令规定的其他情形，不在此限。

拟提出前款请求的人，必须向特许厅长提交用日语或者经济产业省令规定的外语记载经济产业省令规定事项的申请书。

【伴随国际预备审查请求的补正】

第11条 提出国际预备审查请求的申请人,限于经济产业省令规定期间内,在国际申请申请时的说明书、权利要求书、附图记载事项的范围,可以补正说明书、权利要求书、附图。

【国际预备审查报告】

第12条 国际预备审查请求后,对请求的国际申请,特许厅长必须使审查员制作条约第35条规定的国际预备审查报告(以下称为"国际预备审查报告")。

请求国际预备审查的国际申请全部请求范围符合下列各项之一时,审查员应当在国际预备审查报告中记载其主旨;请求国际预备审查的国际申请部分请求范围符合下列各项之一时,审查员应当在国际调查报告中记载其主旨及仅就其他请求范围已进行的国际调查结果:

1. 不需要进行国际预备审查,应当以经济产业省令规定的事项为内容时;

2. 说明书、权利要求书、附图的记载不明确,或者因权利要求书缺乏根据说明书的充分旁证,权利要求书记载的发明对于条约第33条(2)、(3)或者(4)规定的新颖性、进步性、产业上利用可能性,不能表明同条(1)规定的见解时。

国际申请不符合条约第17条(3)(a)的发明单一性要件时,特许厅长必须指定相当期间,减少拟接受国际预备审查的请求范围,或者从记载在请求范围的发明数减1所得数乘以2.1万日元所得金额范围内,命令申请人补缴政令规定金额的手续费。

被命令减少拟接受国际预备审查的请求范围或者补缴手续费的申请人,在根据同款规定指定的期间内没有减少请求范围或者补缴被命令金额的手续费时,审查员应当根据经济产业省令规定,将其国际申请区分为已缴手续费的发明部分及发明的其他部分。对已缴手续费发明的部分,在国际预备审查报告中记载该发明部分已进行国际预备审查的结果,对发明的其他部分,在国际预备审查报告中记载其主旨。

【答辩书的提交】

第13条 请求国际预备审查的国际申请符合下列其中之一时,在制作国际预备审查报告前,审查员必须将主旨及理由通知申请人,指定相当期间,给予提交答辩书的机会:

1. 权利要求书记载的发明中，没有条约第 33 条(2)、(3)或者(4)规定的新颖性、进步性或者产业上利用的可能性时；

2. 国际预备审查报告中需要陈述条约第 35 条(2)规定的意见时，以及经济产业省令规定的其他事项时。

【国际预备审查请求程序的不完备】

第 14 条 国际预备审查请求，没有缴纳根据第 18 条第 2 款(限于同项表三项列举的部分)规定应当缴纳的手续费，以及有经济产业省令规定的其他事由的情形，由政令规定特许厅长或者申请人应当履行的程序及其效果。

【准用】

第 15 条 第 9 条的规定，准用于申请人提出国际预备审查请求的情形。

第五章 其他规定

【代表人】

第 16 条 除经济产业省令规定外，2 人以上共同提出国际申请的情形，基于本法规定的程序，申请人的代表人可以履行或者可以向代表人履行。

2 人以上共同提出国际申请的情形，申请人没有确定代表人时，特许厅长可以根据经济产业省令的规定指定申请人的代表人。

拟由代理人履行基于本法规定程序的人，根据第 19 条第 1 款前段准用《专利法》第 7 条第 1 款正文的规定，除拟由法定代理人履行程序的情形，以及由政令规定的其他情形外，必须由知识产权代理人或者律师担任代理人。

【完善程序的特别例外】

第 17 条 申请人收到根据第 4 条第 2 款规定的命令或者根据第 5 条第 1 款规定的通知前，收到命令或者通知的情形，履行了应当履行的程序时，除经济产业省令规定的情形外，该程序视为根据收到的命令或者通知履行的程序。

【手续费】

第 18 条 根据第 9 条(包括第 15 条准用的情形)规定提出请求的人，必须缴纳考虑成本由政令规定金额的手续费。

下表第 2 栏列举者，必须分别在同表第 3 栏列举金额的范围内，在由政令规定金额基础上，合计计算同表第 4 栏列举金额所得数额的手续费。

1	提出特许厅进行国际调查的国际申请人	每件11万日元	条约第3条(4)(iv)的手续费中,作为有关国际秘书处[是指条约第2条(XiX)的国际秘书处]的金额而由政令规定的金额
2	提出特许厅以外的条约中规定的国际调查机关进行国际调查的国际申请人	每件1.3万日元	条约第3条(4)(iv)的手续费中,作为特许厅以外的有关在条约中规定的国际调查组织及国际秘书处的金额而由政令规定的金额
3	提出国际预备审查请求的人	每件3.6万日元	条约第31条(5)的手续费中,作为有关国际秘书处的金额而由政令规定的金额

《专利法》第195条第4款、第5款、第7款、第8款、第11款到第13款的规定,分别准用于根据第1款和前一款的规定应当缴纳的手续费(同款表的第4栏列举的金额部分除外)和根据第8条第4款或者第12条第3款规定被命令应当追加缴纳的手续费;根据同法第195条第8款、第11款到第13款的规定,分别准用于根据前款规定应当缴纳的手续费(在同款表的第3栏中列举金额的范围内,由政令规定金额的部分除外)。

【《专利法》的准用】

第19条 《专利法》第7条第1款到第3款、第8条、第11条、第13条第1款及第4款、第16条、第20条和第21条的规定,准用于基于本法规定的程序。在这种情形,在条约或者根据《专利合作条约》的规则(以下称为"规则")中有特别规定时,为实施规定,可以在政令中规定这些规定的特别例外。

《专利法》第47条第2款的规定,准用于国际调查和国际预备审查。

《专利法》第195条之3的规定,准用于本法或者基于本法由命令规定的处分。

【对经济产业省令的委任】

第20条 第2条到前条规定者外,为实施国际申请、国际调查、国际预备审查的条约和规则,必要事项的详细目录由经济产业省令规定。

【基于条约作为机构的事务】

第21条 在从工业产权国际合作的观点出发有必要的情形,按照条约、规则或者基于它们缔结的协定,在顺利完成基于本法和专利法以及其他法律规定应办理事务的范围内,关于获得本法规定适用的人以外的人,本法的规定不妨碍作为条约规定的受理官方机构、国际调查机构或者国际预备审查机构开展的事务。

第四卷　知识财产关系法律

第一编　促进大学等技术研究成果向民间经营者移转法（节选）

1998年5月6日法律第52号
最新修改：2011年6月8日法律第63号

【目的】

第1条　为促进大学、高等专科学校、大学合作组织、国家实验研究机构等的技术研究成果向民间经营者转移，本法的目的是，通过采取措施，开拓新经营领域，提高产业技术，使大学、高等专科学校、大学合作组织、国家实验研究机构等的研究活动充满活力，并且推动我国产业结构顺利调整，国民经济健康发展和学术进步。

【定义】

第2条　本法所称“特定大学技术转移经营”，是指在大学［是指《学校教育法》（1947年法律第26号）第1条规定的大学、高等专科学校和《国立大学法人法》（2003年法律第112号）第2条第4款规定的大学合作组织。以下相同］的技术研究成果（以下称为“特定研究成果”），对特定研究成果的专利权及由政令规定的其他权利中不属于国家的，通过转让、设定独占许可权及其他行为，向活用特定研究成果认为适当而可靠的民间经营者转移的经营，并且推动该大学的研究进步。

【实施指南】

第3条　为促进特定研究成果高效地向民间经营者转移，文部科学大臣和经济产业大臣必须制定实施特定大学技术转移经营的指南（以下称为“实施指南”)。

实施指南应当规定下列事项:

1. 推进特定大学技术转移经营的基本方向;

2. 实施特定大学技术转移经营者具备要件的事项;

3. 特定大学技术转移经营的内容和实施方法的事项;

4. 大学学术研究的特性和实施特定大学技术转移经营时应当关注的其他事项。

文部科学大臣和经济产业大臣拟制定实施指南或者拟变更它时,必须与相关行政机关的首长协商。

在制定实施指南或者变更指南时,文部科学大臣和经济产业大臣必须不迟延地公布。

【实施计划的批准】

第4条 拟实施特定大学技术转移经营的人(包括拟设立实施特定大学技术转移经营法人的人),可以制定实施特定大学技术转移经营的计划(以下称为“实施计划”),向文部科学大臣和经济产业大臣提交,并获批实施计划是适当的。

实施计划必须记载下列事项:

1. 实施特定大学技术转移经营者的事项;

2. 特定大学技术转移经营的内容和实施方法;

3. 特定大学技术转移经营的实施时期;

4. 实施特定大学技术转移经营中必要的资金和筹措方法。

在申请了第1款批准的情形,文部科学大臣和经济产业大臣认为实施计划遵照了实施指南并是妥当的,而且预见实施计划能切实实施时,应当作出批准。

在作出第1款的批准时,文部科学大臣和经济产业大臣应当公布其主旨。

【实施计划的变更】

第5条 获得前条第1款批准的人(包括此人设立的同款的法人),拟变更批准的实施计划时,必须获得文部科学大臣和经济产业大臣的批准。

【学术应用研究的照顾】

第9条 为有利于促进特定研究成果向民间经营者转移,文部科学大臣应当作出必要照顾,要在大学推动学术应用的研究。

【大学和民间经营者联合协作的顺利化】

第10条 为促进特定研究成果向民间经营者转移，文部科学大臣和经济产业大臣应当努力使大学和民间经营者顺利联合、协作进行研究开发。在这种情形，必须经常照顾大学学术研究的特性。

为民间经营者活用特定研究成果，文部科学大臣及经济产业大臣必须努力有实效推进为促进其掌握必要知识和技术的对策。

【相关对策的推进】

第11条 在特定研究成果的活用中，中小企业家发挥着重要的作用，有鉴于此，经济产业大臣努力富有成效地提供研究开发、活用特定研究成果的信息及其他相关推进对策。

【专利费的特别例外】

第12条 开展向拟进行活用研究成果的民间经营者转移经营的人，对政令规定的国家试验研究机构（以下称为“特定试验研究机构”）的技术研究成果，可以通过接受转让与研究成果有关的国有专利权或者获得专利的权利、国有实用新型权或者获得实用新型注册的权利，转让专利权、基于获得专利的权利而取得的专利权、实用新型权或者基于获得实用新型注册的权利而取得实用新型权，设定独占许可权及其他行为，向主管大臣申请特定试验研究机构，获得其经营符合下列各项的认定。

1. 具有能切实顺利实施经营的技术能力；

2. 不是自己实施专利权或者获得专利权利的发明、实用新型权或者获得实用新型注册权利的设计；

3. 关于专利权或者获得专利权利的发明、实用新型权或者获得实用新型注册权利的设计，在向民间经营者提供信息方面，不是对于特定民间经营者进行不正当的歧视对待，在正确开展该经营的其他方面，规定了必要业务的实施方法。

管辖特定实验研究机构的大臣认为申请前款认定的人（以下称为“认定经营者”）不符合同款各项之 时，可以撤销认定。

管辖特定实验研究机构的大臣根据第1款规定作出认定时、根据前款规定作出撤销认定时，必须将主旨通知特许厅长。

《专利法》（1959年法律第121号）第107条第2款的规定，准用于下列专利权并属于认定经营者的：

1. 关于认定经营者从国家获得转让的在特定实验研究机构的技术,基于获得研究成果的专利权利取得的专利权;

2. 关于认定经营者从国家获得转让的在特定实验研究机构的技术,研究成果的专利权。

《专利法》第195条第4款的规定,有关前款规定的专利权,或者有关认定经营者从国家获得转让的在特定实验研究机构的技术是获得研究成果的专利权利,并属于认定经营者的,准用于根据同条第1款到第3款规定应当缴纳手续费(限于由政令规定的)的人是认定经营者的情形。

认定经营者和非认定经营者共有第4款规定的专利权或者获得前款规定的专利权利的情形,缴纳根据《专利法》第195条第1款或者第2款规定的手续费(限于请求审查申请手续费以外的由政令规定的手续费)后,将认定经营者视为国家适用同条第5款的规定。

《工业所有权程序特别例外法》(1990年法律第30号)第40条第3款的规定,有关第4款规定的专利权或者第5款规定的获得专利的权利,准用于根据同条第1款规定应当缴纳手续费(限于由政令规定的)的人是认定经营者的情形。

认定经营者和非认定经营者共有第4款规定的专利权或者获得第5款规定的专利权利的情形,缴纳根据《工业所有权程序特别例外法》第40条第1款规定的手续费(限于前款政令规定者)后,将认定经营者视为国家适用同条第4款的规定。

第4款到前款的规定,准用于认定经营者从国家获得转让的在特定实验研究机构的技术研究成果获得实用新型注册的权利、认定经营者基于从国家获得转让的在特定实验研究机构的技术研究成果获得实用新型注册的权利而取得的实用新型权、认定经营者从国家获得转让的在特定实验研究机构的技术研究成果的实用新型权,并属于认定经营者的。在这种情形,第4款中的"《专利法》(1959年法律第121号)第107条第2款"应当换读为"《实用新型法》(1959年法律第123号)第31条第2款";第5款中的"《专利法》第195条第4款"应当换读为"《实用新型法》第54条第3款";第6款中的"《专利法》第195条第1款或者第2款"应当换读为"《实用新型法》第54条第1款或者第2款";"申请审查请求手续费"应当换读为"实用新型技术评价请求手续费";"同条第5款"应当换读为"同条第4款"。

第13条 独立行政法人中【是指《独立行政法人通则法》(1999年法律第103号)第2条第1款规定的独立行政法人】政令规定开展实验研究业务

者(以下称为“实验研究独立行政法人”)的技术研究成果,从事向拟活用研究成果的民间经营者转移经营(以下称为“实验研究独立行政法人技术转移经营”)的人,对于通过受让与该研究成果有关的实验研究独立行政法人保有的专利权或者获得专利的权利、转让该专利权或者基于获得专利的权利取得的专利权、设定独占许可权及其他行为,可以向主管实验研究独立行政法人的大臣申请,获得其经营符合下列各项的认定:

1. 具有能切实顺利实施经营的技术能力;

2. 不是自己实施专利权或者获得专利权利的发明;

3. 关于专利权、获得专利权利的发明,在向民间经营者提供信息方面,不是对于特定民间经营者进行不正当的歧视对待,而是在正确开展其他经营方面规定了必要的业务实施方法。

前条第 2 款及第 3 款的规定,准用于前款规定的认定。

获得第 1 款认定的人实施同款规定的实验研究独立行政法人技术转移经营时,特许厅长可以根据政令规定减免根据《专利法》第 107 条第 1 款规定的第 1 年到第 10 年每年的专利费,或者延缓缴纳。

获得第 1 款认定的人实施同款规定的实验研究独立行政法人技术转移经营时,对自己的专利申请,特许厅长可以根据政令规定减免根据《专利法》第 195 条第 2 项规定应当缴纳的请求审查申请的手续费。

【报告的征收】

第 14 条 文部科学大臣和经济产业大臣可以要求认定经营者报告承认计划的实施状况。

为本法施行,在必要限度内,管辖特定实验研究机构或者实验研究独立行政法人的大臣,可以要求认定经营者或者获得前条第 1 款认定的人报告业务状况。

【法律责任】

第 15 条 不根据前条规定进行报告或者进行虚假报告的人,处 20 万日元以下罚金。

法人的代表人、法人或者个人的代理人、雇员及其他员工,在法人或者个人的业务中作出前款的犯罪行为时,处罚行为人外,对法人或者个人处同款的刑罚。

第二编　促进特定跨国企业研究开发事业特别措施法(又名亚洲基地推进法)(节选)

2012 年 8 月 3 日法律第 55 号

【目的】

第 1 条　随着我国面临的国际经济环境的变化,重要的是将我国建成亚洲及其他地区的国际经济活动基地,有鉴于此,本法的目的是,通过采取特殊措施,促进拟在我国重新开展研究开发事业及集成事业的特定跨国企业的活动,创造新事业,增加就业机会,并且推动国民经济的健康发展。

【定义】

第 2 条　本法所称“特定跨国企业”,是指符合下列各项的法人:

1. 在法人的总部或者主要办公机构所在国或者地区(本项以下及第 4 款称为“国家”)以外的国家设立了子法人[该法人具有全体股东等的过半数表决权(是指全体股东或者全体出资人的表决权。以下同)及其他与该法人具有密切关系的法人,并由主管省令规定的法人]的法人,并且,公认是由主管省令规定的国际规模开展经营活动的法人;

2. 在主管省令中规定的具有高水平知识或者技术的法人。

在本法中所称“研究开发事业”,是指适应技术创新进步,开展高水平产业技术(本项以下称为“高技术”)的研究开发事业(包括使用该高技术开发产品或者服务的事业)中,由主管省令规定的预见将产生创造新事业及增加就业机会的。

【基本方针】

第3条 主管大臣必须制定促进特定跨国企业研究开发事业和集成事业的基本方针(以下称为"基本方针")。

在基本方针中应就下列事项作出规定:

1. 促进特定跨国企业研究开发事业及集成事业的意义和基本方向的事项;

2. 特定跨国企业开展研究开发事业及集成事业内容的事项;

3. 防止我国经营者的专利发明、技术等流失国外及促进特定跨国企业研究开发事业及集成事业时应注意的其他事项。

主管大臣拟制定或者变更基本方针时,必须与相关行政机关首长协商。

主管大臣制定或者变更基本方针时,必须不延迟地公布。

【专利费等的特别例外】

第10条 按照认定研究开发事业计划开展的研究开发事业成果的专利发明(限于在该认定研究开发事业计划中,研究开发事业实施期间结束日起计算2年以内申请的),根据《专利法》(1959年法律第121号)第107条第1款的规定,应当缴纳第1年至第10年每年的专利费的人是符合下列各项的人时,特许厅长可以根据政令规定,减免专利费,或者缓缴专利费。

1. 从事研究开发事业的中小企业家;

2. 专利发明是《专利法》第35条第1款规定的员工(以下在本项及第2款第2项称为"员工")完成的同条第1款规定的职务发明(以下在第2款第2项称为"职务发明"),并且,通过合同、工作守则及其他规定,事先约定由同条第1款规定的雇主(以下在本项及第2款第2项称为"雇主")继受获得专利权利的情形,从员工处继受了获得专利权利的雇主。

按照认定研究开发事业计划开展的研究开发事业成果(限于在认定研究开发事业计划中,研究开发事业实施期间结束日起计算2年以内提出了申请的)的发明,对于自己的专利申请,提出审查请求的人符合下列全部条件时,特许厅长可以根据政令规定,减免根据《专利法》第195条第2款规定应当缴纳的请求审查申请手续费:

1. 从事研究开发事业的中小企业家;

2. 发明是员工完成的职务发明,并且,根据合同、工作守则及其他规定,事先约定由雇主继受获得专利权利的情形,从员工处继受了获得专利权利的雇主。

第三编　制造品基础技术振兴基本法(节选)

1999年3月19日法律第2号

【制造品基础技术的研究开发】

第10条　为提高制造品基础技术水平,国家应当采取措施,开展制造品基础技术研究开发、成果普及、技术指导、技术员培训、提供专利权,以及实施提供工业产权指导和信息等其他必要对策。

【制造品经营者和大学的联合】

第11条　为有利于研究开发制造品基础技术,促进成果利用,培养研究开发人才,国家应当采取必要措施,促进制造品经营者和大学、高等专科学校、大学合作组织(本条以下称为“大学”)密切合作。在这种情形,必须充分注意到大学学术研究的特性。

第四编　加强产业技术能力法(节选)

2000年4月19日法律第44号

最新修改:2011年6月8日法律第63号

【国有专利权或者实用新型权的处理】

第16条之2　在国有专利权和实用新型权中,专利发明或者实用新型超过政令规定一直没有实施的,为支援加强产业技术能力,作为特殊需要向政令规定的人作出普通许可权许可时,国家可以根据政令,将许可对价规定为低于市价。

【专利费的特别例外】

第17条　根据《专利法》(1959年法律第121号)第107条第1款的规定,应当缴纳第1年至第10年的每年专利费的人是下列人员,符合为加强产业技术能力作为特殊需要由政令规定的要件时,特许厅长可以根据政令规定减免专利费,或者延期缴纳:

1.《学校教育法》第1条规定的大学(本条以下简称为"大学")的校长、副校长、院长、教授、副教授、助教、讲师、助手或者其他职员中专门从事研究的人;同法第1条规定的高等专科学校(本条以下简称为"高等专科学校")的校长、教授、副教授、助教、讲师、助手或者其他职员中专门从事研究的人;《国立大学法人法》(2003年法律第112号)第2条第3款规定的大学合作组织法人(以下简称为"大学合作组织法人")的行政首长或者其他职员中专门从事研究的人(以下总称"大学研究人员");

2. 设置大学或者高等专科学校的人或者大学合作组织法人;

3. 实验研究独立行政法人（独立行政法人中设置高等专科学校的人以外的、作为开展实验研究业务而由政令规定的人）；

4. 设置公立实验研究机构[是指由地方政府设置的实验室、研究所及其他机构（《学校教育法》第2条第2款规定的公立学校除外），开展实验研究业务的人。]的人。

5. 实验研究地方独立行政法人（是指地方独立行政法人中《地方独立行政法人法》第68条第1款规定的公立大学法人以外的、开展实验研究业务的法人）。

对自己的专利申请请求审查申请的人符合前款各项列举的人员，符合为加强产业技术能力作为特殊需要由政令规定的要件时，特许厅长可以根据政令规定，减免根据《专利法》第195条第2款规定应当缴纳的请求审查申请手续费。

第18条 根据《专利法》第107条第1款的规定应当缴纳第1年到第10年每年专利费的人，符合为加强产业技术能力作为特殊需要由政令规定的要件时，特许厅长可以根据政令规定减免专利费，或者延期缴纳。

对自己的专利申请提出请求审查申请的人员，符合为加强产业技术能力作为特殊需要由政令规定的要件时，特许厅长可以根据政令规定，减免根据《专利法》第195条第2款规定应当缴纳的请求审查申请手续费。

【国家委托研究和开发成果专利权的处理】

第19条 为促进技术研究开发活动充满活力和在经营活动中富有效率地有效使用成果（本条以下称为“特定研究开发成果”），国家委托技术研究开发或者国家指定其承包的软件开发成果的专利权及由政令规定的其他权利（本条以下称为“专利权”），在符合下列各项的情形，国家可以不从受托人或者承包人处（以下在本条称为“受托人”）受让专利权：

1. 受托人约定，获得了特定研究开发成果的情形，不迟延地向国家报告其主旨；

2. 受托人约定，为公共利益，国家有特殊需要说明理由提出要求的情形，无偿将使用专利权的权利许可给国家；

3. 受托人约定被认为在相当期间未有效使用专利权，并且没有正当理由在相当期间未有效使用专利权的情形，为促进有效使用专利权，国家有特殊需要说明理由提出要求的情形，许可第三人使用专利权的权利；

4. 拟同意设定或者移转政令规定的移转专利权或者利用专利权的权利时，除根据合并或者分割移转的情形及政令规定的不能给专利权的活用造成障碍的情形外，事先约定受托人接受国家的同意。

前款的规定，准用于在国家提供资金指定其他法人开展技术研究与开发，并且该法人委托研究与开发全部或者部分的情形，法人与研究、开发受托人的关系；国家提供资金使其他法人进行软件开发，并且该法人将开发的全部或者部分使他人承包的情形，该法人和开发承包人的关系。

前款的法人拟要求前款准用第 1 款第 2 项或者第 3 项的许可时，应当按照国家要求进行。

第五编　重整产业活力和革新产业活动的特别措施法(节选)

1999年8月13日法律第131号

最新修改:2011年6月27日法律第44号

【促进大学和产业技术研究法人技术研究成果向民间经营者转移】

第55条　为有利于经营者重建经营、有效再利用经营资源、融合经营资源、革新资源生产效率、创业以及中小企业家顺利开拓新经营,文部科学大臣和经济产业大臣应当努力通过转让研究成果的专利权和获得专利的权利以及其他行为,积极推进促进大学、高等专科学校、大学合作组织(本款以下称为"大学")的技术研究成果向民间经营者转移的对策。在这种情形,必须充分注意大学学术研究的特性。

为有利于经营者重建经营、有效再利用经营资源、融合经营资源、革新资源生产效率、创业以及中小企业家顺利开拓新经营,产业技术研究法人[是指《产业技术能力强化法》(2000年法律第44号)第2条第3款规定的产业技术研究法人。以下在本款相同]的主管大臣[在产业技术研究法人是《独立行政法人通则法》(1999年法律第103号)第2条第3款规定的独立行政法人的情形,是指同法第68条规定的主管大臣,在产业技术研究法人是《地方独立行政法人法》(2003年法律第118号)第2条第1款规定的地方独立行政法人的情形,是指同法第6条第3款规定的设立团体]应当努力通过转让研究成果的专利权和获得专利的权利及其他行为,积极推进促进产业技术研究法人技术研究成果向民间经营者转移的对策。

【专利费的特别例外】

第56条 获得《促进大学技术研究成果向民间经营者移转法》(1998年法律52号)第4条第1款承认的人(包括获得同法第5条第1款变更的承认。在第57条及附则第4条称为"承认经营者"),实施同法第2条第1款的特定大学技术转移经营(在下一条和附则第4条称为"特定大学技术转移经营")时,特许厅长可以根据政令规定,减免根据《专利法》(1959年法律第121号)第107条第1款规定的第1年到第10年每年的专利费,或者延缓缴纳。

【请求审查申请手续费的特别例外】

第57条 在批准经营者实施特定大学技术转移经营时,特许厅长可以根据政令规定,对其自己的专利申请减免根据《专利法》第195条第2款规定应当缴纳的请求审查申请手续费。

第六编　提高中小企业制造品基础技术法(节选)

2006 年 4 月 26 日法律第 33 号

最新修改:2011 年 6 月 8 日法律第 63 号

【专利费的特别例外】

第 9 条　按照认定计划实施的特定研究开发成果的专利发明(限于认定计划中,自特定研究开发实施期间届满日起计算,在 2 年内申请的)或者为实施专利发明按照认定计划继受专利权或者获得专利权利的专利发明,根据《专利法》(1959 年法律第 121 号)第 107 条第 1 款的规定应当缴纳第 1 年到第 10 年每年专利费的人是开展特定研究开发的中小企业家时,特许厅长可以根据政令规定减免专利费,或者延期缴纳。

按照认定计划实施的特定研究开发成果的发明(限于认定计划中,自特定研究开发实施期间届满日开始计算,在 2 年内申请的)或者为实施发明按照认定计划继受获得专利权利的发明,对其自己的专利申请请求审查申请的人是开展特定研究开发的中小企业家时,特许厅长可以根据政令规定,减免根据《专利法》第 195 条第 2 款的规定应当缴纳的请求审查申请手续费。

【国家的对策】

第 10 条　为促进中小企业提高特定制造品基础技术,国家应当努力采取对策,通过综合推进中小企业家和大学、高等专门学校的合作,培养人才、正确保护和活用知识财产、改善研究开发成果处理的交易惯例,以及采取其他必要对策。

【法律责任】

第14条 不进行第12条规定的报告或者进行虚假报告的人，处30万日元以下罚金。

法人的代表人、法人或者个人的代理人、雇员及其他员工，在法人或者个人的业务中作出前款犯罪行为时，除处罚行为人外，对法人或者个人科同款的刑罚。

第七编　民事诉讼法(节选)

1996年6月26日法律第109号
最新修改:2012年5月8日法律第30号

【专属管辖权】

第3条之5　知识产权[是指《知识财产基本法》(2002年法律第122号)第2条第2款规定的知识产权]中,关于是否存在根据注册产生的权利或者效力之诉,已在日本注册时,管辖权专属日本法院。

【专利权等诉讼的管辖】

第6条　专利权、实用新型权、布图设计专有权、计算机程序作品作者权利的诉讼(以下称为“专利权等诉讼”),根据前二条规定,如果下列各项法院应当具有管辖权的情形,其诉讼分别专属在各项规定的法院管辖:

1. 位于东京高等法院、名古屋高等法院、仙台高等法院、札幌高等法院辖区内的地方法院,东京地方法院;

2. 位于大阪高等法院、广岛高等法院、福冈高等法院、高松高等法院辖区内的地方法院,大阪地方法院。

专利权等诉讼根据前二条的规定位于前款各项列举法院辖区内的简易法院具有管辖权的情形,也可以分别在各项规定的法院提起诉讼。

第1款第2项规定的法院作为第一审完结的专利权等诉讼,对判决的上诉,由东京高等法院专属管辖。但是,根据第20条之2第1款规定已移送诉讼之诉,对于诉讼判决的上诉,不在此限。

【外观设计权诉讼的管辖】

第6条之2 外观设计权、商标权、作者的权利(计算机程序作品作者权利除外)、出版权、著作邻接权、品种权的诉讼或者因不正当竞争[是指《反不正当竞争法》(1993年法律第47号)第2条第1款规定的不正当竞争]侵害营业利益的诉讼,根据第4条或者第5条的规定,下列各项列举的法院具有管辖权的情形,也可以分别在各项规定的法院提起诉讼:

1. 前条第1款第1项列举的法院(东京地方法院除外),东京地方法院;
2. 前条第1款第2项列举的法院(大阪地方法院除外),大阪地方法院。

【在合并请求中的管辖】

第7条 一个诉讼中提出数个请求的情形,可以根据第4条到前条(第6条第3款除外)的规定,向对其中一个请求有管辖权的法院提起诉讼。但是,由数人或者对数人的诉讼,限于第38条前段规定的情形。

【专利权诉讼的诉讼移送】

第20条之2 专利权之诉的诉讼即使根据同款规定是专属管辖,因缺乏在诉讼中应当审理的专业技术及其他情况,为避免显著损害或者延迟而认为有必要时,第6条第1款各项规定的法院也可以根据申请或者用职权,向如果根据第4条、第5条或者第11条的规定则应当具有管辖权的地方法院移送全部或者部分诉讼,或者向如果根据第19条第1款的规定则应当接受移送的地方法院移送。

在提起第6条第3款上诉的情形,根据缺乏上诉审应当审理的专业技术事项及其他情况,为避免显著的损害或者迟延认为有必要时,东京高等法院可以根据申请或者用职权,向大阪高等法院移送全部或者部分诉讼。

【知识财产案件中法院调查员的事务】

第92条之8 法院认为有必要时,在案件中可以指派在高等法院或者地方法院开展知识产权案件审理和裁判调查的法院调查员开展下列事务。在这种情形,法院调查员应当接受审判长的命令开展事务:

1. 下列期日或者程序中,为明确诉讼关系,有关事实上和法律上的事项,向当事人提问或者促使举证:

(1) 开庭审理或者审讯的期日;

(2) 为整理争论点或者证据的程序;

(3) 为判断有无义务文书提交或者勘验目的的出示的程序;

(4) 关于整理争论点或者证据的事项及进行其他诉讼程序,对必要事项开展协商的程序。

2. 在调查证据期间,向证人、当事者本人或者鉴定人直接发问;

3. 在尝试和解期间基于专业知识进行说明;

4. 就案件向法官发表意见。

【知识财产案件中法院调查员的排除和回避】

第92条之9 从第23条到第25条的规定,准用于开展前条事务的法院调查员。

开展前条事务的法院调查员在被申请了排除或者回避时,到申请的决定生效前,法院调查员不能参与被申请的案件。

第八编　破　产　法(节选)

2004 年 6 月 2 日法律第 75 号

最新修改:2012 年 3 月 31 日法律第 16 号

【破产管理人的权限】

第 78 条　决定开始破产程序后,行使管理和处分属于破产财团财产的权利专属于法院选任的破产财产管理人。

破产财产管理人作出下列行为必须获得法院许可:

1. 任何出卖不动产物权、应当登记的日本船舶或者外国船舶;

2. 任何出卖矿业权、渔业权、专利权、实用新型权、外观设计权、商标权、布图设计专有权、品种权、著作权、著作邻接权。

……

没有得到第 2 款许可所为行为无效。但是,不能以之对抗善意第三人。

破产管理人在拟作出第 2 款各项列举行为时,除有可能产生延迟的情形或者有第 3 款各项列举的情形,必须听取破产人的意见。

第九编　消费者基本法(节选)

1968年5月30日法律第78号
最新修改:2012年8月22日法律第60号

第7条　消费者在消费生活中,自己必须努力进步,自主合理地采取行动,学会必要知识,收集必要信息。

消费者在消费生活中,必须努力注意合理保护环境和知识产权等。

附录

附录一　知识财产战略大纲

2002 年 7 月 3 日

知识财产战略会议

序　　言

日本面临的经济环境依然严峻,对未来陷入迷茫,客观形势要求我国提高国际竞争力,使经济、社会整体充满活力。为此,我国必须在科学技术和文化等广泛领域充满丰富的创造性,将其成果与产业的发展和国民生活水平的提高相结合,建立世界上屈指可数的经济、社会体系的"知识财产立国"。为立即实行面向目标的各种改革,面向实现"知识财产立国",在此制定政府基本构想的知识财产战略大纲。

1. 创造信息的时代

第二次世界大战后,我国经济高速增长的原动力是国民勤劳和重化工业,加之以加工组装型产业为中心的"制造产品"优势。其基础是引进、改良欧美技术，充分发挥稳定团队的作用，在现场提高生产技术的日本式生产体系。

但是，源于亚洲各国以低廉劳动成本和提高生产技术开展竞争、全球信息化的发展，日本需要摆脱旧有成功的经济模式，探索新的成长模式。也就是说，需要将经济、社会体系从最适应加工组装型和大量生产型的原有制造产品体系，向同时适应创造高附加值的无形资产体系转变。在加工组装型的制造产品中，重要的要素是取得默契配合，但是，对创造发明和作品等信息来说，关键是个人自由构想。为开创我国光明的未来，不可缺少的是在所有方面坚决实行重视创造性环境的改革。本改革是为构建21世纪新型文明的国家事业。

我国必须立足于上述视点，谋求国际协调实施知识财产战略大纲，加强产业的国际竞争力。

2. 信息化时代和“知识财产立国”

所称“知识财产立国”，是指明确尊重发明和创作这个国家方向，在制造产品的基础上，增加技术、设计、品牌、音乐、电影等文化产品有价值的“制造信息”，即通过将创造无形资产作为产业基础，保证我国经济、社会再次充满活力这种蓝图的国家战略。在其实现中，与再构建制造品基础一起，应对经济活动全球化和信息化的发展、雇佣流动化等，激发政府、大学、企业、个人等所有层次的知识创造活动，同时，需要将作为其结果获得的发明和作品等成果作为知识财产妥当保护，作为产品、服务附加值的源泉，构建有效活用的经济、社会体系。

为通过创造丰富的知识财产，并加以保护和活用，实现我国经济、文化可持续发展目标，构建新的经济、社会体系，必须对积极地创作、活用发明和作品过程中产生的所有课题，以法律为主的各种制度和官民习惯，从零开始审视追求应有的风采。为通过初等和中等教育推进形成有创造性人格，在企业和大学推进知识财产创造的战略性投入、培养专门人才、保护和活用优秀发明成果，行政机构应当努力完善知识财产相关法制、税制和知识财产信息基础设施，同时，必须不断地认识其也是知识财产相关行政服务的提供者。为完成在司法领域的各项改革、应对海外仿冒品盗版，需要在广泛领域投入，推进积极的外贸和外交政策。

3. 制定知识财产战略大纲

为今后进一步推进创造及合理保护、活用成为我国国家财富源泉的知识财产,本大纲以我国经济、社会充满活力为目标,阐明具体的改革工程,明确实现“知识财产立国”的路径,进一步表明政府开创我国光明未来的决心,其实现要求国民各阶层的理解和参与。今后,政府根据本大纲,以2005年为目标,集中有计划地实施知识财产制度改革。

第一章 现状和课题

第一节 担心产业竞争力下降升高

第二次世界大战后,我国以从欧美引进基础技术、进行改良和卓越的生产现场适应能力为背景,通过向世界大量供给价廉物美的产品,获得了史无前例的繁荣。但是,近年,因高劳动成本等重要原因,附加值低的产品、服务迅速失去竞争力,对我国产业国际竞争力降低的忧虑激增。为消除这种担心,现在,需要新的国家战略。

即使我国产业处于高度迷茫中,但也能看见诸如在汽车、精密机器领域,不少企业以独有技术为武器在世界市场获得高市场占有率,提供产品、服务,并且,动画片和娱乐软件等文化产品产业获得世界高度评价。

我国物质资源缺乏,劳动成本高,作为使经济、社会再次充满活力的战略,不可缺少的是从知识财产立国的视点,战略性地创造、保护、活用以优秀发明、制造诀窍、设计、品牌、音乐、电影、广播节目、动画片、娱乐软件为主的文化产品,创造出财富。

第一任商标局长和专利局长高桥是19世纪末考察的美国,目睹了美国专利局各种制度、专利律师劳作的身影。他在自传中大为感动地写到:“在美国,财产中知识财产最受重视。日本也应当保护它们。”

21世纪,我国应当通过真正重视知识财产找到经济出路。当务之急就是建立实现它的蓝图。本大纲具体阐明的知识财产立国战略是迅速地创造出高质量的知识财产,充分发挥其作用,与国家财富相结合。

完善产生知识财产的机制,建立起能正确地评价知识财产的环境,而且,如果出现流通知识财产,在社会广泛活用的话,则创造出通过再投资创造新知识财产的力量。对开拓日本的未来来说,不可缺少的是进一步深化知识创造周期良性循环的改革。

21 世纪,在世界范围我国要继续占有稳固的地位,需要将实现知识财产立国规定为国家目标,为此目标分秒必争地坚决实施综合对策。

第二节 面向确立知识创造周期

与“物”有异,“信息”具有极端容易被仿冒的特质,并且,因为不存在因使用而消耗的现象,所以可以被许多人同时使用。特别是知识财产具有如不活用其价值就显著减少的性质,构建保护和活用体系对建立知识创造周期来说是不可缺少的。因此,在 21 世纪,为将信息作为我国的重要财富,必须通过法律强有力地保护信息。但是,仅简单地在法律中规定是不够的,需要通过审判富有实效地保护。若不通过合同和技术开发建立能征收合理对价的富有实效的体系,将弱化对产生独创知识财产的激励,同时,出现隐匿已创造的信息,结果导致知识财产产生的财富大大减少。知识财产不是从“物”的所有权着眼,而应当是通过构建保护和活用考虑信息特质的体系,与知识创造周期的更大循环相结合。

完善创造高质量知识财产的机制,妥当保护知识财产,在全社会活用知识财产,通过再投资进一步产生创造知识财产的力量,如果知识创造周期以高速扩大循环,则知识财产产生巨大利益,成为经济、社会发展的强大发动机。

但是,我国的现状不能说可以满足知识创造周期。以专利为例,我国企业积极申请专利,国内申请在全世界是最多的。现状是尽管全球竞争处于白热化状态,但是,同时适用欧美的专利申请少。不仅担心专利申请,也担心在上游研究开发阶段的战略性应对不充分。近年,虽然通过技术转移机构(TLO)的活动,大学对取得专利和转移技术的意识正在增强,但是,水平尚不及美国。

专利审查的速度也没有达到美国的水平,即使侵害权利时的救济也有改革的余地。我国需要致力于改善知识财产诉讼,在此基础上,着眼于充实诉讼外纠纷处理手段。促进活用知识财产和充实支撑知识创造周期的人才也是极为重大的课题。

第三节　重视竞争政策的重要性和表达自由

强化知识产权是信息化时代的必然,国家应当推进,但是,在加强权利的同时也伴随弊端。作为伴随加强权利的具体弊端,一般认为,由垄断或者滥用优势地位产生的竞争上的弊端与表达自由等现代社会具有的基本价值相抵触。今后,在谋求加强权利的过程中,产生了弊端时有必要迅速清除弊端。

清除竞争弊端,不可缺少的是按照需要加强以反垄断法为核心的竞争法。在美国,反垄断法也完全适用于知识产权垄断,它产生竞争,结果促进了新产业的发展。我国也必须均衡妥善应对。

知识财产法是承认垄断使用信息的制度,但是,在过度保护时,有可能与学术研究自由、表达自由等现代社会具有的基本价值相抵触。在完善知识财产制度时,必须注意这些基本价值,目标是获得制度平衡。

大学既要回应对创造、活用知识财产的期待,又绝不能忘记同样需要教育、基础原理研究。

第二章　基本方向

根据上述对现状的认识,为实现知识财产立国,面对知识创造周期的各种局面,在知识财产"创造""保护""活用"和支持它们的"人力基础的充实"四个领域推进战略性应对。

第一节　创造战略

一、大学、公共研究机构创造知识财产

大学曾被誉为"象牙塔",其必须自己凤凰涅槃产生知识财产的体制。大学虽然产生优秀的发明,但是通过将其权利化,将其成果回报社会的体制尚不完备。教师的意识是热衷于研究,很少关心将其成果回报社会。近年,在设立为数众多的技术转移机构(Technology Licensing Organization, 简称"TLO")后,这种状况逐渐地发生变化,但是,和美国比较仍处于不充分的状况。

因资金的制约等,企业难于自费开展引领技术革新快速进步的基础研

究，所以，更期待大学、公共研究机构实现与取得基本专利相结合的革命性突破和创造新技术、新产业。因此，为大学、公共研究机构进行世界水平的研究开发，更快产生知识财产，需要完善环境。必须将已经生产出来的成果权利化，确立回报社会的体系。确立这种创造和活用研究开发成果的体系，培养大学设立的风险企业成为巨大力量，有利于经济充满活力。为此，从着手研究阶段开始，瞄准经济、社会中活用的目标，面向实用化，致力于大学和公共研究机构与企业等协作，实施最主要的研究项目，同时，为研究开发和取得知识财产，必须完善能够活用专利信息的环境。另一方面，根据研究内容，不一定要优先将其成果权利化，而是需要考虑全社会享受其成果，有利于科学技术进步。

大学、公共研究机构的研究人员不应当仅以获得报酬为目的进行研究，但是，例如，只要不获得诺贝尔奖等就难为公众所知。众多的年轻人如果不知道研究人员是何等优秀的人，则担负我国将来的未来一代就不抱有要成为研究人员的理想。需要认识到如同棒球和足球明星使众多的人感动一样，产生了杰出成果的研究人员和发明人给社会带来了巨大希望和可能性。

评价大学、公共研究机构研究人员的业绩，也应当考虑创造知识财产和转移成果、推广活动等实绩后作出评价。国立大学已法人化，知识财产原则上归属机构。为报答发明人的努力，必须对发明人及其研究经费给予丰厚回报。

二、企业创造、取得、管理战略性知识财产

在世界上，我国申请专利最多，几乎都是由企业提出申请。但是，与欧美相比，突出的倾向是申请多数重视国内，向外国申请的比例少。特别是在生命科学等尖端技术领域的专利申请，虽然已认识到其成为国际竞争力的源泉，但是，质和量都不充分。对我国企业来说，今后，当务之急是认识到战略性应对全球化竞争，促进能够担负国际竞争的高水平发明创造，促使企业紧急应对发明，在全世界获得专利，同时，政府应当扩充日本版“拜杜制度”，充分完善环境。

关于职务发明制度，进一步提高企业研究人员进行发明的积极性，同时，尽快稳定权利关系。从怎样有利于加强企业竞争力的观点出发，在 2003 年形成了职务发明制度的共识。

三、培育创造性的教育，充实人才培养

尖端技术创新事关从我国不断产生核心发明，它是我国经济、社会活力的源泉，其基础是人力资源。首先，需要培育产生优秀知识财产的人才，为使世界水平的研究人员能人才辈出，当务之急是从初等和中等教育直到高等教育，为实现培育创造性教育采取系列措施。有关动画片和娱乐软件，我国有能力产生在世界屈指可数的获得高度评价的作品，但是，为今后继续向全世界提供优秀数字化文化产品，必须切实保持其基础。为此，必须从小学初期阶段开始开展致力于培养自由构思、培养重视创新的教育，此后，必须通过适合年龄的知识财产教育，构建尊重独创性和个性的文化环境。特别是需要从夯实担负创造知识财产人才、创造核心发明基础出发，充实初等、中等教育，推进培养创造意识的教育。

大学、研究生院开展重视培养富有创造性研究人员的教育，同时，努力完善年轻研究人员自主潜心研究的环境。为进一步使研究开发活动充满活力，在研究机构引入任期制的同时，在录用时应当普及、扩大公开招聘等研究人才的流动化。为牢固确立我国在世界的地位，对于振兴我国科学技术来说，在重要但人才不足的新型研究领域和加强产业竞争力的所需领域，需要国家培养能适应该领域的人才。应当研讨对策，使富有创造性的研究人员不仅在大学，而且在产业界、公共研究机构等各种部门能够施展才华。

第二节　保 护 战 略

为确保激励创造知识财产，合理保护是不可缺少的。为此，必须使制度本身和在行政机构、法院的运行便于使用，具备使用人信任的专业化、稳定化。行政机构和法院需要深化认识，明确自己是知识财产立国的服务提供者。必须应对技术革新加快和白热化的国际竞争，在国际协调下，合理保护尖端技术领域的知识财产。

一、迅速准确的专利审查、复审

专利申请量的急增是世界趋势，世界各国特许厅正推进完善审查体制。但是，因审查时间漫长，非常担心影响权利的成立和行使。在专利审查方面，需要根据使用人的需要开展准确稳定的授权，同时，无论如何要使审查期间达到国际水平。为此，决定致力于推进实施最低限度在国际上看也不逊色的

迅速准确专利审查。燃眉之急是在2002年制定到2005年的计划，同时，进一步提高效率，采取包括完善审查体制的综合对策。为避免各国重复审查，致力于在谋求审查互助的同时，通过《专利法》和专利审查标准的国际协调，进一步推进相互承认，希望最终实现世界专利体系。为此，2002年，作为实现的第一步，应当研讨日美特许厅合作，两国相互利用申请专利的调查结果、审查结果。

复审制度方面，迅速准确地公布复审决定能够减少纠纷处理的负担，因此，需要根本改革制度的最佳状态和实施体制。企业的知识财产相关活动方面也应研讨必要对策，从经营战略出发，要由追求总量的增加到以高价值为目标，促使转变其基本态势。

二、著作权的妥当保护

应当根据国际互联网的普及研讨著作权制度保护的最佳状态。今后，数字化信息成为极为重要的财产，其最大的特色是能极其容易而廉价地复制、修改。计算机程序、音乐、电影、广播节目、动画片等数字化信息如果不实施强有力的保护，则不能建立数字化文化产品产业。我国《著作权法》对国际互联网的应对，在国际上看处于极高水平，对数字化文化产品给予法律保护。但是，在国际互联网上流通的情形，看到的典型是出现了数字化信息本身脱离原介质书和唱片等有体物流通，产生的结果是任何人都可以复制、加工、传播信息。由此，产生的情况是信息使用人太多，即使具有权利但实际行使权利也极为困难，确保权利行使的实效性成为重大课题。根据新状况，今后，为保障实效性，实现公平保护权利人和使用人，应当确立开发有效的安全技术、改善诉讼制度、构建顺利处理权利的合同体系、妥当保护数字文化产品等机制。

三、加强保护商业秘密

商业秘密在我国企业经营活动中的重要性正进一步增强，企业的商业秘密向国内外其他竞争企业泄露的案件增加，损害了企业的竞争力。为此，需要在2003年定期国会提出反不正当竞争法修正法案，就不正当取得商业秘密加强民事救济措施并应引入刑事责任，同时，考虑并研讨对人才流动的抑制效果等以及伴随它们可能产生的问题。我国充分认识审判公开原则，但在裁判中公开商业秘密反而对权利人产生不利，所以，在现实中有关商业秘密的诉讼少。审判公开是宪法要求，但是，如果对此问题视而不见，则商业秘密在裁判中就不能得到妥当保护。现在,商业秘密在产业界的重要性正在升高,应当采取必要对策,使我国商业秘密的保护水平不低于欧美。

四、加强纠纷处理基础

发生知识财产纠纷时,最后保障是法院(司法)。对司法的信任就是支撑我国知识财产制度的基础。司法救济如果是妥当充实,则有利于防止侵害,并事关许可谈判活跃和活用知识财产。为此,2003 年的定期国会提出必要法案,大力投入,充实能充分发挥审理功能的程序和体制,创建实质性的"专利法院"。在已推进的司法制度改革中加以研讨,根据知识财产纠纷的特征,进一步加强应对。具体来说,有关专家的参与,在一般性的专业委员制度之外,需要进一步充实现在配置在东京地方法院等知识财产专业庭的调查员制度。

应当与诉讼制度的改革相协调,加强仲裁等诉讼外纠纷处理程序(ADR)。

五、加强海外和国境保护

海外仿冒品和盗版等侵害知识产权产品给我国经济造成的损失极其巨大,担心将其置之不理的话,损失将进一步扩大。既然我国以知识财产为基础谋求发展,今后则不能放任国际市场的仿冒技术、设计、品牌等和违法复制(盗版)音乐、电影、广播节目、娱乐软件等。这个时候,应当考虑需要大规模有组织工业规模的生产仿冒品,也需要考虑如果有个人计算机甚至个人也能制作盗版品等各种产品的特性,研讨侵害权利的有效对策。政府必须继续关注发生侵害国家的中央政府和地方政府,最大限度地行使和创设世界贸易组织(WTO)同时生效的"与贸易有关的知识产权协定"(TRIPS 协定)中赋予的权利,使其发挥强大的功能。特别是在 WTO 成员大量制造、流通仿冒品盗版的情形,应当最大限度活用 WTO 评议机制,努力监视侵害发生国的制度及其运用,同时,对非 WTO 成员也应当通过两国间谈判等迫使其加强保护知识财产。

为在国境有效地阻止在海外生产的侵害知识产权产品,至迟到 2004 年前,需要完善国境措施的法制和运用的对策。

积极参与世界知识产权组织(WIPO)有关知识产权执行的讨论,努力加强国际仿冒品、盗版的对策。同时,在海外,大力保护我国企业的商业秘密。

在开展工作时,必须积极有效发挥派驻各国的日本大使馆和总领事馆、日本贸易振兴会(JETRO)等政府机构的作用,在两国谈判、多国协商时保护我国产业界和国民的利益。

伴随在全球范围竞争白热化和信息传播技术的发展,应当从要求知识财产国际保护水平合理化和制度间协调出发,致力于通过两国、多国框架,推进建立新的国际规则和支援发展中国家完善制度。

第三节 活用战略

一、推进大学、公共研究机构活用知识财产

大学和公共研究机构应当担负责任,产出企业研究开发难于产生的创造性发明并将它们回报给社会,但是,这种功能并未充分发挥。为实现知识财产立国,不可缺少的是完善能充分发挥这种功能的机制。从培育优秀风险企业的观点看,大学和公共研究机构应当作为发源地发挥巨大作用。

近年,我国大学的专利申请量、授权量大幅度增加,但是,我国大学技术许可量停留在约美国的百分之一,专利授权量停留在约美国的1/20,必须大幅度改善对知识财产的投入。为此,大学要建立产出优秀发明、诞生以其知识财产为基础的有活力的风险经营、产出发挥尖端技术作用的竞争力强的新产业流,必须和TLO联合,2003年前在全国数十所主要国立、公立、私立大学开始完善“知识财产本部”,强化知识财产的取得、活用体制。在大学投入自身改革的同时,迅速改变大学面临的环境。为活用知识财产和其顺利流通,不可缺少的是研讨迅速重新审视各种制度等必要措施。

二、知识财产的评价和活用

企业价值评价对象持续转向在资产负债表等各种财务报表中没有记载的“看不见的资产”,特别是公认知识财产的比重不少。但是,在经营者中,不少人认为,只要不发生诉讼等纠纷就不太关心专利和作品等知识财产。极为重要的是变革这种轻视知识财产的意识。特别是将创造的知识财产作为产品、服务进行经营,在社会有效活用时,需要支援经营支柱的中小企业、风险企业和个人活用知识财产。对整个经济、社会来说极为有益的是大企业积极广泛开放本公司未活用的专利等,促进中小企业活用,为此,需要完善能这样流通知识财产的环境。

金融机构不应当仅评价土地和设备这种记载在资产负债表、看得见的资

产范围的企业价值,而应当积极致力于供给以知识财产作担保的资金,为推进它,必须迅速确立知识财产的准确评价方法。对于没有大量不动产等固定资产的风险企业来说,技术和产生出技术的人才就是唯一资产。如果不完全公开知识财产经营活动,不通过金融机构等准确评价企业具有的潜在价值,不向具有发展潜力的企业供给充足的资金,社会则有可能浪费技术。

在我国,存在创作时和利用时没有充分发挥合同体系功能的情况,所以,给顺利利用作品造成诸多障碍。包括现在尚未被活用的个人作品,为促进作品的顺利流通并积极活用它,应当构建合同体系和权利人意思表示体系。

第四节　充实人力基础

是人支撑了所有的制度。对实现知识财产立国来说,当务之急是培育创造知识财产的中坚人才,培养提供权利化和纠纷处理、知识财产许可合同等高水平专业服务的专家。美国司法判决中典型案例多成为国际范本,其原因在于美国是世界最大市场,加之有为数众多的高水平专业司法实务人员。与之相反,我国的律师、知识产权代理人无论是在数量还是在质量上都明显落后,需要大幅度加强。

现在,以 2004 年 4 月开始入学为目标,正迅速设计法学研究生院的制度,为培养支撑知识财产立国的专家,期待充实法学研究生院的知识财产法教育,诞生以知识财产领域为重点的法学研究生院。为培养擅长知识财产的司法实务人员,需要以知识财产法为中心,加强各种商业法律领域的教育。为此,从促进产生重视有这些特色的法学研究生院的观点看,在制度设计上要求法学研究生院通过自主创新,发挥独特性和多样性,以知识财产法为主,将商业法律领域作为新司法考试的选择科目,完善培养专门人才的环境。如果完善这样的环境,就自然产生擅长知识财产的司法实务人员。

为将在大学和公共研究机构创造的知识财产作为事业而获得成果,需要既具有专业技术知识又具有洞察从技术研究开发到商业化并进行管理的知识和能力的人才。但是,在我国,这种人才未必多,基于此,必须努力创设如美国技术经营学(MOT)的技术经营专业课程,通过充实技术专业学生经营和法律的教育,进行人才培养,同时,完善 TLO 体制,扩大其活动范围。

第五节　确立实施体制

知识财产战略会议之所以由内阁总理大臣召集召开，是因为建立知识财产立国的对策关系到众多行政机关，需要迅速统一推进重点对策。本会议通过知识财产战略大纲后，必不可少的是扎实顺利实施并完善体制。为此，应当至迟在2003年定期国会前，在进行必要研讨的基础上，提交“知识财产基本法（暂称）”，规定将充满活力的知识创造周期这种理念作为国家目标，同时，设置在相关府省合作下具有强力扎实实施知识财产战略大纲功能和责任的“知识财产战略本部（暂称）”。

第三章　具体行动计划

以2005年为目标，就创造、保护、活用知识财产和充实支撑它的人力基础，集中有计划地致力于研究以下课题。今后，在推进改革的过程中可能增加和充实应当致力研究的课题。

第一节　推进知识财产创造

在实现“知识财产立国”方面，极为重要的是大学、公共研究机构、企业等谋求从研究开发中增加创造知识财产。为此，重要的是根据科学技术基本计划，与核心技术相结合推进产生专利的创造性研究开发，同时，提高研究人才的流动性和多样性，以研究设施为主，完善创造性研究开发环境，推进各项研究开发。

一、推进大学创造知识财产

（一）推进重视创造知识财产的研究开发

1. 在大学推进重视创造知识财产的研究开发

为得到企业的参加并战略性集中地创造、活用知识财产，2003年前，在大学、公共研究机构构建从基础研究阶段到研究成果的应用、技术转移阶段连贯实施的研究开发制度。

为经济、社会可持续发展，立足于中长期目标，继续推进成为知识财产基础的研究成果和支撑经济的技术创新等发挥突破作用的基础研究，同时，在

2002年以后增加科学研究费补助金等竞争资金。

在2003年前，通过加强系统性收集研究信息的体制和大学、学会协会等发布研究信息的功能，完善促进研究信息国际交流机制，促进研究开发成果和研究论文的流通。

将向社会说明研究内容和成果规定为大学、公共研究机构及其每个研究人员的基本责任义务。在2002年以后，通过研究机构的一般开放、公开讲座、国际互联网、学会协会等，增加相互交流信息的机会，充实国民和研究人员双向互动。（以上综合科学技术会议、文部科学省、相关府省）

2. 活用研究开发中的专利信息

为高效推进研究开发，完善环境，2003年以后，在研究开发的实施阶段，通过将检索论文等系统链接到专利检索系统，研究人员能够便捷检索专利信息和与此相关技术信息，同时，推进完善更有效率活用专利电子图书馆、民间专利信息在线服务检索工具、文献数据库服务。2002年起，综合科学技术会议和科学技术政策相关行政机关，在政策起草和评价中规定战略性活用国内外专利信息，在批准重点研究课题时充分关注从专利信息发现的研究成果产业化的可能性。为此，综合科学技术会议等加强和特许厅的合作，搞好知识财产信息的调查、分析等。（综合科学技术会议、文部科学省、经济产业省、有关府省）

（二）在研究开发评价中活用知识财产

1. 评价指南的制定、适用

根据将专利活用状况作为评价项目之一制定的“国家研究开发评价大纲指南”，2002年内在各省制定研究评价指南，包括研究人员的业绩评价，在推进评价的基础上，努力将取得专利状况等知识财产项目作为评价指标并进行活用。大学、公共研究机构等尽早适用或者准用该研究评价指南。由于研究的不同，不一定优先进行成果权利化，也要照顾到全社会享受其成果有利于科学技术进步的情形。（综合科学技术会议、有关府省）

2. 增加公开招标研究费的申请项目

按照科学研究补助金及其他公开招标研究经费各种制度的目的和作用，2002年起，从可能的开始，通过逐渐在各种公开招标制度格式文书中设置记入申请人取得专利内容的栏目，在批准研究课题方面，将创造知识财产和发表论文同时作为评价的参考。（综合科学技术会议、有关府省）

（三）激励研究人员

2002年内，以撤销发明补偿金上限和增加金额为宗旨，制定国立大学

（包括大学合作组织。以下相同）共同守则，同时，法人化后的国立大学和研究开发型独立行政法人在完善各自的守则时，规定向发明人个人支付合理发明补偿金。建立多种激励，如按照知识财产创造活动的业绩优先分配研究经费。（综合科学技术会议、文部科学省、经济产业省、有关府省）

（四）确保取得知识产权所需费用

1．确保专利申请、维持等经费

为促进大学、公共研究机构、TLO知识财产权利化，今后（国立大学与法人化一致），努力确保2003年以后制作专利申请说明书和知识产权代理人费用、国外申请和国际（PCT）申请费用、专利维持费用等必要而充足的经费。

即使是国立大学法人化前，也通过TLO推进活用归个人的专利，并努力确保国外申请、国际（PCT）申请的费用。（综合科学技术会议、文部科学省、经济产业省、有关府省）

2．大学专利相关费用的处理

包括既有独立行政法人专利相关费用的处理，推进研讨独立行政法人化的研究开发型特殊法人和法人化后国立大学合理的专利相关费用的最佳状态，2002年内得出结论。（经济产业省、有关府省）

（五）为取得、管理知识产权完善人才和体制

1．加强知识财产管理功能

为从研究开发实施阶段开始发掘知识财产和实施权利化，从2002年开始，在大学、公共研究机构逐渐推进充分发挥知识产权代理人和民间专家作用，同时，加强产学官联合组织的功能。在2003年前，全国数十所主要国立、公立、私立大学率先和TLO联合，充分发挥具有丰富企业经营经验等民间人才的作用，开始完善综合支援创造和活用知识财产的“知识财产本部”等。（综合科学技术会议、文部科学省、经济产业省、有关府省）

2．提高研究人员和事务职员对知识财产的理解

为提升大学、公共研究机构研究人员对知识财产的理解和意识，提高事务职员的知识财产管理能力，2002年以后，向大学派遣专家，同时，举办各种知识财产研讨会。（综合科学技术会议、文部科学省、经济产业省）

（六）明确研究开发成果的处理规则

1．明确研究现场的共同发明人

在2003年内，大学的发明委员会要在各大学的发明守则中，载明包括大学生，明确规定共同研究人员范围，并广为周知。鼓励在申请时明确规定各发明人的贡献程度。（综合科学技术会议、文部科学省、经济产业省）

2. 研究开发成果物的妥善管理

2002 年内,包括大学、公共研究机构、TLO 的研究工具和研究材料等研究开发成果的处理,明确规定其归属和促进在研究开发场所的广泛使用、产业利用的规则,并广为周知。(综合科学技术会议、文部科学省、有关省府)

(七) 支援知识产权取得程序

为支援战略性专利申请和取得权利,推进加强大学、TLO 的知识财产管理功能,同时,为支援活用论文的专利申请,2002 年内,在大学、TLO 普及特许厅开发的个人计算机申请软件。(综合科学技术会议、文部科学省、经济产业省)

(八) 完善研究设施,改善研究环境

2002 年以后,为改善产生创造性研究开发成果的环境,推进完善大学老化陈旧、功能单一的重点设施、设备,同时,充实与地区紧密结合的教育和培育适应地区需求的人才、产学官联合、创出新经营,促进研究开发活动,加强地方政府与法人化后的国立大学和研究开发相关独立行政法人的联合。此时,进行研讨与地方政府等的关系和放宽必要限制、改善包括企业向大学捐助等税制的措施环境。(综合科学技术会议、文部科学省、总务省、财务省、有关府省)

二、促进企业创造知识财产

(一) 再研讨职务发明制度

1. 重新审视职务发明规定

2002 年内,调查企业的实际状态、员工意识、各国制度及实际状态。根据其结果,从确保激励发明人的研究开发、减少企业专利管理成本与风险和加强我国产业竞争力的观点出发,根据社会环境的变化,研讨修改的利弊和修改方向,在 2003 年内得出结论。(经济产业省)

2. 明确发明人的定义

在大学、公共研究机构、企业或者由他们公共研究的研究开发现场,源于众多研究人员参与,难于决定发明人,为解决此问题,2002 年以后,调查有无国内判例、各外国判例、各外国指南等,汇集成果,明确规定判断标准。(综合科学技术会议、文部科学省、经济产业省、有关府省)

(二) 扩充日本版"拜杜制度"

1. 充分利用日本版"拜杜制度"

除有特殊情况外,在 2002 年内,全部委托研究开发预算适用国家、特殊法人委托,使研究开发成果的知识产权归属受托人的重整产业活力特别措施法第30条(所谓日本版“拜杜制度”)。(综合科学技术会议、经济产业省、有关府省)

2. 扩大适用日本版“拜杜制度”

美国“拜杜制度”在促进产学官联合方面发挥了重大作用,有鉴于此,为日本“拜杜制度”在我国也能发挥更大作用,采取以下措施:

(1) 国立大学法人化后,通过适用日本版“拜杜制度”,促进知识产权归属大学,促进集中管理和活用大学专利。(综合科学技术会议、文部科学省、经济产业省)

(2) 根据民间合同惯例,研讨为政府承包开发软件等软件开发、伴随其成果的知识产权归属,在2002年得出必要结论。(综合科学技术会议、经济产业省)

(3) 在美国“拜杜制度”中,向在海外生产的第三人授予独占许可证的情形,由行政机构进行审查,有鉴于此,在适用日本版“拜杜制度”时,为取得和它相同的效果,2002年以后,向在海外生产的第三人授予独占许可的情形,引入按照需要行政机关可以审查的机制。(综合科学技术会议、经济产业省、有关府省)

(三) 完善知识财产信息调查的基础

专利信息调查在满足国民多种需求的同时,要提供高附加值的服务,在2002年以后,特许厅逐渐以更加易于使用的形式向民间专利信息提供者提供特许厅保有的数据。与特许厅更新机器一起,以一般公众的普通使用为基础,方便网民访问专利电子图书馆。

2002年内,对包括科学技术基本计划4个重点领域在内的8个领域,包括公布美国、欧洲的授权件数,特许厅开始公布更多的专利申请信息(公告件数、授权件数)。(经济产业省)

(四) 支援创造优秀文化产品

1. 振兴媒体艺术

为进一步振兴我国引以为傲的综合艺术,即以电影为主、动画片和计算机制图等媒体艺术,在2002年,研讨充实重点支援电影制作、推进人才培养、迅速实现及活用影像资料的数字图书化等,在同年内得出结论。(文部科学省)

2. 培育文化产品创作者

在2002年,综合推进开发文化产品制作基础工具、支援文化产品制作、

通过产学合作培育创作人等对策。(综合科学技术会议、经济产业省)

3. 推进战略领域创造文化产品

(1) 2002 年以后,通过官民合作,实施为促进广播文化产品和教育用文化产品等宽带文化产品制作、流通的实证试验,通过促进完善文化产品的安全、稳定流通环境,支援创造适应网络时代的文化产品。(总务省、文部科学省、经济产业省)

(2) 2002 年以后,为推进创造以广播节目为主的优秀文化产品,支援培养文化产品制作人才。(总务省)

(五) 支援创造优秀设计、品牌

为促进创造有魅力的设计和构建品牌,研讨为促进活用特许厅保有的设计、品牌相关信息的对策,到 2003 年末前获得定案。(经济产业省)

三、充实培养创造性教育和研究人才

(一) 培养研究人才和提高流动性、多样性

(1) 与国立大学法人化相一致,为提高教育公务员的流动性、多样性,由大学自主判断,在中期计划中,明确规定积极引入任期制、公开招聘制及录用其他大学、民间人士、外国研究人员、女性研究人员的目标和录用时的照顾等具体办法。(综合科学技术会议、文部科学省)

(2) 根据综合科学技术会议已制定的"提高研究人员流动性基本指南",2002 年以后,尊重各大学、公共研究机构各种自主判断,制定适用任期制和公开招聘制方针的计划。(综合科学技术会议、文部科学省、有关府省)

(3) 从促进我国全体研究人才流动性出发,民间要录用学完博士课程和博士后等有丰富经验的年轻研究人员,继续支援其掌握实务、实践能力。(综合科学技术会议、经济产业省)

(4) 为培养知识面宽、专业水平高,在大学、公共研究机构、企业均能充分发挥作用的研究人才,要广泛研讨对策,在 2003 年初完成,加以实现。(综合科学技术会议、文部科学省)

(二) 推进知识财产教育

1. 在儿童和中学生中推进知识财产教育

2002 年以后,提供普及知识财产意识、创造重要性的教材和辅助教材等,在初等、中等教育中推进知识财产教育,同时,通过对教职员举办知识财产制度研讨会,研究知识财产教育方法,提高教育者有关知识财产制度的知识。(文部科学省、经济产业省)

2. 在全体大学生中推进知识财产教育

2002 年以后,通过提供能掌握可在大学教学中使用的知识财产制度基础知识的教材、派遣宣讲人等,促进开设面向普通大学生的知识财产课程,同时,充实大学知识财产制度讨论课的内容,使学生获得知识财产制度的知识。(文部科学省、经济产业省)

第二节 加强知识财产保护

一、专利审查、复审便捷化

(一) 专利审查的便捷化

(1) 随着审查请求期间的减少,预计审查请求量会激增,在 2002 年内制定到 2005 年的计划。2002 年以后,通过其实施,保持审查质量,防止审查期间漫长,推进减少审查时间。此时,采取综合对策措施,进一步提高效率,通过确保必要审查员,积极活用现有技术调查服务外包和具有专业性的审查辅助职员等完善审查体制,通过启蒙企业等,改革我国申请和审查请求的结构。

(2) 2006 年以后,以世界最高水平为目标,开展迅速、准确审查,进一步提高效率,努力完善审查体制。

(3) 2002 年内,广为周知修改后的优先审查制度,同时,完善体制,就风险企业、中小企业、大学的申请,甚至外国相关申请、实施相关申请,要能处理不断增加的优先审查请求。

(4) 作为电子政府推进对策的一环,到 2004 年末前,在国际互联网上能阅览专利等的申请程序和各种程序文件。(以上经济产业省)

(二) 改革复审制度

(1) 为简化、合理化复审制度,充实其功能,研讨异议申请制度和无效复审制度的关系、修订复审制度的最佳状态、复审和撤销复审决定诉讼的关系等,在 2003 年的定期国会提出所需法案。(法务省、经济产业省)

(2) 为合理解决纠纷,包括以一次性解决纠纷为目标的对策,从广泛的观点研讨侵害诉讼中的无效判断和无效复审的关系等,包括司法裁判程序的最佳状态,在 2004 年末前得出结论。(司法制度改革推进本部、法务部、经济产业省)

(三) 缩短植物新品种审查期间

为提高申请人便利程度,通过完善品种注册事务程序的电子系统,在

2003年内,要能通过国际互联网办理申请程序。

通过完善栽培实验实施机构的体制等,适应新品种育种动向,进行高水平审查,在2005年前,将平均审查期间缩短到3年。(农林水产省)

二、创立实质的“专利法院”功能

（一）集中管辖

（1）为将东京、大阪两个地方法院的专业庭作为实质的“专利法院”发挥功能,决定由东京、大阪两地方法院专属管辖专利权、实用新型权等诉讼案件,以2003年定期国会为目标提出所需法案。(司法改革推进本部、法务省)

（2）从加强综合应对知识财产诉讼的观点出发,在2004年末前,包括将高等法院管辖的专利权、实用新型权诉讼案件集中在东京高等法院,研讨加强高等法院专业处理体制的对策,并采取所需措施。(司法制度改革推进本部、法务部)

（二）扩大专家参加,扩充法院的人才基础

为充实和加强知识财产诉讼的功能,包括根据知识财产诉讼的特征扩大、明确法院调查员的任务等,研讨新参加制度对策,将法官以外的专家参与审判支持法官引入诉讼程序,在2004年末前得出结论。(司法制度改革推进本部、法务省、经济产业省)

（三）扩充证据收集程序

为在知识财产诉讼中易于证明侵害行为,到2005年前,关于证据,包括宪法上审判公开原则下的商业秘密保护,从综合的观点出发,根据知识财产诉讼特性,研讨进一步加强证据收集程序功能,并采取所需措施。(司法制度改革推进本部、法务省、经济产业省)

（四）充实诉讼外纠纷处理

从广泛提供可选择知识财产纠纷处理手段的观点出发,2005年前,要求在日本律师联合会、日本知识产权代理人协会等相关机构间,研讨加强诉讼外纠纷处理(ADR)机构功能,使其富有活力,并采取所需措施。(法务省、经济产业省)

三、加强损害赔偿制度

加强知识产权的保护,以摆脱“侵害获利”的社会为目标,以此观点出发,研讨满意的损害认定制度的最佳状态,2005年前得出结论。(法务省、文部科学省、经济产业省)

四、加强仿冒品盗版的对策

（一）致力于两国间、多国间谈判

对于侵害专利权、外观设计权、商标权的仿冒品和侵害著作权的盗版，关注其侵害知识产权的特征，采取下列对策：

在2002年以后，通过两国间谈判、多国间谈判，加强推动侵害国的中央政府和地方政府保护我国产业和国民的利益。

和“国际知识财产保护论坛”持续联合，致力于在海外加强保护知识产权。在2002年内，以监视著作权相关团体、文化产业等侵害实际状态和应对诉讼为目的，设立民间性质组织“文化产品海外流通促进机构（暂称）”，构建与之联合、协作的体制，在海外强有力地实施反盗版对策。

就WTO成员活用与贸易有关的知识产权协定（TRIPS协定）的法令评议、贸易政策研讨制度（TPRM）这种的WTO评议体制，努力监视其制度和运用。

积极参加世界知识产权组织（WIPO）举行的关于工业产权和著作权执行的共同咨询委员会的讨论，在国际上努力加强反仿冒品盗版对策。

对这些仿冒品盗版实施对策时，积极发挥日本派驻各国的大使馆、总领事馆、日本贸易振兴会等的作用，坚决推进两国间、多国间谈判。为使这些对策更有实效性，支援侵害国政府自助努力实施协助培养人才。

到2002年末前，跟踪这些对策的实施情况，研判各侵害国改善制度、改善执行的情况。（以上警察厅、总务省、外务省、文部科学省、经济产业省）

（二）侵害品种权的对策

为了品种权人根据种苗法易于判断侵权，2002年以后，完善确立迅速简便的DNA品种识别技术支援体制。（农林水产省）

（三）改善侵害知识产权的国境措施

为有效地将知识产权侵权品阻止在国境，海关和特许厅等相关省厅协作，加强快速取缔体制。到2003年末前，参考美国ITC（美国国际贸易委员会）等制度，包括增加品种权为侵权品对象和加强对专利权、外观设计权等侵权品的措施，在相关省厅间研讨知识产权侵权品国境措施的最佳状态，法制层面和运用层面制定改善对策的具体方案。至迟在2004年前采取所需措施。（警察厅、法务省、财务省、文部科学省、农林水产省、经济产业省）

（四）加强取缔国内仿冒品盗版

为处理国内制造、流通、销售仿冒品盗版等侵害知识产权案件，2002年以后,通过积极推动构建和外国取缔机构的协作关系,加强权利人和取缔机构富有成效的合作,加强打击有组织犯罪行为等对策,加强应对近年处于多发的有组织走私案件。(警察厅)

(五)加强启蒙国民

为提高国民反仿冒品意识,2002年以后,散发仿冒品宣传册和在网站主页上刊登仿冒品图像等,对消费者加强宣传教育。(警察厅、经济产业省)

五、促进国际知识财产制度的协调和协作

(一)致力于加强构建世界专利体系

在各国制度独立的现状下,为在全世界取得权利,需要在世界各国提出内容相同的申请,它成为申请人程序、费用上的巨大负担,并且,各国特许厅为审查内容重复的申请,业务负担剧增,申请人取得权利前需要漫长期间。为申请快速权利化的同时减轻各国特许厅业务负担,推进各国特许厅包括相互利用现有技术调查结果、审查结果的合作。特别是在2002年启动日美特许厅相互利用现有技术调查结果、审查结果的研讨项目,至迟在2003年末前,决定2004年后的未来计划。(经济产业省)

努力构建高度方便用户的世界专利体系,2002年以后,推进各国专利法及运用的协调。特别是以日本为主带领讨论世界知识产权组织(WIPO)改革《专利合作条约》,提高制度效率和用户便捷程度,同时,全力以赴地致力于在世界知识产权组织(WIPO)讨论实体专利法条约,谋划专利制度的国际协调。(外务省、经济产业省)

(二)支援亚洲完善制度和建立执行体制

2002年以后,推进构建向亚洲各国特许厅提供我国专利等审查相关信息的“亚洲工业所有权信息网”。为完善运用知识产权法律制度的体制和启蒙知识财产保护重要性、在仿冒品对策上在东盟等亚洲地区完善迅速顺利实施取得有效外观设计权、商标权的环境,2002年以后,采用两国间和多国间谈判、JICA方案、WIPO日本信托基金、植物新品种保护国际相同盟(UPOV)日本信托基金等各种框架,向亚洲发展中国家派遣专家、举办研讨会、接受进修生等联合培养人才、合作编写教材、开展信息化合作等。(外务省、文部科学省、农林水产省、经济产业省)

(三)战略性应对自由贸易协定(FTA)、TRIPS协定、海牙条约等

应当保持知识产权的国际保护水平。在2002年以后,在以WTO为中心的自由贸易体制下,战略性的开展两国间、地区性投入,强有力地推动亚洲地

区等发展中国家切实履行 TRIPS 协定的义务。(外务省、文部科学省、农林水产省、经济产业省)

2002 年以后,与生物多样性公约整合,应对伴随生物技术进步的知识产权新发展。(外务省、文部科学省、经济产业省)

海牙条约等有可能处理知识产权国际审判管辖问题,2002 年以后继续战略性致力于条约的讨论。(法务省、外务省、文部科学省、经济产业省)

(四) 制定适应当数字化、网络化的国际著作权新规则

2002 年以后,为防止在国际互联网上擅自复制和传播数字化作品,规定权利义务,现在,积极发挥作用,继续在世界知识产权组织(WIPO)推进讨论视听表演和广播组织新条约。(总务省、外务省、文部科学省)

2002 年以后,以亚洲各国为中心,推动其加入已生效的以“世界知识产权组织版权条约”和“世界知识产权组织表演唱片条约”为主的 WIPO 新条约。(外务省、文部科学省)

六、加强保护商业秘密

为了企业加强管理商业秘密,要策划战略性项目,在 2002 年内制定应当成为参考的指南。照顾到对人才流动的抑制效果等伴随它们可能产生的问题,在 2003 年定期国会提出修正案,通过修改反不正当竞争法,在民事、刑事方面加强保护商业秘密。此时,也照顾大学研究人员的自由。(经济产业省)

七、保护新领域的知识财产

(一) 积极保护有价值的新创造物

为通过专利权等知识产权更妥当地保护伴随研究开发的进步新产生的有价值的新创造物,从 2002 年起,要构建大学、公共研究机构、产业界和特许厅三者紧密合作的体制,能共享信息。(综合科学技术会议、经济产业省、有关府省)

(二) 妥当保护后基因组研究成果

为将后基因组研究的成果作为专利权妥当保护,在 2002 年内,编写、发表蛋白质立体构造相关发明审查案例集,明确审查标准。(综合科学技术会议、经济产业省)

(三) 明确再生医疗、基因治疗相关技术在专利法中的处理

近年,进展显著的再生医疗和基因治疗相关技术中产生了皮肤培养方

法、细胞处理方法等新技术。为更进一步促进这些技术开发的发明,应当明确在专利法中如何处理的规则。在2002年内,研讨修改法律和审查标准的必要性并得出结论。在进行本研讨时,应充分关注不要给医师的医疗行为造成影响。(综合科学技术会议、厚生劳动省、经济产业省)

(四) 加强保护网络著作权

国际范围正研讨条约,日本要研讨扩充广播组织的权利(扩充已广播节目二次使用的权利)和表演者的权利(扩充由动画文化产品录像的演员演技等的权利)等,加强保护网络著作权,至迟在条约通过后采取必要措施。(文部科学省)

第三节 促进知识财产活用

一、促进大学技术转移

(一) 引入大学等机构集中管理

包括法人化后的国立大学,在公共研究机构等要富有效率地活用以专利为主的研究开发成果,到2004年前,和TLO密切合作,以机构集中管理为原则,完善发挥TLO经验和技术诀窍作用的体制。(综合科学技术会议、文部科学省、经济产业省、相关府省)

(二) 加强大学技术转移功能

1. 加强TLO活动

2002年以后,向大学和TLO派遣民间知识财产专家和有丰富企业经验的人士,通过促进大学研究成果的技术转移加强产学合作。(综合科学技术会议、文部科学省、经济产业省)

2002年以后,根据大学和TLO各自的实际情况,将TLO开展的业务扩大到包括从技术许可到技术孵化器的技术经营业务,充实TLO经营。(综合科学技术会议、文部科学省、经济产业省)

继续支援实施TLO承认计划。(文部科学省、经济产业省)

从2003年开始,通过和大学的TLO联合等完善知识财产本部,支援建立风险企业,充实协作活动、孵化器活动、许可活动。(综合科学技术会议、文部科学省、经济产业省)

为促进各机构转移技术,使研究开发相关法人等公共研究机构充实收集和提供技术信息等的技术转移功能。按照各机构的特色,进一步促进设置

TLO。(综合科学技术会议、文部科学省、经济产业省、有关府省)

2. 加强产业界需求和大学供给的契合功能

为加强大学和 TLO 的技术供给与产业界需求的协调,推进研究开发事业和提供信息事业。大学、公共研究机构要能设定和评价迅速准确适应当企业需求、社会需求的研究主题,推进共同研究,在 2002 年以后,包括录用民间协调人才,为产学官联合加强协调功能。(综合科学技术会议、文部科学省、经济产业省)

(三) 完善技术转移等合同规则

1. 完善委托研究、共同研究等合同规则

各大学等要以文部科学省的合同范本为参考,在 2002 年内重新评估各自的委托研究、联合研究处理守则等,包括民间委托国立大学研究的成果处理,为产学官联合研究要可签订具有灵活性的合同。公共研究机构也应采取相同措施。(综合科学技术会议、经济产业省、有关府省)

2. 明确利益冲突规则

大学、公共研究机构等研究人员通过兼职等参与产学联合活动时,发生作为研究人员的公共责任和私人利益冲突,在 2002 年明确完善被称"利益冲突"规则的办法,同时,今后,要鼓励各大学完善"利益冲突"规则。(综合科学技术会议、经济产业省、有关府省)

(四) 激励促进技术转移

包括法人化后的国立大学,在公共研究机构要能赋予激励推广、活用知识财产的机制,研讨将专利权等许可费收入适当分配给机构,同时,根据机构特性评价取得和活用专利权等状况,研讨准确反映其结果的资源重点分配方法。(综合科学技术会议、经济产业省、有关府省)

二、活用企业的战略性知识财产

(一) 提高经营者意识、取得战略性专利并活用

1. 知识财产的经营战略化

企业要自己将知识财产作为本企业竞争力的源泉,在经营战略中进行定位,通过将其融入经营活动,使收益率和企业价值最大化,同时,为进行与之协调的全球战略性取得和管理知识财产,要制定战略性计划,根据企业实际,在 2002 年制定参考指南。(经济产业省)

2. 防止技术诀窍泄露

为防止以企业技术诀窍为主的技术向海外"无意识"转移,在 2002 年公

布企业参考指南。有关企业技术管理、活用战略的最佳状态,企业自己要制定包括完善各企业内部组织的战略计划。(经济产业省)

(二) 公开知识财产信息

在2003年内,制定知识财产信息公开指南,要能在市场正当评价企业的知识财产相关活动,提高企业的收益率和价值。研讨引入知识财产报告书等。(经济产业省)

(三) 战略性活用设计、品牌

包括外观设计制度、商标制度的最佳状态,为活用有魅力的设计和品牌,完善提供价值更高的产品、服务的环境,研讨具体对策,在2005年前得出结论。

由于信息社会的高速发展,应火速研讨保护在网络上使用外观设计的最佳状态,2003年前得出结论。(经济产业省)

三、促进知识财产流通

(一) 确立知识财产价值评价

为通过在市场中确立价值评价方法促进知识财产的流通,在2002年内,包括改善制度或者运用,开始研讨进一步完善专利流通市场和牢固确立知识产权融资担保制度、专利等的流动化,至迟在2005年前得出结论。(金融厅、经济产业省)

(二) 加强知识财产许可合同的稳定性

许可人破产时,要能保护具有对抗要件的被许可人,在2003年内提出破产法等修正案。(法务省)

从保护许可合同的观点出发,在2002年内,开始研讨更满意的许可合同保护的最佳状态。(经济产业省)

(三) 促进文化产品创作活动的保护和流通

目前,应对以下课题:

为促进文化产品顺利流通,2002年以后,致力于支援构建将新技术和著作权合同体系结合的文化产品新流通体系,同时,开发研究网络著作权合同体系(2004年前实施)和开发、推广文化产品可利用的权利人意思表示体系(例如"自由利用标志")。(文部科学省)

2002年以后,为文化产品的顺利流通,致力于开发经营者间能进行电子交换文化产品交易权利信息的机制(2002年内),加强完善文化产品制作部门的环境,同时,奖励民间完善能迅速、便捷地处理著作权等权利的机制。

（经济产业省）

2004年前，为传播文化产品，在权利人和使用人之间建立安全、可靠的交易市场，相互交换权利信息等文化产品信息（有关信息的信息），开发与实证防止不正当使用进行流通的文化产品权利处理系统。利用该体系进行文化产品流通等多种商业模式的试验，支援民间确立权利处理规则。（总务省）

2003年前，适应学校普及宽带网络，通过开发和实证提供确保安全、认证与收费、网络传播、活用数字化资料的文化产品功能系统等，促进教育用文化产品的流通。（总务省、文部科学省）

（四）促进研究用材料等研究开发成果流通

研究开发成果需要在妥当管理的基础上完善顺利流通体制。为此，2002年以后，广泛收集和保存生物遗传资源等研究开发成果，充实提供体制。（综合科学技术会议、文部科学省、厚生劳动省、农林水产省、经济产业省）

第四节 培养知识财产人才和提高国民意识

一、培养专业人才

（一）在法学研究生院加强以知识财产法为主的商业领域相关法律教育

以2004年4月起学生入学为目标，在法学研究生院开设以知识财产法为主与商业相关各种法律领域课程，培养擅长知识财产的司法实务人员，各法学研究生院要通过自己的创意确定能发挥独特性、多样性的设置标准，同时，法学研究生院要进行能够充实知识产权法教育的制度设计。（司法制度改革推进本部、文部科学省）

在研讨新司法考试制度时，为满足社会对知识财产的需要，要关注大量增加司法实务人员，同时，根据法学研究生院的教育内容，充分研讨以知识财产法为主，将与商业相关的各种法律领域课程作为选修课程。（司法制度改革推进本部、法务部）

（二）供给深刻理解商业的技术背景人才

为培养知识财产专门人才，大学理学院系、研究生院举办处理知识财产制度的商业讲座，致力于促进设置知识财产制度专业系，按照需要派遣主讲人等人才及进行其他支援。从加强培养技术经营人才的观点出发，自2002年开始，大学等教育机构和产业界共同投入，同时，特别充实技术类大学生的经营和法律教育。知识财产权利化实务涉及全部法律和技术,要以有组织培养从事实务的高级专业职业人才为目标,如可设立有关知识财产的“专门职业研究生院(暂称)”,研讨设计灵活的制度。(综合科学技术会议、文部科学省、经济产业省)

为能将知识产权顺利地转移给产业界,从2002年起,给大学等提供能掌握专利说明书的制作、申请、活用、许可权利等实务能力的教材,同时,在大学中充实知识财产制度研讨会,增加教职员能获得知识财产制度知识的机会。(综合科学技术会议、文部科学省、经济产业省)

(三) 充实知识产权代理人等专业人才及加强其功能

有关知识产权代理人在侵害专利权等诉讼(限于律师担任诉讼代理人的案件)中的代理权,在高度信任的能力基础上采取保证措施,2002年修改知识产权代理人法的规定时已赋予其代理权,为保证能力,在该法施行后迅速开始培训。

知识财产重要性增强,并且应对尖端技术和国际投入等知识财产专业服务多样化需要,适应形势,继续努力有实效地执行2000年修改知识产权代理人法,同时,推广、普及知识产权代理人制度,放宽限制促进竞争,更进一步活用知识财产代理人,并增加其数量。(经济产业省)

二、提高国民知识财产意识

(一) 将用语统一为“知识产权”“产业财产权”

与以物为对象的所有权法不相同,知识财产法以信息为对象,它需要建立与所有权法不同的信息独有法律体系。要让它广泛知晓,决定将在法令、条约中使用的“知识所有权”,在可能的限度统一为“知识财产”“知识产权”。为此,2002年内,只要可能,修改必要法令、条约、协定的译文。采用日语的正式文本的条约和协定,今后,抓住修改条约、协定的机会尽可能修改。

明治以后一直使用“工业所有权”这个用语,主要用于指称专利权、实用新型权、外观设计权、商标权,但是,在它们中也包括农业、矿业、商业等工业以外产业的知识财产。为更准确地表示这些权利的性质,决定不使用“工业产权”这个术语而使用“产业财产”“产业财产权”这个用语。(外务省、文部科学省、经济产业省、有关府省)

(二) 加强启蒙活动

全国各地已实施普及、启蒙知识财产制度事业,2002年以后,根据国民一般需求,推进面向以大学研究人员为对象的研讨会、面向以全体社会人士

为对象的初学者研讨会、面向实务人士的研讨会。（经济产业省）

为提高中小学生对发明、创新的兴趣，培养尊重独创构思的意识，2002年以后，通过宣传等学习前人的优秀发明，通过享受创造的机会和加深理解知识财产制度的机会，培养知识财产意识。（文部科学省、经济财产省）

为普及知识产权知识和意识，从2002年开始，通过向广大国民提供使用网络的信息等各种方法，综合开展事业。（文部科学省、经济产业省）

（三）完善知识财产相关调查统计

为能推进迅速准确应对用户多种知识财产活动的政策，在2002年内完善起草知识财产政策计划基础的知识财产调查统计。（总务省、经济产业省）

第五节　知识财产战略大纲的实施

为迅速有重点推进建立知识财产立国的对策，将能有活力开展知识产权创造、保护、活用作为国家目标，在进行必要研讨的基础上，至迟到2003年定期国会前，提出以设立“知识产权战略本部（暂称）”、策划制定“知识产权战略计划（暂称）”为内容的“知识产权基本法（暂称）”。（内阁官房、有关府省）。

原注

[1] 需要注意的一点是，现在，在日本的大学，因为教师发明专利大多数归教师个人，所以，不包含在大学取得的专利量内，但是，在美国几乎属于大学。

[2]《医师法》第17条规定“如果不是医师则不得行医”，行医一般理解为“以医疗行为为职业”。

在这里，所谓“医疗行为”规定为“在实施行为时，如果不具有医师的医学判断和技术而为的话，则危害人体或者有可能造成危害的行为”（《医疗法医师法解》，厚生省健康政策局总务处编）。

[3] 充实如技术管理的技术经营专业课程。

附录二　日本实施知识财产立国战略立法目录

2002.12—2014.6

2002年1部

1. 知识财产基本法

2003年6部

1. 修改关税税率法等一部分的法律
2. 修改反不正当竞争法一部分的法律
3. 修改专利法等一部分的法律
4. 修改著作权法一部分的法律
5. 修改种苗法一部分的法律
6. 修改民事诉讼法等一部分的法律

2004年9部

1. 修改关税税率法等一部分的法律
2. 修改消费者保护基本法一部分的法律

3. 破产法
4. 为专利审查便捷化等修改专利法等一部分的法律
5. 促进创造、保护和活用文化产品法
6. 修改著作权法一部分的法律
7. 知识财产高等法院设置法
8. 修改法院法等一部分的法律
9. 信托业法

2005 年 6 部

1. 修改关税税率法等一部分的法律
2. 修改支援中小企业经营改革法一部分的法律
3. 修改商标法一部分的法律
4. 修改种苗法一部分的法律
5. 食品教育基本法
6. 修改反不正当竞争法等一部分的法律

2006 年 8 部

1. 修改关税税率法等一部分的法律
2. 修改独立行政法人工业所有权情报进修馆法一部分的法律
3. 提高中小企业制造品基础技术法
4. 修改外观设计法等一部分的法律
5. 修改证券交易法等一部分的法律（金融商品交易法）
6. 信托法
7. 伴随信托法实施完善相关法律等的法律
8. 修改著作权法一部分的法律

2007 年 7 部

1. 修改关税税率法等一部分的法律
2. 修改重整产业活力特别措施法等一部分的法律

3. 促进通过中小企业活用区域产业资源经营活动法
4. 修改种苗法一部分的法律
5. 盗录电影防止法
6. 修改知识产权代理人法一部分的法律
7. 修改广播法等一部分的法律

2008 年 2 部

1. 修改关税税率法等一部分的法律
2. 修改专利法等一部分的法律

2009 年 2 部

1. 修改为在我国产业活动革新的重整产业活力特别措施法等一部分的法律
2. 修改著作权法一部分的法律

2010 年 0 部

2011 年 4 部

1. 修改专利法等一部分的法律
2. 修改反不正当竞争法一部分的法律
3. 修改产业活力重整及革新产业活动特别措施法一部分的法律
4. 补偿在展览会美术品损害的法律

2012 年 2 部

1. 修改著作权法一部分的法律
2. 亚洲基地推进法

2013 年 0 部

2014 年 3 部

1. 修改专利法第一部的法律
2. 修改著作权的法律
3. 修改义务教育学校教学用图书免费措施法

译者的话

在20世纪90年代，日本泡沫经济崩溃，经济长期低迷，政局不稳。同时，在世界范围面临经济全球化、知识经济时代、信息时代的挑战。为发展经济，2002年7月3日，日本发布由作为首相私人咨询机构的知识财产战略会议制定的世界上第一部成文《知识财产战略大纲》，此后，日本国会制定《知识财产基本法》，成立由首相任本部长的知识财产战略本部，推进知识财产立国战略。

根据译者统计，自实施知识财产立国战略以来，到2014年，日本共制定了50部相关法律。按照其立法形态，我们认为大致可以分为如下几种类型：一是新立法，如《知识财产高等法院设置法》等；二是对原有法律进行修改，如《修正专利法等一部分的法律》(2003年)；三是通过修法实质废止原有法律制定新法，如《信托法》(2006年)。按照新制定法律内容划分，我们认为其可以分为如下类型：一是总则类知识财产法律，如《知识财产基本法》(2002年)；二是文化类知识财产法律，如《盗录电影防止法》(2007年)；三是产业财产类知识财产法律，如《修正专利法等一部分的法律》(2008年)；四是与知识财产有关的法律，如《食品教育基本法》(2005年)。

按照日本立法体制，在修法时，可能是仅修改一部法律，如《修改反不正当竞争法一部分的法律》(2003年)，也可能是修改与一个主题有关的全部相关法律，如《修正专利法等一部分的法律》(2008年)，对《专利法》《工业所有权程序特别例外法》等9部法律进行修改，这类修法在日本在2002年至2014年制定的50部中，有20部法律包括有"等"，可以窥知其修法力度之大和范围之广。

本书由正文和附录两部分构成。正文是40部日本知识产权相关法律条文，其中，全文翻译31部法律，摘译9部法律。译文所选内容是译者按照学理上的知识产权法范围来确定的。关于法律目录，全文翻译的法律的目录是按照日本法典的目录译出，原文没有目录的译者不敢妄加。摘译的法律，尽管一些法律原文中有目录但因在本书中没有必要译出目录而没有翻译。

日本法律标示序号在款目上与中国法律有所不相同，为适应国内读者习惯，在译文条文的编序方面，根据中国《立法法》规定，对其进行“中国化”。日本立法纪年是采用年号纪年，如明治多少年。本书所译法律的内容在时间上跨越日本明治维新后的全部时间，为便于读者阅读并省去换算纪年的繁琐，已将日本法律中所涉年代全部换算为公元纪年。

附录包括日本《知识财产战略大纲》和2002年至2014年日本实施知识财产立国战略立法目录。

在知识经济时代的今天，知识产权始终与贸易有着血肉般密不可分的关系。知识产权资源是一个国家和民族的战略资源。我国经济发展正处于转型升级中，已颁布《国家知识产权战略纲要》，现正实施知识产权战略和创新驱动发展战略。也许日本之石可以攻中国之玉。故希望本书能对正在实施的国家知识产权战略和创新驱动发展战略有所启发和参考，对研究人员和实务人员有所补益。

本书日本法律的文本来源于日本总务省《官报》官方网站，翻译法律内容截止到2014年6月。翻译中，同时，参考了2007年菅野和夫主编、有斐阁出版的《小六法》和同年角田正芳编三省堂出版的《知识产权六法》。

本书在翻译过程中，得到了中国人民大学教授于素秋博士、四川大学教授高宏博士以及我国台湾地区刘晓倩小姐的帮助。对他们的帮助记之铭谢！但是，无疑，本书所展现出的缺点是译者水平和精力有限所致。翻译工作始于2007年，其间时辍时续。译者深感译事艰难和自己的愚笨，在翻译过程中，由于一些内容太难翻译，其间数度欲放弃，虽终勉力完成，但定存讹误，请读者多多批评。

杨和义　谨叙

2014年6月20日